W9-CBA-904

RUSSIAN FACES AND VOICES

ZITA D. DABARS
FRIENDS SCHOOL, BALTIMORE, MARYLAND, U. S. A.

GEORGE W. MORRIS
ST. LOUIS UNIVERSITY HIGH SCHOOL, ST. LOUIS, MISSOURI, U. S. A.

ELLINA YU. SOSENKO
PUSHKIN INSTITUTE, MOSCOW, RUSSIA

LILIA L. VOKHMINA
PUSHKIN INSTITUTE, MOSCOW, RUSSIA

SERIES EDITORS:

DAN E. DAVIDSON
AMERICAN COUNCIL OF TEACHERS OF RUSSIAN
WASHINGTON, D. C., U. S. A.

AND

MARK N. VJATJUTNEV
PUSHKIN INSTITUTE, MOSCOW, RUSSIA

American Council of Teachers of Russian

▲CTR

In association with the

Center of Russian Language and
Culture (CORLAC), Friends School

KENDALL/HUNT PUBLISHING COMPANY
4050 Westmark Drive   Dubuque, Iowa 52002

Cover Photo:
Courtesy of Zita D. Dabars

Copyright © 1995 by American Council of Teachers of Russian

ISBN 0-7872-0504-4

Printed in the United States of America
10 9 8 7 6 5 4 3 2 1

ACKNOWLEDGMENTS

THIS TEXTBOOK would not have been possible without two grants, in 1990 and 1993, from the Geraldine R. Dodge Foundation to the Center of Russian Language and Culture (CORLAC), in cooperation with the American Council of Teachers of Russian (ACTR). Grateful appreciation is extended to Scott McVay, Director, and Alexandra Christy, Program Officer. Institutions that have assisted the project are ACTR (Dan E. Davidson, Executive Director; Lisa Choate, Assistant Director); Friends School, Baltimore (Byron Forbush, Headmaster; Stanley Johnson, Principal); St. Louis University High School (Paul Owens, Principal; Father Robert Costello, President); Pushkin Institute, Moscow, Russia (Vitaly Kostamarov, Director; Olga Mitrofanova, Assistant Director).

Russian Faces and Voices benefited from careful reading by the project's Advisory Board: Renate Bialy (Scottlandville Magnet High School, Baton Rouge, LA); Olga Kagan (UCLA); Maria Lekic (the University of Maryland); Helen Meigs (Allderdice High School, Pittsburgh, PA); Jane Shuffelton (Brighton High School, Rochester, NY); Irene Thompson (George Washington University). It is with sadness that the authors note the passing of two friends and valued Advisory Board members: Jane Barley (Bureau of Foreign Language Education, New York State Department of Education) and Frederick Johnson (Northfield Mt. Hermon School, Mt. Hermon, MA).

Four years of field-testing took place at the coauthors' schools: Friends School (by coauthors Lilia Vokhmina and Zita Dabars; also by Nadezhda Troshina, Lyudmila Pogorelova, and Tatiana Stramnova) and St. Louis University High School (by coauthor George Morris and also by Irina Kotok, Svetlana Vysotina, and Olga Khuditsina-Dennon). Warm thanks is extended to the students at these schools (academic years 1991-95) for their comments and support.

In addition, many colleagues in the Russian teaching community field-tested and made valuable suggestions for *Russian Faces and Voices:* Tatiana Blumenthal (Roland Park Country School, Baltimore, MD); Robert Hennessy (Austin Preparatory School, Reading, MA); Joyce Morgan (Exeter Area High School, Exeter, NH); and Andrew Tomlinson (Western High School, Baltimore, MD). During the Fourth and Fifth (1992 and 1993) NEH/CORLAC Institutes in

Russian Language and Culture at Bryn Mawr College, Bryn Mawr, PA, fifty Russian language teachers who were participants reviewed the *Russian Faces and Voices* materials.

At CORLAC, Annalisa Czeczulin and Michael Stricker assisted in the preparation of *Russian Faces and Voices* for publication. Prior to that, Joel Bandy, Sarah Case, Cheryl Draves, Abigail Evans, Victoria MaLossi, and Sonia Trepetina helped prepare the textbook for field-testing.

Many friends and colleagues contributed photographs for *Russian Faces and Voices*: Annalisa Czeczulin, Stephen Frank, Olga Hutchins, Janet Innes, Hedy Kulka, Harlow Robinson, David Schummers, and Michael Stricker. Other photographs come from the textbook's coauthors, Zita Dabars and George Morris, and from Moscow sources under the direction of photography editor Julia Slavnova and coauthor Ellina Sosenko. On page 22, Connie Chung, CBS News Anchor, appears courtesy of CBS (photo by Tony Esparza); Bryant Gumbel, Today Show Host, courtesy of NBC; and Peter Jennings, ABC News Anchor, courtesy of ABC.

Artist: Anatol Woolf
Phonetics: Marina Lukanova (Pushkin Institute, Moscow)
Layout and Design: Business Images — Marleen Flegel and Allen Côté
Editor: Patricia Kardash

Colleagues interested in appropriate textbooks prior to *Russian Faces and Voices* may choose to consult *Russian Face to Face*, Level 1, and *Russian Face to Face*, Level 2, published by National Textbook Company, Lincolnwood, Ill.

*R*USSIA ABOUNDS with a diversity of faces and voices. People of many different professions work at their jobs throughout the day, enjoy a wide variety of activities in their free time, and vacation in the cities, villages, and wilderness areas of this vast country. Each of them has a unique outlook on life.

Throughout this textbook, you will follow the journalist **Наtáша Злóбина** as she interviews first herself, then a high school student, a professional pilot, an administrative secretary, a peasant woman, a doctor, a fashion model, an Orthodox priest, and a ballerina. You will learn something about each person's public and private life and how each of them views the world.

Knowledge of a wide variety of topics and vocabulary is an important step toward meaningful communication. In *Russian Faces and Voices,* you will observe farm life, watch a fashion show, and enjoy a ballet. This textbook will provide you with the vocabulary and means of expression you need to acquire an ever broader perspective on Russia and its people and to enhance your conversational skills.

Всегó дóброго!

EXPLANATION OF SYMBOLS

  Reading Comprehension

  Written Expression

  Audio Selections

  A Dose of Humor

УРОК 1
пéрвый урóк

Журналúст (Journalist)
Интервью, взя́тое у самóй себя́

УРОК 4
четвёртый урóк

Review of Lessons 1–3 93

УРОК 5
пя́тый урóк

Секретáрь-референт
(Administrative Secretary)
«Приглашáем на рабóту интеллигéнтного и энерги́чного секретаря́»

I. FUNCTIONS AND COMMUNICATIVE SITUATIONS

УРОК 6
шестóй урóк
Крестья́нка (Peasant Woman)
«Есть жéнщины в ру́сских селéньях…»

УРОК 7
седьмо́й уро́к

Врач (Doctor)
«Врач...Я не ви́жу для себя́ друго́й профе́ссии.»

УРОК 10
десятый урок

Священник (Priest)
«Душа должна верить.»

УРОК 11
одиннадцатый урок

Балерина (Ballerina)
«Балет — это работа для меня!»

УРОК 12
двенáдцатый урок
Review of Lessons 9–11 325

APPENDICES

ПЕРВЫЙ УРОК
Интервью, взятое у самой себя

	MAIN STRUCTURES	FUNCTIONS AND COMMUNICATIVE SITUATIONS	GRAMMATICAL STRUCTURES AND LEXICOLOGY	LANGUAGE AND CULTURE
А	— Я бу́ду брать интервью́ у ра́зных люде́й.	Conducting interviews	The verbs **брать/взять** (что/у кого́)	Как стать журнали́стом в Росси́и
	— Мне нра́вились есте́ственные нау́ки, осо́бенно биоло́гия.	Emphasizing something	The use of the adverb **осо́бенно**	
	— Я начала́ интересова́ться журнали́стикой.	Beginning or completing an action or activity	The verbs **начина́ть/нача́ть, конча́ть/ко́нчить**	
	— Моё увлече́ние— цветы́. Я увлека́юсь цвета́ми.	Talking about hobbies and interests	The verbs **увлека́ться/ интересова́ться** with the instrumental case	
Б	— Помога́ете друг дру́гу?	Expressing reciprocal actions (the use of the expression "each other")	The phrase **друг дру́га** in various cases	Америка́нский журнали́ст в Москве́
	— Са́ша перево́дит англи́йскую литерату́ру. Он перево́дит с англи́йского языка́ на ру́сский.		The use of the verb **переводи́ть**	

В   Порабо́таем над диало́гом и не то́лько . . .

Г   **Grammar Review and Summary**

Д   Ду́маем, спо́рим, обсужда́ем
Журнали́стом на́до роди́ться и́ли им мо́жно стать?

Е   Знако́мимся со страно́й и ру́сской культу́рой
А. С. Пу́шкин «Я вас люби́л»

Ё   Слова́рь

Трóе сýток шагáть,
Трóе сýток не спать,
Рáди нéскольких стрóчек в газéте.
— *Из пéсни о журналúстах*

Three days of pounding the pavement,
Three days without sleep,
All for the sake of a few lines in the newspaper.
— *From a song about journalists*

A1

— Меня зовýт Натáша, фамúлия моя Злóбина. Я журналúст, рабóтаю в журнáле «Рýсский язы́к **за рубежóм**». Сегóдня мне сказáли, что я бýду **брать интервью́** у рáзных людéй: у шкóльника, врачá, **манекéнщицы**, **балерúны**, **свящéнника**. О чём я бýду их спрáшивать? О профéссии, о рабóте, о семьé и, конéчно, об их **хóбби**, **увлечéниях**. А сейчáс я возьмý интервью́ . . . у себя́! **Начинáю**!

— **Под какúм знáком** ты родилáсь?
— **Под знáком Близнецóв**, пéрвого ию́ня. А Близнецы́ мóгут занимáться журналúстикой: им нрáвится литератýра, онú лю́бят рабóтать с рáзными людьмú.

— Ты всегда́ хоте́ла стать журнали́стом?

— Нет. Мне нра́вились **есте́ственные нау́ки** — геогра́фия, хи́мия, **осо́бенно** биоло́гия. Но не матема́тика. А в седьмо́м кла́ссе **начала́** интересова́ться журнали́стикой. Мо́жет быть, потому́, что начала́ писа́ть стихи́ — да́же на англи́йском писа́ла! Ста́ла занима́ться в литерату́рном кружке́, а пото́м рабо́тала на ра́дио. А одна́жды мою́ ма́ленькую **статью́ напеча́тали**.

— Это была́ о́чень хоро́шая статья́?

— Статья́ как статья́, но я получи́ла так мно́го пи́сем! Наве́рное, две́сти и́ли три́ста. Я была́ так ра́да, что меня́ напеча́тали.

— Твоё хо́бби?

— Моё увлече́ние — цветы́. До́ма у меня́ мно́го цвето́в. И с сы́ном мы вме́сте собира́ем ма́рки.

— А кого́ из писа́телей ты лю́бишь?

— О́чень тру́дно отве́тить. Ну, коне́чно, Пу́шкина, Толсто́го,[1] Цвета́еву.[2]

---

[1] Лев Никола́евич Толсто́й (1828-1910) — ру́сский писа́тель. Он написа́л «А́нну Каре́нину», «Войну́ и мир» и други́е произведе́ния.

[2] Мари́на Ива́новна Цвета́ева (1892-1941) — ру́сский поэ́т.

Indicate which of the following sentences are correct and which are incorrect:

	Пра́вильно	Непра́вильно
1. Интервью́ у Ната́ши берёт		
а. журнали́ст, кото́рый рабо́тает в журна́ле «Ру́сский язы́к за рубежо́м».	☐	☐
б. сама́ Ната́ша.	☐	☐
2. Ната́ша бу́дет брать интервью́		
а. у рабо́чего.	☐	☐
б. у инжене́ра.	☐	☐
в. у врача́.	☐	☐
3. Ната́ша хоте́ла стать журнали́стом		
а. с пе́рвого кла́сса.	☐	☐
б. с седьмо́го кла́сса.	☐	☐
в. всегда́.	☐	☐
4. Когда́ Ната́ша учи́лась в шко́ле, она́ люби́ла		
а. матема́тику.	☐	☐
б. геогра́фию.	☐	☐
в. биоло́гию.	☐	☐
5. Снача́ла напеча́тали		
а. письмо́ Ната́ши.	☐	☐
б. её ма́ленькую статью́.	☐	☐
в. интервью́.	☐	☐

A3

The verbs **брать/взять** are used in various contexts:

		что?	*у кого́?*
брать *(impf.)*	(беру́, берёшь, беру́т)	интервью́	у врача́
взять *(pf.)*	(возьму́, возьмёшь, возьму́т)	кни́гу	у учи́тельницы

— Я всегда́ беру́ магнитофо́н у бра́та.
  I always take (get, borrow) the tape player from (my) brother.

— Ири́на взяла́ интервью́ у балери́ны.
  Irina interviewed the ballerina.

A4   Посмотри́те на уро́ки в уче́бнике и скажи́те, у кого́ Ната́ша взяла́ интервью́.

«Ру́сские ли́ца и голоса́» Уче́бник
Содержа́ние

Уро́к 1	Журнали́ст	Уро́к 7	Врач
Уро́к 2	Шко́льник	Уро́к 8	Повтори́тельный уро́к
Уро́к 3	**Лётчик**	Уро́к 9	Манеке́нщица
Уро́к 4	**Повтори́тельный уро́к**	Уро́к 10	Свяще́нник
Уро́к 5	**Секрета́рь-рефере́нт**	Уро́к 11	Балери́на
Уро́к 6	**Крестья́нка**	Уро́к 12	Повтори́тельный уро́к

Образе́ц ▶   Ната́ша взяла́ интервью́ у врача́, у секретаря́, у крестья́нки, у манеке́нщицы.

A5

The word **особенно** is used for emphasis:

— Мне нра́вятся есте́ственные нау́ки, осо́бенно биоло́гия.

A6

Ната́ша говори́т, что ей нра́вится. Скажи́те ей, что вы осо́бенно лю́бите.

Образе́ц: О шко́льных **предме́тах**:	— Люблю́ геогра́фию, хи́мию, но бо́ль-ше всего́ люблю́ биоло́гию. А ты? — А я люблю́ фи́зику, хи́мию, но осо́бенно матема́тику.
О спо́рте:	— Люблю́ те́ннис, баскетбо́л, но бо́льше всего́ люблю́ лы́жи. А ты?
О писа́телях:	— Люблю́ Толсто́го, Че́хова,[3] но бо́льше всего́ — Пу́шкина. А ты?
О еде́:	— Люблю́ я́блоки, виногра́д, но бо́льше всего́ люблю́ бана́ны. А ты?
Об увлече́ниях:	— Мне о́чень нра́вится учи́ть языки́, рисова́ть, но бо́льше всего́ я люблю́ танцева́ть. А ты?
О му́зыке:	— Мне о́чень нра́вятся на́ши гру́ппы — «Наути́лус» и «Брига́да С», но бо́льше всего́ — америка́нская гру́ппа «Бон-Джо́ви». А тебе́?

лы́жи

A7

The following verbs are used when talking about beginning or completing an action or activity.

	что де́лать?	*что?*
начина́ть (*impf.*) (начина́ю, -ешь, -ют)	рабо́тать	рабо́ту
нача́ть (*pf.*) (начну́, начнёшь, начну́т)	де́лать	интервью́
конча́ть (*impf.*) (конча́ю, -ешь, -ют)	стро́ить	уро́к
ко́нчить (*pf.*) (ко́нчу, -ишь, -ат)	игра́ть	письмо́

За́втра Ната́ша ко́нчит интервью́ в 5 часо́в и пото́м пойдёт в теа́тр.

NOTE: If these verbs are followed by another verb, it will always be of the imperfective aspect.

---

[3] Анто́н Па́влович Че́хов (1860-1904) — изве́стный ру́сский писа́тель. Написа́л мно́го расска́зов и пьес, кото́рые иду́т в теа́трах Росси́и и всего́ ми́ра.

A8 Посмотри́те дневни́к Ната́ши на неде́лю и скажи́те, когда́ она́ с му́жем мо́жет пойти́ в кино́, в теа́тр, в рестора́н днём, а ве́чером в го́сти.

Образе́ц ▶ Ната́ша с му́жем мо́жет пойти́ в рестора́н во вто́рник, потому́ что она́ начнёт встре́чу с арти́стами бале́та в 18 часо́в и, наве́рное, ко́нчит в 19 часо́в.

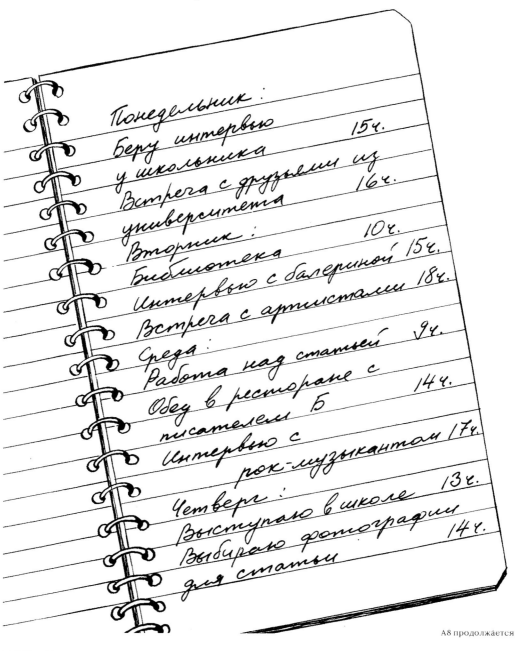

Понедельник:
Беру интервью   15ч.
у школьника
Встреча с друзьями из
университета   16ч.
Вторник: 10ч.
Библиотека
Интервью с балериной 15ч.
Встреча с артистами 18ч.
Среда:
Работа над статьёй   9ч.
Обед в ресторане с
писателем Б   14ч.
Интервью с
рок-музыкантом 17ч.
Четверг:
Выступаю в школе   13ч.
Выбираю фотографии
для статьи   14ч.

A8 продолжа́ется

Пятница: 9-13ч.
Работаю дома
Читаю новый
номер журнала   15-16ч.
Еду к родителям 19ч.

A9

Вы зна́ете сло́во **хо́бби**. По-ру́сски говоря́т **хо́бби** и́ли **увлече́ние**. Глаго́лы — **увлека́ться** (кем/чем) и́ли **интересова́ться** (кем/чем).

Посмотри́те, как изменя́ются глаго́лы **увлека́ться** и **интересова́ться**.

хо́бби		**кем?/чем?**
Э́рик Кла́птон	Я увлека́юсь/интересу́юсь	Э́риком Кла́птоном.
хокке́й	А ты чем увлека́ешься/ интересу́ешься?	хокке́ем.
му́зыка	На́дя увлека́ется/ интересу́ется	му́зыкой.
фотогра́фия	Мы увлека́емся/ интересу́емся	фотогра́фией.
пла́вание	А вы увлека́етесь/ интересу́етесь	пла́ванием?
ма́рки	Ребя́та в кла́ссе увлека́ются/интересу́ются	ма́рками.

A10 Газе́та «Моско́вский комсомо́лец» получа́ет мно́го пи́сем. Посмотри́те на э́ти пи́сьма и скажи́те, о чём они́. Напиши́те небольшо́е письмо́ ма́льчику и́ли де́вочке, чьё письмо́ вам понра́вилось. Вы мо́жете сказа́ть:

— Я то́же увлека́юсь . . .
— У меня́ тако́е же увлече́ние, как у . . .
— А я интересу́юсь совсе́м други́м . . .
— У меня́ друго́е увлече́ние.

Слова́, кото́рые вы не зна́ете, посмотри́те в словаре́ A11 «На́ши увлече́ния».

«Ищу́ дру́га по увлече́нию».

1
Мне 15 лет. Я занима́юсь спо́ртом, о́чень люблю́ скейт-бо́рдинг. Но гла́вное моё увлече́ние — ма́рки.

г. Волгогра́д,
ул. Геро́ев 5, кв. 20
Дубово́й Макси́м

2
Увлека́юсь англи́йским и америка́нским ро́ком 50-х [пятидеся́тых] годо́в, игра́ю на пиани́но, люблю́ соба́к и лошаде́й.

г. Иже́вск,
ул. Шко́льная 60, кв. 2
Тура́нова Ма́ша

3
Меня́ зову́т Дени́с, но я называ́ю себя́ Дэн. Дэ́ны! Я хочу́ собра́ть всех Дени́сов. У нас уже́ есть 15 Дени́сов. Но мы все ра́зные. Я, наприме́р, фана́т гру́ппы «Депе́ш Мод»,[4] есть фана́ты Ви́ктора Цоя[5] и **Битлз**,[6] Пиши́те о свои́х увлече́ниях!

г. Пе́нза,
ул. Попо́ва 12a, кв. 78
Красников Дени́с

4
Мне 15 лет, я хочу́ стать арти́сткой. О́чень люблю́ литерату́ру, му́зыку, кино́. Игра́ю на гита́ре, пою́ пе́сни. Слова́ и му́зыку пишу́ сама́.

Ту́льская обл.,
пос. Барсуки́,
Микрорайо́н, 3/26
Я́шина Юлия

5
Ра́ньше я увлека́лся байда́рками, но тепе́рь моё гла́вное увлече́ние — виндсе́рфинг. Ве́тер, мо́ре, со́лнце!

Крым, г. Саки́,
ул. Партиза́нская 21
Кулико́в Андре́й

---

[4] «Депе́ш Мод» — изве́стная музыка́льная гру́ппа Depeche Mode.

[5] Ви́ктор Цой — музыка́нт, кото́рого о́чень лю́бят в Росси́и.

[6] Битлз — са́мая изве́стная гру́ппа ми́ра The Beatles.

Коллекциони́рование — collection, collecting
- — мáрок — stamp collection
- — значкóв — pin collection
- — откры́ток — postcard collection
- — календарéй — calendar collection

Модели́рование — design, designing, model, modeling
- — самолётов — model airplanes
- — кораблéй — model boats, ships
- — автомоби́лей — model cars

изучéние языкóв — study/studying of languages
жи́вопись (f.) — painting
лéпка — modeling, molding
фотогрáфия — photography
фотоохóта — nature photography
кóнный спорт — equestrian sports

бейсбóл (волейбóл, футбóл, америкáнский футбóл) — baseball (volleyball, soccer, football)
скéйтбординг — skateboarding
байдáрка — canoe(ing)
виндсéрфинг — windsurfing
плáвание — swimming
класси́ческая мýзыка — classical music
рок-мýзыка — rock music
джаз — jazz
теáтр — theatre
киноискýсство — cinema art
шитьё — sewing
вязáнье — knitting
компью́терные и́гры — computer games
гимнáстика — gymnastics
катáние на конькáх — ice skating
дискуссиóнные клýбы — debating clubs
шáхматы — chess

A12 Подготóвьтесь к чтéнию.

1. Почемý профéссия журналúста такáя популярная?
2. Кто и как мóжет стать журналúстом?
3. Мóжно ли научúться быть хорóшим журналúстом?

A13 Прочитáйте текст «Как стать журналúстом в Россúи» и отвéтьте на вопрóсы.

Как стать журналúстом
в Россúи

К акúе институ́ты и факультéты сáмые популярные в Россúи? Где сáмый большóй кóнкурс? Конéчно, это киноинститýты и театрáльные. На вторóм мéсте — факультéты журналúстики. Поступúть на факультéт журналúстики, осóбенно в МГУ, óчень трýдно: кóнкурс óчень большóй. Мóжно сказáть, что там не одúн кóнкурс, а два. Сначáла идёт кóнкурс рабóт, статéй, котóрые ужé напечáтали, поэ́тому шкóльники, éсли онú хотят стать журналúстами, начинáют рабóтать ещё в шкóльной газéте, посылáют свой статьú в настоящие, большúе газéты. Хорошó, когдá тебя напечáтают. Éсли твоя́ рабóта понрáвится, ты мóжешь идтú на другúе экзáмены, на такúе, как рýсский язы́к и литератýра, иностра́нный язы́к, истóрия. И нáдо получúть по всем предмéтам тóлько 5, потомý что иногдá на однó мéсто мóжет быть и 30 и 40 человéк. И éсли ты не сдашь экзáмены в пéрвый год, мóжешь прийтú на другóй год. Есть лю́ди, котóрые поступáли 5 раз, но так и не поступúли! ■

1. Почемý так трýдно поступúть на факультéт журналúстики?
2. Скóлько кóнкурсов на факультéте журналúстики и почемý?
3. Кудá труднéе всегó поступúть?
4. Скóлько раз мóжно сдавáть экзáмены на факультéт журналúстики?

Б

Б1 Интервью продолжа́ется.

— А семья́? Кака́я она́ у тебя́?

— У нас журнали́стская семья́: муж то́же журнали́ст. Мы вме́сте
учи́лись в университе́те. Са́ша рабо́тает на ра́дио. Его́ оте́ц то́же
журнали́ст. Сы́ну де́вять лет, то́лько он у нас ещё не журнали́ст.
Очень **самостоя́тельный** ма́льчик.

— **Помога́ете друг дру́гу**?

— Да, коне́чно. Са́ша ещё и **перево́дчик**, **перево́дит** англи́йскую и
америка́нскую литерату́ру. А я печа́таю его́ **перево́ды**.

— А ты сама́ хорошо́ зна́ешь англи́йский?

— Нет. Пло́хо с грамма́тикой, де́лаю **оши́бки**. Пра́вда, когда́ не́сколько
дней разгова́риваю с америка́нцами, начина́ю говори́ть лу́чше.

— Ещё о семье́. Вы живёте **самостоя́тельно** и́ли роди́тели помога́ют
вам?

— Мы всегда́ жи́ли то́лько на свои́ де́ньги. Да́же сва́дьба у нас была́ по́здно, потому́ что мы хоте́ли быть самостоя́тельными. Так ду́мают и на́ши роди́тели.

— И ещё оди́н вопро́с: что **гла́вное** в рабо́те журнали́ста?
— Это о́чень хоро́ший вопро́с, я мно́го об э́том ду́мала. Гла́вное, что есть у журнали́ста — это че́стное и́мя. Лю́ди хотя́т от журнали́ста пра́вды.

Б2 ПРОВЕРКА ✓ ПОНИМАНИЯ

		Пра́вильно	Непра́вильно
1.	В семье́ Ната́ши мно́го журнали́стов:		
	а. её муж — журнали́ст.	☐	☐
	б. оте́ц му́жа — журнали́ст.	☐	☐
	в. её сын — журнали́ст.	☐	☐
2.	Са́ша — перево́дчик, он перево́дит		
	а. англи́йскую литерату́ру.	☐	☐
	б. францу́зскую литерату́ру.	☐	☐
	в. америка́нскую литерату́ру.	☐	☐
3.	Ната́ша		
	а. хорошо́ зна́ет англи́йский язы́к.	☐	☐
	б. пло́хо зна́ет англи́йскую грамма́тику.	☐	☐
	в. уме́ет немно́го говори́ть по-англи́йски.	☐	☐
4.	Ната́ша и её муж живу́т		
	а. вме́сте с роди́телями.	☐	☐
	б. самостоя́тельно.	☐	☐
5.	У Ната́ши и её му́жа сва́дьба была́		
	а. когда́ они́ учи́лись в университе́те.	☐	☐
	б. по́здно, когда́ они́ на́чали рабо́тать.	☐	☐

Ната́ша говори́т, что она́ помога́ет му́жу, а Са́ша помога́ет ей — они́ помога́ют **друг дру́гу**.

Read the following sentences with the phrase **друг дру́га** and explain how it changes.

Роди́тельный паде́ж	Ка́тя получи́ла письмо́ от Анто́на, а Анто́н получи́л письмо́ от Ка́ти. Они́ получи́ли пи́сьма **друг от дру́га**.
Да́тельный паде́ж	Ка́тя пи́шет Анто́ну, а Анто́н пи́шет Ка́те. Они́ пи́шут **друг дру́гу**.
Вини́тельный паде́ж	Ка́тя лю́бит Анто́на, а Анто́н лю́бит Ка́тю. Они́ лю́бят **друг дру́га**.
Твори́тельный паде́ж	Ка́тя ча́сто разгова́ривает с Анто́ном по телефо́ну. Они́ ча́сто разгова́ривают **друг с дру́гом** по телефо́ну.
Предло́жный паде́ж	Ка́тя ду́мает об Анто́не, а Анто́н ду́мает о Ка́те. Они́ ду́мают **друг о дру́ге**.

The first word of the phrase does not change:

> **друг** дру́га
> **друг** дру́гу
> **друг** с дру́гом

The second word of the phrase changes according to its use in the sentence, either because of the verb

люби́ть **кого́**?	друг дру́г**а**
помога́ть **кому́**?	друг дру́г**у**

or because of its use in a prepositional phrase. When a preposition is used, it is inserted between the two words:

жить где?	друг **у** дру́га
взять **у** кого́?	друг **у** дру́га
ду́мать **о** ком?	друг **о** дру́ге
разгова́ривать **с** кем?	друг **с** дру́гом

Б4 Answer or comment using the example.

Образе́ц ▶   — Ива́н лю́бит Ни́ну?
           — Да, о́чень. И Ни́на лю́бит его́. Они́ лю́бят друг дру́га.

1. — Ка́тя помога́ет бра́ту писа́ть письмо́?

2. — Анто́н ча́сто пи́шет Ви́ктору?

3. — Ма́ша так мно́го расска́зывает о Мари́не.

4. — И́горь всегда́ берёт магнитофо́н у Рома́на.

5. — Ка́тя ча́сто **звони́т** тебе́?

6. — Мели́сса лю́бит ходи́ть в го́сти к Ри́те?

7. — Пе́тя всегда́ танцу́ет то́лько с И́рой?

Б5 Вы зна́ете сло́во **перево́д**. Челове́к, кото́рый де́лает перево́ды —
перево́дчик. Перево́дчик **перево́дит**. Когда́ он конча́ет
переводи́ть, мы говори́м, что он **перевёл** кни́гу, статью́, текст,
слова́.

Переводи́ть/перевести́ (с како́го языка́ на како́й): с
англи́йского языка́ на ру́сский, с ру́сского языка́ на
англи́йский.

Переводи́ть (*impf.*) перевожу́, перево́дишь, перево́дят
Перевести́ (*pf.*) переведу́, переведёшь, переведу́т

past tense: перевёл, перевела́, перевели́

NOTE: The Russian verb **переводи́ть** corresponds to two English
       verbs — to translate and to interpret. In Russian, a
       перево́дчик may be both a person who translates written
       materials like books and a person who interprets oral
       communication.

Б6 Посмотри́те на э́ти кни́ги и скажи́те, кто их перевёл?

Б7 Подгото́вьтесь к слу́шанию.

1. Вы зна́ете журнали́ста? Где он/она́ рабо́тает?
2. Вы хоти́те и́ли не хоти́те быть журнали́стом? Почему́?
3. Каки́м челове́ком до́лжен быть журнали́ст?

Б8 Прослу́шайте текст **«Америка́нский журнали́ст в Москве́»** и отве́тьте на вопро́сы.

1. Где рабо́тал Джефф Три́мбул?
2. У кого́ Джефф брал интервью́?
3. У Дже́ффа есть семья́? У него́ есть де́ти? Ско́лько?
4. Его́ жена́ мо́жет помога́ть ему́? Почему́? Что она́ де́лает?
5. Почему́ Джефф ду́мает, что рабо́та журнали́ста хоро́шая?
6. Почему́ Джефф ду́мает, что рабо́та журнали́ста плоха́я?
7. Как ду́мает Джефф, каки́м челове́ком до́лжен быть журнали́ст?

ПОРАБО́ТАЕМ НАД ДИАЛОГОМ И НЕ ТОЛЬКО...

В1 Каки́е бы́ли отве́ты?

1. Ната́ша, ты рабо́таешь в газе́те и́ли в журна́ле?
   — ...?
2. В како́м?
   — ...?
3. У кого́ ты бу́дешь брать интервью́?
   — ...?

4. О чём ты их бу́дешь спра́шивать?
   — . . . ?
5. Ты говори́шь, что Близнецы́ мо́гут занима́ться журнали́стикой. Почему́?
   — . . . ?
6. В како́м кла́ссе ты начала́ интересова́ться журнали́стикой?
   — . . . ?
7. Ты была́ ра́да, когда́ напеча́тали твою́ пе́рвую статью́?
   — . . . ?
8. Чем ты увлека́ешься?
   — . . . ?
9. У тебя́ есть муж, де́ти? Расскажи́ о них.
   — . . . ?
10. Ты помога́ешь му́жу?
   — . . . ?

B2   Каки́е бы́ли вопро́сы?

1. — . . . ?
   Нет, я то́лько в седьмо́м кла́ссе начала́ интересова́ться
   журнали́стикой.
2. — . . . ?
   Мою́ пе́рвую статью́ напеча́тали, когда́ я ещё учи́лась в шко́ле.
3. — . . . ?
   Статья́ как статья́. Но я была́ так ра́да, когда́ её напеча́тали!
4. — . . . ?
   Да, мой муж то́же журнали́ст. И его́ оте́ц то́же журнали́ст.
5. — . . . ?
   Коне́чно, мы помога́ем друг дру́гу. Са́ша перево́дит с англи́йского,
   а я печа́таю его́ перево́ды.
6. — . . . ?
   К сожале́нию, я пло́хо зна́ю англи́йский.
7. — . . . ?
   Гла́вное в рабо́те журнали́ста — писа́ть пра́вду.

B3   Ролева́я игра́ «Берём интервью́»

Form two groups: journalists and interviewees. The journalists must make up sets
of questions to ask the interviewees (the people whom they will interview). The
people being interviewed must make up their own names, professions, workplaces,
biographical information, and hobbies. Look at Natasha's interview and use the
kinds of questions she used, or make up your own. When ready, the journalists will
begin the interviews. Hold a contest for the most interesting question and answer.

B4   Расскажи́те, у кого́ берёт интервью́ журнали́ст, как он рабо́тает.
Напиши́те **расска́з** о его́ рабо́те.

Слова́, кото́рые вам нужны́:

чемпио́н по бе́гу — running champion
милиционе́р — militiaman (policeman)
аквалангѝст — scuba diver
парашютѝст — parachutist
лежа́ть в больни́це — to be in a hospital
  (as a patient)

4.

1.

5.

2.

6.

3.

GRAMMAR REVIEW AND SUMMARY

Г1 Глаго́льная страни́ца

The verb has an important role in a Russian sentence. The verb determines the case of any noun or pronoun associated with the verb in the predicate. For example:

писа́ть	(что)	письмо́
	(кому́)	дру́гу
	(чем)	ру́чкой

You already know many Russian verbs. Verbs can be organized into two large groups: verbs with productive suffixes (new verbs in the language are formed with these suffixes) and those with non-productive suffixes (which do not "produce" new verbs).

The conjugation of verbs with non-productive suffixes must simply be memorized (many very important verbs, such as **быть, есть, идти́, е́хать, жить, мочь,** and **пить,** belong to this group). You have already learned many of these verbs, and there are not that many of them to learn.

Productive verbs can be organized into several classes, according to their suffixes. In this lesson we will review verbs with the suffix –**а** [–**я**], which retain this suffix in the present tense and which may be exemplified by the verbs **чита́ть** and **гуля́ть**:

чит - а́ - ть	**гул - я́ - ть**
чит - а́ - ю	гул - я́ - ю
чит - а́ - ешь	гул - я́ - ешь
чит - а́ - ют	гул - я́ - ют

The verbs **де́лать, ду́мать, игра́ть, отвеча́ть, покупа́ть, понима́ть, рабо́тать, слу́шать, собира́ть,** and many others which you have already learned are conjugated in the same way. These verbs can be recognized by the form of the second person imperative, which is always formed with **й** (**чита́й, де́лай, ду́май, игра́й,** etc.). Note, however, that there are some first conjugation verbs with non-productive suffix –**а** (**писа́ть**) and an entire class of second conjugation verbs (**лежа́ть, слы́шать**) which do *not* retain the –**а** in their present tense forms.

ДУМАЕМ, СПОРИМ, ОБСУЖДАЕМ

Д1 Мно́гие лю́ди счита́ют, что журнали́стом на́до роди́ться. Други́е ду́мают, что им мо́жно стать.

Look at the traits below and decide which are useful to a journalist and which might hamper a journalist in the practice of his/her profession.

Образе́ц ▶
— Журнали́сту на́до быть сме́лым?   — Журнали́ст мо́жет быть гру́бым?
— Да, коне́чно.   — Нет, что ты! Он не мо́жет быть гру́бым.

1.	общи́тельный	общи́тельность (f.)	sociable/sociability
2.	коммуника́бельный	коммуника́бельность (f.)	communicative/ communicability
3.	образо́ванный	образо́ванность (f.)	educated/an educated quality
4.	воспи́танный	воспи́танность (f.)	well-bred, (good) breeding
5.	обая́тельный	обая́тельность (f.)	charming/charm
6.	принципиа́льный	принципиа́льность (f.)	principled/adherence to principles
7.	засте́нчивый	засте́нчивость (f.)	shy/shyness
8.	сме́лый	сме́лость (f.)	brave/bravery
9.	незави́симый	незави́симость (f.)	independent/ independence
10.	энерги́чный	энерги́чность (f.)	energetic/state of being energetic
11.	такти́чный	такти́чность (f.)	tactful/tactfulness
12.	гру́бый	гру́бость (f.)	rude/rudeness
13.	самоуве́ренный	самоуве́ренность (f.)	self-assured (also, cocksure)/self-assurance
14.	насто́йчивый	насто́йчивость (f.)	persistent/persistence
15.	агресси́вный	агресси́вность (f.)	aggressive/aggressiveness
16.	любопы́тный	любопы́тство (n.)	curious/curiosity
17.	_____	чу́вство ю́мора (n.)	sense of humor

Д2 Think of the journalists you know from American television, radio, and newspapers. What makes an ideal journalist? Describe him/her, listing the qualities you admire most.

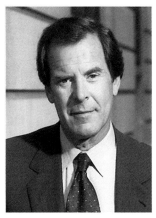

Пи́тер Дже́ннингс

Ко́ни Чанг

Бра́йант Га́мбел

ЗНАКОМИМСЯ СО СТРАНОЙ И РУССКОЙ КУЛЬТУРОЙ

 ### Алекса́ндр Серге́евич Пу́шкин
(1799 - 1837)

« . . . В нём ру́сская приро́да, ру́сская душа́,
ру́сский язы́к и ру́сский хара́ктер . . . »

— *Н. В. Го́голь, ру́сский писа́тель*

А.С. Пу́шкин
Худо́жник В.А. Тропи́нин

Ната́ша в своём интервью́ сказа́ла, что она́ лю́бит Пу́шкина, всегда́ его́ чита́ет. Так же говоря́т мно́гие.

Прочита́йте о жи́зни вели́кого ру́сского поэ́та.

Алекса́ндр Серге́евич Пу́шкин роди́лся в Москве́. У отца́ Пу́шкина была́ **огро́мная** библиоте́ка. Алекса́ндр о́чень люби́л чита́ть. Он чита́л на ру́сском и на францу́зском языка́х. Учи́лся Пу́шкин недалеко́ от Петербу́рга в Ца́рском **Селе́**.[7] Пу́шкин и его́ друзья́ учи́лись в **Лице́е** шесть лет (1811-1817). В кла́ссе бы́ло три́дцать ма́льчиков. Они́ учи́лись, пе́ли, писа́ли стихи́, **влюбля́лись**. И бы́ли друзья́ми. Пу́шкин пото́м писа́л:

огро́мный — huge

село́ — village
лице́й — lyceum, preparatory
   school
влюбля́ться — to fall in love

Друзья́ мои́, прекра́сен наш **сою́з**!

сою́з — union, alliance

Лице́й, где учи́лся Пу́шкин

Когда́ Пу́шкин учи́лся в Лице́е, он мно́го чита́л и, коне́чно, писа́л стихи́. В 1814 году́, когда́ ему́ бы́ло пятна́дцать лет, его́ стихи́ напеча́тали. По́сле Лице́я Пу́шкин написа́л мно́го стихо́в — о **свобо́де**, о револю́ции. С 1820 го́да он — в **ссы́лке**, снача́ла в Кишинёве, Оде́ссе, а пото́м на се́вере, в селе́ Миха́йловском.

свобо́да — freedom
ссы́лка — exile, banishment

---

[7] Ца́рское Село́ — село́, где жил ле́том ру́сский царь и ца́рская семья́.

Дом в Миха́йловском

В Миха́йловском поэ́т мно́го рабо́тал. Здесь он
писа́л свой рома́н в стиха́х «Евге́ний Оне́гин» и
траге́дию «Бори́с Годуно́в». По́сле ссы́лки Пу́шкин
жил в Москве́. Там он встре́тил свою́ **бу́дущую**
жену́ — Ната́лью Никола́евну Гончаро́ву. Этой
де́вушке бы́ло то́лько семна́дцать лет, но вся
Москва́ уже́ говори́ла о ней: така́я она́ была́
краси́вая. По́сле сва́дьбы Пу́шкин с жено́й жил в
Петербу́рге. Нельзя́ сказа́ть, что его́ жизнь была́
счастли́вой. Жена́ люби́ла балы́, всегда́ была́ в
це́нтре внима́ния. В 1836 году́ её уви́дел
францу́зский **офице́р** Ж. Данте́с и **потеря́л го́лову**.
Он танцева́л то́лько с ней, **ждал** о́коло до́ма, писа́л
пи́сьма . . . Де́ло ко́нчилось **дуэ́лью**.
В январе́ 1837 го́да Пу́шкин **поги́б**.

бу́дущий — future

це́нтр внима́ния — the
  center of attention
офице́р — officer
потеря́л го́лову — (he)
  lost (his) head
ждать — to wait
дуэ́ль (f.) — duel
поги́б — (he) perished,
  died

Дом на Арба́те в Москве́,
где Пу́шкин недо́лго жил
с жено́й в 1831 году́.
Сейча́с здесь музе́й.

Дом на Мо́йке в Петербу́рге, где Пу́шкин жил с жено́й и детьми́ с о́сени 1836 го́да.

В кварти́ре Пу́шкина бы́ло мно́го книг — бо́льше трёх ты́сяч, на ру́сском и на четы́рнадцати иностра́нных языка́х.

Здесь, в э́той ко́мнате, Пу́шкин **у́мер** 29 января́ 1837 го́да. Ему́ бы́ло 37 лет.

у́мер — died *(masc.)*

E2   Скажи́те, где происхо́дят э́ти разгово́ры:

— Посмотри́ на э́тот дом. — А что? Дом как дом. — Совсе́м нет. В э́том до́ме жил Пу́шкин с жено́й. Они́ жи́ли здесь в 1831 году́.	— Я вчера́ был в Лице́е. — Ну и как? Понра́вился музе́й? — Да, о́чень интере́сно. Я ви́дел ко́мнату, где жил молодо́й Пу́шкин.

Посмотри́те на фотогра́фии мест, где жил Пу́шкин, и соста́вьте свои́ диало́ги. Разыгра́йте их. (Смотри́те страни́цы 24-25.)

E3 Сегóдня вы прочитáете стихи́ Пу́шкина. Конéчно, э́то нелегко́, но перевóд помóжет вам. Снача́ла послу́шайте стихи́. Не пра́вда ли, они́ похóжи на му́зыку? А тепéрь прочита́йте их са́ми.

Я вас люби́л: любóвь ещё, быть мóжет, | I loved you: it may be that love
В душé моéй уга́сла не совсéм; | Has not completely died in my soul;
Но пусть она́ вас бóльше не тревóжит; | But let it not trouble you any more;
Я не хочу́ печа́лить вас ничéм. | I do not wish to sadden you in any way.

Я вас люби́л безмóлвно, безнадёжно, | I loved you silently, hopelessly,
То рóбостью, то рéвностью томи́м; | Tormented now by shyness and now by jealousy;
Я вас люби́л так и́скренно, так нéжно, | I loved you so truly, so tenderly
Как дай вам Бог люби́мой быть други́м. | As God may grant that you be loved by another.

E4   Imagine you have been given an opportunity to interview Aleksandr Sergeevich Pushkin. Write five questions that you might ask him.

СЛОВАРЬ

Часть А ——————————————————————— *Фóрмы глагóлов*

балери́на	ballerina	
Битлз	The Beatles	
брать/взять интервью (у когó)	to interview (someone)	*бер-у́, -ёшь, -у́т/* *возьм-у́, -ёшь, -у́т*
естéственные нау́ки	natural sciences	
знак	sign	
под каки́м зна́ком	under what sign	
под зна́ком Близнецóв	under the sign of Gemini	
конча́ть/кóнчить	to end, to finish	*конча́-ю, -ешь, -ют/* *кóнч-у, -ишь, -ат*
крестья́нин *(m.)*, крестья́нка *(f.)*	peasant	
лётчик	pilot	
манекéнщица	(fashion) model	
начина́ть/нача́ть (что)	to begin (something)	*начина́-ю, -ешь, -ют/* *начн-у́, -ёшь, -у́т*

осо́бенно	especially	
печа́тать/напеча́тать (что)	to print, type	*печа́та-ю, -ешь, -ют/* *напеча́та-ю, -ешь, -ют*
повтори́тельный уро́к	review lesson	
предме́т	subject	
рок-музыка́нт	rock musician	
рубе́ж	border	
за рубежо́м	abroad	
свяще́нник	priest	
секрета́рь-рефере́нт	administrative secretary	
содержа́ние	content(s)	
статья́, -ьй, (*pl.*) статьй, стате́й	article	
увлека́ться/увле́чься (кем/чем)	to develop an enthusiasm (for something), be wrapped up (in something), be very interested (in something), be fascinated (by something)	*увлека́-юсь, -ешься, -ются /* *увлек-у́сь, увлеч-ёшься, увлек-у́тся*
увлече́ние	enthusiasm, fascination	
хо́бби (*n.*)	hobby	

Часть Б

гла́вное	(*adj.*) main (*noun*) the main thing	
звони́ть/позвони́ть (кому́)	to ring; to telephone (someone)	*звон-ю́, -и́шь, я́т* *позвон-ю́, -и́шь, я́т*
оши́бка	mistake, error	
перево́д	translation	
переводи́ть/ перевести́ (что)	to translate	*перевож-у́, перево́д- ишь,-ят/* *перевед-у́, -ёшь, -у́т*
перево́дчик	translator, interpreter	
помога́ть/помо́чь (кому́/чему́)	to help	*помога́-ю, -ешь, -ют/* *помог-у́, помо́ж-ешь, помо́г-ут*
помога́ть друг дру́гу	to help each other	
самостоя́тельно	independently	
самостоя́тельный	independent	

Часть В

расска́з	story

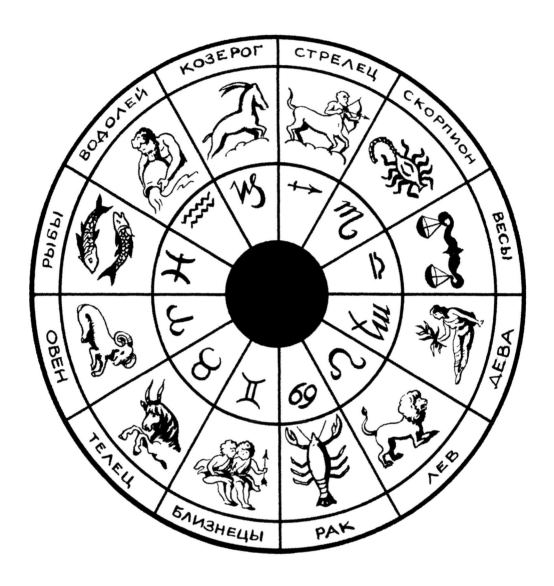

Signs of the Zodiac
Зна́ки зодиа́ка

———◆———

Овен (**Aries**), Теле́ц (**Taurus**), Близнецы́ (**Gemini**), Рак (**Cancer**), Лев (**Leo**),
Де́ва (**Virgo**), Весы́ (**Libra**), Скорпио́н (**Scorpio**), Стреле́ц (**Sagittarius**),
Козеро́г (**Capricorn**), Водоле́й (**Aquarius**), Ры́бы (**Pisces**)

2 ВТОРОЙ УРОК
Человéк XXI вéка

MAIN STRUCTURES	FUNCTIONS AND COMMUNICATIVE SITUATIONS	GRAMMATICAL STRUCTURES AND LEXICOLOGY	LANGUAGE AND CULTURE
А			
— Два гóда ребя́та бýдут готóвиться к поступлéнию в институ́т.	Preparing for an event	The verb **готóвиться / подготóвиться** with the preposition **к** and the dative case	Обы́чный день рýсского шкóльника
— Ты ложи́шься спать в 10 часóв?	Describing daily activities	The verb **ложи́ться /лечь** with the infinitive	
— К мóде ты отнóсишься нормáльно.	Talking about how one relates to (feels about) something or someone	The verb **относи́ться** with the preposition **к** and the dative case	
Б			
— Мнóгие ребя́та считáют, что . . .	Expressing an opinion	Compound sentences with the verb **считáть**	Мóжет ли шкóль-ник в Росси́и заработáть дéньги ?
— У тебя́ больши́е музыкáльные спосóбности.	Talking about people's abilities	The preposition **к** and the dative case in the expression **спосóбности к чемý?**	
— Спосóбности к мýзыке у меня́ есть.			

В   Порабóтаем над диалóгом и не тóлько . . .

Г   **Grammar Review and Summary**

Д   Дýмаем, спóрим, обсуждáем
      Как вы отнóситесь к рок-мýзыке?

Е   Андрéй Макарéвич — музыкáнт, поэ́т, композúтор
      Интервью́ с рок-музыкáнтом

Ё   Словáрь

Людéй неинтерéсных в мúре нет,
Их сýдьбы — как истóрия планéт:
У кáждой всё осóбое, своё,
И нет планéт, похóжих на неё.
— Евгéний Евтушéнко, рýсский поэт

There are no uninteresting people in the world,
Their fates resemble the history of planets:
Each one has its own essence,
And each planet is unique.
— Evgeny Evtushenko, Russian poet

A1 Илюша Протопóпов — высóкий мáльчик с голубы́ми глазáми и свéтлыми волосáми. Учится в деся́том клáссе. **Недáвно** он нáчал учи́ться в нóвой шкóле. Он хотéл поступи́ть в эту шкóлу, поэтому **сдавáл экзáмены**: матемáтику, геогрáфию, рýсский и англи́йский языки́.

Класс, котóрый вы́брал Илюша — **экономи́ческий**. Два гóда ребя́та бýдут готóвиться к **поступлéнию** на экономи́ческий факультéт, в **финáнсовый** институ́т.

А ря́дом — **гуманитáрный** класс. В этом клáссе ýчатся ребя́та, котóрые вы́брали англи́йский и немéцкий языки́, рýсскую и немéцкую литератýру, истóрию **мировóй культýры**, истóрию **релúгии**.

Ната́ша:	Илю́ша, дава́й **начнём с анке́ты**. Это не совсе́м серьёзная анке́та — э́то анке́та-**шу́тка**.

Илю́ша:	Ну, **в ка́ждой шу́тке есть до́ля пра́вды**.

Вот анке́та с отве́тами Илю́ши.

		Да	Нет
1.	Ты **ра́но** встаёшь?	✗	
2.	Ты **принима́ешь душ** ка́ждый день?	✗	
3.	Когда́ ты **за́втракаешь**, ты пьёшь ко́фе с са́харом?		✗
4.	Ты ча́сто ешь шокола́д?		✗
5.	На твоём бутербро́де ты лю́бишь мно́го ма́сла?		✗
6.	Ты ка́ждый день ешь сала́т?	✗	
7.	Ты ешь о́чень бы́стро?	✗	
8.	Ты **ку́ришь**?		✗
9.	Ты **регуля́рно** занима́ешься спо́ртом?		✗
10.	Ты хо́дишь в шко́лу пешко́м?		✗
11.	Ты мно́го гуля́ешь?		✗
12.	У тебя́ есть **ли́шний вес**?		✗
13.	Ты мно́го смо́тришь телеви́зор или ви́дик?		✗
14.	Ты **ложи́шься спать** в 10 часо́в?		✗
15.	Ты **но́сишь мо́дную оде́жду**, да́же е́сли тебе́ в ней **неудо́бно**?		✗

Сейча́с ты сам мо́жешь отве́тить на э́ти вопро́сы и посмотре́ть ско́лько у тебя́ бу́дет **очко́в**.

1. да - 0, нет - 1	6. да - 0, нет - 1	11. да - 0, нет - 1
2. да - 0, нет - 1	7. да - 1, нет - 0	12. да - 1, нет - 0
3. да - 1, нет - 0	8. да - 2, нет - 0	13. да - 2, нет - 0
4. да - 1, нет - 0	9. да - 0, нет - 2	14. да - 0, нет - 2
5. да - 1, нет - 0	10. да - 0, нет - 2	15. да - 1, нет - 0

1-5 очко́в:	Молоде́ц! Ты — **приме́р** для свои́х друзе́й.
6-10 очко́в:	Ты живёшь пра́вильно.
11-15 очко́в:	Поду́май, как на́до жить. Бо́льше занима́йся спо́ртом.
16-20 очко́в:	Тру́дная пробле́ма: тебе́ на́до жить **по-друго́му**.

Ната́ша: Ско́лько у тебя́ очко́в? Во́семь? Ты молоде́ц. А почему́ ма́ло гуля́ешь? Свобо́дного вре́мени нет?

Илю́ша: Коне́чно. В шко́ле ка́ждый день 7-8 уро́ков. Домо́й е́ду почти́ час. По́сле шко́лы на́до де́лать уро́ки. Телеви́зор смотрю́, когда́ **у́жинаем**. В 11 ложу́сь спать, но иногда́ уро́ков так мно́го, что ложу́сь и в 12. А вчера́ я лёг в час.

Ната́ша: Илю́ша, ты что, спо́ртом совсе́м не занима́ешься?

Илю́ша: Почему́ вы так ду́маете? Занима́юсь, то́лько немно́го. Зимо́й **ката́юсь на конька́х**, а ле́том — **на велосипе́де**.

Ната́ша: *(смо́трит в анке́ту)* Я ви́жу, что к мо́де ты **отно́сишься норма́льно**.

Илю́ша: Да, норма́льно. Е́сли вещь **удо́бная**, я её куплю́. Е́сли вещь мо́дная, но она́ мне не нра́вится, я её не куплю́. Мо́дные **причёски**? Нет, здесь я **консерва́тор**.

Посмотри́те на рису́нки и скажи́те, о чём говори́л и не говори́л Илю́ша.

Образе́ц ▶   Илю́ша говори́л, что он принима́ет душ.
Илю́ша не говори́л, что он де́лает заря́дку.

1 Я принима́ю душ.

Я причёсываюсь. **2**

3 Я де́лаю заря́дку.

Я за́втракаю. **4**

5 Я ката́юсь на конька́х.

Я ложу́сь спать. **6**

A3 Indicate which of the following statements correctly represent Ilyusha's answers to Natasha's questions and which do not.

	Пра́вильно	Непра́вильно
1. Илю́ша ма́ло гуля́ет, потому́ что		
а. он не лю́бит гуля́ть.	☐	☐
б. у него́ мно́го уро́ков.	☐	☐
в. он по́здно ложи́тся спать.	☐	☐
2. Илю́ша сказа́л, что		
а. он совсе́м не занима́ется спо́ртом.	☐	☐
б. он ма́ло занима́ется спо́ртом.	☐	☐
в. зимо́й он ката́ется на конька́х.	☐	☐
3. В уро́ке мы узна́ли, что		
а. Илю́ша но́сит мо́дные ве́щи, да́же е́сли они́ неудо́бные.	☐	☐
б. У Илю́ши всегда́ мо́дная причёска.	☐	☐
в. Он лю́бит мо́дную, но удо́бную оде́жду.	☐	☐

A4 The verb **гото́вить / пригото́вить** is transitive, i.e., it takes a direct object: **обе́д, уро́ки, ве́щи**. The reflexive verb **гото́виться / подгото́виться** is intransitive and is "completed" by the preposition **к** and a noun in the dative case: **гото́виться / подгото́виться к чему́?**

Compare this with the English:

	к чему?	
Я гото́влюсь	к экза́мену.	I am preparing for an exam.
Ты гото́вишься	к пра́зднику.	You're preparing for a holiday.
Они́ гото́вятся	к Но́вому го́ду,	They're preparing for New Year's,
	соревнова́ниям,	the competitions,
	интервью́.	an interview.

A5 Посмотри́те на фотогра́фии и скажи́те, к чему́ они́ гото́вятся.

1

2

3

4

5

A6

The verb **ОТНОСИ́ТЬСЯ** is used to ask about, to express an opinion about, or to indicate one's feelings about, something:
— Как ты отно́сишься к: ?

мо́да:	Я отношу́сь к мо́де норма́льно.
рок:	Я зна́ю, что ты пло́хо отно́сишься к ро́ку.
кла́ссика:	Он пло́хо отно́сится к кла́ссике.
Ба́рбра Стре́йсанд:	Мы с интере́сом отно́симся к Ба́рбре Стре́йсанд.
Эрик Кла́птон:	Не понима́ю, почему́ вы пло́хо отно́ситесь к Эрику Кла́птону.
Горбачёв:	Америка́нцы хорошо́ отно́сятся к Горбачёву.
ру́сская це́рковь:	Как ты отно́сишься к ру́сской це́ркви?
но́вый учи́тель:	Шко́льники хорошо́ отно́сятся к но́вому учи́телю.

A7 Скажи́те, как вы к э́тому отно́ситесь?

A8 Подгото́вьтесь к слу́шанию.

1. Когда́ вы встаёте?
2. Кто у вас обы́чно гото́вит за́втрак?
3. Вы де́лаете дома́шнее зада́ние до́ма? Ско́лько вре́мени?
4. Вы лю́бите е́здить на маши́не?

A9 Прослу́шайте текст «Обы́чный день ру́сского шко́льника» и отве́тьте на вопро́сы:

1. Когда́ шко́льники встаю́т?
2. Кто гото́вит за́втрак?
3. Почему́ ребя́та не е́здят на маши́не?
4. Когда́ уро́ки конча́ются?
5. Ско́лько вре́мени ребя́та де́лают дома́шнее зада́ние?
6. Ру́сские ребя́та мно́го занима́ются спо́ртом? Почему́ да и́ли нет?

Б

Б1 Диало́г продолжа́ется.

Ната́ша: А мо́да в му́зыке? Ты сам серьёзно занима́лся му́зыкой, ма́ма у тебя́ музыка́нт. Есть у тебя́ **куми́р** в му́зыке?

Илю́ша: Мой куми́р — Эрик Кла́птон. Я и **класси́ческую**[1] му́зыку слу́шаю, осо́бенно когда́ у меня́ плохо́е **настрое́ние**. Но мно́гие ребя́та **счита́ют**, что на́до слу́шать то́лько рок, а не **кла́ссику**. Я так не счита́ю.

Ната́ша: Сейча́с ты му́зыкой не занима́ешься, а все говори́ли, что у тебя́ больши́е **спосо́бности**. Ты хорошо́ игра́л и на **фаго́те** и на **роя́ле** . . .

фаго́т

Илю́ша: Музыка́льные спосо́бности у меня́, коне́чно, есть, но я лени́вый, ма́ло рабо́тал. Да, ещё два го́да наза́д я не ду́мал, что бу́ду занима́ться **эконо́микой**, ду́мал, что ста́ну музыка́нтом.

---

[1] класси́ческая му́зыка — classical music; класси́ческая литерату́ра — classical literature; кла́ссика — either music or literature from previous periods by the best composers or writers.

Ната́ша:	А твоё хо́бби?
Илю́ша:	Кни́ги. У нас до́ма мно́го книг: кла́ссика, **совреме́нные** писа́тели.
Ната́ша:	Илю́ша, у тебя́ есть пробле́ма де́нег, у тебя́ быва́ют **карма́нные де́ньги**?
Илю́ша:	Ну, больши́х де́нег у меня́ нет. Иногда́ **хо́чется** купи́ть **что́-нибудь**, пласти́нку и́ли кассе́ту, наприме́р. Е́сли де́ньги есть, я куплю́.
Ната́ша:	Ты сам зараба́тываешь?
Илю́ша:	Сам не зараба́тываю, ма́ма даёт мне де́ньги.
Ната́ша:	Счита́ешь, что зараба́тывать де́ньги непра́вильно?
Илю́ша:	Нет, не счита́ю! Наоборо́т, ду́маю, что ребя́та, кото́рые са́ми зараба́тывают де́ньги и в шко́ле хорошо́ у́чатся — молодцы́. А я то́лько оди́н раз помога́л своему́ дру́гу, кото́рый газе́ты продаёт. Я хоте́л бы, но не **успева́ю**: уро́ки, уро́ки . . .
Ната́ша:	А тебе́ интере́сно учи́ться? Что лю́бишь бо́льше всего́?
Илю́ша:	Эконо́мика нра́вится, литерату́ру люблю́, осо́бенно ру́сскую класси́ческую — Толсто́го, Достое́вского.[2] И исто́рию рели́гии вы́брал — я ничего́ об э́том не зна́ю.
Ната́ша:	Óчень хо́чешь поступи́ть в институ́т?
Илю́ша:	Óчень.
Ната́ша:	Извини́, Илю́ша, но хочу́ **зада́ть** тебе́ ещё оди́н **вопро́с**: в шко́ле ты **подска́зываешь** и́ли тебе́ подска́зывают?
Илю́ша:	Когда́ как. Но пра́вду сказа́ть, я не люблю́ подска́зывать.
Ната́ша:.	Илю́ша, тебе́ сейча́с 15 лет. Ты ду́мал, что ты челове́к XXI ве́ка?
Илю́ша:	Не люблю́ таки́е вопро́сы. Извини́те, но э́то о́чень журнали́стский вопро́с. Не зна́ю, каки́м я бу́ду, когда́ мне бу́дет 25 лет, то́лько зна́ю, что хочу́ быть хоро́шим эконо́мистом.

---

[2] Фёдор Миха́йлович Достое́вский (1821–1881) — изве́стный ру́сский писа́тель.

Наташа: Но **всё-таки**, каким будет человек XXI века?

Илюша: Добрым, честным и обязательно с чувством юмора!

Он ест домашнее задание.

ПРОВЕРКА ✓ ПОНИМАНИЯ

	Правильно	Неправильно
1. Илюша считает, что		
а. только рок — настоящая музыка.	☐	☐
б. надо слушать только классическую музыку.	☐	☐
в. можно любить и рок и классику.	☐	☐
2. Илюша не занимается сейчас музыкой, потому что		
а. у него нет музыкальных способностей.	☐	☐
б. он мало работал раньше.	☐	☐
в. он хочет стать экономистом.	☐	☐
3. О деньгах можно сказать, что		
а. у Илюши много денег.	☐	☐
б. он обычно зарабатывает деньги сам.	☐	☐
в. он не хочет зарабатывать деньги сам.	☐	☐
4. Илюша выбрал историю религии, потому что		
а. он ничего не знал об этом.	☐	☐
б. он часто ходит в церковь.	☐	☐
5. Илюша хочет стать		
а. музыкантом.	☐	☐
б. экономистом.	☐	☐
в. писателем.	☐	☐

Б3

To express your opinion or to ask someone else's opinion, use:

— Я **думаю**, что . . . А что (как) ты **думаешь**?
— Мне **кажется**, что . . . А тебе что (как) **кажется**?
— Моя мама **считает**, что . . . А как твоя мама **считает**?

The verb **считать** expresses a carefully thought-out opinion. It is conjugated like **читать**.

Б4

Read some opinions and express yours. Ask for your classmate's opinion.

Образец ▶ — Сейчас очень много разных профессий, поэтому трудно выбрать.

— Я тоже считаю, что сейчас очень много разных профессий, поэтому трудно выбрать.

или:

— Я тоже так думаю /считаю.

или:

— Нет, мне не кажется (я не считаю), что трудно выбрать профессию.

1. Скоро компьютеры будут быстро переводить с одного языка на другой, поэтому людям не надо будет учить иностранные языки.

2. Сейчас очень много разных профессий, поэтому трудно выбрать.

3. В будущем человеку не надо будет долго решать, какие у него способности. Человек родится, и компьютер скажет, кто он: художник или учёный.

4. Когда учишь иностранный язык, надо быть смелым. Ещё хорошо, если у тебя много друзей и ты говоришь с ними и пишешь им письма.

5. Хороший **читатель** — это человек, который много думает, а не много читает.

читатель — человек, который читает

Talking about abilities and talent

— А у Илюши есть способности к му́зыке?
— Да, у него́ больши́е музыка́льные спосо́бности.   Я счита́ю, что он о́чень спосо́бный музыка́нт.

	к чему́?
У Татья́ны есть спосо́бности . . .	к му́зыке.
	к спо́рту.
	к матема́тике.
У Ви́ктора нет спосо́бностей . . .	к рисова́нию.
	к языка́м.
	к поэ́зии.

О спосо́бностях к му́зыке говоря́т — музыка́льные спосо́бности.
О спосо́бностях к рисова́нию — **худо́жественные** спосо́бности.

У Ви́ктора	есть	музыка́льные спорти́вные матема́тические	спосо́бности.
У Татья́ны	нет	музыка́льных спорти́вных матема́тических	спосо́бностей.

Б6   О каки́х спосо́бностях говоря́т:

спорти́вные	спосо́бности?
лингвисти́ческие	
поэти́ческие	
матема́тические	

Каки́е у них спосо́бности?

Б7 Подготóвьтесь к чтéнию.

1. Вы ужé сáми зарабáтываете дéньги?
2. Скóлько лет бывáет америкáнским шкóльникам, когдá онú начинáют зарабáтывать?
3. Как отнóсятся вáши родúтели к вáшей рабóте (éсли вы рабóтаете)?
4. Éсли вам нужнú дéньги, как вы их мóжете получúть?

 Б8 Прочитáйте текст «Мóжет ли шкóльник в Россúи заработáть дéньги?» и отвéтьте на вопрóсы:

Мóжет ли шкóльник в Россúи заработáть дéньги?

Нéсколько лет назáд бúло невозмóжно дáже подýмать, что шкóльники мóгут зарабáтывать. Непонятно почемý, все считáли, что это нехорошó, когдá у шкóльника есть свои дéньги úли он дýмает о деньгáх. Но сейчáс ужé другóе врéмя, жизнь стáла другóй, ужé нáдо дýмать о деньгáх. И мнóгие хотят рабóтать. Интерéсно, что сáмые пéрвые ребята, котóрые стáли зарабáтывать, бúли совсéм мáленькие шкóльники, ученикú 6–7-х клáссов. Онú стáли мыть óкна машúн на ýлицах, когдá машúны останáвливались на крáсный свет.

В Россúи ребята не рабóтают в ресторáнах úли в кафé. Но дéти мóгут помогáть продавáть морóженое на ýлицах, газéты, пéпси-кóлу, игрýшки. Мóжно **получúть** неплохúе дéньги. Лéтом мнóгие помогáют в рабóте в дерéвне. ■

1. Почемý рýсские ребята не зарабáтывали дéньги?
2. Где сейчáс мóжно заработáть дéньги?
3. Где ребята не рабóтают?

ПОРАБОТАЕМ НАД ДИАЛОГОМ И НЕ ТОЛЬКО...

B1 Вы хоти́те узна́ть, пра́вильно вы живёте и́ли нет? Отве́тьте на вопро́сы анке́ты-шу́тки, на кото́рые отвеча́л Илю́ша. (Посмотри́те страни́цы 31–32.)

B2 Natasha and Ilyusha discussed these topics. Number them in the order in which they occurred.

_____ Пробле́мы де́нег сейча́с у меня́ нет.
_____ Мне интере́сно учи́ться.
_____ Илю́ша отвеча́ет на вопро́сы анке́ты.
_____ Люблю́ и рок, и класси́ческую му́зыку.
_____ К мо́де отношу́сь норма́льно.
_____ Спо́ртом занима́юсь, но немно́го.

B3   Наве́рное, вы хоти́те бо́льше узна́ть об Илю́ше.   Ва́ши вопро́сы, пожа́луйста.

1.   — . . . ?
     — Нет, я зна́ю англи́йский не о́чень хорошо́. Но сейча́с занима́юсь и в шко́ле, и до́ма, с учи́тельницей.

2.   — . . . ?
     — Нет, я не́ был в Аме́рике, но мно́го зна́ю о ней: мне расска́зывал мой дя́дя, кото́рый два го́да рабо́тал там.

3.   — . . . ?
     — Да, у меня́ ма́ленькая сестра́. Ей семь лет.

4.   — . . . ?
     — Очень её люблю́. Я хоте́л сестру́, а не бра́та.

5.   — . . . ?
     — Иногда́ гуля́ю с ней в па́рке и́ли на стадио́не в **Лужника́х**: мы живём ря́дом.

6.   — . . . ?
     — Не курю́, потому́ что мне не нра́вится, когда́ ку́рят.

7.   — . . . ?
     — К сожале́нию, до́ма на компью́тере я не рабо́таю. Но в шко́ле есть компью́тер. Я бу́ду учи́ться.

B4   Илю́ша то́же хо́чет спроси́ть вас о ва́шей жи́зни, об увлече́ниях. Ва́ши отве́ты, пожа́луйста.

1.   — Что ты бо́льше всего́ лю́бишь: матема́тику, ру́сский язы́к, исто́рию . . . ?
     — . . . ?

2.   — Ты уже́ ду́мал, кем ты хо́чешь стать? Ты уже́ вы́брал ко́лледж и́ли университе́т, в кото́ром бу́дешь учи́ться?
     — . . . ?

3.   — В моём кла́ссе 27 челове́к. Ско́лько челове́к в твоём кла́ссе?
     — . . . ?

4.   — Я люблю́ ката́ться на велосипе́де. А у вас ката́ются на велосипе́де? И́ли то́лько на маши́не?
     — . . . ?

5.   — Ты зна́ешь, как я отношу́сь к мо́де. А ты как отно́сишься?
     — . . . ?

6. — У тебя́ есть хо́бби? Како́е?
   — . . . ?

7. — У меня́ о́чень ма́ло свобо́дного вре́мени, а у тебя́ и твои́х
   друзе́й? Как вы его́ прово́дите?
   — . . . ?

8. — Я слы́шал, что америка́нские шко́льники не подска́зывают друг
   дру́гу на уро́ке. Это так?
   — . . . ?

9. — У тебя́ есть карма́нные де́ньги? Ты их сам (сама́) зараба́тываешь
   и́ли тебе́ даю́т роди́тели?
   — . . . ?

10. — Я не о́чень мно́го чита́л америка́нских писа́телей — Ма́рка
    Тве́на, Хемингуэ́я, Сэ́линджера.[3] Коне́чно, чита́л на ру́сском. А
    каки́х ру́сских писа́телей ты чита́л?
    — . . . ?

B5   Вы «взя́ли интервью́» у Илю́ши, и он у вас. Бы́ли у Илю́ши
вопро́сы, кото́рые **удиви́ли** вас? Скажи́те, что но́вого вы узна́ли из
э́тих интервью́ об Илю́ше?

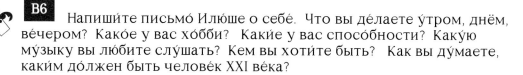

B6   Напиши́те письмо́ Илю́ше о себе́. Что вы де́лаете у́тром, днём,
ве́чером? Како́е у вас хо́бби? Каки́е у вас спосо́бности? Каку́ю
му́зыку вы лю́бите слу́шать? Кем вы хоти́те быть? Как вы ду́маете,
каки́м до́лжен быть челове́к XXI ве́ка?

---

[3] Ма́рк Тве́н, Хемингуэ́й, Сэ́линджер — изве́стные америка́нские писа́тели.

B7 Какóе у вас настроéние? Плохóе? Хорóшее? Тáк себé? Давáйте почитáем анекдóты — и вáше настроéние стáнет лýчше.

В журнáле «Огонёк» печáтают «Анекдóты от Никýлина». Юрий Никýлин — óчень извéстный клóун. Его увлечéние — собирáть анекдóты и шýтки.

1. В шкóле учи́тель спрáшивает ученикá:
   — Когдá ýмер Наполеóн?
   — Умер? Я дáже не знал, что он **бóлен**.

бóлен – sick
(masc., short form adj.)

2.

чи́стый – clean

3. **Учи́тель:** Как **изменя́ется** глагóл «идти́»?

изменя́ться – change

Учени́к: Я . . . идý . . . *(дýмает)*. Ты ид . . . ёшь
Он . . .

Учи́тель: Быстрéе.

быстрéе – faster

Учени́к: Я бегý, ты **бежи́шь**,
он бежи́т!

бежáть – to run

GRAMMAR REVIEW AND SUMMARY

Г1   Глаго́льная страни́ца

A very large group of productive verbs consists of those verbs that end in the suffix **-ить** such as **говори́ть**, **дари́ть,** and **учи́ть**.

говор - и́ть	уч - и́ть
говор - ю́	уч - у́
говор - и́шь	у́ч - ишь
говор - я́т	у́ч - ат

All verbs of this group belong to the second conjugation and have a characteristic mutation in the first person singular of the non-past tense forms. You have already encountered most of these mutations. This mutation occurs **only** in the first person singular when the stem ends in certain consonants. The table below lists possible mutations and examples.

С › Ш	прос - и́ть	прош - у́, про́с - ишь, про́с - ят	to ask (for a favor)
В › ВЛ	гото́в - ить	гото́вл - ю, гото́в - ишь, гото́в - ят	to prepare
б › бл	люб - и́ть	любл - ю, лю́б - ишь, лю́б - ят	to love
М › МЛ	познако́м - ить	познако́мл - ю, познако́м - ишь, познако́м - ят	to acquaint
СТ › Щ	прост - и́ть	прощ - у́, прост - и́шь, прост - я́т	to forgive
З › Ж	тормоз - и́ть	тормож - у́, тормо́з - ишь, тормо́з - ят	to brake
Т › Ч	встре́т- ить	встре́ч - у, встре́т - ишь, встре́т - ят	to meet
Д › Ж	ходи́ - ть	хож - у́, хо́д - ишь, хо́д - ят	to walk (*indet.*)
П › ПЛ	купи́ - ть	купл - ю, ку́п - ишь, ку́п - ят	to buy
ф › фл	граф - и́ть	графл - ю, граф - и́шь, граф - я́т	to rule (paper)

Г2   Допо́лните предложе́ния:

1. Илю́ша ка́ждый день _____ в шко́лу на авто́бусе.   (е́здить)

2. — Илю́ша, посмотри́, кака́я ша́пка! Мо́дная, _____ её?   (купи́ть)
    — Нет, не _____ .

3. —Она́ тебе́ не _____ ? (нра́виться)
   —Да.

4. —Илю́ша, как ты _____ к мо́де? (относи́ться)
   —Как я _____ ? Норма́льно.

5. —Илю́ша, ско́ро твой день рожде́ния. (пригласи́ть)
   Ты _____ ребя́т из кла́сса?
   —Обяза́тельно _____ .

6. —Ба́бушка, как ты ду́маешь, я _____ в институ́т? (поступи́ть)
   —Ду́маю, ты _____ . Не волну́йся, всё бу́дет
   норма́льно.

7. —Тебе́ _____ э́та фра́за-шу́тка: «Плохо́й (нра́виться)
   челове́к — э́то челове́к, кото́рый пло́хо _____ (относи́ться)
   ко мне, хоро́шему»?

ДУМАЕМ, СПОРИМ, ОБСУЖДАЕМ

Д1   Как вы отно́ситесь к рок-му́зыке?

Here are a few arguments and counterarguments which will help you
begin the discussion.

АРГУМЕ́НТЫ	КОНТРАРГУМЕ́НТЫ
1. Рок-му́зыка — э́то му́зыка одного́ дня. Сего́дня она́ популя́рна, а за́втра её никто́ не хо́чет слу́шать.	1. Коне́чно, мно́гие пе́сни умира́ют. Но лу́чшие ве́щи остаю́тся и стано́вятся кла́ссикой, как наприме́р, "Yesterday" Битлз.
2. Рок-му́зыка о́чень **примити́вная.** Не секре́т, что мно́гие музыка́нты не учи́лись в музыка́льной шко́ле и да́же не зна́ют му́зыку. Э́то про́сто о́чень **гро́мкая** му́зыка.	2. Му́зыка быва́ет ра́зная, плоха́я и хоро́шая — во все времена́. Ра́зве все компози́торы XIX ве́ка бы́ли **ге́ниями**? Но, коне́чно, учи́ться на́до всем и мно́го, е́сли хо́чешь

Д1 продолжа́ется

АРГУМЕНТЫ	КОНТРАРГУМЕ́НТЫ
	стать настоя́щим музыка́нтом и писа́ть таку́ю му́зыку, как о́пера «Иису́с Христо́с — Су́перстар.»
3. Рок-му́зыка — это му́зыка то́лько для молоды́х. Роди́тели и де́ти не понима́ют друг дру́га.	3. Ка́ждый слу́шает то, что ему́ нра́вится. И это хорошо́.
4. Когда́ лю́ди слу́шают своего́ куми́ра, бо́льше ничего́ не ви́дят, не слы́шат. У них нет своего́ лица́, своего́ хара́ктера.	4. Да, но все они́ вме́сте, как одно́. Это прекра́сное чу́вство. Лю́ди вме́сте хотя́т быть добре́е, лу́чше, люби́ть друг дру́га.

Продолжайте, пожа́луиста.

Д2   Think of the musicians you know and like. Why do you like him or her?
What makes him or her so popular? Describe him or her, listing the qualities
you admire most. The following list of words may help you.

Слова́рь:

поп-му́зыка	pop music
хеви-ме́талл	heavy metal
рэп	rap
анса́мбль *(m.)*	ensemble, band
соли́ст	soloist
вокали́ст	vocalist
певе́ц	singer
уда́рник	drums; *also,* drummer
уда́рные инструме́нты	percussion

ЗНАКОМИМСЯ СО СТРАНОЙ И РУССКОЙ КУЛЬТУРОЙ

E1   В России, как и в Америке, все ребята увлекаются музыкой. Музыка — это увлечение номер один. Какой музыкой увлекаются? Разной: классической, роком, хеви-металлом, а сейчас и **рэпом**. Конечно, многие имена американских и английских певцов и музыкантов хорошо известны и любимы. Есть клубы фэнов Эрика Клаптона, Элвиса Пресли и, конечно, Битлз. В Санкт-Петербурге живёт один человек, который может точно сказать, что делал Элвис Пресли в тот или другой день своей жизни, он знает об Элвисе всё. Интересно, что многие даже выучили английский язык, потому что хотели петь песни своих кумиров.

рэп— rap

А что же русские музыканты? В России есть своя поп-музыка? Конечно, есть. И русские любят своих певцов не меньше, чем американских. И один из самых первых, самых любимых — Андрей Макаревич вместе с его группой «Машина времени». Он выступает уже больше двадцати лет, но его концерты и сейчас собирают большие залы и стадионы. Вот что он говорит в интервью, которое он дал специально для нашего учебника.

Андре́й Макаре́вич — музыка́нт, поэ́т, композитор

Интервью с рок-музыка́нтом.

Ната́ша: Андрей, вы архите́ктор, ко́нчили архитекту́рный институ́т. Вы и музыка́льную шко́лу ко́нчили?

Андре́й: Нет. В де́тстве я три го́да учи́лся игра́ть на пиани́но.

Ната́ша: А где вы научи́лись игра́ть на гита́ре?

Андре́й: В восьмо́м кла́ссе, когда́ пе́рвый раз услы́шал Битлз, на́чал игра́ть. Тогда́ все хоте́ли игра́ть на гита́ре.

Ната́ша: Зна́чит, вы увлекли́сь му́зыкой то́лько по́сле того́, как услы́шали Битлз?

Андре́й: Да, э́то так. И для нас их му́зыка была́ бо́льше, чем му́зыка. Это бы́ло как **во́здух свобо́ды.** Когда́ мы слу́шали и́ли игра́ли му́зыку Битлз, мы чу́вствовали себя́ свобо́дными

во́здух — air

свобо́да — freedom

людьми́. Тогда́ э́то мно́гим не понра́вилось. Мно́го лет мы не могли́ выступа́ть откры́то и в хоро́ших за́лах, не могли́ петь мно́гие пе́сни.

Ната́ша: А сейча́с вы выступа́ете в э́тих за́лах **пе́ред** те́ми, кто лю́бит ва́ши пе́сни, вашу му́зыку. Андре́й, каки́е музыка́нты и гру́ппы вам нра́вятся?

пе́ред — before

Андре́й: Из на́ших — «**Аква́риум**», «**Наути́лус**», «**ДДТ**». Из америка́нских и мировы́х нра́вится **Том Пе́тти**, ещё и сейча́с люблю́ **Эрика Кла́птона**, ра́ньше люби́л **Пи́нка Фло́йда, Джи́ми Хе́ндрикса.**

Аква́риум — Akvarium (musical group)
Наути́лус — Nautilus
ДДТ — DDT
Том Пе́тти — Tom Petty
Эрик Кла́птон — Eric Clapton
Пинк Флойд — Pink Floyd
Джими Хе́ндрикс — Jimi Hendrix

Ната́ша: А как вы отно́ситесь к класси́ческой му́зыке? Вы ча́сто её слу́шаете?

Андре́й: Таку́ю му́зыку нельзя́ слу́шать в маши́не и́ли во вре́мя обе́да. Ну́жно вре́мя. А у меня́ его́ нет.

Ната́ша: Как вы отно́ситесь к мо́де?

Андре́й: Я никогда́ не́ был мо́дным челове́ком. Я не люблю́ мо́ду, потому́ что она́ де́лает всех люде́й похо́жими.

Ната́ша: Вы мо́жете сказа́ть, что для вас зна́чит америка́нская му́зыка?

Андре́й: Очень мно́го зна́чит. В пятидеся́тые, шестидеся́тые го́ды э́то была́ свобо́да, мо́жно да́же сказа́ть **филосо́фия жи́зни. К сожале́нию**, сейча́с о́чень ча́сто э́то про́сто мо́да. То, что мо́дно в Аме́рике, **сра́зу** бу́дет мо́дным в Росси́и.

Филосо́фия — philosophy
жизнь — life
к сожале́нию — unfortunately
сра́зу — immediately

Ната́ша: Как вы ду́маете, ру́сская му́зыка мо́жет стать популя́рной в Аме́рике?

Андре́й: Тру́дно сказа́ть. Америка́нская му́зыка популя́рна не то́лько потому́, что э́то хоро́шая му́зыка. (Это так!) В Аме́рике прекра́сно рабо́тает больша́я машина **шоу-бизнеса** с большими деньгами. Эта машина может быстро сделать популярным и певца, и группу, если у группы есть талант. В России такой машины нет.

шоу-бизнес — show business

Наташа: Я слышала, что вы хорошо знаете английский язык. Где вы его учили, в школе?

Андрей: В школе, но больше, конечно, по песням Битлз.

Наташа: Последний вопрос: под каким знаком вы родились?

Андрей: Я Стрелец. А значит, у меня много **энергии**, и я люблю много работать.

энергия — energy

Наташа: Да, мы знаем это. Мы слышали вас на концертах, читаем вашу книгу—по-моему, очень интересную—смотрели вашу программу по **телевидению**. Спасибо вам за интервью.

телевидение — television

Скажите:

1. Какой музыкой увлекаются ребята в России?
2. Знают они американскую музыку, американских рок-музыкантов?
3. Андрей Макаревич — профессиональный музыкант?
4. Что говорит Андрей о музыке Битлз?
5. Как Андрей относится к моде? Почему?
6. Что можно сказать об Андрее Макаревиче: он поэт, музыкант . . . Продолжайте, пожалуйста.

СЛОВАРЬ

Часть А ———————————————————————— *фо́рмы глаго́лов*

анке́та	questionnaire	
нача́ть с анке́ты	to start with the questionnaire	
«В ка́ждой шу́тке есть до́ля пра́вды»	"There is a grain of truth in every joke."	
гуманита́рный	humanities *(here)*	
далеко́ / недалеко́	far (away) / near (not far away)	
де́лать заря́дку	to exercise, to do exercises	
за́втракать / поза́втракать	to eat / have breakfast	*за́втрака-ю, -ешь, -ют / поза́втрака-ю, -ешь, -ют*
ката́ться / поката́ться		
на велосипе́де	to ride a bicycle	*ката́-юсь, -ешься, -ются /*
на конька́х	to (ice) skate	*поката́-юсь, -ешься, -ются*
консерва́тор	conservative	
кури́ть / покури́ть	to smoke	*кур-ю́, ку́р-ишь, -ят / покур-ю́, поку́р-ишь, -ят*
ли́шний вес	extra weight	
ложи́ться / лечь	to lie down	*лож-у́сь, -и́шься, а́тся /*
ложи́ться / лечь спать	to go to bed	*ля́г-у, ля́ж-ешь, -ет, -ем, -ете, ля́г-ут*
мирова́я культу́ра	world culture	
мо́дный	fashionable, stylish	
неда́вно	recently, not long ago	
неудо́бно	uncomfortably, inconveniently	
норма́льно	normally	
носи́ть / нести́ / понести́ (что)	to carry, take (by carrying)	*нош-у́, но́с-ишь, -ят / нес-у́, -ёшь, -у́т / понес-у́, -ёшь, -у́т*
носи́ть оде́жду	to wear clothes	
оде́жда	clothing, clothes	
относи́ться / отнести́сь (к кому́ / к чему́)	to relate (to), to feel (about)	*отнош-у́сь, отно́с-ишься, -ятся / отнес-у́сь, -ёшься, -у́тся*
очко́, -а́; -и́, -о́в	point (*in scoring, here*)	

по-друго́му	differently (in another way)	
поступле́ние	enrollment	
приме́р	model (*here*); example	
принима́ть / приня́ть	to accept, receive, take	*принима́-ю, -ешь, -ют /* *прим-у́, при́м-ешь, при́м-ут*
принима́ть / приня́ть душ	to take a shower	
причёска	hairstyle, hairdo	

причёсываться /
    причеса́ться
	to comb, to brush
	    (one's hair)
		причёсыва-юсь, -ешься,
		 * -ются /*
		 причеш-у́сь, причёш-ешься,
		 * -утся*

ра́но	early	
регуля́рно	regularly	
рели́гия	religion	
сдава́ть / сдать экза́мен	to take / pass a test	*сда-ю́, -ёшь,-ют /* *сдам, сдашь, сдаст,* * сдад -и́м, -и́те, -у́т*
удо́бный	comfortable, convenient	
у́жинать / поу́жинать	to have dinner / supper	*у́жина-ю, -ешь, -ют /* *поу́жина-ю, -ешь, -ют*
фина́нсовый	financial	
шу́тк(а), -и; -и, шу́ток	joke	
экономи́ческий	economic	

Часть Б

всё-таки	nevertheless	
задава́ть/зада́ть вопро́с	to ask a question	*зада-ю́, -ёшь, -ю́т /* *зада́м, зада́шь, зада́ст,* * задади́м, задади́те,* * зададу́т*
и . . . и	both . . . and	
карма́нные де́ньги	pocket money, spending money	
кла́ссика	the classics	
класси́ческий	classical	
куми́р	idol	
лингвисти́ческий	linguistic	
математи́ческий	mathematical	
настрое́ние	mood	
подска́зывать / подсказа́ть	to prompt	*подска́зыва-ю, -ешь, -ют /* *подскаж-у́, подска́ж-ешь, -ут*
получа́ть / получи́ть	to receive, get	*получа́-ю, -ешь, -ют /* *получ-у́, полу́ч-ишь, -ат*

поэти́ческий	poetical, poetic	
рояль (m.)	piano	
совреме́нный	contemporary	
спосо́бность (f.)	ability	
счита́ть / посчита́ть	to think, to consider	счита́-ю, -ешь, -ют / посчита́-ю, -ешь, -ют
успева́ть / успе́ть	to have time for	успева́ -ю, -ешь, -ют / успе́ -ю, -ешь, -ют
фаго́т	bassoon	
хоте́ться	to want, to feel like	хо́чется
(3rd person sing. only)		
худо́жественный	artistic	
что́-нибудь	anything, something	
эконо́мика	economics	

Часть В

| Лужники́ | Luzhniki (a sports stadium near Moscow State University) | |
| удивля́ть / удиви́ть | to surprise | удивл-я́ю, -ешь, -ют / удив-лю́, -йшь, -я́т |

Часть Д

ге́ний	genius
гро́мкий	loud
«Иису́с Христо́с — Су́перстар»	*Jesus Christ Superstar*
примити́вный	primitive

Третий урок

«Я по́нял, что не могу́ не лета́ть.»

MAIN STRUCTURES	FUNCTIONS AND COMMUNICATIVE SITUATIONS	GRAMMATICAL STRUCTURES AND LEXICOLOGY	LANGUAGE AND CULTURE
А			
— Он лётчик, лета́л в ра́зные стра́ны ми́ра.	Talking about flying	The verbs of motion **лета́ть/лете́ть**	Се́вер Сиби́ри
— Оте́ц хоте́л, что́бы я стал лётчиком.	Expressing what one person wants another to do	The conjunction **что́бы** with the past tense after the verb **хоте́ть**	
— Вот биле́т на Вашингто́н. Самолёт вылета́ет в 10.05.	Speaking about air travel	The vocabulary of air travel	
Б			
— Я стал «моржо́м» в про́шлом году́.	Indicating the year something happened	The prepositional case in time expressions	Из исто́рии авиа́ции и космона́втики
— Хотя́ на у́лице хо́лодно, но «моржи́» пла́вают и зимо́й.	Expressing ideas using clauses with "although"	Using хотя́	
— Спаси́бо! — Не́ за что. Пустяки́.	Responding to thanks	Set responses to thanks	Пе́рвый космона́вт Юрий Гага́рин
В	Порабо́таем над диало́гом и не то́лько . . .		
Г	**Grammar Review and Summary**		
Д	Ду́маем, спо́рим, обсужда́ем Како́й челове́к Влади́мир Никола́евич?		
Е	Знако́мимся со страно́й и ру́сской культу́рой Расска́з Ю. Наги́бина «Же́ня Румя́нцева»		
Ё	Слова́рь		

Хо́чется си́него не́ба
И зелёного ле́са,
Хо́чется бе́лого сне́га,
Я́ркого, жёлтого ле́та.
— Д. Само́йлов, ру́сский поэ́т

I want to see a blue sky
And a green forest,
I want to see a white snow,
And a bright, yellow summer.
— D. Samoilov, Russian poet

A1 Влади́мир Никола́евич Сизо́в — высо́кий, стро́йный челове́к со спорти́вной фигу́рой, с краси́вым лицо́м, с больши́ми голубы́ми глаза́ми и коро́ткими све́тлыми волоса́ми. Роди́лся в 1941 (ты́сяча девятьсо́т со́рок пе́рвом) году́. Он лётчик, **лета́л** в ра́зные стра́ны ми́ра. Его́ оте́ц то́же был лётчиком.

Ната́ша пришла́ брать интервью́ у Влади́мира Никола́евича Сизо́ва вме́сте со свои́м сы́ном Анто́ном, кото́рому де́вять лет.

Ната́ша: Влади́мир Никола́евич, ваш оте́ц был лётчиком. Вы то́же лётчик. Э́то семе́йная профе́ссия и́ли вы о́чень хоте́ли стать лётчиком? Хоте́ли лета́ть, как **пти́ца**?

Влади́мир Никола́евич:	Наве́рное, **и то и друго́е**. Самолёты, **вертолёты, аэродро́мы**, лётчики и их разгово́ры о но́вых **ти́пах** самолётов — э́то была́ моя́ жизнь с са́мого де́тства. Оте́ц то́же хоте́л, **что́бы** я стал лётчиком. **Кста́ти, мла́дший брат** у меня́ то́же лётчик. А **ста́рший брат** хоте́л, но не стал лётчиком.
Ната́ша:	А где вы учи́лись?
Влади́мир Никола́евич:	Ко́нчил учи́лище в **Ряза́нской о́бласти**. Пото́м всю жизнь учи́лся: на́до бы́ло учи́ться лета́ть на но́вых ти́пах самолётов.
Ната́ша:	А где вы рабо́тали? Куда́ лета́ли?
Влади́мир Никола́евич:	Я рабо́тал 20 лет в Москве́, лета́л в ра́зные стра́ны: во Фра́нцию, в Ита́лию, в **Австрию**, на **Кипр**. Бы́ли **рейсы** в **Си́рию**, в **Лива́н**, в **Йе́мен**. А начина́л я рабо́тать на се́вере, в **Сиби́ри**: **Нори́льск**, **Ха́танга**, **Туруха́нск**.
Ната́ша:	Тру́дные **усло́вия**?
Влади́мир Никола́евич:	Тогда́ об э́том не ду́мали. Рабо́тали мно́го, но ка́жется, что рабо́тать бы́ло ле́гче, чем пото́м в Москве́. Но, коне́чно, **пого́дные** усло́вия тру́дные: си́льные **тума́ны**, **пурга́**.

Indicate which of the following sentences are correct and which are not:

	Пра́вильно	Непра́вильно

1. Влади́мир Никола́евич стал
   лётчиком, потому́ что
   а. э́то семе́йная профе́ссия. ☐ ☐
   б. ему́ нра́вилась профе́ссия лётчика. ☐ ☐
   в. он с де́тства ви́дел самолёты,
      вертолёты, аэродро́мы, лётчиков. ☐ ☐

2. У Влади́мира Никола́евича
   а. оте́ц — лётчик. ☐ ☐
   б. ста́рший брат — лётчик. ☐ ☐
   в. мла́дший брат — лётчик. ☐ ☐

3. Влади́мир Никола́евич начина́л рабо́тать
   а. в Ряза́нской о́бласти. ☐ ☐
   б. в Москве́. ☐ ☐
   в. на се́вере. ☐ ☐

4. Влади́миру Никола́евичу нелегко́
   рабо́тать на се́вере, потому́ что
   а. там на́до бы́ло мно́го лета́ть. ☐ ☐
   б. там бы́ли тяжёлые пого́дные
      усло́вия. ☐ ☐

5. Влади́мир Никола́евич лета́л
   а. в Ита́лию. ☐ ☐
   б. во Фра́нцию. ☐ ☐
   в. в США. ☐ ☐

Russian verbs of motion have both indeterminate and determinate imperfectives. The difference that exists between the verbs **ходи́ть** and **идти́**, **е́здить** and **е́хать** also exists between the verbs **лета́ть** and **лете́ть**. The following sentences show how these verbs are used.

Лета́ть PRESENT TENSE	Лете́ть PRESENT TENSE
1. В не́бе лета́ют пти́цы. ← ↖ ↑ ↗ → ↘ ↓ ↙ ↔ ↕ Movement in various directions.	1. Смотри́: пти́цы летя́т на юг. – – – – – → Movement in one direction.
2. Самолёты из Балтимо́ра в Сан-Франци́ско лета́ют ка́ждый день. – – – – – → – – – – – → – – – – – → Repeated movement in one direction. A round-trip is assumed. →	2. Самолёт в Сан-Франци́ско лети́т у́тром. – – – – – → Movement in one direction. → → → → → → → → →
PAST TENSE	PAST TENSE
3. —В про́шлом году́ я лета́ла в Москву́ (= была́ в Москве́). – – – – – → ← – – – – – Movement there and back (round-trip). —Ле́том я ча́сто лета́л в Москву́. Habitual or repeated motion.	3. —Когда́ я лете́ла в Москву́, я всё вре́мя смотре́ла в окно́. – – – – – → Movement in one direction, viewed while in progress. → → → → → → → → →
4. Воло́дя хоте́л лета́ть как пти́ца. Describing an action. (Birds fly, people walk, fish swim.)	
Лета́ть (*impf.*) — изменя́ется как «чита́ть».	**лете́ть** (*impf.*) — лечу́, лети́шь, летя́т.

Дельтапла́н

A4   Complete the sentences. Explain why you chose the verb **лета́ть** or **лете́ть**.

1. — Влади́мир Никола́евич, куда́ вы _____ за́втра?
   — За́втра мы _____ на Кипр. Мы _____ туда́ ка́ждый ме́сяц.

2. — Влади́мир Никола́евич, а вы не увлека́етесь **дельтапла́нами**, не _____ на них?
   — Нет. Когда́ я был молоды́м, дельтапла́нов не́ было.
   — А почему́ вы ста́ли лётчиком? Хоте́ли _____ , как пти́ца?
   — Да, о́чень хоте́л _____ .

3. — Мой оте́ц — лётчик. Я ча́сто смотрю́ на не́бо. Вот _____ самолёт. Мо́жет быть, э́то его́ самолёт, кото́рый _____ сейча́с в не́бе.

4. — Ната́ша, я вам звони́л неде́лю наза́д, но мне сказа́ли, что вы прилети́те в суббо́ту. Куда́ вы _____?
   — Я была́ в Яросла́вле. В Яросла́вль я _____ на ИЛ - 18, а из Яросла́вля — на ТУ - 144. Хоро́шие самолёты. Когда́ я _____ из Яросла́вля, я познако́милась с на́шими шко́льниками, кото́рые за́втра _____ в Вашингто́н.

The verbs **хоте́ть** and **жела́ть** plus **что́бы** and the past tense are used to express a desire for someone else to perform some action.

If the subject of the sentence desires something for himself/ herself, the following construction is used:	If the subject of the sentence wants someone else to do something, the following construction is used:
хоте́ть + infinitive	**хоте́ть, что́бы** . . .+ the verb in the past tense
Я **хочу́ стать** лётчиком. (Я хочу́, и я ста́ну.)	Я **хочу́, что́бы** мой брат **стал** лётчиком. (Я хочу́, но брат ста́нет.)

A6

1. Что говоря́т Влади́миру Никола́евичу шко́льники, друзья́, Ната́ша, брат?

2. И что говори́т сам Влади́мир Никола́евич?

Remember that friends and relatives address him with "**ты**," that is, the informal "you," and call him by the diminutive form of his name — "**Воло́дя**" or "**па́па**."

Образе́ц ▶ Шко́льники про́сят Влади́мира Никола́евича рассказа́ть о се́вере: о Нори́льске, Ха́танге, Туруха́нске.

 Шко́льники: — Влади́мир Никола́евич, мы хоти́м, что́бы вы рассказа́ли нам о се́вере: о Нори́льске, Ха́танге, Туруха́нске.

 Влади́мир Никола́евич: — Я хочу́ рассказа́ть вам о се́вере: о Нори́льске, Ха́танге, Туруха́нске.

1. Шко́льники, к кото́рым Влади́мир Никола́евич пришёл в го́сти, про́сят его́ рассказа́ть о но́вых ти́пах самолётов.

 Шко́льники: — . . . .
 Влади́мир Никола́евич: — . . . .

2. Мла́дший брат Михаи́л про́сит Влади́мира Никола́евича помо́чь ему́ постро́ить дом в дере́вне.

   Михаи́л: — ....
   Влади́мир
   Никола́евич: — ....

3. Дочь про́сит Влади́мира Никола́евича сфотографи́ровать её вме́сте с подру́гой.

   Дочь: — ....
   Влади́мир
   Никола́евич: — ....

4. Сын про́сит Влади́мира Никола́евича пое́хать вме́сте с ним в дере́вню.

   Сын: — ....
   Влади́мир
   Никола́евич: — ....

5. Молодо́й лётчик про́сит Влади́мира Никола́евича рассказа́ть о тру́дных усло́виях на се́вере.

   Молодо́й
   лётчик: — ....
   Влади́мир
   Никола́евич: — ....

6. Стюарде́сса про́сит Влади́мира Никола́евича пойти́ в сало́н и познако́миться с пассажи́рами.

   Стюарде́сса: — ....
   Влади́мир
   Никола́евич: — ....

7. Друзья́ про́сят Влади́мира Никола́евича рассказа́ть, как он лета́л в ра́зные стра́ны: в Австрию, в Си́рию, в Лива́н, в Йе́мен.

   Друзья́:   — ....
   Влади́мир
   Никола́евич: — ....

A7 В аэропорту. В самолёте.

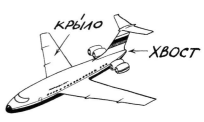

КРЫЛО

ХВОСТ

АЭРОДРОМ

РЕГИСТРАЦИЯ

окно МЕСТО 24

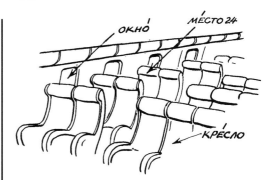

КРЕСЛО

ПАССАЖИРСКИЙ САЛОН

САМОЛЁТ ВЗЛЕТАЕТ

САМОЛЁТ САДИТСЯ

ТАМОЖЕННЫЙ КОНТРОЛЬ

таможенники

ЭТО СТЮАРДЕССА

ПАССАЖИРЫ

A8 Са́ша — муж Ната́ши — лети́т в **командиро́вку** в Вашингто́н.

1. **Вот биле́т на Вашингто́н!**[1]

Са́ша: Ну, вот биле́т на Вашингто́н.
Ната́ша: Когда́ ты лети́шь?

ISSUED BY AEROFLOT Russian International Airlines
PASSENGER TICKET AND BAGGAGE CHECK SUBJECT TO CONDITIONS CONTAINED IN THIS TICKET
ORIGIN/DESTINATION SOTO 09991310 05AUG4
ENDORSEMENTS/RESTRICTIONS (CARBON) SU ONLY NON ENDORSABLE
AIRLINE DATA M3Z2L
AEROFLOT
1620 I STREET
WASHINGTON
X001
FLIGHT COUPON 4
ISSUED IN EXCHANGE FOR
TOUR CODE 1
NAME OF PASSENGER MINAEVA/NATALIA NOT TRANSFERABLE
CONJUNCTION TICKETS

X/O	GOOD FOR PASSAGE	CARRIER	FLIGHT	CLASS	DATE	TIME	STATUS	FARE BASIS	NOT VALID BEFORE	NOT VALID AFTER	ALLOW
	FROM VOID		=	V	O I	D =					
	TO VOID		=	V	O I	D =					
	TO MOSCOW SVO	SU	317	Y	27AUG	0925	OKY				PC
	FROM WAS IAD/WAS	SU		Y	= O P	E N =		Y			PC
	TO MOSCOW										

FARE USD 3274.00 FARE CALCULATION 27AUG94MOW SU WAS1637.00SU MOW1637.00NUC3274.00END ROE 1.00000 XT USD 6.00US USD 1.45XA
TAX XY 6.00
TAX YC 6.50
TAX XT 7.45
TOTAL USD 3293.95
24042944951
FORM OF PAYMENT BZ48291084023764
SP
ORIGINAL ISSUE
CPN AIRLINE CODE FORM AND SERIAL NUMBER CK
4 555 2404294495 3

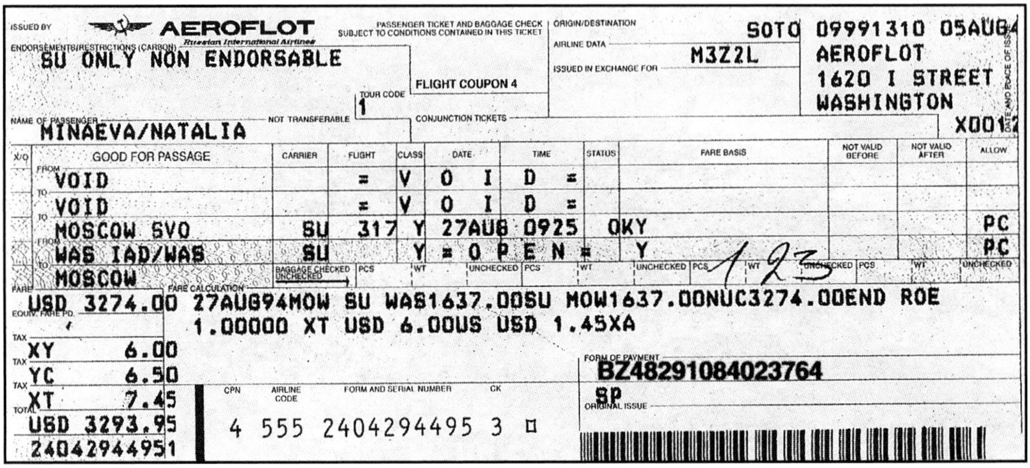

Биле́т Москва́ — Вашингто́н

Рейс	Дата	Время
SU 317	16. 11. 92	10.05

Посмотри́те на табло́ и скажи́те, что отве́тил Са́ша.

Са́ша: . . . .

2. **Как пое́дем в аэропо́рт?**

Са́ша: Самолёт **вылета́ет** в 10.05, в Шереме́тьево на́до быть в 8.00 - 8.15. Пое́дем на метро́ до **Речно́го вокза́ла**, а пото́м авто́бусом. То́лько когда́ идёт авто́бус?

Посмотри́те **расписа́ние** авто́бусов и скажи́те, что отве́тила Ната́ша.

[1] на instead of в is used with "биле́т and the name of a town," to convey the idea of "a ticket to" some place, as in "I have a ticket to Washington."

Расписание движения автобусного маршрута[2]		
№ 522		
6.00	6.20	6.40
7.00	7.20	7.40
8.00	8.20	8.40

Памятка авиапассажиру[3]

До аэропорта Шереметьево-2 можно доехать на автобусе № 522.

Время в пути — 1 час

Ната́ша: . . . .

3. В аэропорту́ Шереме́тьево-2.

Ната́ша: Дава́й посмо́трим, куда́ нам идти́ — напра́во и́ли нале́во.

---

[2] Расписа́ние движе́ния автобусного маршру́та — bus schedule.
[3] Па́мятка а́виапассажи́ру — note to passengers.

Посмотрите на табло и скажите, что ответил Саша.

Лёвая сторона			Прáвая сторона		
SU - 117	Мадрид	9.50	SU - 627	Осло	9:20
SU - 317	Вашингтон	10.05	SU - 115	Токио	9.37
SU - 234	Париж	10.30	SU - 124	Нью-Йорк	10:30
⬅ 1 - 8			9 - 16 ➡		

Сáша: . . . .

A voice over the radio announces:

— Начинáется **регистрáция** пассажúров, **вылетáющих** рéйсом 317 (трúста семнáдцать) в Вашингтóн. **Выход** семь.

а. Когдá началáсь регистрáция пассажúров, котóрые летят в Вашингтóн?

б. Сáша и Натáша не опоздáли на регистрáцию?

4. You are flying from Moscow to New York. Remember what Natasha and Sasha did and answer these questions:

а. Когдá вы приéдете в аэропóрт Шеремéтьево?
б. Как вы дýмаете, когдá начнётся регистрáция пассажúров?
в. Посмотрúте на табло. Кудá вам нáдо идтú — напрáво úли налéво?
г. Посмотрúте на **посáдочный талóн**. Какóе у вас **мéсто**?

AEROFLOT

Y

ECON CLASS

NAME	REMARKS
STOTSENKO	

BOARDING TIME	FLIGHT		DATE
06:25	SU317	1 0 0	16 NOV
	GATE 9	SEAT 24A	

5. Войдите в самолёт. Где ваше место?
6. Вам оно нравится? Оно удобное? Почему?

Подготовьтесь к чтению.

1. Где находится самое холодное место в России? в США? в Канаде?
2. Что вы можете сказать о **климате** Сибири? Есть ли в Америке места, похожие на Сибирь?
3. Могут в Сибири жить люди?

Полярная ночь.
Норильск.

Се́вер Сиби́ри

На се́вере Сиби́ри о́чень тру́дные усло́вия: пого́да зимо́й о́чень холо́дная, температу́ра -30 и бо́льше гра́дусов по Це́льсию, ве́тер, снег, пурга́. А ещё — ночь. Со́лнца совсе́м не быва́ет 2-3 ме́сяца. Пра́вда, ле́том не быва́ет но́чи, но ле́то — о́чень коро́ткое. В Сиби́ри, как вы зна́ете, нахо́дится и по́люс хо́лода, географи́ческая то́чка на Се́вере, где са́мая холо́дная температу́ра.

Но Сиби́рь о́чень бога́тое ме́сто, там есть **нефть**, **зо́лото**, **мета́ллы**, **алма́зы**. Вот почему́ да́же в э́тих тру́дных усло́виях лю́ди живу́т и стро́ят города́. Оди́н из са́мых се́верных городо́в ми́ра — го́род Нори́льск. Его́ на́чали стро́ить в 1935 году́, и в 1936 году́ в го́роде на́чал рабо́тать о́чень большо́й заво́д.

У́лицы здесь стро́ят так, что́бы ве́тер в о́кнах был не тако́й си́льный, и о́кна де́лают не о́чень больши́ми. Шко́лы, магази́ны и дома́ ча́сто нахо́дятся под одно́й кры́шей. Но, коне́чно, зимо́й тру́дно: всё вре́мя **темно́**, хо́лодно. Но мо́жно пойти́ в бассе́йн, и́ли в теа́тр, и́ли в кино́. Интере́сно, что мно́гие лю́ди, кото́рые приезжа́ют сюда́ на 3-4 го́да, пото́м уже́ хотя́т оста́ться и живу́т здесь всю жизнь. Потому́ что и у се́вера есть своя́ красота́, своя́ интере́сная жизнь. ■

1. Расскажи́те о **климати́ческих** усло́виях Сиби́ри, како́е там ле́то и зима́?
2. Почему́ стро́ят города́ на се́вере?
3. Что де́лают лю́ди, что́бы зимо́й бы́ло не так хо́лодно?
4. Ско́лько вре́мени лю́ди живу́т в Сиби́ри?

Б1   Интервью продолжа́ется.

Ната́ша: *(checking the tape recorder)* Ой, не рабо́тает! Что де́лать?

Анто́н: Дава́й я посмотрю́. *(He does something to the tape recorder.)* Всё в поря́дке.

Ната́ша: Спаси́бо, Анто́н!

Анто́н: **Не́ за что. Пустяки́.**

Влади́мир Никола́евич: Молоде́ц, Анто́н! Помо́г ма́ме.

Ната́ша: Влади́мир Никола́евич, гла́вные ка́чества лётчика — каки́е они́? Как вы счита́ете?

Влади́мир Никола́евич: Чу́вство **отве́тственности, уве́ренность, уме́ние держа́ть себя́ в рука́х.** И, коне́чно, **профессионали́зм,** высо́кий профессионали́зм, осо́бенно в **экстрема́льных ситуа́циях.**

Ната́ша: Вы не сказа́ли о **сме́лости.** Ра́зве у лётчика нет чу́вства **стра́ха?**

Влади́мир Никола́евич: Чу́вство стра́ха есть, но на́до держа́ть себя́ в рука́х, **не теря́ть головы́.** Если голова́ рабо́тает, ру́ки са́ми зна́ют, что де́лать. Челове́к не **рожда́ется ни тру́сом,** ни сме́лым. Сме́лость, **си́лу во́ли** на́до **развива́ть** в себе́.

Ната́ша: А спо́ртом занима́лись?

Влади́мир Никола́евич: Коне́чно. Если не занима́ться спо́ртом, в **авиа́ции не́чего де́лать.** Я занима́лся бе́гом, игра́л в **насто́льный те́ннис** — о́чень хоро́шая игра́ для лётчиков, развива́ет **реа́кцию.** Пла́вал.

Ната́ша:	А сейча́с? Пла́ваете?
Влади́мир Никола́евич:	Пла́ваю, да́же зимо́й пла́ваю.
Ната́ша:	Вы «морж»?[4]
Влади́мир Никола́евич:	Да. На́чал пла́вать в о́зере ещё ле́том, а пото́м ходи́л на о́зеро ка́ждый день — и о́сенью, и зимо́й. Хо́лод, ве́тер. Но э́то тако́й **заря́д бо́дрости**! Я по́нял, что э́тим мо́жет занима́ться ка́ждый — нужна́ то́лько си́ла во́ли.
Ната́ша:	Э́то клуб «морже́й»?

Влади́мир Никола́евич:	Да, клуб. Кста́ти, там о́чень мно́го же́нщин — бо́льше, чем мужчи́н.
Ната́ша:	А что ещё лю́бите де́лать, когда́ вы не в не́бе, а на земле́?

---

[4] «Морж» — walrus. Э́то челове́к, кото́рый пла́вает в холо́дной воде́ да́же зимо́й.

Владимир
Николаевич: Постро́ил дом и **ба́ню** в дере́вне. Настоя́щая у меня́ там ру́сская ба́ня. Там так хорошо́ **мы́ться**. Дере́вня ма́ленькая, лес, **тишина́**. А в го́роде мне нра́вится занима́ться те́хникой, **води́ть** маши́ну. У меня́ **УАЗ**. В го́роде е́здить пло́хо: небольша́я **ско́рость**. Но в дере́вне — хорошо́: маши́на мо́жет е́хать да́же по плохо́й доро́ге.

УАЗ

Ната́ша: И после́дний вопро́с: са́мый счастли́вый день в ва́шей жи́зни?

Владимир
Николаевич: Са́мый счастли́вый день? Когда́ пе́рвый раз полете́л оди́н, самостоя́тельно. Лете́л и пел.

Ру́сская ба́ня

ПРОВЕРКА ✔ ПОНИМАНИЯ

	Пра́вильно	Непра́вильно

1. Влади́мир Никола́евич сказа́л,
   что гла́вные ка́чества лётчика — э́то
   а. чу́вство отве́тственности.
   б. сме́лость.
   в. уме́ние держа́ть себя́ в рука́х.

2. Влади́мир Никола́евич счита́ет, что
   а. челове́к рожда́ется сме́лым.
   б. челове́к стано́вится сме́лым,
       потому́ что развива́ет в себе́
       э́то ка́чество.
   в. чу́вство стра́ха всегда́ есть у
       лётчика.

3. В клу́бе «морже́й», где пла́вает
   Влади́мир Никола́евич,
   а. мно́го же́нщин.
   б. мужчи́н бо́льше, чем же́нщин.
   в. же́нщин бо́льше, чем мужчи́н.

4. У Влади́мира Никола́евича
   а. нет маши́ны.
   б. есть мотоци́кл.
   в. есть маши́на УАЗ.

5. Влади́мир Никола́евич лю́бит
   а. жить в дере́вне.
   б. ру́сскую ба́ню.
   в. води́ть маши́ну.
   г. небольшу́ю ско́рость.

Indicating the year something happened

Note that mentioning a year, as in "This is 1993" (Сейча́с ты́сяча девятьсо́т девяно́сто тре́тий год) and "It happened in 1993" (Это случи́лось в ты́сяча девятьсо́т девяно́сто тре́тьем году́), is expressed in Russian by a combination of cardinal and ordinal numbers. All the numbers are cardinal numbers except the last one which is an ordinal number that is declined like an adjective.

Note also that the year in Russian must be expressed using **ты́сяча девятьсо́т** and not as "nineteen hundred" as is done in English.

— **Како́й сейча́с год?**
(nom. case)

— **В како́м году́ э́то бы́ло?**
(prep. case)

Б4   Look at the table and name the year in English.

Образе́ц ▶	В ты́сяча	**две́сти**		оди́ннадцатом	году́ 1211
	две ты́сячи	**три́ста**	со́рок	второ́м	году́ . . .
	пять ты́сяч	**четы́реста**	два́дцать	тре́тьем	году́ . . .
	три ты́сячи	**пятьсо́т**	се́мьдесят	шесто́м	году . . .
В	ты́сяча	**шестьсо́т**	три́дцать	четвёртом	году́ . . .
	две ты́сячи	**семьсо́т**	девяно́сто	девя́том	году́ . . .
	две ты́сячи	**восемьсо́т**	пятьдеся́т	восьмо́м	году́ . . .
	ты́сяча	**девятьсо́т**	во́семьдесят	седьмо́м	году́ . . .
				двухты́сячном	году́ . . .

Кста́ти, вы зна́ете, когда́ начина́ется XXI век: в 2000 году́ и́ли в 2001 году́?

Скажите, в каком году́ э́то бы́ло?

Из исто́рии авиа́ции и космона́втики

1. Мы не зна́ем то́чно, мо́жет быть, в 1475 году́, а, мо́жет быть, в 1503 году́ знамени́тый италья́нский худо́жник Леона́рдо да Ви́нчи (1425-1519), кото́рый был ещё и инжене́ром, сде́лал **чертёж** самолёта — маши́ны, кото́рая мо́жет лета́ть.

Чертёж самолёта,
кото́рый сде́лал
Леона́рдо да Ви́нчи.

2. **1903 год.** Родила́сь авиа́ция (от лати́нского сло́ва «avis» — пти́ца): самолёт бра́тьев Райт (Аме́рика) лете́л 32 ме́тра и сел на зе́млю.

3. **1957 год.** Полете́л в ко́смос пе́рвый в ми́ре **спу́тник** Земли́.

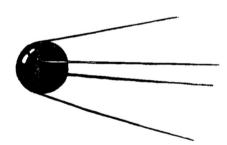

Ю. А. Гага́рин

4. **1961 год.** В ко́смос полете́л пе́рвый челове́к — сове́тский космона́вт Юрий Гага́рин.

5. **1969 год**. Америка́нские космона́вты Нейл Армстронг и Эдвин Олдрин пе́рвыми бы́ли на **Луне́**.

6. **1975 год**. Пе́рвый совме́стный **полёт** америка́нских и сове́тских космона́втов на **косми́ческих корабля́х** «Аполло́н» и «Сою́з».

авиа́ция — aviation
космона́втика — space exploration
чертёж — sketch
спу́тник — satellite
Луна́ — the moon
полёт — flight
косми́ческий кора́бль — rocket, spaceship

Б7

Что говори́т. . . *(There is one extra answer.)*

1. — челове́к, кото́рый ду́мает не то́лько о деньга́х?

2. — челове́к, кото́рый лю́бит своего́ бра́та?

3. — настоя́щий лётчик, сме́лый челове́к?

4. — челове́к, кото́рый не лю́бит жить в го́роде?

5. — челове́к, кото́рый, наве́рное, не уме́ет дружи́ть?

— Хотя́ я челове́к **общи́тельный**, у меня́ не о́чень мно́го друзе́й.

— Хотя́ аэропо́рт нахо́дится далеко́, но мы дое́хали о́чень бы́стро.

— Хотя́ мой мла́дший брат уже́ жени́лся, я помога́ю ему́.

— Мне нра́вится рабо́тать в шко́ле, хотя́ я зараба́тываю не о́чень мно́го.

— Мне нра́вится лета́ть на се́вере, хотя́ усло́вия там о́чень тру́дные.

— Я люблю́ жить в дере́вне, хотя́ в го́роде у нас хоро́шая больша́я кварти́ра.

Б9

Choose the selection in the second column that logically complements a statement in the first. Who do you think is participating in these dialogues? *(There is one extra answer.)*

1. — Спаси́бо большо́е за интервью́, Илю́ша. Мы так до́лго с тобо́й разгова́ривали.

☐ — Не́ за что. Я о́чень рад. Но ты всегда́ увлека́лся матема́тикой.

2. — Спаси́бо за рабо́ту. Вы так хорошо́ напеча́тали мою́ статью́.

☐ — Не́ за что. Пустяки́. Для меня́ тако́й перево́д — не рабо́та.

3. — Спаси́бо вам большо́е, Ива́н Ива́нович. Ва́ши уро́ки помогли́ мне вы́брать профе́ссию.

☐ — Не́ за что. Я с удово́льствием бу́ду слу́шать, как ты бу́дешь игра́ть на ней.

4. — Спаси́бо, что ты помо́г мне перевести́ статью́.

☐ — Не́ за что. Пустяки́. Это хорошо́, что вы на́чали ходи́ть в клуб «морже́й». Тако́й заря́д бо́дрости, пра́вда?

5. — Спаси́бо за гита́ру. Тако́й замеча́тельный пода́рок!

☐ — Не́ за что. Мне то́же бы́ло интере́сно отвеча́ть на вопро́сы.

6. — Спаси́бо за о́чень вку́сный обе́д.

☐ — Не́ за что. У вас интере́сная статья́, я печа́тала её с удово́льствием.

☐ — Не́ за что. Обе́д как обе́д.

Б10   Подгото́вьтесь к слу́шанию.

1. Зна́ете ли вы, кто был пе́рвым в ми́ре космона́втом?

2. А кто был пе́рвым америка́нским космона́втом?

Б11 Прослу́шайте текст «Пе́рвый космона́вт Юрий Гага́рин» и отве́тьте на вопро́сы:

1. Где и когда́ роди́лся пе́рвый космона́вт?
2. Как он стал космона́втом?
3. Почему́ вы́брали Гага́рина для пе́рвого полёта в ко́смос?
4. У Гага́рина была́ дли́нная жизнь? Ско́лько лет жил Гага́рин?
5. Как поги́б пе́рвый космона́вт?
6. Почему́ го́род Гжатск сейча́с стал называ́ться Гага́рин?

В

ПОРАБОТАЕМ НАД ДИАЛОГОМ И НЕ ТОЛЬКО...

В1 Наве́рное, вы хоти́те бо́льше узна́ть о Влади́мире Никола́евиче? Ва́ши вопро́сы, пожа́луйста.

1. — . . . ?
   — Нет, в Аме́рику я не лета́л. Но в Ита́лии мы ходи́ли к
   америка́нским лётчикам. Очень хоро́шие ребя́та.

2. — . . . ?
   — Нет, у меня́ экстрема́льные ситуа́ции бы́ли неча́сто, оди́н и́ли
   два ра́за. Обы́чно те́хника рабо́тает хорошо́.

3. — . . . ?
   — Есть де́ти. До́чка и сын. До́чка уже́ ко́нчила институ́т, рабо́тает,
   а сын у́чится в девя́том кла́ссе.

4. — . . . ?
   — Говори́т, что хо́чет стать лётчиком, но **ничего́ не де́лает** для
   э́того. Спо́ртом не занима́ется, си́лы во́ли нет.

5. — . . . ?
   — Что́бы он стал лётчиком? Нет, не хочу́. Это прекра́сная
   профе́ссия, мне о́чень нра́вится, но э́та профе́ссия не для него́.

Влади́мир Никола́евич Сизо́в то́же хо́чет знать о ва́шей жи́зни. Ва́ши отве́ты, пожа́луйста.

1. — У нас, когда́ челове́к лети́т на самолёте, ему́ говоря́т: «Счастли́вого полёта!», «Мя́гкой поса́дки!»[5] А у вас как говоря́т?
   — . . . ?

2. — А в ва́шей семье́ есть лётчики? Мо́жет быть, вы са́ми хоти́те стать лётчиком и́ли **лётчицей**?
   — . . . ?

3. — Да, кста́ти: в Аме́рике есть лётчицы? У нас есть, но не о́чень мно́го. Пра́вда, есть же́нщины — космона́вты: Валенти́на Терешко́ва, Светла́на Сави́цкая.
   — . . . ?

4. — А вы не хоти́те стать космона́втом и́ли рабо́тать в космона́втике? Что вы де́лаете для э́того?
   — . . . ?

Валенти́на Терешко́ва

1. Вы понима́ете, почему́ худо́жник нарисова́л таре́лку? Потому́ что «flying saucer» по-ру́сски называ́ется «лета́ющая таре́лка» — «таре́лка, кото́рая лета́ет».

2. — На таки́х **черепа́хах** лета́ли лю́ди в двадца́том ве́ке.

─────────────

[5] "Have a nice flight!" and "A soft landing!"

GRAMMAR REVIEW AND SUMMARY

Г1   Глаго́льная страни́ца

The verb **лете́ть** and its prefixed verbs (**прилете́ть**, for example) are conjugated like the verbs **ви́деть/уви́деть**, **сиде́ть/посиде́ть**.

ви́д - е - ть	ви́ж - у	сид - é - ть	сиж - ý	лет - é - ть	леч - ý
	ви́д - ишь		сид - и́шь		лет - и́шь
	ви́д - ят		сид - я́т		лет - я́т

In the conjugation of this class of verbs in the present tense:

1. the suffix - e disappears
2. in the first person a consonant mutation occurs: **д/ж**, **т/ч**, etc. (See Lesson 2, Г1)
3. the second conjugation endings, - ишь, - ит, - им, - ите, - ат (- ят), are added to the stem.

Г2   Ната́ша получи́ла от Са́ши телегра́мму из Нью-Йо́рка. Сын Анто́н ещё не зна́ет англи́йские бу́квы и про́сит ма́му написа́ть телегра́мму по-ру́сски. Как напи́шет Ната́ша?

ДУМАЕМ, СПОРИМ, ОБСУЖДАЕМ

Д1   Вы прочитáли интервью с Владúмиром Николáевичем, он отвéтил на вáши вопрóсы, сам спросúл вас о вáшей жúзни. А тепéрь поговорúм о нём, подýмаем, какóй он человéк.

In Section 1, read the two opinions about Vladimir Nikolaevich's character. Then, in Section 2, find the arguments which support these opinions. What additional statements might you add to support the opinions expressed in Section 1?

Образéц ▶   From Section 1:   Владúмир Николáевич — ýмный и интерéсный человéк.

            From Section 2:   — Он интерéсно говорúт.   **úли**

                              — Он прáвильно понимáет, какúе кáчества — глáвные для лётчика.   **úли**

                              — Он хорошó понимáет своегó сýна.

Section 1

— Владúмир Николáевич — ýмный и интерéсный человéк.
— Владúмир Николáевич лю́бит свою́ профéссию. Он настоя́щий профессионáл.

Section 2

1. Он говорúт, что сáмый счастлúвый день в егó жúзни — э́то день, когдá он пéрвый раз полетéл одúн, самостоя́тельно.

2. Он хорошó понимáет своегó сýна.

3. Владúмир Николáевич летáл в рáзные стрáны, вúдел мнóго рáзных людéй.

4. Владимир Николаевич умеет держать себя в руках.

5. Он сам построил дом в деревне и баню.

6. Владимир Николаевич занимается спортом, чтобы можно было долго летать.

7. Он правильно понимает, какие качества — главные для лётчика.

8. Он интересно говорит.

9. Владимир Николаевич долго работал на севере.

10. Любит заниматься машинами, техникой.

11. Экстремальные ситуации были у него один или два раза в жизни.

12. Лётчик — это семейная профессия Владимира Николаевича. Он всегда был рядом с лётчиками, аэродромами, самолётами.

13. Стал «моржом».

14. Много учился, летал на новых типах самолётов.

15. У него есть чувство ответственности.

 Д2 Share your thoughts about Vladimir Nikolaevich.

1. In this chapter you became acquainted with pilot Vladimir Nikolaevich Sizov. What was your reaction to him as a person and as a pilot? Do you know any American pilots? Do you enjoy reading about pilots and cosmonauts? Write about a pilot or an astronaut whom you especially like.

2. Imagine that you met Vladimir Nikolaevich Sizov in Moscow. Write a letter to a friend of yours, telling him/her about Vladimir Nikolaevich and about his life. Describe his appearance and convey your impression of him as a person.

3. Suppose that you were a passenger in a plane, whose pilot was Vladimir Nikolaevich. Would you be relaxed, or would you worry?

E

ЗНАКОМИМСЯ СО СТРАНОЙ И РУССКОЙ КУЛЬТУРОЙ

E1   During World War II (which was known in the Soviet Union[6] as the Great Patriotic War or **Вели́кая Оте́чественнная война́** when referring to that portion of the war fought in the Soviet Union) from 1941-1945, many young girls and women went to the front. They served as nurses, postal workers, and pilots. There was a women's aviation regiment.

The contemporary writer, Yuri Nagibin (1920–1994), tells a story about one of these young girls. The action of the story begins several years prior to the beginning of the war.

Юрий Наги́бин

Же́ня Румя́нцева
(по расска́зу Ю. Наги́бина)

Это был наш **после́дний** день в шко́ле.
— Серёжа, **мо́жно тебя́ на мину́тку**?
Это Же́ня Румя́нцева, она́ то́же у́чится в деся́том кла́ссе, то́лько в друго́м. У Же́ни све́тлые во́лосы, больши́е се́рые серьёзные глаза́.

после́дний — last (final in a series)
мо́жно тебя́ на мину́тку? — may I speak to you a moment?

---

[6] The Soviet Union, consisting of Russia and 14 other republics, existed until December 1991.

— Серёжа, я хотела тебе сказать: давай **встретимся** через десять лет.

Женя была очень серьёзной девушкой, обычно она не **шутила**, поэтому я спросил:

— **Зачем**?

— Мне интересно, каким ты станешь. Ты мне очень нравился все эти годы.

Раньше я думал, что Женя просто не знает ни этих слов, ни этих чувств. С шестого класса Женя знала, что будет **астрономом**, она говорила только о звёздах, **планетах**, космических полётах. Она не ходила на наши скромные вечера, не ходила с нами в кино или в «Эрмитаж».[7] Мы знали, что у неё нет времени: она занималась в **астрономических** кружках в университете и в **планетарии**.

встре́титься — to meet

шути́ть — to joke
заче́м — why, what for

астроно́м — astronomer
плане́та — planet

астрономи́ческий — astronomical
планета́рий — planetarium

Планетарий

Чи́стые пруды́

Мы никогда не дружили с Женей, только один раз **катались на лодке**, на Чистых прудах.[8] В этот день был дождь, и к прудам пришли только мы с

ката́ться на ло́дке — to go boating, to go on a boat ride

---

[7] «Эрмита́ж» — a park near the center of Moscow.
[8] Чи́стые пруды́ — "Clean Ponds," a large park with an artificial pond in downtown Moscow.

Па́вликом, Ни́на Вара́кина и Же́ня Румя́нцева. Ни́на
пришла́, потому́ что не хоте́ла сиде́ть до́ма в
воскресе́нье. Я пришёл, потому́ что пришла́ Ни́на.
Па́влик пришёл, потому́ что пришёл я, а почему́
пришла́ Же́ня, мы не понима́ли.

*(The kids went for a boat ride. Zhenya began
thinking up ways they could swim to some unknown
lands in the ocean. Afterwards, they were sitting in a
café. Zhenya said she would like to perish in the first
space flight. She said one cannot master outer space
without sacrifices, and that it's better to perish there
than somewhere else. Besides, she explained, it would
be more dignified.)*

Бо́льше Же́ня не быва́ла с на́ми. Мы её
приглаша́ли, но она́ говори́ла, что у неё нет
вре́мени. Мо́жет быть, у неё, пра́вда, не́ было
вре́мени — ей ну́жно бы́ло так мно́го успе́ть!
А, мо́жет быть, она́ пришла́ на Чи́стые пруды́,
потому́ что зна́ла, что бу́ду я, и поняла́, что
бо́льше приходи́ть не на́до . . .

— Почему́ ты **молча́ла** ра́ньше? — спроси́л я.   молча́ть — to be silent
— **Заче́м бы́ло говори́ть**? Тебе́ так   заче́м бы́ло говори́ть —
нра́вилась Ни́на.   there was no reason to
Я спроси́л: say anything
— Где и когда́ мы встре́тимся?
— Че́рез де́сять лет, два́дцать девя́того ма́я,
в во́семь часо́в ве́чера, у **коло́нн** Большо́го   коло́нна — column
теа́тра. Тогда́ я бу́ду **знамени́тым** астроно́мом,   знамени́тый — famous,
— сказа́ла Же́ня уве́ренно.   well-known
— Да, че́рез де́сять лет я то́же бу́ду
знамени́тым . . . — сказа́л я и замолча́л. Я ещё не
знал, в како́й институ́т я бу́ду поступа́ть, и
поэ́тому не знал, кем я бу́ду — знамени́тым
врачо́м, знамени́тым инжене́ром и́ли
знамени́тым учёным. — Но я прие́ду на свое́й
маши́не . . .
Э́то бы́ли глу́пые слова́, но я не знал, что
сказа́ть.
— Вот и хорошо́, — **засмея́лась** Же́ня, —ты   засмея́ться — to begin
пока́таешь меня́ по го́роду.   laughing
Шли го́ды. Же́ня учи́лась в Ленингра́де, я   поката́ть — to take
ничего́ не знал о ней. В 1941 году́[9] я узна́л, что   someone for a drive
    шли го́ды — years passed

---

[9] В 1941 г. начала́сь война́ ме́жду Сове́тским Сою́зом и Герма́нией.

Жéня **брóсила институт** и поступила в **лётную школу**. В 1944 годý, когдá я был на **фрóнте**, я услы́шал, что лётчица Румя́нцева стáла Герóем Совéтского Сою́за.[10] А пóсле войны́ я узнáл, что Жéня **погибла**.

брóсить институт — to drop out of the institute
лётная шкóла — flight school
фронт — front
погибнуть — to perish, to die

Жéнщины-лётчицы в 1943 годý.

Чéрез дéсять лет, двáдцать девя́того мáя, я поéхал на маши́не (у меня́ былá мáленькая стáрая маши́на) к Большóму теáтру. Я éхал и расскáзывал Жéне о себé: я не стал знамени́тым, но я написáл кни́гу, пишý другýю . . . Это ещё не те кни́ги, котóрые я хотéл бы написáть, но я их обязáтельно напишý . . .

Я купи́л цветы́, **постоя́л** у колóнн Большóго теáтра, потóм подари́л цветы́ дéвушке с сéрыми глазáми и поéхал домóй.

постоя́ть — to stand (for a while)

E2   **Что вы мóжете сказáть о Жéне**? (Find excerpts in the story to support your opinions about Zhenya.)

1. Это человéк с си́льной вóлей?
2. Это **целеустремлённый** человéк? Смéлый?
3. Онá вам понрáвилась и́ли нет? Вы хотéли бы дружи́ть с такóй дéвушкой? Почемý?
4. Как вы дýмаете, почемý Сергéй чéрез дéсять лет éдет к Большóму теáтру? Почемý он «разговáривает» с Жéней, расскáзывает ей, как он жил дéсять лет?

целеустремлённый — purposeful

---

[10] Герóй Совéтского Сою́за — the highest award in the Soviet Union, conferred for heroic deeds in time of war.

СЛОВАРЬ

Часть А ——————————————————— *Фóрмы глагóлов*

авиакомпáния	airline company	
Австрия	Austria	
алмáзы	diamonds	
аэродрóм	airfield (*British*, aerodrome)	
на аэродрóме	on an airfield	
аэропóрт	airport (building)	
в аэропортý	in an airport	
вертолёт	helicopter	
взлетáть / взлетéть	to fly up, to ascend	*взлетá-ю, -ешь,-ют / взлеч-ý, взлет-úшь, -я́т*
вы́лет	departure	
вылетáть / вы́лететь	to fly out	*вылетá-ю, -ешь, -ют / вы́леч-у, вы́лет-ишь, -ят*
вы́ход	gate	
дельтаплáн	hang glider	
зóлото	gold	
и то и другóе	both	
Йéмен	Yemen	
Кипр	Cyprus	
клúмат	climate	
климатúческий	climatic	
командирóвка	business trip	
крéсло	(arm) chair	
крылó, (*pl.*) кры́лья	wing	
кстáти	by the way	
лéвый	left	
летáть (*impf.,* indet.) / летéть (*impf.,* det.) / полетéть (*pf.*)	to fly	*летá-ю, -ешь, -ют / леч-ý, лет-úшь, -я́т / полеч-ý, полет-úшь, -я́т*
Ливáн	Lebanon	
мéсто	place, seat	
метáллы	metals	
млáдший брат	younger brother	
млáдшая сестрá	younger sister	
нефть	oil	
Норúльск	Norilsk	

окно́	window	
пого́дные (усло́вия)	weather (conditions)	
поса́дочный тало́н	boarding pass	
пра́вый	right	
прилёт	arrival	
пти́ца	bird	
пурга́ (*no plural*)	snowstorm, blizzard	
расписа́ние	schedule	
регистра́ция	registration, check-in	
рейс	(airline) flight	
Речно́й вокза́л	Rechnoi Station (the name of a metro station)	
Ряза́нская о́бласть (*f.*)	Ryazan region, area	
сади́ться / сесть	to sit down; to land (*of a plane*)	*саж-у́сь, сад-и́шься,-я́тся/ сяд-у, -ешь, -ут*
сало́н	salon; cabin *(in a plane)*	
Сиби́рь (*f.*)	Siberia	
Си́рия	Syria	
ста́рший брат	older brother	
ста́ршая сестра	older sister	
стюарде́сса	stewardess, flight attendant	
тамо́женник	customs officer	
темно́	it is dark	
тип	type, kind	
тума́н	fog, mist	
Туруха́нск	Turukhansk	
усло́вия	conditions	
Ха́танга	Khatanga	
хвост	tail	
что́бы (хоте́ть, что́бы . . .)	that . . . (to want that . . .)	

Часть Б

авиа́ция	aviation	
ба́ня	bathhouse	
води́ть (*impf., indet.*) / вести́ (*impf., det.*) / повести́	to drive, lead	*во-жу́, во́-дишь, -дят / вед-у́, -ёшь, -у́т / повед-у́, -ёшь, -у́т*
держа́ть себя́ в рука́х	to keep oneself together, to get a hold of oneself	
заря́д бо́дрости	energy charge	
косми́ческий кора́бль	spaceship	
космона́втика	space exploration	
Луна́	the Moon	
мы́ться / помы́ться	to wash	*мо́-юсь, -ешься, -ются / помо́-юсь, -ешься, -ются*

настóльный тéннис	ping–pong, table tennis	
Нé за что. Пустяки!	Don't mention it; it was nothing	
не терять головы́	not to lose one's head	
(терять гóлову)	(to lose one's head)	
нéчего дéлать	there is nothing to do	
общи́тельный	sociable	
отвéтственность (f.)	responsibility	
полёт	flight	
профессионали́зм	professionalism	
развивáть / разви́ть	to develop	развивá-ю, -ешь, -ют / разовь-ю́,-ёшь, -ю́т
реáкция	reaction	
рождáться / роди́ться	to be born	рождá-юсь, -ешься, -ются/ рож-ýсь, род -и́шься, -я́тся
си́ла вóли	willpower, strength of will	
ситуáция	situation	
скóрость (f.)	speed, velocity	
смéлость (f.)	bravery, boldness	
спýтник	satellite, fellow-traveler	
страх	fear	
тишинá	silence, quietude	
трус	coward	
УАЗ	UAZ (a Russian car, similar to a Land Rover)	
увéренность (f.)	confidence, assurance	
умéние	knowledge, know-how	
хотя́	although	
чертёж	sketch, blueprint, plan, scheme	
экстремáльный	extreme, dire	

Часть B

лётчица	female pilot
мя́гкой посáдки	smooth (soft) landing
ничегó не дéлать	to do nothing, not to do anything
Счастли́вого полёта	Bon voyage. Have a nice flight.
черепáха	turtle

Повторéние урóков 1–3

ЧЕТВЁРТЫЙ УРОК

LESSON		FUNCTIONS REVIEWED	BASIC STRUCTURAL EXAMPLES
1	**A**	How to emphasize the meaning or role of something or someone	— Мне óчень нрáвится изучáть языкú, осóбенно францýзский.
		How to talk about beginning and ending an action	— Я началá интересовáться журналúстикой.
		How to talk about interests and hobbies	— Моё увлечéние — цветы́. Я увлекáюсь цветáми.
		How to express reciprocal actions	— Помогáете друг дрýгу?
2	**A**	How to talk about a day's activities	— Ты ложúшься спать в 10 часóв?
		How to talk about relating (reacting) to something or someone	— К мóде ты отнóсишься нормáльно.
		How to ask for and express an opinion	— Я считáю, что эконóмика — сáмый интерéсный предмéт. А вы как считáете?
		How to talk about abilities and talents	— У тебя́ большúе (музыкáльные) спосóбности.
3	**A**	How to express what action is desired of others	— Отéц хотéл, чтóбы я стал лётчиком.
		How to express ideas using clauses with "although"	— Хотя́ Антóн мнóго занимáется, но он плóхо решáет задáчи, чáсто получáет двóйки.
		How to speak about air travel	— Регистрáция пассажúров начинáется в 8.00.
		How to indicate the year something occurred	— Я стал «моржóм» в прóшлом годý.
		How to respond to expressions of gratitude	— Спасúбо большóе, что ты помóг мне сдéлать домáшнее задáние. — Нé за что. Пустякú.
1-3	**Б**	Лéксика, граммáтика	
	В	Порабóтаем над диалóгами и не тóлько . . .	
	Г	Дýмаем, спóрим, обсуждáем	

А ФУНКЦИИ

What would you say in the following situations? Use the functions you have learned from Lessons 1 - 3.

1. Ваш друг ду́мает, что у него́ совсе́м нет музыка́льных спосо́бностей. Вы ду́маете, что у всех люде́й есть спосо́бности к му́зыке, то́лько их на́до развива́ть.

2. Влади́мир Никола́евич всю жизнь занима́лся спо́ртом: бе́гал, пла́вал, игра́л в насто́льный те́ннис. И сейча́с он пла́вает зимо́й, занима́ется в клу́бе «морже́й».

3. Ваш друг приглаша́ет вас на конце́рт гру́ппы «Аква́риум». Вы говори́те, что не лю́бите э́ту гру́ппу, бо́льше лю́бите «Маши́ну вре́мени», но на конце́рт пойдёте.

4. Вы прилете́ли в Москву́. Ваш това́рищ встре́тил вас и помо́г вам. Вы говори́те ему́ «спаси́бо». Что он вам отвеча́ет?

5. Ру́сские лю́ди лю́бят спорт. Ди́ма говори́т, что ему́ нра́вится и пла́вать и игра́ть в хокке́й, но бо́льше всего́ он лю́бит ката́ться на конька́х. А как вы отно́ситесь к спо́рту?

6. Вы слы́шали, что ва́ша подру́га увлека́ется стиха́ми Пу́шкина. Вы хоти́те знать, чем она́ ещё увлека́ется. Расскажи́те ей о свои́х увлече́ниях.

7. Ната́ша говори́т, что лю́бит брать интервью́ у ра́зных люде́й, но бо́льше всего́ она́ лю́бит брать интервью́ у ста́рых люде́й. Спроси́те её об э́том.

8. Влади́мир Никола́евич говори́т, что гла́вные ка́чества лётчика — уме́ние держа́ть себя́ в рука́х, чу́вство отве́тственности, уве́ренность, сме́лость. Вы ду́маете, как он.

9. Вы слы́шали, что ва́ши друзья́ хотя́т пойти́ на конце́рт совреме́нной му́зыки. Вы хоти́те узна́ть, почему́.

10. Вы ви́дите, что Ма́ша мно́го занима́ется. Спроси́те, почему́. Узна́йте, к чему́ она́ гото́вится.

У вас семе́йный пра́здник:

1. годовщи́на сва́дьбы ва́ших роди́телей,
2. вы идёте на день рожде́ния к подру́ге,
3. вы с ма́мой идёте в магази́н, что́бы купи́ть игру́шки ва́шему мла́дшему бра́ту и сестре́,
4. вы хоти́те купи́ть себе́ краси́вую оде́жду.

Discuss with your shopping companion the things you want to buy and the things your parents want you to buy or do for them. While browsing, you may like some things that your companion does not and vice versa.

Образе́ц ▶ — Како́й краси́вый костю́м! И удо́бный.
— Да, мне осо́бенно нра́вится, что есть ю́бка и брю́ки.

и́ли:

— Како́й краси́вый и мо́дный костю́м!
— А я счита́ю, что э́тот костю́м то́лько для ба́бушки.

а. Скажи́те, что вы слы́шали, что вы зна́ете.
б. Расскажи́те, что вы зна́ете об увлече́ниях люде́й, о кото́рых вы
    говори́те.
в. Скажи́те, как вы к э́тому отно́ситесь.

Образе́ц ▶ — Джейн у́тром обяза́тельно де́лает заря́дку.
— Да, я зна́ю, она́ увлека́ется спо́ртом.
— Я счита́ю, что заря́дка — э́то не спорт.
и́ли
— Я не знал, что она́ ста́ла интересова́ться спо́ртом.
— Я счита́ю, что всем на́до занима́ться спо́ртом.

Вы не зна́ете то́чно, но вы слы́шали, что:

1. Джон сде́лал мо́дную причёску.
2. Эли́са увлека́ется та́нцами.
3. Джордж увлека́ется виндсе́рфингом.
4. Кэ́трин увлека́ется перево́дом стихо́в.
5. Стив пи́шет стихи́ на ру́сском языке́.
6. Стэ́нли хо́чет стать журнали́стом.
7. Стэ́нли берёт интервью́ у ученико́в и учителе́й.
8. Энди не успева́ет занима́ться спо́ртом.

A4   Переведи́те небольшо́й расска́з об изве́стном ба́рде-певце́ Юрии Ви́зборе.

Yury Vizbor wrote concerning himself, "I was thinking that I would become either a soccer player or a pilot." He did not become a soccer player, nor did he become a pilot. He did not become a writer, although he did write several interesting stories. He did not become a movie actor, although he played roles in eighteen films. He did not become a famous journalist, although he did write some very interesting articles for radio. He did not become an artist, although he painted (drew) more than a few wonderful drawings. He did not become a famous mountain climber (**альпини́ст**), although the mountains were his second home and two mountains bear his name.

But Yury Vizbor and his songs are loved by thousands of people. The first song sung in outer space was one of Vizbor's.

Юрий Ви́збор
(1932 - 1984)

Б ЛЕКСИКА, ГРАММАТИКА

Б1   Вы помните, как Наташа брала интервью у самой себя, школьника Илюши, лётчика Владимира Николаевича.

Вот фотографии людей, которых
все знают. У кого из них вы хотите
взять интервью? Возьмите
интервью у человека, который вам
кажется самым интересным.

1. Джонни Юнайтес

2. Президент
Билл Клинтон

3. Барбра
Стрейсанд

4. Опра
Винфри

5. Михаил
Барышников

Б2 Прочитáйте диалóги и скажи́те, к чему́ и как они́ подготóвились.

1. — Ну, как делá?
   — Óчень хорошó. Задáчи бы́ли нетру́дные. Все ребя́та реши́ли их óчень бы́стро.
   — А отмéтку свою́ ты ужé знáешь?
   — Нет ещё, узнáем зáвтра.

2. — Посмотри́, Кири́лл победи́л! Да, никтó не ду́мал, что он мóжет победи́ть.
   — Почему́ никтó? Я знал, что он мнóго рабóтал в послéднее врéмя.

3. — Как выступáла Натáша?
   — Óчень хорошó. Сначáла онá волновáлась, но потóм пéла óчень краси́во. И знáешь, у неё бы́ло óчень краси́вое плáтье.

4. — Скажи́, Иванóв, где у тебя́ упражнéние 47? Я ви́жу тóлько упражнéние 46.
   — Ой, я забы́л. Я ду́мал, что нам нáдо бы́ло сдéлать тóлько однó упражнéние.
   — Óчень плóхо, Иванóв. Это ужé не пéрвый раз, когдá ты забывáешь, что нáдо дéлать к урóку.

Б3 If you write in all the words of this puzzle correctly, then in the row outlined in bold, you will read one more word which you learned in recent lessons.

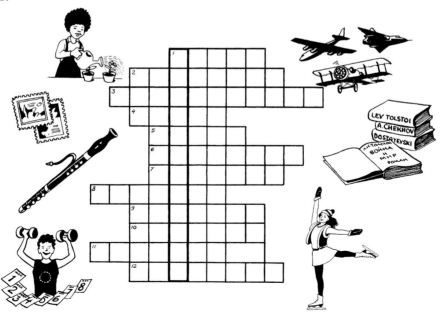

1. Илюша о́чень лю́бит Э́рика Кла́птона. Э́рик Кла́птон— его́
   _____.

2. Ната́ша лю́бит все цветы́, _____ ро́зы.

3. Илюша хорошо́ игра́ет на фаго́те и на роя́ле. У него́ больши́е
   _____.

4. Сего́дня самолёты не лета́ют, сего́дня плохи́е пого́дные усло́вия:
   _____, пурга́.

5. Андре́й собира́ет ма́рки. Это его́ увлече́ние, его́ _____.

6. Ната́ша берёт сего́дня _____ у учёного.

7. Ка́ждый день у́тром Илюша принима́ет душ и, мо́жет быть, де́лает
   _____.

8. Илюша не лю́бит переводи́ть, а сего́дня на́до де́лать _____.

9. И Влади́мир Никола́евич, и его́ оте́ц, и мла́дший брат — _____.

10. _____ родила́сь в 1903 году́, когда́ бра́тья Райт пе́рвый раз
    полете́ли на самолёте.

11. Ле́том Илюша ката́ется на велосипе́де, а зимо́й ката́ется на
    _____.

12. Илюша чита́ет и совреме́нную литерату́ру, но бо́льше лю́бит
    чита́ть _____: Толсто́го, Достое́вского.

Б4   Fill in the sentences with the word combination "друг дру́га" in the proper case.

На́стя и Зи́на лю́бят игра́ть вме́сте. Они́ игра́ют . . . .

Ви́ктор говори́т Серге́ю «До свида́ния!» Серге́й то́же говори́т Ви́ктору «До свида́ния!» Они́ говоря́т «До свида́ния!» . . . .

Та́ня лю́бит танцева́ть с Макси́мом, Макси́м то́же лю́бит танцева́ть с Та́ней. Они́ хорошо́ танцу́ют . . . .

Ве́ра помога́ет Анто́ну занима́ться англи́йским языко́м, Анто́н помога́ет Ве́ре занима́ться эконо́микой. Они́ помога́ют . . . .

Б5 Куда́ кто лета́л?

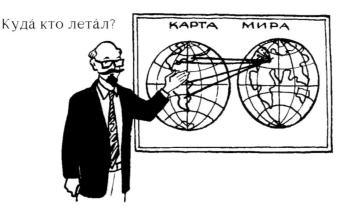

Ива́н Петро́вич расска́зывает, что он е́здил и лета́л почти́ во все стра́ны ми́ра: в Англию, во Фра́нцию, в Герма́нию, в Австрию, в Ита́лию, в Аме́рику, в Кана́ду, в Си́рию, в Ме́ксику.

А тепе́рь скажи́те:

1. — в каки́е из э́тих стран лета́л Влади́мир Никола́евич
2. — в каки́е из э́тих стран он не лета́л
3. — в каки́е стра́ны, где не́ был Ива́н Петро́вич, он лета́л

А в каки́е стра́ны и города́ вы лета́ли? В како́м году́ э́то бы́ло? Что вы де́лали, когда́ лете́ли в самолёте?

Б6 Что вы ска́жете о спосо́бностях э́тих люде́й? К чему́ у них есть спосо́бности, а к чему́ нет? Кто из них развива́ет свои́ спосо́бности?

Образе́ц ▶ Андре́й ле́том ката́ется на велосипе́де, обяза́тельно ка́ждый день пла́вает. Зимо́й он регуля́рно ката́ется на лы́жах и конька́х. Сейча́с он у́чится игра́ть в те́ннис.

  — У Андре́я хоро́шие спорти́вные спосо́бности. Он развива́ет свои́ спосо́бности к спо́рту.

1. Воло́дя зна́ет мно́го языко́в: англи́йский, испа́нский, францу́зский, италья́нский. Сейча́с он у́чит япо́нский язы́к.

2. Алёша ка́ждый день де́лает заря́дку, регуля́рно занима́ется бо́ксом. Он отли́чный боксёр. Ско́ро Алёша пое́дет на Олимпиа́ду.

3. Та́ня отли́чно занима́ется по всем
предме́там, но осо́бенно хорошо́
она́ занима́ется ру́сским и
англи́йским языка́ми. Она́ ка́ждый
день до́ма чита́ет кни́ги на
англи́йском языке́, слу́шает
англи́йские кассе́ты.

4. Хотя́ Анто́н мно́го занима́ется
матема́тикой, де́лает все дома́шние
зада́ния, но он пло́хо реша́ет
зада́чи, ча́сто получа́ет дво́йки.

5. Му́за Ива́новна о́чень лю́бит игра́ть на роя́ле, но игра́ет пло́хо. Её
му́жу и сы́ну быва́ет о́чень пло́хо, когда́ она́ игра́ет.

6. Сейча́с Андрю́ша рису́ет не о́чень хорошо́, но ему́ о́чень нра́вится
рисова́ть, ему́ помога́ет хоро́ший учи́тель.

Б7 Хо́чешь знать свои́ спосо́бности бы́стро ду́мать? Прочита́й
ма́ленькие вопро́сы-шу́тки. (Do not think about the questions more than 30
seconds.)

1. Ста́рый челове́к ложи́тся спать в во́семь часо́в ве́чера. Часы́ у него́
звоня́т в 9 часо́в. Ско́лько часо́в спит э́тот ста́рый челове́к?

2. Ты лётчик. Твой самолёт лети́т из Нью-Йо́рка в Москву́. Ско́рость —
девятьсо́т киломе́тров в час. Ско́лько лет лётчику?

Кто и как развива́ет свои́ спосо́бности?

Ко́ля о́чень хо́чет быть таки́м
же учёным, как Иса́ак Нью́тон.
Но он счита́ет, что не на́до
развива́ть свои́ спосо́бности к
фи́зике, не на́до чита́ть
уче́бники и реша́ть зада́чи.
Поэ́тому он сиди́т в саду́ и . . .
ждёт.

ждать — to wait

Б9   Прочита́йте три ма́леньких расска́за о лю́дях с о́чень больши́ми
спосо́бностями. Каки́е спосо́бности у э́тих люде́й?

Како́й расска́з, по ва́шему, са́мый интере́сный? Почему́? А есть лю́ди,
кото́рых вы зна́ете, то́же с больши́ми спосо́бностями к му́зыке, к
поэ́зии, к рисова́нию, к спо́рту? Как они́ развива́ют свои́ спосо́бности?
Напиши́те небольшо́е сочине́ние о тако́м челове́ке.

1. Любо́вь Миха́йловна Ма́йкова
   родила́сь в 1901 году́. Всю
   жизнь она́ жила́ в дере́вне, была́
   крестья́нкой. Когда́ ей бы́ло 79
   лет, она́ начала́ рисова́ть.
   Посмотри́те, каки́е карти́ны она́
   нарисова́ла: ру́сский лес, ре́ку,
   родно́й дом (стр. 104).

2. Же́ня Ки́син на́чал выступа́ть на
   конце́ртах, когда́ учи́лся ещё в
   пя́том кла́ссе. В 1988 году́ в
   Австрии он познако́мился с
   дирижёром Ге́рбертом фон
   Карая́ном, кото́рого зна́ет весь мир.
   Же́ня Ки́син игра́л Чайко́вского с
   орке́стром Карая́на (конце́рт был в
   Берли́не). Же́ня и сейча́с у́чится и
   выступа́ет с ра́зными дирижёрами
   и в ра́зных стра́нах.

3. Ви́ка Ве́трова пи́шет стихи́. Обы́чно пи́шет стихи́ но́чью, а па́па и пото́м ма́ма помога́ют запи́сывать их.

— А как ребя́та в шко́ле отно́сятся к твои́м стиха́м?
— Одни́ хотя́т, что́бы я их чита́ла, други́е совсе́м не лю́бят стихи́.
— А что ты лю́бишь?
— Гуля́ть. Зи́му люблю́. Но ле́то люблю́ бо́льше всего́.

You became acquainted with new grammar constructions in Lessons 1 - 3:

— Я хочу́ стать лётчиком.
— Я хочу́, что́бы мой сын стал лётчиком.

Тепе́рь скажи́те, кто чего́ хо́чет.

1. **лета́ть**

Пти́ца хо́чет _____ по ко́мнате.

Андре́й то́же хо́чет, _____ пти́ца _____ по ко́мнате.

2. **послу́шать**

Аня хо́чет _____ Ба́рбру Стре́йсанд.

Аня хо́чет, _____ Анто́н то́же _____ Ба́рбру Стре́йсанд.

3. **купи́ть**

Ле́на хо́чет, _____ Гри́ша _____ себе́ мо́дный костю́м. Гри́ша то́же хо́чет _____ хоро́ший костю́м, но костю́мы в магази́не ему́ не о́чень нра́вятся.

4. **прочита́ть**

Ни́на хо́чет, _____ Воло́дя _____ но́вый рома́н. Воло́дя то́же хо́чет _____ э́тот рома́н.

5. **познако́миться**

Пи́тер прие́хал из Сент-Лу́иса. Он хо́чет _____ с Москво́й.

На́дя гуля́ет с Пи́тером по Москве́. Она́ то́же хо́чет, _____ Пи́тер _____ с Москво́й.

6. **вы́играть**

   Ви́тя и Пе́тя игра́ют в те́ннис. И
   Ви́тя, и Пе́тя хотя́т _____ .

   Ка́тя — ста́ршая сестра́ Пе́ти.
   Коне́чно, она́ хо́чет, _____ Пе́тя
   _____ .

7. **нарисова́ть**

   Лари́са хо́чет, _____ Ива́н
   Па́влович _____ её портре́т. Ива́н
   Па́влович то́же хо́чет _____ э́тот
   портре́т: Лари́са у́мная и краси́вая
   де́вушка.

Б11 Тепе́рь вы зна́ете, как сказа́ть по-ру́сски «В како́м году́ э́то
бы́ло?» Отве́тьте на вопро́сы и скажи́те, ско́лько лет на́шим геро́ям.

Образе́ц ▶ Илю́ша роди́лся в 1979 (ты́сяча девятьсо́т се́мьдесят
девя́том году́). В 1995 году́ ему́ 16 лет.

1. Ната́ша родила́сь в 1960 (_____) году́.
   Сейча́с _____ .

2. Её сын Анто́н роди́лся в 1985 (_____) году́.
   Сейча́с _____ .

3. Её муж Са́ша роди́лся в 1959 (_____) году́.
   Сейча́с _____ .

4. Мла́дшая сестра́ Илю́ши Ка́тя родила́сь в 1988 (_____) году́.
   Сейча́с _____ .

5. Как вы зна́ете, Влади́мир Никола́евич роди́лся в 1941 (_____) году́.
   Сейча́с _____ .

6. Его́ сын роди́лся в 1980 (_____) году́.
   Сейча́с _____ .

7. А в како́м году́ вы роди́лись?

8. У вас есть ста́ршая (мла́дшая) сестра́ и́ли ста́рший (мла́дший)
   брат? В како́м году́ родила́сь сестра́? В како́м году́ роди́лся
   брат?

9. Наве́рное, вы зна́ете каки́х-то немолоды́х люде́й. Когда́ роди́лся
   са́мый ста́рый челове́к, кото́рого вы зна́ете?

Мы живём в
20-ом ве́ке.

10. Посмотри́те: так худо́жник нарисова́л XX век. Но ско́ро мы
    ска́жем:

    «Уже́ две ты́сячи пе́рвый год, мы живём в _____ году́, в XXI
    (_____) ве́ке».

11. Как вы ду́маете, что нарису́ет худо́жник в 2099? (_____) году́?

    Е́сли тру́дно сказа́ть по-ру́сски, скажи́те по-англи́йски и́ли
    нарису́йте са́ми.

B ПОРАБО́ТАЕМ НАД ДИАЛО́ГАМИ И НЕ ТО́ЛЬКО . . .

B1 Вы хорошо́ зна́ете на́ших геро́ев, зна́ете чем они́ увлека́ются,
что лю́бят, а что — нет. Как вы ду́маете, что отве́тят Ната́ша, Илю́ша,
Влади́мир Никола́евич?

Образе́ц ▶ — Илю́ша, дава́й сде́лаем мо́дную причёску.
— Нет, спаси́бо, не хочу́: здесь я консерва́тор.

1. — Илю́ша, у тебя́, ка́жется, есть мла́дшая сестра́? Вот биле́ты в
   теа́тр для дете́й, кото́рым шесть-семь лет. Пойдёшь с ней?
   — . . . .

2. — Влади́мир Никола́евич, не хоти́те поигра́ть в насто́льный те́ннис?
   — . . . .

3. — Наташа, ты, по-моему, увлекаешься цветами? У меня есть дома очень красивые. Я подарю тебе, хорошо?
   — . . . .

4. — Илюша, у меня есть сегодня сигареты «Кэмэл». Хочешь?
   — . . . .

5. — Наташа, нужно очень быстро перевести эту статью на английский язык. Ты можешь сделать перевод?
   — . . . .

6. — Владимир Николаевич, у меня не работает машина «Жигули». Я очень хотел бы, чтобы вы мне помогли.
   — . . . .

7. — Илюша, ты можешь напечатать на компьютере эту программу?
   — . . . .

8. — Сегодня прекрасная погода. Поедем, Илюша, кататься на велосипедах?
   — . . . .

9. — Владимир Николаевич, сейчас минус 10, пурга. Неужели пойдёте сегодня плавать?
   — . . . .

B2   Прочитайте маленькие диалоги с нашими героями и скажите, что нового вы о них узнали.

Образец ▶ — Илюша, под каким знаком ты родился?
            — Под каким знаком? Не знаю. Я родился шестого октября. Какой это знак?

            — Мы узнали, что Илюша родился шестого октября.

                        или:

            — Мы узнали, что у Илюши день рождения шестого октября.

                        или:

            — Я могу сказать, что Илюша родился под знаком Весов.

1. — Владимир Николаевич, вы не хотели стать космонавтом?
   — Нет, не хотел. Но знал многих космонавтов, разговаривал с ними.

2. — Наташа, вы работали только в Москве?
   — Нет, я работала на Урале, в маленьком городе недалеко от места, где Европа встречается с Азией. Там мы с подругой почти совсем самостоятельно делали газету.

3. — Владимир Николаевич, как вы относитесь к музыке?
   — К музыке отношусь хорошо: и к классической, и к современной. Не люблю только некоторые рок-группы: по-моему, это некрасивая музыка.

4. — Владимир Николаевич, а вы сами играете на рояле, на скрипке?
   — Нет, не играю. По-моему, у меня совсем нет музыкальных способностей.

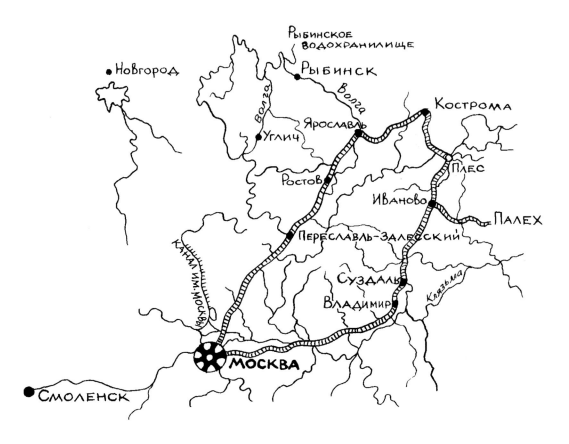

5. — Наташа ты мно́го гуля́ешь с сы́ном?
   — В лес, в дере́вню с ним бо́льше е́здят де́душка и ба́бушка, а мы с Са́шей и с Анто́ном е́здим, когда́ мо́жем, в ста́рые ру́сские города́: в Но́вгород, в Росто́в Вели́кий, в Смоле́нск, в Су́здаль, в Пересла́вль Зале́сский, в Кострому́, в Яросла́вль (стр. 109-110).

Но́вгород
Па́мятник тысячеле́тия Росси́и.
(Novgorod. Monument to the Thousand—
Year Anniversary of Russia.)

Смоле́нск

Кострома́

6. — Илю́ша, а ты е́здил в други́е города́?
   — Да, е́здил. Я о́чень люблю́ Ленингра́д . . . извини́те, Санкт-
   Петербу́рг, был там мно́го раз. Был с роди́телями в Ри́ге, в
   Та́ллинне.

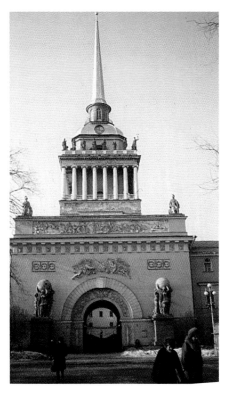

Адмиралте́йство
(The Admiralty)

Па́мятник Петру́ I
«Ме́дный вса́дник»
(Monument to Peter I,
"The Bronze Horseman")

Г1 Илюша говори́л, что в ка́ждой шу́тке есть до́ля пра́вды. Вот ещё одна́: хо́чешь узна́ть, нра́вишься ты свои́м друзья́м и́ли нет? Как они́ к тебе́ отно́сятся?

1. Скажи́, чем ты увлека́ешься, что ты лю́бишь де́лать?

а. регуля́рно ходи́ть в кино́, в теа́тр

б. ходи́ть то́лько на конце́рты класси́ческой му́зыки

в. слу́шать то́лько совреме́нную му́зыку

г. е́здить, лета́ть и ходи́ть в
   други́е города́ и стра́ны

д. занима́ться спо́ртом
   (пла́ванием, те́ннисом,
   насто́льным те́ннисом, игра́ть в
   футбо́л, в америка́нский
   футбо́л, в бейсбо́л, ката́ться на
   велосипе́де, ката́ться на
   конька́х)

2. Если все смо́трят на тебя́ и́ли слу́шают тебя́:

   а. тебе́ осо́бенно прия́тно
   б. счита́ешь, что э́то норма́льно
   в. тебе́ неудо́бно

3. Как ты счита́ешь:

   а. ты мно́го говори́шь
   б. наоборо́т, говори́шь ма́ло
   в. говори́шь норма́льно: не бо́льше и не ме́ньше, чем все

4. О чём ты обы́чно говори́шь?

   а. о себе́, о своём настрое́нии
   б. о шко́ле, о шко́льных предме́тах, об экза́менах, о дома́шних
      зада́ниях
   в. о деньга́х
   г. о мо́дной оде́жде
   д. о свои́х увлече́ниях
   е. о ли́шнем ве́се твоего́ дру́га

5. Что ты обычно делаешь, когда говорят твои друзья?

    а. внимательно слушаешь
    б. начинаешь говорить сам, если считаешь, что друг говорит неправильно
    в. тебе скучно слушать другого человека

6. Чем бы ты хотел заниматься сегодня вечером?

    а. сидеть дома и читать хорошую книгу
    б. сидеть дома и смотреть телевизор или видик
    в. пойти вместе с друзьями в дискотеку
    г. пойти вместе с друзьями на концерт рок-музыки

7. Что ты делаешь, если друзья хотят, чтобы ты занимался делом, каким раньше не занимался?

    а. с удовольствием пойдёшь с ними
    б. не хочешь, но пойдёшь с ними
    в. не пойдёшь с ними

8. Что ты обычно читаешь?

    а. журнал мод
    б. газеты и журналы
    в. книги, особенно по естественным наукам
    г. читаешь всё

9. Если ты любишь своего друга (свою подругу):

    а. ты говоришь ему (ей) об этом
    б. тебе трудно сказать об этом
    в. ты хочешь, чтобы он (она) сам (сама) сказал(а) тебе о своей любви

10. Что тебе нравится, а что нет?

а.	быть в гостях	да	нет
б.	знакомиться с новыми людьми	да	нет
в.	гулять, когда на улице дождь, туман	да	нет
г.	сидеть с человеком которого ты любишь	да	нет
д.	быть одному и заниматься своим хобби	да	нет

This is how you count points:

1. Одно́ очко́ за ка́ждый отве́т   _____
2. а = 5   б = 3   в = 1   _____
3. а = 4   б = 1   в = 3   _____
4. а = 3   б = 3   в = 3
    г = 2   д = 3   е = 1   _____
5. а = 3   б = 5   в = 1   _____
6. а = 1   б = 0   в = 5   г = 3   _____
7. а = 5   б = 3   в = 1   _____
8. а = 0   б = 3   в = 1   г = 5   _____
9. а = 5   б = 3   в = 1   _____
10. Одно́ очко́ за ка́ждое «да», ми́нус одно́—за «нет».

Всего́: _____

40 очко́в и бо́льше:

Друзья́м хорошо́ с тобо́й, они́ лю́бят тебя́, хорошо́ к тебе́ отно́сятся. Но поду́май: мо́жет быть, на́до, что́бы и други́е говори́ли, а не то́лько ты?

26-39 очко́в:

Ты весёлый и общи́тельный челове́к, у тебя́ ча́сто быва́ет хоро́шее настрое́ние. Друзья́ о́чень хорошо́ к тебе́ отно́сятся.

16-25 очко́в:

Тебя́ то́же лю́бят друзья́, потому́ что ты весёлый и всегда́ помога́ешь им, когда́ им тру́дно.

Ме́ньше 16 очко́в:

Твои́ друзья́ счита́ют, что ты не о́чень весёлый. Они́ ду́мают, что ты о́чень серьёзный. Им э́то нра́вится, но, мо́жет быть, иногда́ на́до относи́ться к жи́зни ме́нее серьёзно?

Г2   В уро́ках 1-3 вы познако́мились с журнали́сткой, шко́льником, лётчиком. Ната́ше Зло́биной интере́сно знать ва́ше мне́ние по не́которым вопро́сам. Напиши́те ей, пожа́луйста, письмо́ и отве́тьте на оди́н из сле́дующих вопро́сов:

1. Вы зна́ете, что Илю́ша, как и вы, ско́ро ко́нчит шко́лу. Снача́ла он ду́мал стать музыка́нтом, но тепе́рь хо́чет быть экономи́стом. Но что́бы поступи́ть на экономи́ческий факульте́т, на́до сдать о́чень тру́дные экза́мены. А е́сли Илю́ша не сдаст э́ти экза́мены хорошо́? Каку́ю профе́ссию — журнали́ста и́ли лётчика — он вы́берет? Как вы ду́маете, почему́? Каки́е аргуме́нты есть в те́кстах и диало́гах?

2. А какáя профéссия — журналúста или лётчика — бóльше нрáвится вам? Почемý? Какúе кáчества есть у вас úли какúх кáчеств нет у вас, чтóбы стать лётчиком úли журналúстом?

3. Посмотрúте на **эпúграфы** урóков. Как вы дýмаете, в э́тих мáленьких стихотворéниях есть глáвные идéи о профéссиях лётчика, журналúста úли о Натáше, Илю́ше, Владúмире Николáевиче? Какóй эпúграф кáжется вам сáмым хорóшим?

эпúграф–epigraph

ПЯТЫЙ УРОК

«Приглашаем на работу интеллигентного и энергичного секретаря»

Из объявления в газете

	MAIN STRUCTURES	FUNCTIONS AND COMMUNICATIVE SITUATIONS	GRAMMATICAL STRUCTURES AND LEXICOLOGY	LANGUAGE AND CULTURE
А	— Секретарь должен быть обязательным.	Expressing obligation	Должен with the infinitive	Объявления в русских газетах
	— Не жалеете, что не преподаёте? — Почему жалею?	Making contradictory statements		
	— Надо работать на телефаксе.	Talking about the equipment used in an office	The verb работать with the preposition на	
Б	— Я не умею шить, но умею вязать.	Speaking about capabilities and skills	The verbs уметь/ мочь with the infinitive	АСПРЯЛ в Москве
	— Я вышла замуж за Антона.	Talking about people getting married	The phrases выйти замуж (за кого), жениться (на ком), and the verb пожениться	
	— Это институт? Позовите Нину Ивановну.	Talking on the telephone		
	— Вы ошиблись, вы не туда попали.		The verbs ошибаться/ ошибиться, попадать/попасть	
В	Поработаем над диалогом и не только...			
Г	**Grammar Review and Summary**			
Д	Думаем, спорим, обсуждаем Как вы относитесь к профессии секретаря?			
Е	Знакомимся со страной и русской культурой Русская народная сказка «Кот и лиса»			
Ё	Словарь			

Сегόдня Натáша берёт интервью́ у секретаря́-референта АСПРЯЛа в Москвé Ольги Толмачёвой.

Натáша: Ольга, расскажи́те, пожáлуйста, немнóго о себé: какóй институ́т **кóнчили**, где рабóтали, как **попáли** в ϶тот óфис.

Ольга: Ну, что сказáть вам? Кóнчила институ́т инострáнных языкóв, **педагоги́ческий факультéт**, но в шкóле не рабóтала. Былá в **Индии** перевóдчиком, потóм рабóтала секретарём-референтом. А потóм началá рабóтать здесь.

Натáша: Каки́е у вас **обя́занности**? Что вы **должны́** дéлать?

Ольга: Óчень мнóго обя́занностей: отвечáть на **телефóнные звонки́** — отвечáть прáвильно и **компетéнтно**. Отвечáть на пи́сьма. **Принимáть посети́телей**. Секретáрь в нáшем óфисе — **хозя́йка**.

Натáша: У вас мнóго **оргтéхники**. Как вы рабóтаете с ней? Трýдно?

Ольга: С **техникой сложно**. На́до рабо́тать на **телефа́ксе**, компью́тере, **ксе́роксе, печа́тать на** ру́сской и **лати́нской маши́нках**.

камп'ьютер

пи́шущая маши́нка

телефа́кс

ксе́рокс

Ната́ша: А каки́м до́лжен быть челове́к на ва́шей рабо́те?

Ольга: Каки́м до́лжен быть? **Обяза́тельным, аккура́тным**, о́чень **терпели́вым** и хорошо́ **воспи́танным**.

Ната́ша: А вам нра́вится ва́ша рабо́та? Не **жале́ете**, что не **преподаёте**?

Ольга: Почему́ жале́ю? Нет, я люблю́ **администрати́вную** рабо́ту, она́ мне нра́вится бо́льше, чем педагоги́ческая.

Indicate which of the following sentences are correct and which are not:

	Пра́вильно	Непра́вильно

1. По профе́ссии Ольга
   - а. учи́тель. ☐ ☐
   - б. перево́дчик. ☐ ☐
   - в. секрета́рь. ☐ ☐

2. Сейча́с она́ рабо́тает
   - а. перево́дчиком. ☐ ☐
   - б. секретарём. ☐ ☐
   - в. учи́телем. ☐ ☐

3. Ольга должна́
   - а. рабо́тать на ксе́роксе. ☐ ☐
   - б. печа́тать на маши́нке. ☐ ☐

4. Секрета́рь до́лжен быть
   - а. нетерпели́вым. ☐ ☐
   - б. компете́нтным. ☐ ☐
   - в. воспи́танным. ☐ ☐

5. Ольга говори́т, что
   - а. ей нра́вится педагоги́ческая рабо́та. ☐ ☐
   - б. она́ лю́бит администрати́вную рабо́ту. ☐ ☐
   - в. она́ жале́ет, что ста́ла секретарём. ☐ ☐

Expressing obligation

— Что вы **должны** делать?
— Я **должна** отвечать на телефонные звонки, **должна** принимать посетителей, отвечать на письма.

Он **должен** (был, будет) работать на компьютере.

Она **должна** (была, будет) знать английский язык.

Они **должны** (были, будут) учиться печатать на машинке.

A4   Посмотрите **записи** в дневнике Ольги и скажите, что она, Аня, Энри и Миша должны делать в разные дни недели.

Понедельник	Вторник	Среда	Четверг	Пятница
Ответить на письма учеников школы из Балтимора. (Я)	Перевести статьи из журнала о русском языке. (Энри)	1. Позвонить в Вашингтон в АСПРЯЛ. (Энри) 2. Принять учеников школы N 23 (Все)	1. Напечатать материалы конференции. (Миша) 2. Принять авторов учебника русского языка для американских школ. (Я)	Работать на компьютере. (Я и Аня)

A5   Making contradictory statements

There is a type of expression in Russian called a "why response."

— Не жалеете, что не преподаёте?
— **Почему жалею**? Нет, я люблю административную работу.

A6 Disagree with the following statements, using **«Почему»**.

1. — Вы, наве́рное, не лю́бите рабо́тать на компью́тере?
2. — Вы, наве́рное, не печа́таете на лати́нской маши́нке?
3. — Вы у́тром, наве́рное, не де́лаете заря́дку?
4. — Мне ка́жется, что Вади́м не о́чень энерги́чный.
5. — Вам, наве́рное, не нра́вится педагоги́ческая рабо́та?
6. — Мне ка́жется, что Анна не лю́бит гото́вить.
7. — Мне ка́жется, что Андре́й пло́хо гото́вит.

A7

Ольга говори́т, что на́до рабо́тать на телефа́ксе.

		чём?
рабо́тать	**на**	компью́тере
		ксе́роксе
		телефа́ксе
		пи́шущей маши́нке

A8 Посмотри́те на э́ти маши́ны в о́фисе и скажи́те, на чём вы уже́ хорошо́ рабо́таете.

Read these newspaper ads. Then answer the questions.

1. Which ads talk about jobs for secretaries? . . . for typists? Which are about copying machines?, . . . computers?
2. How long must one train to become a typist? . . . a secretary?
3. What subjects must one study to become a secretary?
4. What skills must an administrative secretary have? What specific qualities (skills) does the ad mention? Does it mention any qualifications concerning age or personal appearance?

Объявле́ния:

Компью́тер

О́льга в о́фисе рабо́тает на компью́тере. Посмотри́те на
карти́нку и прочита́йте, что как называ́ется в компью́тере. Скажи́те,
каки́е слова́ похо́жи на англи́йские.

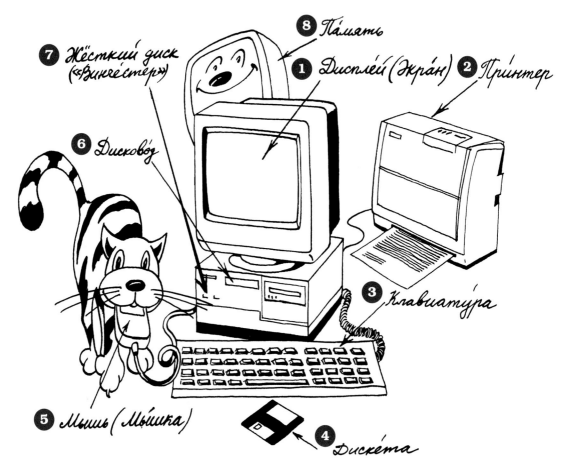

8 Па́мять

7 Жёсткий диск («Винче́стер»)

1 Дисплей (Экра́н)   **2** При́нтер

6 Дисково́д

3 Клавиату́ра

5 Мышь (Мы́шка)

4 Диске́та

A11   Скажи́те, как по-ру́сски:

Пе́рвый но́мер — э́то дисплей (экра́н).
Второ́й но́мер — э́то . . .

A12   The following sentences describe the steps for operating a computer, but
they are out of order. Number the sentences in the correct order. You may not
understand all of the words, but the cognates should help you.

_____ С по́мощью клавиату́ры мо́жно записа́ть те́ксты, дать ра́зные кома́нды.

_____ При́нтер печа́тает подгото́вленный текст.

_____ На́до включи́ть компью́тер и при́нтер.

_____ На́до вы́ключить компью́тер.

_____ На́до вста́вить диске́ту в дисково́д.

_____ Е́сли есть оши́бки в те́ксте, на́до испо́льзовать клавиату́ру, курсо́р и́ли мышь (мы́шку).

 Б1 Интервью́ продолжа́ется.

Ната́ша: А спо́ртом вы занима́етесь?

Ольга: Коне́чно. В де́тстве занима́лась спорти́вной гимна́стикой, волейбо́лом. А сейча́с де́лаю у́тром заря́дку, э́то даёт заря́д **бо́дрости**. Все **сотру́дники** в на́шем о́фисе спорти́вные, **пла́вают**.

Наташа: А что делаете в свободное время? **Шьёте? Вяжете?** Готовите?

Ольга: Шить не **умею**, но вязать умею, занимаюсь этим с удовольствием. Живу с родителями и с мужем. Я вышла замуж второй **раз** за Александра. Я редко бываю **одна**. Живём **дружно**, проблем нет. Все умеют готовить, **кто первый приходит, тот и делает**.

Наташа: Ольга, а как вы относитесь к **животным**? У вас есть собака или кошка?

Ольга: Есть и собака, и кошка. Кошка — я не знаю, какой она **породы**, но **умная**, **ласковая** и очень красивая: **пушистая**, на **бархатных лапках**. А собака — серый **пудель**, ещё **щенок**.

Наташа: Они живут дружно?

Ольга: Да, дружно.

Наташа: А **близкие** друзья у вас есть?

Ольга: Есть и близкие друзья. Иногда **собираемся** просто **поболтать**, **попить** кофе или чай. Мы в гости, к нам гости.

Наташа: А что любите читать?

Ольга: **Романы, детективы** — то, что интересно.

Б2 ПРОВЕРКА ✓ ПОНИМАНИЯ

	Пра́вильно	Непра́вильно

1. В свобо́дное вре́мя Ольга

   а. вя́жет. ☐ ☐

   б. шьёт. ☐ ☐

   в. встреча́ется с друзья́ми. ☐ ☐

2. Ольга живёт

   а. одна́. ☐ ☐

   б. с роди́телями. ☐ ☐

   в. с му́жем. ☐ ☐

3. У Ольги

   а. есть ко́шка. ☐ ☐

   б. есть соба́ка. ☐ ☐

   в. нет ко́шки и соба́ки. ☐ ☐

4. Ольга

   а. лю́бит быть одна́. ☐ ☐

   б. собира́ется с друзья́ми. ☐ ☐

5. Ольга

   а. не лю́бит детекти́вы. ☐ ☐

   б. лю́бит рома́ны. ☐ ☐

Talking about the ability to do something

— Ната́ша Зло́бина — хоро́шая журнали́стка.
Она́ **уме́ет брать** интервью́ у ра́зных люде́й.

The verb **уме́ть** indicates an ability which is due to acquired knowledge or skill.

что де́лать?

уме́ю	говори́ть по-ру́сски
уме́ешь	танцева́ть
уме́ют	рисова́ть
	рабо́тать на компью́тере

— У Илю́ши есть музыка́льные спосо́бности. Он **уме́ет** хорошо́ **игра́ть** на фаго́те и на роя́ле.

— Влади́мир Никола́евич — прекра́сный лётчик. Он **уме́ет лета́ть** да́же в си́льный тума́н и в пургу́.

— Америка́нские шко́льники мно́го занима́ются спо́ртом. Они́ **уме́ют игра́ть** в лакро́сс, бейсбо́л, бадминто́н и футбо́л.

— Мой де́душка хорошо́ поёт, и я то́же **уме́ю петь**.

Продолжа́йте э́ти предложе́ния. Переведи́те их.

1. Секрета́рь-референт до́лжен уме́ть . . . .

. . . to play volleyball and swim.

2. Влади́мир Никола́евич Сизо́в уме́ет хорошо́ . . . .

. . . to work on the computer, swim well, play chess, and play the piano.

3. В де́тстве Ольга Толмачёва занима́лась спорти́вной гимна́стикой. Она́ та́кже уме́ла . . . .

. . . to have self-control, play table tennis, run, swim, and build.

4. В экстрема́льных ситуа́циях лётчик до́лжен уме́ть . . . .

. . . to correctly and competently answer the telephone, to work the fax, telex, computer and Xerox machines, and to type on both Cyrillic and Latin keyboards.

5. Ученики́ в на́шей шко́ле занима́ются в ра́зных кружка́х. Они́ уме́ют . . . .

. . . to have self-control and to not lose his head.

Б5 Ольга Толмачёва говорит, что она умеет вязать и занимается этим с удовольствием. В её семье все умеют готовить, кто первый приходит домой, тот и делает. Ей интересно знать, что вы умеете делать. Расскажите, что умеют делать в вашей семье, что умеют делать ваши друзья.

Б6 You know the verbs **уметь, мочь,** and **знать.** Note the differences between these three verbs:

уметь + infinitive	expresses an ability which is due to an acquired knowledge or skill.	Младшая сестра Илюши не умеет читать: она ещё маленькая, ей 3 года.
мочь + infinitive	expresses a physical or mental capability to do something.	Сейчас 11 часов вечера, и Илюша не может читать экономику: он очень хочет спать.
знать кого/что	is the basic verb for "to know." It requires a direct object or a clause and is never used with an infinitive.	1. Илюша не очень хорошо знает английский язык. 2. Мы знаем, кем хочет стать Илюша.

Б7 Впишите глаголы **уметь, мочь, знать.**

1. — Ты _____ играть на скрипке?
   — Нет, но я хорошо играю на гитаре.

2. Ольга Толмачёва работала в Индии переводчиком. Она хорошо _____ английский язык. Она _____ читать книги на английском языке без словаря.

3. — Илюша, почему ты не был вчера в школе?
   — Я не _____ прийти, потому что встречал американских школьников в аэропорту «Шереметьево-2».

4. Секретарь-референт должен хорошо _____ оргтехнику и _____ работать с ней.

5. Сегодня у Владимира Николаевича есть свободное время, и он _____ рассказать нам о разных странах мира.

6. Я _____ , кто такой Юрий Гагарин.

Вы́йти за́муж за кого́?

Ольга вы́шла за́муж за Алекса́ндра.

Жени́ться на ком?

Алекса́ндр жени́лся на Ольге.

Ольга и Алекса́ндр **пожени́лись.**

Б9 Скажи́те, кто на ком же́нится, кто за кого́ выхо́дит за́муж.

Макси́му нра́вится Та́ня, а Та́не нра́вится Анто́н. Еле́на и Бори́с лю́бят друг дру́га. Наде́жда и Марк дру́жат уже́ не́сколько лет. Мари́я и Ива́н о́чень хорошо́ отно́сятся друг к дру́гу.

Б10 Когда́ моско́вских ма́льчиков-старшекла́ссников спроси́ли, каки́ми они́ ви́дят свою́ бу́дущую жену́, они́ отве́тили так:

1. до́брой
2. **скро́мной**
3. у́мной
4. **же́нственной**
5. **ве́рной**
6. че́стной
7. трудолюби́вой
8. весёлой
9. энерги́чной
10. краси́вой

А как отве́тят на э́тот вопро́с америка́нские ма́льчики?

Мо́жно сказа́ть так:

— Я хочу́ жени́ться на до́брой, весёлой, . . . де́вушке.

А де́вочки? Как они́ отве́тят на вопро́с?

— За како́го челове́ка ты хо́чешь вы́йти за́муж?

и́ли

— За како́го челове́ка ты не хо́чешь вы́йти за́муж?

Мо́жно сказа́ть:

— Я хочу́ вы́йти за́муж за у́много и си́льного челове́ка.

Е́сли вам ну́жно, посмотри́те слова́ в уро́ке 1, часть Д, страни́ца 21. Вы уже́ зна́ете таки́е слова́: лени́вый, серьёзный, си́льный, симпати́чный, ску́чный, сла́бый, сме́лый, споко́йный, спорти́вный, терпели́вый, эгоисти́чный, эмоциона́льный, с чу́вством ю́мора, с си́льной во́лей, трус.

Б11

Óльга говори́т: «Все уме́ют гото́вить, кто пе́рвый прихо́дит, тот и гото́вит».

Посмотри́те, как на́до говори́ть сло́во **ТОТ** в таки́х предложе́ниях:

Кто ничего́ не де́лает, **тот** не де́лает оши́бок.

Б12 Посмотри́те э́ти предложе́ния (**погово́рки**) и их перево́ды. Найди́те перево́д ка́ждого предложе́ния. *(There is one extra answer.)*

_____ Что сде́лано, **то** сде́лано.	1. The person who does nothing makes no mistakes.
_____ Что бы́ло, **то** прошло́.	2. The person who does not work does not eat.
_____ Кто не рабо́тает, **тот** не ест.	3. What's past is past.
_____ Кто ра́но встаёт, **тому́** Бог даёт.	4. A person who has an ache will talk about it.
_____ За что купи́л, за **то** продаю́.	5. The person who rises early receives God's blessing.

_____ Хорошо́ смеётся **тот**, кто смеётся после́дним.

6. He who laughs last laughs best.

_____ Что у кого́ боли́т, **тот** о **том** и говори́т.

7. I am telling you what I heard. (*lit.* The price I paid is the price you pay.)

_____ Не ошиба́ется **тот**, **кто** ничего́ не де́лает.

8. He who buys can laugh.

9. What's done is done.

Б13 Как на́до разгова́ривать по телефо́ну.

1. Answering the phone:

— Да.
— АСПРЯЛ. До́брый день.
— Я слу́шаю. (Слу́шаю вас.)
— Я у телефо́на. Кто говори́т?
— Одну́ мину́ту, сейча́с позову́.

2. Checking whether you have the right number or the right person:

— Алло́! Это магази́н?
— Это кварти́ра Поляко́вых?
— Это ты, Воло́дя? Говори́т Вади́м.
— Это 454-95-24?

3. Asking to talk to someone:

— **Позови́те**, пожа́луйста, Ма́шу.
— Ма́шу, пожа́луйста.
— Мо́жно Ма́шу?

Б14 Read and listen to the dialogues. Look for the expressions that are used in telephone conversations.

1. — Здра́вствуйте! Мо́жно Макси́ма к телефо́ну?
   — Его́ нет до́ма. Кто его́ спра́шивает?
   — Ка́тя.
   — Что ему́ **переда́ть**?
   — Спаси́бо, ничего́. Я пото́м позвоню́.

2. — Алло́! Это магази́н?
   — Нет. Вы не туда́ попа́ли. Это кварти́ра.
   — Это 281-46-05?
   — Нет. Вы **оши́блись**.
   — Извини́те.

3. — Алло́! Это ты, Ка́тя?
   — Да, **ма́мочка**, э́то я.
   — Позови́, пожа́луйста, па́пу.
   — Па́па! Тебя́ к телефо́ну.

4. — Алло́! Это АСПРЯЛ?
   — Да, АСПРЯЛ.
   — Скажи́те, пожа́луйста, когда́ вы начина́ете рабо́тать?
   — В 9.30. Извини́те, а с кем я разгова́риваю?
   — Это звоня́т из шко́лы № 45, мы хоти́м к вам прие́хать.
   — Пожа́луйста, приезжа́йте.

5. — Мо́жно Макси́ма?
   — Его́ нет до́ма. Кто его́ спра́шивает? Что ему́ переда́ть?
   — Переда́йте, пожа́луйста, что звони́ла Ма́ша. А Ни́на до́ма?
   — И её нет. Я и ей переда́м, что вы звони́ли.

6. — Позови́те Бори́са Миха́йловича, пожа́луйста.
   — Вы не туда́ попа́ли.

—Буди́льник заводи́ть и́ли ты
бу́дешь говори́ть до утра́?

—Па́па, ты зна́ешь но́мер фа́кса
Са́нты?

Б15 Imagine that you have arrived in Moscow. What would you say if:

1. Вы живёте в семье́ Петро́вых, но́мер их телефо́на — 241-56-63.
   Звони́т телефо́н, мужчи́на спра́шивает: «Это кварти́ра Ивано́вых?
   Позови́те Серге́я Серге́евича».

2. В семье́ Петро́вых есть дочь Анна, но сейча́с её нет до́ма, она́
   придёт ве́чером. Звони́т телефо́н, и де́вушка про́сит позва́ть Анну.

3. Вы хоти́те позвони́ть своему́ дру́гу Оле́гу. Отвеча́ет его́ ба́бушка.
   Она́ говори́т, что Оле́га нет сейча́с до́ма, и спра́шивает, что ему́
   переда́ть.

4. Вы звони́те в АСПРЯЛ и спра́шиваете, когда́ мо́жно прие́хать в о́фис.
   Вы хоти́те узна́ть, как мо́жно дое́хать до о́фиса.

5. Вы звони́те в музе́й Пу́шкина и спра́шиваете, когда́ рабо́тает музе́й.

Б16

The verbs **звони́ть/позвони́ть** (кому́, куда́) are conjugated the same as the verbs **говори́ть/поговори́ть**.

Б17   Read the following dialogues. Discuss the conversations: say who is calling and what the reason is for the call.

Образе́ц ▶   — Алло́.
— Это ты, Оля? Это Ната́ша. Хо́чешь пойти́ в кино́ сего́дня ве́чером? Посмо́трим фильм, поболта́ем.
— Сего́дня ве́чером? С удово́льствием. Где встре́тимся?

Ната́ша звони́ла Ольге и пригласи́ла Ольгу пойти́ в кино́.

1. — АСПРЯЛ? До́брое у́тро. Это Ива́н Петро́в. Мне ну́жно напеча́тать письмо́ на англи́йском языке́. Но у меня́ нет лати́нской маши́нки. Есть у вас лати́нская пи́шущая маши́нка?
— Есть, приезжа́йте сего́дня в 4 часа́.

2. — Алло́! Это шко́ла?
— Да.
— Позови́те, пожа́луйста, Но́викову Ири́ну Никола́евну.
— Её нет. Кто спра́шивает?
— Её до́чка, Али́на. Я перезвоню́.
— До свида́ния.

3. — Здра́вствуйте! Мо́жно Игоря к телефо́ну?
— Вы оши́блись.
— Я не туда́ попа́л? Извини́те.

4. — Слу́шаю вас.
— Это факульте́т неме́цкого языка́?
— Да.
— Я получи́л телегра́мму от неме́цкого дру́га, но не уме́ю чита́ть по-неме́цки. Вы мо́жете перевести́ её?
— У нас есть студе́нты, кото́рые мо́гут перевести́ её. Приезжа́йте за́втра у́тром.

Б18   Подгото́вьтесь к слу́шанию.

1. Как вы ду́маете, каки́е организа́ции име́ют о́фисы в Росси́и? Почему́?

2. Вы бы хоте́ли рабо́тать за грани́цей?

Прослу́шайте текст «АСПРЯЛ в Москве́» и отве́тьте на вопро́сы. Эти слова́ вам помо́гут.

представи́тельства в стра́нах СНГ[1]— offices in the Commonwealth of Independent States
програ́мма обме́на — exchange program
развива́ться — to expand
консульти́ровать — to advise
АЙРЕКС — International Research and Exchanges Board (IREX)[2]

1. Ско́лько сотру́дников рабо́тало в представи́тельствах АСПРЯЛа в стра́нах СНГ в 1994 году́?
2. А ско́лько рабо́тали в 1990 году́?
3. Кем они́ рабо́тали?
4. Что де́лал секрета́рь-рефере́нт?
5. Как помога́ли сотру́дники ру́сским студе́нтам?
6. Что на́до знать америка́нцам, что́бы рабо́тать в представи́тельстве АСПРЯЛ в Москве́?
7. Есть в Росси́и представи́тельства други́х организа́ций, кро́ме АСПРЯЛ?

ПОРАБОТАЕМ НАД ДИАЛОГОМ И НЕ ТОЛЬКО...

В1   Наве́рное, вы хоти́те бо́льше узна́ть об Ольге Толмачёвой. Ва́ши вопро́сы, пожа́луйста.

1. — ...?

— Посети́тели в о́фисе са́мые ра́зные: ру́сские и америка́нские шко́льники, студе́нты, сотру́дники други́х о́фисов.

2. — ...?

— Нет, в Аме́рике, к сожале́нию, я ещё не была́.

---

[1] СНГ — Содру́жество незави́симых госуда́рств (CIS—Commonwealth of Independent States) — name of the loose union of eleven of the former Soviet republics, all of whom became independent countries in 1991 after the breakup of the Soviet Union.

[2] АЙРЕКС (IREX) — an organization that administers research and study opportunities abroad for graduate students and senior faculty members.

3. — . . . ?

— Са́мый люби́мый го́род — Москва́. Я всегда́ хочу́ жить то́лько в Москве́.

4. — . . . ?

— Да, америка́нские шко́льники, с кото́рыми я разгова́ривала и кото́рые звоня́т в о́фис, хорошо́ говоря́т по-ру́сски.

5. — . . . ?

— Како́й экза́мен я сдава́ла, что́бы стать секретарём-референ́том? Чита́ла и переводи́ла по-англи́йски, расска́зывала о себе́ по-англи́йски, печа́тала на лати́нской маши́нке.

6. — . . . ?

— Под зна́ком Ры́бы, двадца́того ма́рта. Но я не похо́жа на Ры́бу.

Ольга то́же хо́чет спроси́ть вас о ва́шей жи́зни. Ва́ши отве́ты, пожа́луйста.

1. — Кака́я оргте́хника есть у вас в шко́ле?
   — . . .

2. — Вы уме́ете рабо́тать на компью́тере, телефа́ксе, ксе́роксе?
   — . . .

3. — А на ру́сской маши́нке печа́тать уме́ете?
   — . . .

4. — А как в Аме́рике отно́сятся к рабо́те секретаря́?
   — . . .

5. — Хоте́ли бы вы са́ми стать секретарём-рефере́нтом? Почему́?
   — . . .

6. — Я счита́ю, что секрета́рь до́лжен быть аккура́тным, терпели́вым и хорошо́ воспи́танным. А как вы счита́ете?
   — . . .

B3

1.

— Кто э́то?
— Э́то ми́стер Хэ́ррис.
  Он попа́л в ксе́рокс.

2.

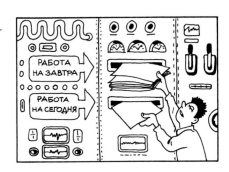

3.

4.

— Присла́ли нам маши́ну с
  компле́ктом табли́чек к ней.

5.

РЕМОНТ
ВИДЕОАППАРАТУРЫ

— Извините, но этот
прибор не может
записывать фильмы,
потому что это
микроволновая
печь.

прибор — appliance, device
записывать — to tape
микроволновая печь —
microwave oven

B4   Вы сотрудник офиса, где работает Ольга Толмачёва. Американцы,
которые там работают, переводят много писем с русского языка на
английский. Прочитайте одно письмо и переведите его.

Обратите внимание на слова:

уважаемый — respected; "Dear..."
поступить (*pf.*) — to enroll
продолжать (*impf.*) — to continue

изучать (*impf.*) (что) — to study
выполнить (*pf.*) **тест** — to take a test
благодарен, **благодарна**,
     благодарны (за что) — grateful

Уважаемый господин президент АСПРЯЛ!

Меня зовут Лена Новикова, мне 17 лет. Я учусь в одиннадцатом
классе, изучаю английский язык. Я хотела бы поступить в университет
в США и продолжать изучать английский язык и американскую
литературу. Как я могу это сделать? Наверное, надо выполнить тест?
Буду очень благодарна Вам за ответ.

Л. Новикова

Мой адрес: 117342 Москва, Олимпийский проспект,
                        дом 5, квартира 67

B5   You are a young person who wants to apply for the job of secretary-typist
advertised on page 123. Write a letter stating why you would like to have the job
and why you believe you would be right for the position. Write at least ten
sentences.

GRAMMAR REVIEW AND SUMMARY

Г1   Review these verb pairs in their imperfective/perfective aspects. Write the verb pairs: печáтать, учи́ть, зарабóтать, дать, спóрить, готóвить, нарисовáть, напечáтать, рисовáть, рассказáть, реши́ть, пригласи́ть, зарабáтывать, вы́учить, приготóвить, расскáзывать, решáть, купи́ть, поспóрить, поздрáвить, получáть, отвечáть, попроси́ть, поздравля́ть, отвéтить, покупáть, получи́ть, проси́ть, давáть, приглашáть.

Образéц ▶   читáть   прочитáть
                 печáтать   напечáтать

Г2   Напиши́те прáвильный вид глагóла.

1. зарабáтывать / зарабóтать

   Изобретáтель ксéрокса Чéстер Кáрлсон нáчал _____ дéньги, когдá ему́ бы́ло 12 лет.
   Илю́ша в кани́кулы _____ мнóго дéнег.

2. печáтать / напечáтать

   Натáша _____ интервью́ со шкóльником, а потóм началá _____ интервью́ с учи́телем.

3. готóвить / приготóвить

   — Когдá ты кóнчишь _____ обéд? — спроси́л муж. Когдá ты _____ , мы пойдём гуля́ть?

4. учи́ть / вы́учить

   — Ты ужé кóнчила _____ стихотворéние?
   — Нет. Я должнá ещё нéсколько раз прочитáть егó. А что?
   — Когдá _____ , посмотри́ вот э́тот журнáл: там интерéсная статья́ «Человéк и компью́тер».

5. писáть / написáть

   — Ты не пóмнишь, когдá Пу́шкин нáчал _____ ромáн «Евгéний Онéгин»?
   Натáша ужé _____ статью́ в газéту «Москóвские нóвости».

ДУМАЕМ, СПОРИМ, ОБСУЖДАЕМ

Д1 Как вы отно́ситесь к профе́ссии секретаря́?

Ольга Толмачёва говори́т, что рабо́та секретаря́ ей о́чень нра́вится. Но, наве́рное, не все так счита́ют. Here are a few arguments and counter-arguments which will help you begin the discussion.

Про́тив[3]	За
1. Профе́ссия секретаря́ — **непрести́жная** профе́ссия. Секрета́рь ничего́ не реша́ет сам, он де́лает то, что говори́т **шеф**.	1. Почему́ непрести́жная профе́ссия? В на́ше вре́мя секрета́рь до́лжен быть таки́м же образо́ванным челове́ком, как учи́тель, хорошо́ знать иностра́нные языки́.
2. Ра́зве интере́сно всё вре́мя печа́тать на маши́нке и́ли рабо́тать на компью́тере?	2. Уме́ть рабо́тать на ксе́роксе, на компью́тере — э́то, по-мо́ему, о́чень интере́сно и **ва́жно** в совреме́нной жи́зни.
3. Секрета́рь до́лжен быть **делови́м** челове́ком, быть аккура́тным, терпели́вым, а у меня́ нет **терпе́ния**.	3. Секрета́рь знако́мится со мно́гими людьми́, разгова́ривает с ра́зными посети́телями.
4. Секрета́рь до́лжен ду́мать о вре́мени, рабо́тать весь день — э́то тру́дно.	4. Секрета́рь мо́жет помо́чь посети́телю бы́стро реши́ть его́ пробле́мы — э́то о́чень хорошо́.
	5. Е́сли **организа́ция**, в кото́рой рабо́тает секрета́рь, де́лает большо́е и **ва́жное** де́ло, то и рабо́та секретаря́ **важна́** и без него́/неё э́то де́ло сде́лать нельзя́.

Продолжа́йте!

---

[3] For an explanation of про́тив, за, and the cases they take, see Lesson 9, Б3.

ЗНАКОМИМСЯ СО СТРАНОЙ И РУССКОЙ КУЛЬТУРОЙ

E1 Ольга говорит, что у неё есть собака—серый пудель—и очень красивая пушистая кошка. Русские не меньше, чем американцы, любят своих **четвероногих** друзей. О них есть много рассказов и сказок. Сказки о домашних животных — одни из самых интересных и любимых у русского народа. Вот одна из них.

четвероногий — тот, у которого четыре ноги или лапы

Кот и лиса

лиса — fox

Жил-был **мужик**. У этого мужика был кот, но такой **хитрый**, что не знали, что с ним делать. Что куда ни положат, всё возьмёт и съест. Думал, думал мужик и решил:

мужик — мужчина, который живёт и работает в деревне
хитрый — sly

«Пусть лучше кот в лесу поживёт.» Взял он кота в сумку и **бросил** в лесу.

бросить — to throw

Что коту делать? Вот идёт кот по лесу, а **навстречу** ему лиса. Увидела она кота и думает: «Сколько лет в лесу живу, а такого **зверя** не видела!»

навстречу — слово, которое идёт от глагола встречать
зверь (m.) — wild animal

— Здравствуй, **добрый молодец**! Кто ты, откуда пришёл и как тебя зовут?

добрый молодец — так в сказках говорят, когда разговаривают с молодым человеком

— Зовут меня Котофей Иванович, пришёл я из сибирских лесов, чтобы быть у вас **самым главным**.

самым главным — the most important (animal)

— Очень прия́тно! А не пойдёшь ли ко мне жить?

— Почему́ не пойти́. Пойду́.

Так и ста́ли они́ жить вме́сте.

Вот идёт одна́жды лиса́ по́ лесу домо́й, хоте́ла
обе́д вку́сный пригото́вить, а навстре́чу ей волк.

— Стой, лиса́. Что э́то у тебя́? **Ку́рица**? Дай мне её.   ку́рица — chicken

— Не дам.

— Не дашь? Я сам возьму́.

— А я скажу́ Котофе́ю Ива́новичу, он тебя́ съест.

— А кто тако́й Котофе́й Ива́нович?

— Ты ра́зве не слы́шал? Он пришёл к нам из
сиби́рских лесо́в, что́бы быть у нас гла́вным   лиси́ца = лиса́ — fox
зве́рем. Ра́ньше я была́ **лиси́ца-деви́ца**, а тепе́рь   деви́ца (ста́рое сло́во) —
— жена́ Котофе́я Ива́новича.   де́вушка

— Нет, не слы́шал, Елизаве́та Ива́новна. А мо́жно
мне на него́ посмотре́ть?

— Не зна́ю, не зна́ю, Котофе́й Ива́нович о́чень
серди́тый, кто ему́ не понра́вится, сейча́с же съест.   серди́тый — angry
Ты лу́чше пригото́вь ему́ **бара́на** в пода́рок,   бара́н — ram
положи́ о́коло до́ма, а сам **спря́чься**, что́бы он тебя́   спря́таться — to hide
не ви́дел, **а то** пло́хо бу́дет.   (спря́чься — hide)
                                                             а то — otherwise

Идёт лиса́ домо́й, а навстре́чу ей медве́дь.

— Стой, лиса́. Кака́я у тебя́ ку́рица хоро́шая.
Дай мне её.

— Иди́, медве́дь, свое́й доро́гой, а то скажу́
Котофе́ю Ива́новичу, он тебя́ съест.

— А кто тако́й Котофе́й Ива́нович?

— Он у нас гла́вный сейча́с, пришёл к нам из
сиби́рских лесо́в. Он о́чень серди́тый. Если хо́чешь
посмотре́ть на него́, пригото́вь ему́ **быка́** в   бык — bull
пода́рок, положи́ его́ о́коло до́ма, а сам спря́чься,
что́бы он тебя́ не ви́дел.

Вот пришёл волк с бара́ном, стои́т и ду́мает, что де́лать. Ви́дит, медве́дь идёт с быко́м.

— Здра́вствуй, Миха́йло Ива́нович!

— Здра́встуй, брат Лево́н! Не ви́дел здесь лису́ с му́жем?

— Нет, не ви́дел, сам их жду.

— Ну, что ска́жешь, куда́ лу́чше спря́таться?

— Я на де́реве сиде́ть бу́ду.

— Тебе́ хорошо́, ты на де́реве сиде́ть мо́жешь, а мне как быть?

— Ты ложи́сь вот здесь о́коло де́рева, а я **ли́стьями** тебя́ **закро́ю**.

лист — leaf (of a tree)
закры́ть — to cover

Так они́ и сде́лали. Тут и кот с лисо́й иду́т. Уви́дел их медве́дь и **ти́хо** так говори́т:

ти́хо — quietly

— Како́й он ма́ленький, э́тот гла́вный зверь!

А кот как уви́дел быка́, пры́гнул на него́ и на́чал его́ есть. Ест и говори́т:

— Мя́у, мя́у!

— Тако́й ма́ленький, а говори́т, что ему́ ма́ло, ма́ло.

Захоте́л и волк посмотре́ть на кота́. Смо́трит он, да не ви́дит ничего́: ли́стья все глаза́ закры́ли. Услы́шал кот, что в ли́стьях **кто-то** есть, и поду́мал, что там мышь. Он и **пры́гнул** пря́мо на во́лка.

кто-то — someone
пры́гнуть — to jump
испуга́ться — to become
   afraid
побежа́ть — to set off
   running

— Ой, ой, ой, — **испуга́лся** волк и **побежа́л.**

А кот то́же испуга́лся и — на де́рево, где медве́дь сиде́л.

— Ну, — ду́мает медве́дь, — э́то он меня́ уви́дел, пришёл и мой коне́ц.

Упа́л медве́дь на зе́млю, встал и то́же побежа́л.

упа́сть — to fall

А лиса́ стои́т и говори́т:

— Быстре́е, быстре́е, он вас сейча́с съест!

С э́того вре́мени все зве́ри по́няли, кто у них в лесу́ гла́вный зверь. А кот с лисо́й приготовили мя́со на всю зи́му и ста́ли **жить да пожива́ть.** И сейча́с живу́т.

жить да пожива́ть —
   обы́чный коне́ц в ру́сских
   ска́зках

Отве́тьте на вопро́сы к те́ксту «Кот и лиса́».

1. Почему́ мужи́к реши́л бро́сить кота́ в лесу́?
2. Что рассказа́л кот лисе́ о себе́?
3. Кто из звере́й хоте́л посмотре́ть на кота́?
4. Что лиса́ посове́товала зве́рям дать коту́ в пода́рок?
5. Почему́ лиса́ называ́ет кота́ — Котофе́ем Ива́новичем?
6. Где спря́тались зве́ри, что́бы посмотре́ть на Котофе́я Ива́новича?
7. Что сказа́л медве́дь, когда́ уви́дел кота́?
8. Что говори́л кот, когда́ он на́чал есть, а что слы́шал медве́дь?
9. Почему́ кот пры́гнул на во́лка?
10. Почему́ медве́дь упа́л на зе́млю?
11. В ска́зке ча́сто говоря́т о зве́рях, но зве́ри = лю́ди. О каки́х лю́дях говори́т э́та ска́зка?
12. Прочита́йте ска́зку ещё раз. Каки́е традицио́нные элеме́нты ска́зок в ней есть?

E2 У ка́ждого зве́ря в ска́зке свой хара́ктер. А како́й хара́ктер у ва́шего четвероно́гого дру́га? Как вы к нему́ отно́ситесь? Поня́тно, что ва́ша ко́шка и́ли соба́ка са́мая краси́вая в ми́ре. Кака́я она́? Вы ча́сто с ней гуля́ете, игра́ете и да́рите ей пода́рки? Есть в ва́шем го́роде клуб **люби́телей** ко́шек и соба́к? Чем занима́ются лю́ди в э́том клу́бе? Напиши́те небольшо́е сочине́ние о свое́й люби́мой соба́ке и́ли ко́шке.

люби́тель (*m.*) — lover

E3 Сейча́с вы в Москве́. Вы хоти́те купи́ть соба́ку. Прочита́йте э́ти объявле́ния. По како́му телефо́ну вы позвони́те? Почему́? Како́й разгово́р у вас бу́дет с хозя́ином щенка́? Вы мо́жете поня́ть, о како́й соба́ке идёт разгово́р?

ПРОДАЮТСЯ
ЩЕНКИ
ЧЁРНОГО ПУДЕЛЯ

334-71-25   334-71-25   334-71-25   334-71-25

ПРЕКРАСНЫЕ
ЩЕНКИ
ФОКСТЕРЬЕРА

286-25-06   286-25-06   286-25-06   286-25-06   286-25-06

ПРОДАЁТСЯ ЩЕНОК
(КОЛЛИ, 2 МЕСЯЦА)

443-90-81   443-90-81   443-90-81   443-90-81

ХОТИТЕ ИМЕТЬ
СОБАКУ - ДРУГА ?
КУПИТЕ ЩЕНКА
СИБИРСКОЙ ЛАЙКИ

218-13-11   218-13-11   218-13-11

СЛОВАРЬ

администрати́вный	administrative	
аккура́тный	exact, thorough; tidy, neat	
АСПРЯЛ — Америка́нский Сове́т Преподава́телей Ру́сского Языка́ и Литерату́ры	American Council of Teachers of Russian (ACTR)	
воспи́танный	well brought up, well-mannered	
диске́та	disk	
дисково́д	disk drive	
дисппле́й (экра́н)	[computer] display (screen)	
до́лж(е)н, -а́; -о́, -ы́ (+ *inf.*)	must; should	
жале́ть / пожале́ть (о чём/кого́)	to regret; be sorry, to feel sorry (for someone)	*жале́-ю, -ешь, -ют / пожале́-ю, -ешь, -ют*
жёсткий диск («Винче́стер»)[4]	hard drive	
за́пись (*f.*)	entry; record	
Индия	India	
клавиату́ра	keyboard	
компете́нтно	competently	
конча́ть/ко́нчить	to finish; to graduate (*from a university*)	*конча́-ю, -ешь, -ют / ко́нч-у, -ишь, -ат*
ксе́рокс	copier, Xerox machine	
лати́нский (*adj.*)	Latin	
маши́нка	machine; (*here*) typewriter	
мышь (*f.*) (мы́шка)	mouse (*diminutive*)	
объявле́ние	announcement; (*here*) advertisement	
обя́занность (*f.*)	responsibility, obligation	
обяза́тельный	obliging, accommodating	
оргте́хника	office equipment	
па́мять (*f.*)	memory	
педагоги́ческий факульте́т	pedagogical faculty; education department	
печа́тать на маши́нке	to type	
пи́шущая маши́нка	typewriter	

---

[4] «Винче́стер» ("Winchester") – from the code name used by the original developer.

попада́ть / попа́сть (куда́)	to end up, to go (to some place)	попада́-ю, -ешь, -ют/ попад-у́, -ёшь, -у́т
посети́тель (m.)	visitor	
преподава́ть	to teach	преподаю́, -ешь, -ю́т
принима́ть / приня́ть	to accept, receive	принима́-ю, -ешь, -ют / прим-у́, при́м-ешь, -ут
принима́ть посети́телей	to greet, receive visitors	
при́нтер	printer	
сло́жно	complicated	
телефа́кс	fax (facsimile) machine	
телефо́нный звоно́к	telephone call	
терпели́вый	patient	
те́хника	technology	
хозя́йка	(here) office manager	

Часть Б

ба́рхатный	velvety soft	
бли́зкий	near; close (as noun: one's nearest and dearest)	
бо́дрость (f.)	cheerfulness, good spirits	
болта́ть / поболта́ть	to chat, to gab	болта́-ю, -ешь, -ют / поболта́-ю, -ешь, -ют
ве́рный	faithful, loyal	
выходи́ть / вы́йти за́муж (за кого́)	to get married (woman)	выхожу́, выхо́д-ишь, -ят / вы́йд -у, -ешь, -ут
вяза́ть / связа́ть	to knit	вяж-у́, вя́ж-ешь, -ут / свяж-у́, свя́ж-ешь, -жут
детекти́в	detective story	
дру́жно	amicably, harmoniously, in a friendly way	
жени́ться (на ком)	to get married (man)	жен-ю́сь, же́н-ишься, -ятся
пожени́ться (он и она́ пожени́лись) [pl. only]	to get married (two people)	пожен-ятся
же́нственный	feminine	
живо́тное (n., adj. used as noun)	animal; (here) pet	
звать / позва́ть	to call	зов-у́, -ёшь, -у́т / позов-у́, -ёшь, -у́т
звони́ть / позвони́ть (кому́)	to ring; to telephone (someone)	звон-ю́, -и́шь, -я́т / позвон-ю́, -и́шь, -я́т
кто . . . тот	whoever . . . is the one who	
Кто пе́рвый прихо́дит . . . тот и де́лает.	Whoever comes in first . . . is the one who does it.	
ла́пка	paw (dim. of ла́па)	
ла́сковый	affectionate	

ма́мочка	diminutive of ма́ма	
оди́н, одна́, одни́	(here) alone	
оши́бся, оши́блась, оши́блись (past tense of ошиби́ться)	to be mistaken	
передава́ть / переда́ть	to communicate, convey, pass on	переда-ю́, -ёшь, -ю́т / переда́м, переда́шь, переда́ст, передад-и́м, -и́те, -у́т
пить / попи́ть	to drink / to drink a bit	пь-ю, -ёшь, -ют / попь-ю́, -ёшь, -ю́т
пла́вать (impf., indet.) / плыть (impf., det.)	to swim	пла́ва-ю, -ешь, -ют / плыв-у́, -ёшь, -у́т
погово́рка	saying, proverb	
поро́да	breed	
пу́дель	poodle	
пуши́стый	fluffy	
раз	(here) time	
рома́н	novel	
скро́мный	modest	
собира́ться / собра́ться (где)	to gather together	собира́ -юсь, -ешься, -ются / собер-у́сь, -ёшься, -у́тся
сотру́дник, сотру́дница	fellow worker	
уме́ть / суме́ть	to be able, know how (to)	уме́-ю, -ешь, -ют / суме́-ю, -ешь, -ют
у́мный	clever	
шить / сшить	to sew	шь-ю, -ёшь, -ют / сошь-ю́, -ёшь, -ю́т
щено́к	puppy	

Часть В

благода́р(е)н, -а, -ы (за что)	grateful (short form adj.)	
выполня́ть / вы́полнить тест	to take a test	выполня́-ю, -ешь, -ют / вы́полн-ю, -ишь, -ят
изуча́ть / изучи́ть (что)	to study	изуча́-ю, -ешь, -ют/ изуч-у́, изу́ч -ишь, -ат
поступа́ть / поступи́ть	to enroll	поступа́ -ю, -ешь, -ют/ поступл-ю́, посту́п -ишь, -ят
продолжа́ть / продо́лжить	to continue	продолжа́-ю, -ешь, -ют/ продо́лж -у, -ишь, -ат
уважа́емый	respected; (opening in formal letter) "Dear ..."	

Часть Г

изобретáтель	inventor

Часть Д

вáжный (вáж[е]н, -á, -о, -ы)	important (*short form adj.*)
деловóй	business, businesslike (*adj.*)
(не)престúжный	(not) prestigious
организáция	organization
прóтив **(чегó)**	against
терпéние	patience
шеф	chief, boss

Шестой урок

«Есть же́нщины в ру́сских селе́ньях . . .»[1]

Н. А. Некра́сов, ру́сский поэ́т

	Main Structures	Functions and Communicative Situations	Grammatical Structures and Lexicology	Language and Culture
А	— На дворе́ у А́нны Афана́сьевны есть коро́вы, бык, теля́та. — А́нна Афана́сьевна посади́ла карто́шку, морко́вь, помидо́ры.	Talking about farm animals and crops	Names of domestic animals and their offspring	Крестья́не и колхо́зники
Б	— Вы настоя́щая фе́рмерша! — Кака́я же я фе́рмерша? — Вот ко́фта на мне из ове́чьей ше́рсти.	Correcting a mistaken impression Indicating what something is made of	The use of the question words **како́й, как** to object to a mistaken assumption The prepositon **из** and the genitive case	Ру́сский дом
В	Порабо́таем над диало́гом и не то́лько . . .			
Г	**Grammar Review and Summary**			
Д	Ду́маем, спо́рим, обсужда́ем Как вы отно́ситесь к профе́ссии фе́рмера?			
Е	Знако́мимся со страно́й и ру́сской культу́рой Мультфи́льм «Тро́е из Простоква́шино»			
Ё	Слова́рь			

---

[1] «Есть же́нщины в ру́сских селе́ньях…» ("There are women in Russian settlements…") — a line from a poem by the nineteenth-century Russian poet, N.A. Nekrasov (1821-1878). The next lines of the poem describe the beauty of the soul of Russian peasant women, their uncommon courage and ability to work. For Russians then this one line evokes the characterization of the extraordinary women in the Russian countryside.

A1 Анна Афана́сьевна Кузнецо́ва живёт в Моско́вской о́бласти. Сейча́с ей 67 лет, она́ уже́ **на пе́нсии**. Всегда́ жила́ в дере́вне. Мать **научи́ла** Анну де́лать всю **крестья́нскую** рабо́ту: рабо́тать на **по́ле**, **убира́ть урожа́й, до́йть коро́в**, де́лать смета́ну, **прясть шерсть, сажа́ть** и **выра́щивать о́вощи**.

Кто был на дворе́ у Анны Афана́сьевны?

коро́ва   телёнок   бык

ко́шка

котёнок

коза́   козлёнок   козёл

овца́   бара́н   ягнёнок

индю́к

щено́к

соба́ка

пету́х

ку́ры

цыпля́та   цыплёнок

яйцо́

я́йца

свинья́

у́тка   утёнок

гусь

гусёнок

поросёнок

порося́та

Ната́ша с Анто́ном смо́трят, каки́е о́вощи **посади́ла** Анна Афана́сьевна весно́й и каки́е она́ бу́дет убира́ть о́сенью.

Огоро́д Анны Афана́сьевны

это лук

это огурцы́ (огуре́ц)

это ре́па

это морко́вь (морко́вка)

это карто́фель (карто́шка)

это свёкла

это помидо́ры

это реди́ска

сала́т

это ты́ква

это капу́ста

Наташа приехала брать интервью вместе с сыном Антоном в начале осени. Сначала они разговаривают с Анной Афанасьевной во **дворе**.

Наташа: Какой красивый у вас петух!

Антон: Мама, а индюк какой![2]

Наташа: Анна Афанасьевна, **хозяйство** у вас большое, да?

Анна Афанасьевна: Хозяйство большое: корова, овцы, поросята, индюк, куры. Я и сёстрам своим дала: одной дала овец, другой пятьдесят кур —пусть тоже выращивают, пусть будет хозяйство у них.

Наташа: А вы продаёте молоко?

Анна Афанасьевна: Конечно. И молоко, и сметану, и яйца. И мясо у нас своё, и колбасу и ветчину делаем.

Наташа: Ну, вы настоящая **фермерша**!

Анна Афанасьевна: Какая же я фермерша? У **фермеров** машины, **трактора**, а я всё сама, своими руками. Я **крестьянка**.[3]

Наташа: А если у вас нет своей машины, как вы **продаёте** урожай — здесь, в деревне?

Анна Афанасьевна: Да, в нашей деревне и рядом летом живёт много людей из Москвы. Они покупают молоко, сметану, яйца. Иногда в городе продаём — у **соседа** есть машина, едем в город вместе.

---

[2] А индюк какой! — Какой красивый индюк, какой большой индюк!

[3] Если ты хочешь знать, что такое крестьянка, прочитай А10.

Ната́ша:	Ле́том здесь доро́ги неплохи́е, а о́сенью, в октябре́, когда́ иду́т дожди́?
Анна Афана́сьевна:	Осенью ху́же, коне́чно, но авто́бус идёт ря́дом с до́мом. Если на́до в го́род, мы е́дем на авто́бусе.
Ната́ша:	Анна Афана́сьевна, вы, коне́чно, всю карто́шку и все о́вощи убира́ете, они́ у вас не **погиба́ют**?
Анна Афана́сьевна:	Коне́чно, нет. Вот ря́дом **колхо́зное** по́ле — там ча́сто карто́шка погиба́ет.
Ната́ша:	Почему́? Люде́й нет?
Анна Афана́сьевна:	Да. В дере́вне **молодёжи** ма́ло, ребя́та хотя́т в го́роде жить и́ли в го́роде рабо́тать. И крестья́нскую рабо́ту не все **молоды́е** лю́бят.
Ната́ша:	А вы в го́род не хоти́те?
Анна Афана́сьевна:	Я всю жизнь в дере́вне живу́ и рабо́таю. Лес, по́ле — ря́дом. А в го́роде мне не нра́вится: люде́й мно́го, маши́н мно́го. Хозя́йство своё люблю́. Я всегда́ в крестья́нской рабо́те была́ пе́рвой, де́лала лу́чше всех: и когда́ в **колхо́зе** рабо́тала, и когда́ колхо́зу помога́ла.

ПРОВЕРКА ✓ ПОНИМАНИЯ

	Пра́вильно	Непра́вильно

1. У Анны Афана́сьевны
   а. нет коро́вы.
   б. нет индюка́.
   в. нет порося́т.

2. Свои́м сёстрам она́ дала́
   а. ове́ц.
   б. коро́ву.
   в. кур.

3. Анна Афана́сьевна е́здит в го́род
   а. на свое́й маши́не.
   б. на маши́не сосе́да.
   в. на авто́бусе.

4. Анна Афана́сьевна говори́т, что
   а. в дере́вне мно́го молодёжи.
   б. молоды́е лю́бят
      крестья́нскую рабо́ту.
   в. молодёжь не хо́чет жить в
      дере́вне.

5. Анна Афана́сьевна не хо́чет жить в
   го́роде, потому́ что
   а. она́ лю́бит лес, по́ле, дере́вню.
   б. лю́бит своё хозя́йство.
   в. уме́ет о́чень хорошо́ де́лать
      всю крестья́нскую рабо́ту.

A3   Какие животные есть у Анны Афанасьевны.

Natasha and her son Anton are captivated by the rooster and turkey, but you think they are plain, average birds. Imagine that you and a friend have gone to visit Anna Afanasyevna. Comment on each animal shown on page 153.

Вы можете сказать:

— Какой красивый петух!
— А, по-моему, петух как петух.
— Нет, что ты! Очень красивый.

A4   Посмотрите на картину современного русского художника Николая Недбайло «Хорошее **натуральное** хозяйство» и скажите, какие животные и птицы есть у этой хозяйки и есть ли они у Анны Афанасьевны.

Образец ▶   У этой хозяйки есть   У Анны Афанасьевны тоже
               поросята.   есть поросята.

               У этой крестьянки   У Анны Афанасьевны тоже
               нет машин.   нет машин.

A5 Ру́сские счита́ют, что у ка́ждого живо́тного есть свой хара́ктер и что иногда́ лю́ди и живо́тные быва́ют похо́жи. Поэ́тому ру́сские говоря́т:

1. Си́льный, как бык.

2. **Наду́тый**, как индю́к.

3. **Глу́пый**, как бара́н.

4. Рабо́тает, как ло́шадь.

А как об э́том говоря́т в Аме́рике? Как э́то бу́дет в англи́йском языке́?

A6

In Russian, baby animals are designated by the suffixes **-онок** (**-ёнок**) in the singular and **-ата** (**-ята**) in the plural.

кот	котёнок	котя́та
тигр	тигрёнок	тигря́та

A7 Say that the animals listed below have more than one offspring.

1. Коро́ва и **телёнок** — Коро́ва и _____ .

2. Свинья́ и **поросёнок** — Свинья́ и _____ .

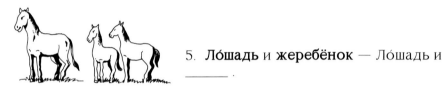

3. Овца́ и ягнёнок — Овца́ и _____ .

4. Коза́ и козлёнок — Коза́ и _____ .

5. **Ло́шадь** и **жеребёнок** — Ло́шадь и _____ .

6. **Ку́рица** и **цыплёнок** — Ку́рица и _____ .

7. Гусь и гусёнок — Гусь и _____ .

8. Утка и утёнок — Утка и _____ .

A8 У Анны Афанáсьевны в хозя́йстве не то́лько мно́го живо́тных, но она́ та́кже сажáет и выра́щивает о́вощи.

Посмотри́те на огоро́д Анны Афанáсьевны на страни́це 154, а пото́м посмотри́те на э́ти о́вощи и скажи́те, каки́е из них есть у Анны Афанáсьевны.

Образе́ц ▶   — А что, Анна Афанáсьевна посади́ла карто́шку?
              — Да, у неё на огоро́де есть карто́шка.

и́ли:

— У Анны Афанáсьевны есть карто́шка?
— По-мо́ему, она́ посади́ла карто́шку.

A9 Подгото́вьтесь к чте́нию.

1. Кака́я часть люде́й в США — фе́рмеры?

2. Кому́ продаю́т свой урожа́й америка́нские фе́рмеры?

A10 Прочита́йте текст «Крестья́не и колхо́зники» и отве́тьте на вопро́сы.

Крестья́не и колхо́зники

Крестья́нин, крестья́нка, крестья́не — э́то лю́ди, кото́рые живу́т и рабо́тают в дере́вне: сажа́ют и убира́ют хлеб, о́вощи, фру́кты, выра́щивают свине́й, ове́ц, коро́в.

До револю́ции в Росси́и бы́ло мно́го крестья́н, потому́ что больши́х городо́в бы́ло ма́ло, лю́ди жи́ли в деревня́х, да и в ма́леньких города́х у ка́ждого до́ма бы́ло своё хозя́йство: коро́ва, ку́ры, огоро́д.

После революции, особенно после 1930 года, слова крестьянин и крестьянка почти ушли из русской жизни, из русского языка. И вот почему. **Коммунисты** считали, что, если люди будут работать вместе, помогать друг другу, им будет **легче** работать: они смогут купить большие дорогие машины, на больших полях можно будет работать быстрее и лучше. Значит и урожай будет больше. Колхоз — это **коллективное** хозяйство, колхозник, колхозница, колхозники — это люди, которые работают в колхозе.

Может быть, идея колхозов не была такой уж плохой. Но какой был результат?

В колхозе люди работали не самостоятельно. Они сами ничего не решали: сколько и что сажать, когда убирать урожай, кому продавать овощи, молоко, хлеб, сколько денег давать за работу . . .

После августа 1991 года в русской жизни опять появляются крестьяне. Сейчас каждый крестьянин, если захочет, может начать самостоятельное хозяйство. Колхозы ещё есть, но их **становится всё меньше**. Правда, сейчас часто говорят не крестьянин или крестьянка, а фермер или фермерша. Ну что ж, новые времена, новые слова! ■

1. Почему в России было много крестьян?
2. Когда появились колхозы и почему?
3. Когда появились фермеры в России?

Б1 Анна Афанасьевна, Наташа и Антон в доме.   Антон видит . . .

веретено / прялка

Антон: Анна Афанасьевна, а это что у вас?

Анна Афанасьевна: Не видел никогда?

Наташа: И я не видела. Что это?

Анна Афанасьевна: **Прялка**. 30 лет назад купила, 45 рублей стоила.

Наташа: Шерсть[4] сами делаете, да? Из овец?

Анна Афанасьевна: Да. Вот **кофта** на мне — из **овечьей** шерсти. А вот другая тоже из овечьей шерсти. И шапки вяжу, и **носки**, и **варежки**.

кофта / носки / варежки

Наташа: Я думаю, из шерсти можно связать много вещей.

---

[4] шерсть (*f.*) — *here:* threads made from sheep's wool.

Анна Афана́сьевна:	Коне́чно, из ше́рсти мно́го что мо́жно сде́лать.
Ната́ша:	Ну и **мастери́ца** же вы! **Мастери́ца на все ру́ки**.⁵ Анна Афана́сьевна, мне сказа́ли — вы пе́сни пи́шете, да?
Анна Афана́сьевна:	Пра́вду сказа́ли — пишу́.
Ната́ша:	Спо́йте, пожа́луйста.
Анна Афана́сьевна:	Кака́я же я арти́стка? Не пою́ я. Я стихи́ пишу́. Вот написа́ла . . . [*Даёт Ната́ше тетра́дь.*] Почита́й. Днём, коне́чно, вре́мени нет писа́ть. А когда́ **нарабо́таюсь, ля́гу** по́здно, то спать не хочу́. Вста́ну, сижу́, пишу́. Ночь, ти́хо. Хорошо́!
Ната́ша:	А вы **когда́-нибудь** отдыха́ете?
Анна Афана́сьевна:	Весно́й, ле́том, о́сенью — ма́ло, а зимо́й вре́мени бо́льше. Телеви́зор иногда́ смотрю́, **му́льтики** люблю́. «Тро́е из Простоква́шино»⁶ всегда́ смотрю́. Там кот и соба́ка похо́жи на мои́х.
Анто́н:	И я люблю́ э́тот му́льтик.

Б2 ПРОВЕРКА ✓ ПОНИМАНИЯ

	Пра́вильно	Непра́вильно
1. У Анны Афана́сьевны есть		
а. пря́лка.	☐	☐
б. тра́ктор.	☐	☐
в. своя́ маши́на.	☐	☐
2. Анна Афана́сьевна		
а. сама́ де́лает шерсть.	☐	☐
б. покупа́ет шерсть в магази́не.	☐	☐

---

⁵ Ма́стер (*m.*), мастери́ца (*f.*) на все ру́ки — челове́к, кото́рый мно́гое уме́ет де́лать и де́лает всё о́чень хорошо́.

⁶ «Тро́е из Простоква́шино» — "Three from Prostokvashino," the title of a well-known animated film.

3. Анна Афана́сьевна

    а. пи́шет стихи́. ☐ ☐

    б. пи́шет детекти́вы. ☐ ☐

    в. поёт пе́сни. ☐ ☐

4. Анна Афана́сьевна мо́жет отдыха́ть

    а. ле́том. ☐ ☐

    б. весно́й. ☐ ☐

    в. зимо́й. ☐ ☐

Б3 Correcting a mistaken impression.

1. — Ну, вы **настоя́щая** фе́рмерша!
 — **Кака́я же я фе́рмерша?** У фе́рмеров маши́ны, трактора́, а я всё сама́, свои́ми рука́ми.

2. — У вас **небольшо́е** хозя́йство.
 — **Како́е же небольшо́е?** И коро́ва, и порося́та, и о́вцы, и ку́ры.

3. — Вы **хорошо́** поёте?
 — **Как же хорошо́?** Не пою́ я.

The phrases «**Кака́я же я фе́рмерша?**» and «**Како́е же небольшо́е?**» express denial of the preceding comments and imply: "No, I am not a farmer," or "No, I have a large amount of livestock." These phrases are used to respond to a comment which expresses a characterization of a person or an object. When an action is described, «**Как же хорошо́?**» is used.

Б4 Look at the following statements and questions, and find places in the dialogue where they are amplified or answered.

1. — У вас, ка́жется, большо́е хозя́йство?
2. — Нет, я не фе́рмерша. Я крестья́нка.
3. — Вы, ка́жется, и шерсть са́ми де́лаете?
4. — Из ше́рсти мо́жно сде́лать мно́го веще́й.
5. — Вы, по-мо́ему, пе́сни пи́шете?
6. — Нет, я не арти́стка, пе́сни я не пою́.

In order to indicate what something is made out of, the preposition **из** + a noun in the genitive case is used.

— Кака́я у тебя́ краси́вая ко́фта! И тёплая, да?
— Это ба́бушка моя́ вяза́ла, кото́рая в дере́вне живёт. Она́ и шерсть де́лала и вяза́ла пото́м **из э́той ше́рсти**.
— Молоде́ц твоя́ ба́бушка. Мастери́ца на все ру́ки.

шерсть: пла́тье из ше́рсти
виногра́д: сок из виногра́да
я́блоки: сок из я́блок

Посмотри́те на рису́нок и скажи́те, из чего́ де́лают ма́сло, торт, кре́кер, **йо́гурт**, смета́ну, **творо́г**, пиро́жное, хлеб, сыр.

Образе́ц ▶ Ма́сло де́лают из молока́.

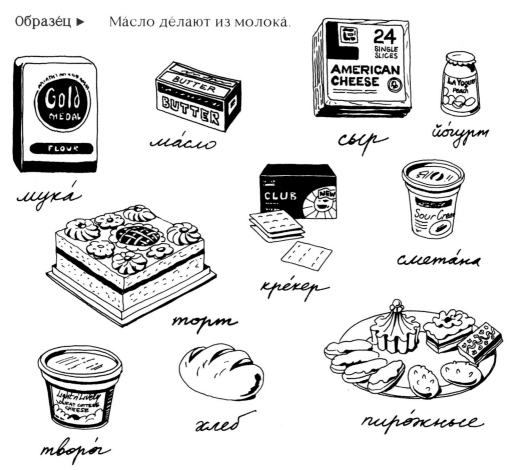

Talk with each other about these foods: say whether or not you like them; what you especially like; which are everyday fare and which are for special occasions; and finally, express your opinion about their taste and freshness.

Б7 Сала́т в Аме́рике де́лают из овоще́й: из сала́та, из огурцо́в, из лу́ка, из реди́ски. Е́сли вы бу́дете в гостя́х в ру́сском до́ме, на столе́ бу́дет мно́го сала́тов, кото́рые не похо́жи на америка́нский сала́т. Вы хоти́те знать, из чего́ сде́лали сала́ты, кото́рые вы ви́дите на столе́.

Образе́ц ▶ — Пожа́луйста, возьми́те э́тот сала́т.
  — А из чего́ э́тот сала́т?
  — Из карто́шки, яи́ц, огурцо́в, мя́са.

Мясно́й сала́т	Сала́т ры́бный	Весе́нний сала́т	Овощно́й сала́т
— карто́шка	— я́йца	— сала́т	— свёкла
— я́йца	— ры́ба	— реди́ска	— помидо́ры
— огурцы́	— лук	— огурцы́	— лук
— морко́вь	— я́блоки	— лук	— оре́хи
— мя́со	— майоне́з	— я́йца	— майоне́з
— я́блоки		— смета́на	
— смета́на			
— **майоне́з**			

Б8 Подгото́вьтесь к слу́шанию.

1. Мо́жно ли по фотогра́фии до́ма сказа́ть, в како́й стране́ нахо́дится э́тот дом?

2. Похо́жи дома́, кото́рые стро́ят на Аля́ске и в Калифо́рнии, и́ли нет?

Ру́сский дом в се́верной ча́сти Росси́и

Ру́сский дом в
центра́льной
ча́сти Росси́и

Ру́сская
печь

топо́р

 Б9

Прослу́шайте текст **«Ру́сский дом»** и отве́тьте на вопро́сы.

1. Из чего́ ру́сские стро́или дома́ и почему́?
2. Почему́ о́кна в дома́х де́лали ма́ленькими?
3. Ско́лько ко́мнат бы́ло в до́ме?
4. Что в до́ме бы́ло са́мым гла́вным, осо́бенно зимо́й?
5. Где ру́сские стро́ят ба́ню?

ПОРАБОТАЕМ НАД ДИАЛОГОМ И НЕ ТОЛЬКО . . .

B1   Вы, наве́рное, хоти́те бо́льше узна́ть об Анне Афана́сьевне и её семье́. Ва́ши вопро́сы, пожа́луйста.

1. — . . . ?
   — И в колхо́зе рабо́тала, и **убо́рщицей** была́. Но хозя́йство всегда́ бы́ло.

2. — . . . ?
   — Муж то́же в колхо́зе рабо́тал, а сейча́с он то́же на пе́нсии. Вот сам постро́ил но́вый дом.

3. — . . . ?
   — Две до́чери. Одна́ живёт в дере́вне в Ку́рской о́бласти, у неё ма́ленькие де́ти.

4. — . . . ?
   — Да, у неё то́же большо́е хозя́йство. У неё сад большо́й, я́блок мно́го.

5. — . . . ?
   — Да, они́ продаю́т я́блоки, и са́ми едя́т. Я́блоки у них в саду́ о́чень вку́сные.

6. — . . . ?
   — Коро́вы у до́чки нет.

7. — . . . ?
   — Ове́ц то́же нет. Порося́та есть, ку́ры.

8. — . . . ?
   — Да, до́чка живёт самостоя́тельно, мы иногда́ то́лько пода́рки де́лаем.

9. — . . . ?
   — Втора́я до́чка живёт вме́сте с на́ми.

10. — . . . ?
    — Нет, не помога́ет, не лю́бит крестья́нскую рабо́ту.

B2   The interview can be divided into six parts, given here out of order. Put them in order.

____   1. В го́роде жить не хочу́.
____   2. И стихи́ пишу́.

_____ 3. Настоя́щая фе́рмерша.
_____ 4. Жизнь в дере́вне.
_____ 5. Мастери́ца на все ру́ки.
_____ 6. Почему́ погиба́ет урожа́й?

B3 Ва́ши отве́ты, пожа́луйста.

1. — Анна Афана́сьевна — трудолюби́вый челове́к?
   — . . .

2. — Она́ спосо́бный челове́к? К чему́ у неё спосо́бности? (и́ли: каки́е
   у неё спосо́бности?)
   — . . .

3. — Как вы ду́маете, почему́ Анна Афана́сьевна говори́т, что она́ не
   фе́рмерша, а крестья́нка?
   — . . .

4. — Как вы счита́ете, у Анны Афана́сьевны лёгкая жизнь? Почему́ да
   и́ли нет?
   — . . .

5. — Почему́ Анна Афана́сьевна не хо́чет жить в го́роде?
   — . . .

6. — Вам понра́вилась и́ли не понра́вилась Анна Афана́сьевна?
   Почему́?
   — . . .

GRAMMAR REVIEW AND SUMMARY

Г1 Глаго́льная страни́ца

1. Ната́ша спра́шивает Анну Афана́сьевну:

   — А как вы продаёте урожа́й, е́сли у вас нет свое́й маши́ны?

The verb "продава́ть" belongs to a group of verbs with **-ва-** after the stems
да-, зна-, ста-

| да - **ва́** - ть | узна - **ва́** -ть |
| прода - **ва́** - ть | вста - **ва́** - ть |

In the present tense, these verbs lose the suffix -ва- :

да - ва́ - ть	прода - ва́ - ть	узна - ва́ -ть	вста - ва́ - ть
да - ю́	прода - ю́	узна - ю́	вста - ю́

2. В э́том уро́ке вы познако́мились ещё с но́выми глаго́лами. Вы уже́ зна́ете, как они́ изменя́ются:

научи́ть   как «учи́ть»

убира́ть   выра́щивать
погиба́ть   сажа́ть   как «чита́ть»

посади́ть   как «ходи́ть»

Г2 Допо́лните предложе́ния.

1. встава́ть

   — Анна Афана́сьевна, вы ра́но _____ ?
   — Обы́чно в 4 - 5 утра́, но зимо́й _____ в 6 - 7 часо́в.

2. продава́ть

   — Анна Афана́сьевна, а вы до́рого _____яйца, смета́ну, молоко́?
   — Я _____ как все в дере́вне, не о́чень до́рого, поэ́тому лю́ди покупа́ют хорошо́. И молоко́ у мое́й коро́вы вку́сное.

3. узнава́ть

   — Анна Афана́сьевна, а как вы _____ , ско́лько сто́ит молоко́ и́ли ско́лько сто́ят я́йца?
   — В го́род е́здим, лю́ди говоря́т.

4. научи́ть

   — Анна Афана́сьевна, а вы мо́жете _____ меня́ прясть?
   — _____ , е́сли хо́чешь. То́лько на́до быть о́чень терпели́вой.

5. посади́ть

   — Анна Афана́сьевна, а что вы здесь весно́й _____ ?
   — Ещё не зна́ю. Здесь была́ карто́шка, наве́рное, весно́й _____ огурцы́.

6. выра́щивать

   — Анна Афана́сьевна, а вы мно́го овоще́й _____ ?
   — Да, мно́го. Я _____ о́вощи для себя́, продаю́ то́лько карто́шку.

ДУМАЕМ, СПОРИМ, ОБСУЖДАЕМ

Д1 Как вы отно́ситесь к профе́ссии фе́рмера?

Как вы счита́ете: жизнь у фе́рмера лёгкая и́ли тру́дная? Почему́ вы так ду́маете?

Here are a few arguments and counterarguments which will help you begin the discussion.

Аргуме́нты	Контраргуме́нты
1. Фе́рмер (крестья́нин) до́лжен встава́ть ка́ждый день в 4 и́ли 5 часо́в утра́. Это о́чень ра́но, в э́то вре́мя лю́ди хотя́т спать.	1. Встава́ть ра́но — хорошо́ для здоро́вья и для рабо́ты. **Англича́не** говоря́т: «Если бу́дешь ра́но ложи́ться и ра́но встава́ть, бу́дешь здоро́вым, бога́тым и у́мным». А ру́сский **князь** Влади́мир Монома́х говори́л: «Со́лнце не должно́ вас ви́деть в крова́ти»!
2. Фе́рмер (крестья́нин) мно́го рабо́тает, ма́ло отдыха́ет. Если у него́ есть живо́тные, у него́ нет кани́кул.	2. Крестья́нин рабо́тает не в ко́мнате, а на **во́здухе**: рабо́тать в по́ле ле́гче, чем на заво́де. А занима́ться **физи́ческой** рабо́той — хорошо́ для здоро́вья. Физи́ческая рабо́та как спорт.
3. Фе́рмер (крестья́нин) занима́ется то́лько физи́ческой рабо́той.	3. Совреме́нный крестья́нин до́лжен мно́го знать о **расте́ниях** и живо́тных, до́лжен уме́ть рабо́тать на ра́зных маши́нах и на компью́терах.

Продолжа́йте, пожа́луйста.

Д2 Напиши́те письмо́ ва́шему ру́сскому дру́гу. Расскажи́те, что вы узна́ли о жи́зни ру́сской крестья́нки Анны Афана́сьевны, что вы узна́ли но́вого; похо́жа и́ли не похо́жа жизнь Анны Афана́сьевны и её семьи́ на жизнь америка́нского фе́рмера. Если вы не всё по́няли и́ли хоти́те знать бо́льше, спроси́те об э́том у ва́шего ру́сского дру́га.

ЗНАКОМИМСЯ СО СТРАНОЙ И РУССКОЙ КУЛЬТУРОЙ

Е1 Анна Афана́сьевна и Анто́н (сын Ната́ши) говоря́т, что они́ лю́бят мультфи́льм «Тро́е из Простоква́шино». Этот мультфи́льм лю́бят мно́гие взро́слые и де́ти.

Автор **сцена́рия** — писа́тель Эдуа́рд Успе́нский. Он написа́л до́брую и **смешну́ю** ска́зку о ма́льчике, его́ ма́ме, кото́рая не о́чень люби́ла живо́тных, о коте́ Матро́скине и соба́ке Ша́рике, **почтальо́не** Пе́чкине и дере́вне Простоква́шино. Вот нача́ло э́той ска́зки.

> **сцена́рий** — scenario, script
> **смешно́й** — humorous, funny
> **почтальо́н** — mail carrier

1. У па́пы и ма́мы был ма́льчик. До́ма его́ зва́ли Дя́дя Фёдор. Когда́ ему́ бы́ло четы́ре го́да, он уже́ чита́ть уме́л, а в шесть сам себе́ обе́д гото́вил.

   Одна́жды идёт Дя́дя Фёдор и ест хлеб с колбасо́й.

2. — Непра́вильно ты, Дя́дя Фёдор, хлеб с колбасо́й ешь.

3. — А **отку́да** ты зна́ешь, что меня́ зову́т Дя́дя Фёдор?

> **отку́да** — from where (*i.e.*, how)

4. — Я в нáшем дóме всех знáю. Я ещё котёнком был, когдá здесь жить нáчал. Но сейчáс на моём **чердакé ремóнт**, и я не знáю, где я бýду жить.

чердáк — attic
ремóнт — repair(s)

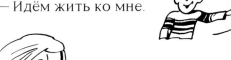

5. — Идём жить ко мне.

6.

— Кот у нас жить не бýдет! Не люблю котóв! Выбирáй: йли кот, йли я.

7. — Если кот не бýдет здесь жить, я тóже не бýду.

8.

Дорогие папа и мама!

Я вас очень люблю и животных очень люблю. И этого кота тоже. А вы не хотите, чтобы он жил с нами. Я еду в деревню и буду там жить. До свидания.

Ваш сын,
Дядя Фёдор

9. — Возьмúте меня к себé жить! Я бýду вам помогáть!

10. — Нам не нýжно помогáть! У нас ещё дóма нет!

11. — Возьмём. Вмéсте веселéе. Как тебя зовýт?
— Шáрик.

12. Дя́дя Фёдор, кот Матро́скин и Ша́рик
приéхали в деревню, нашли́ дом. Дом как дом,
но гла́вное — настоя́щая **печка** есть.

пéчка — oven, stove

13. — А ты, ма́льчик, чей? Ты отку́да к нам в
деревню попа́л? С кем живёшь?

14. — Я живу́ самостоя́тельно. Сам.
— Так не мо́жет быть!
— Почему́ не мо́жет? Вот, напримéр,
я, кот, то́же живу́ самостоя́тельно.
— А вы что, из **мили́ции**?

мили́ция — police,
militia

15. — Како́й же я **милиционéр**? Я почтальо́н
деревéнский — Пéчкин. Поэ́тому я всё
до́лжен знать. Вы, напримéр, каки́е
журна́лы покупа́ть бу́дете?[7]

милиционéр —
policeman
деревéнский — rural,
rustic

16. — Я бу́ду «Весёлые карти́нки».

---

7 Почтальо́н в Росси́и прино́сит не то́лько пи́сьма, но и газéты, и журна́лы, поэ́тому Пéчкин
спра́шивает об э́том.

17. — А я — журна́л «Охо́та».

охо́та — hunt, chase

18. — А я не бу́ду покупа́ть.
    Я бу́ду **эконо́мить**.

эконо́мить — to save
    (money)

19. Одна́жды кот говори́т:
    — Почему́ мы **без** молока́ живём? И смета́ны
    нет. На́до коро́ву купи́ть!

без — without

20. — На́до, но де́нег нет.

21. — А мы **продади́м** Ша́рика!

продать — to sell

22. — Меня́?! Продади́те?!

23. — Ты краси́вый. **Охо́тник** ку́пит тебя́ за 100
    рубле́й, а пото́м ты **убежи́шь** — и к нам. А у
    нас уже́ коро́ва.

охо́тник — hunter
убежа́ть — to run away

24. — Нет, мы не бу́дем продава́ть Ша́рика. Мы
    пойдём . . . **иска́ть клад**!

иска́ть — to search,
    look (for)
клад — treasure

25. И пошли́ они́ иска́ть клад.

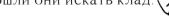

26. — **Найдём** клад — ку́пим коро́ву,
    на огоро́де рабо́тать не бу́дем!

найти́ — to find

27. — Найдём клад — **ко́сти** бу́дем покупа́ть!

ко́сть — bone

28. — И они́ нашли́ клад!

 COMMENTARY

From the very beginning the character and place names in this cartoon create a humorous effect.

Простоква́шино is formed from the Russian word "простоква́ша," sour milk usually made at home, as opposed to "кефи́р," which is like thick buttermilk and is sold in stores.

Дя́дя Фёдор is an unusual name for a little boy. "Дя́дя" (uncle) is a word children use to address an unfamiliar adult. Of course, this is just a funny, family nickname.

Матро́скин is a last name formed from the word "матро́с" — "sailor." It is amusing, first of all, that the cat even has a last name. Secondly, a sailor is someone who has seen much and knows life well. Both points emphasize the cat's strength of character.

Ша́рик is the most widespread nickname given to stray dogs.

Пе́чкин, the mailman's last name, is from the word "пе́чка," a type of stove which can be found in a country house. Pechkin's name emphasizes the fact that he is from the country.

Вы прочитáли начáло сценáрия. Скажúте:

а. Почемý Антóн любит этот мýльтик?

б. Как вы дýмаете, почемý Áнне Афанáсьевне тóже нрáвится этот мультфильм?

в. У когó какúе кáчества: кто дóбрый, кто трудолюбúвый, а кто не óчень?

г. Кто хóчет помóчь всем, а кто дýмает бóльше о себé?

Часть A ———————————————————— *Фóрмы глагóлов*

барáн	ram	
бык	bull, ox	
вырáщивать /	to grow, to cultivate,	*вырáщива-ю, -ешь, -ют /*
вы́растить (когó/что)	to breed	*выращ-у, вы́раст -ишь, -ят*
глýпый	stupid, silly	
гусён(о)к, -а; гуся́т-а, гуся́т	gosling	
гус-ь, -я́; -и, -éй	goose	
двор	courtyard, yard	
во дворé *и* на дворé	outside	
дойть / подойть (когó)	to milk	*до-ю́, -и́шь, -я́т /*
		подо-ю́, -и́шь, -я́т
жеребён(о)к, -а;	foal, colt	
жеребя́т-а, жеребя́т		
капýста (*no pl.*)	cabbage	
картóфель (*no pl.*)	potatoes	
картóшка[8] (*no pl.*)	potato (*colloq.*)	
коз-á, -ы́; -ы, коз	(nanny) goat	
коз(ё)л, -á; -ы́, -óв	goat	
козлён(о)к, -а;	young goat, kid	
козля́т-а, козля́т		
коллектúвный	collective	
коллектúвное хозя́йство	collective farm	

---

[8] Certain words denoting vegetables (картóшка, моркóвка, свёкла) are used only in the singular and normally have no plural forms. However, with numbers 5 through 19 a genitive plural form (картóшек, моркóвок, свёкол) is encountered in colloquial speech.

колхо́з	kolkhoz,	
в колхо́зе	on the collective farm	
колхо́зный	of or pertaining to a kolkhoz	
коммуни́ст	communist	
коро́ва	cow	
котён(о)к, -а; котя́т-а, котя́т	kitten, "kitty-cat"	
крестья́нин, -а (m.)	peasant	
крестья́н-е (pl.), крестья́н		
крестья́нка (f.)		
крестья́нский	peasant (adj.); of or pertaining to a peasant	
ку́рица, -ы; ку́р-ы, кур	chicken	
ле́гче (comp. adv.)	easier	
лук (no pl.)	onions	
молодёжь (f., no pl.)	youth, young people	
молоды́е (pl., adj. used as a noun)	(here) young people	
морко́вь (f., no pl.)	carrots	
морко́вка[8]	a carrot (colloq.)	
наду́тый	puffed up, haughty	
натура́льный	natural; real, genuine	
о́вощ, -а; -и, -е́й	vegetable	
овца́, -ы́; -ы, ове́ц	sheep	
огоро́д	kitchen (vegetable) garden	
в огоро́де и на огоро́де	in the kitchen garden	
пе́нсия	pension, retirement	
быть на пе́нсии	to be on a pension, to be retired	
пету́х	rooster	
погиба́ть / поги́бнуть	to perish, to die	погиба́-ю, -ешь, -ют / поги́бн-у, -ешь, -ут, (past), поги́б, -ла, -ли
по́ле	field	
на по́ле и в по́ле	in the field	
поросён(о)к, -ка; порося́т-а, порося́т	piglet	
продава́ть / прода́ть	to sell	прода-ю́, прода -ёшь, -ю́т/ прод-а́м, -а́шь, -а́ст, -дади́м, -дади́те, -даду́т
прясть / напря́сть (что)	to spin	пряд-у́, -ёшь, -ут / напряд-у́, -ёшь, -ут
реди́ска	radish	
ре́па	turnip	
сажа́ть / посади́ть (кого́/что)	to plant	сажа́-ю, -ешь, -ют / посаж-у́, поса́д-ишь, -ят
свёкла[8]	beet	

свин-ья́, -ьи́; -ьи, -е́й	pig, swine, hog	
сосе́д, -а; -и, -ей	neighbor	
стано́вится всё ме́ньше	are becoming less	
телён(о)к, -а; теля́т-а, теля́т	calf	
тра́ктор, -а; -а́, -о́в	tractor	
ты́ква	pumpkin	
убира́ть / убра́ть (что)	(here) to reap, to gather	убира́-ю, -ешь, -ют / убер-у́, -ёшь, -у́т
урожа́й	harvest	
утён(о)к, -а; утя́т-а, утя́т	duckling	
у́тка, -и; -и, у́ток	duck	
учи́ть / научи́ть (кого́/что/чему́ / что де́лать)	to teach	уч-у́, у́ч-ишь, -ат / науч-у́, нау́ч-ишь, -ат
фе́рмер (m.), фе́рмерша (f.)	farmer	
хозя́йство	agriculture; management; economy; farm	
цыплён(о)к, -а; цыпля́т-а, цыпля́т	chick	
шерсть (f., no pl.)	wool	
щен(о́)к, -а́; щеня́т-а, щеня́т (и щенки́, щенко́в)	puppy	
ягнён(о)к, -а; ягня́т-а, ягня́т	lamb	
яйцо́, -а́; а, яйц	egg	

Часть Б

ва́режка, -и; -и, ва́режек	mitten	
веретено́ (n.)	spindle	
из (+ gen.)	from	
йо́гурт	yogurt	
когда́-нибудь	sometime, anytime, ever	
ко́фта	kofta, a woman's jacket	
кре́кер	cracker	
ложи́ться /лечь	to lie down	лож-у́сь, -и́шься, -а́тся / ляг-у, ля́ж-ешь, ляг-ут
майоне́з	mayonnaise	
мастери́ца мастери́ца на все ру́ки	master jack-of-all-trades	
мука́	flour	
му́льтик (colloq. for мультфи́льм)	animated film, cartoon	
нараба́тываться / нарабо́таться	to have worked enough, to have tired oneself with work	нараба́тыва-юсь, -ешься, -ются / нарабо́та-юсь, -ешься, -ются

нос(о́)к, -а́, -и́, носо́к (*и* носко́в)	sock
ове́ч-ий, -ья; -ьи, -ьей	of or pertaining to sheep
пря́лка	distaff (staff on a spinning wheel)
творо́г	cottage cheese
топо́р	ax

Часть В

убо́рщица	cleaning woman

Часть Д

англича́нин, -а;
   англича́н-е (pl.),
   англича́н
	Englishman

во́здух	air
князь (*m.*)	prince
расте́ние	plant
физи́ческий	physical

СЕДЬМОЙ УРОК

«Врач . . . Я не вижу для себя
другой профессии.»

	MAIN STRUCTURES	FUNCTIONS AND COMMUNICATIVE SITUATIONS	GRAMMATICAL STRUCTURES AND LEXICOLOGY	LANGUAGE AND CULTURE
А	— Наташа, ты заболела? — Я чувствую себя плохо. У меня болят глаза. — У тебя грипп. Надо лечиться травами.	Talking about one's health	The verbs **чувствовать себя**, **болеть**, and **лечиться**	Что русские думают о том, почему они болеют.
	— Без лекарств надо жить.	Talking about the absence of something or someone	The preposition **без** and the genitive case	
Б	— Не хватало хорошей аппаратуры.	Expressing the idea of "enough"	The verbs **хватать/хватить** and the genitive case	Какая бывает медицина?
	— Медицина требует большой энергии.	Expressing demands and requirements	The verb **требовать** and the genitive case	
В	Поработаем над диалогом и не только . . .			
Г	**Grammar Review and Summary**			
Д	Думаем, спорим, обсуждаем Плюсы и минусы профессии врача			
Е	Знакомимся со страной и русской культурой Доктор Фёдоров			
Ё	Словарь			

Медици́на — э́то нау́ка и иску́сство.
Она́ тре́бует, что́бы челове́к име́л до́брое се́рдце,
я́сный ум, большу́ю культу́ру и желе́зные не́рвы.

— Из кни́ги «Диало́г о медици́не»

Medicine is a science and an art.
It demands from a person a kind heart,
a keen mind, culture, and nerves of steel.

— From the book *Dialogue about Medicine*

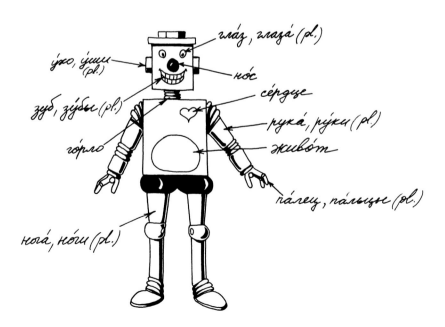

A

 A1 Дóма (ýтром)

Ýтром разговáривают Натáша и её муж Сáша.

Сáша: Натáша, ты что, **заболéла**? Ты всю ночь **кáшляла**.

Натáша: Мóжет быть, и заболéла: **чýвствую себя́** плóхо. Всё **боли́т**: и рýки, и нóги и головá. Глáвное — глазá боля́т, а мне сегóдня нáдо так мнóго читáть и печáтать!

Сáша: У тебя́, навéрное, **грипп. Помéрь температýру**!

Натáша: Врéмени нет. Сейчáс **примý лекáрство**, а вéчером пойдý к врачý, éсли не бýдет лýчше и я ещё бýду **больнá**.

 A2 У врачá (вéчером)

Натáша: Здрáвствуйте, дóктор!

Врач: Здрáвствуйте! **На что жáлуетесь**?

Натáша: Головá боли́т, **кáшель**, **нáсморк**, температýра высóкая.

Врач: Какáя?

Натáша: 38,5 (три́дцать вóсемь и пять).

Врач: Так, посмóтрим гóрло. *[Смóтрит.]* Крáсное. У вас грипп. *(Пи́шет.)* Вот **рецéпт**. Купи́те э́то лекáрство.

Натáша: А как егó принимáть? До и́ли пóсле **еды́**?

Врач: Три рáза в день пóсле еды́. И обязáтельно **витами́ны**. И, конéчно, чай, **мали́на**, **мёд**. **Больни́чный**[1] на три дня.

Натáша: До свидáния, дóктор!

Врач: До свидáния!

---

[1] больни́чный — a medical release from work, provided by a doctor. With this certificate an absent employee receives his or her regular salary.

Дома (вечером)

Саша был в аптеке и купил Наташе лекарство.

Саша: Вот твоё лекарство. Будешь принимать?

Наташа: Буду. **А что**?

Саша: Химия это всё! **Без** лекарств надо жить!

Наташа: Ну, сейчас скажешь, что надо **лечиться травами**, пойти к **экстрасенсу**...

Саша:. К экстрасенсу — не надо, а травы — обязательно!

Наташа: Ну, хорошо. Я буду и лекарство принимать, и травы пить.

□□ **A4** **Через три дня у врача**

Наташа: Здравствуйте, Алексей Николаевич!

Врач: Здравствуйте...
(Смотрит в карту.[2]*)* ...
Наталья Анатольевна!
Как чувствуете себя сегодня?

Наташа: Хорошо. Только небольшой насморк.

Врач: Температуры нет?

Наташа: Уже два дня **нормальная**.

Врач: Давайте я вас **послушаю**.
(Слушает.) Всё в порядке.

Наташа: Алексей Николаевич, я хотела бы вас попросить ...

Врач: О чём?

Наташа: Я хотела бы взять у вас интервью.

---

[2] карта — Every patient at a (poly)clinic has a medical record card on which the doctor notes the details of the illness and the treatment.

Врач:	Интервью? Какое? Для чего?
Наташа:	Для учебника русского языка. Я уже взяла интервью у старшеклассника, секретаря, лётчика, крестьянки и у самой себя! Это учебник для американских школьников.
Врач:	Очень интересно. Мои дети — и дочь, и сын — учились в английской школе и были в Америке, а у нас жили американские ребята.
Наташа:	Прекрасно! Можно мы поговорим с вами завтра?
Врач:	Хорошо. В 3 часа. Удобно?
Наташа:	Да. До завтра!

A5 ПРОВЕРКА ✓ ПОНИМАНИЯ

Есть ли в диалогах информация о том,

	ДА	НЕТ
1. что должна была делать на работе Наташа в день, когда она заболела?	☐	☐
2. какая у неё была температура утром?	☐	☐
3. какая у неё была температура вечером?	☐	☐
4. как она принимала лекарство?	☐	☐
5. сколько дней она болела и не работала?	☐	☐
6. как Саша относится к лекарствам?	☐	☐
7. где Наташа познакомилась с Алексеем Николаевичем Петровым?	☐	☐
8. что дети Алексея Николаевича были в США?	☐	☐

Посмотри́те на рису́нки и скажи́те, каки́е кни́ги понра́вятся Са́ше, каки́е — Ната́ше, а каки́е — и Са́ше, и Ната́ше.

Talking about one's health

—Как вы себя́ чу́вствуете? —Я чу́вствую себя́ пло́хо.
не о́чень хорошо́
хорошо́
норма́льно
прекра́сно

The verb **чу́вствовать** used with the reflexive pronoun **себя́** means "to feel" (bad, good, etc.).

— Почему́ Ни́на не была́ в теа́тре?   — Она́ пло́хо себя́ чу́вствует.
                                          Она́ боле́ет.

The verb **боле́ть** is conjugated like a first-conjugation verb when the
meaning is "to be ill" or "to be sick," i.e.:

— Ско́лько вре́мени вы боле́**ете**?   — Я боле́**ю** уже́ неде́лю.

When used in the meaning "to hurt" or "to ache," **боле́ть** is conjugated like a
second-conjugation verb and is used only in the third person:

— А что у вас бол**и́т**?   — У меня́ бол**я́т** у́ши и бол**и́т**
                                          голова́.

A8

Вчера́ у Ви́ктора боле́л гла́з.

Вчера́ у Гали́ны боле́л**а** голова́.

Вчера́ у Ри́ты боле́л**о** го́рло.

Вчера́ у Анто́на боле́л**и** зу́б**ы**.

И сего́дня ребя́та чу́вствуют себя́ пло́хо. Зако́нчите э́ти предложе́ния:

Анто́н не идёт на стадио́н, потому́ что ...
Ри́та не идёт в библиоте́ку, потому́ что ...
Ви́ктор не мо́жет петь, потому́ что ...
Гали́на не мо́жет есть, потому́ что ...

Compose dialogues in which you talk with a classmate and express an assumption about how he/she feels. Have the classmate respond.

Образе́ц ▶   — Анто́н, ты что, не ходи́л на стадио́н, потому́ что у тебя́
              боле́ла нога́?
              — Да, вчера́ и нога́ боле́ла и зу́бы боле́ли.

A10 Tell which dialogue corresponds to which drawing. Make up your own
dialogue for the fourth drawing.

1. — Кака́я у тебя́ температу́ра?
   — Норма́льная. Три́дцать шесть
   и шесть.

2. — На что жа́луетесь, де́душка?
   — Очень боли́т нога́.

3. — Ми́ша, ты принима́ешь лека́рство?
   — Да, принима́ю, а Ка́тя ест витами́ны.

4. —
   —

Imagine that you have had to visit the doctor three times. Each time you have a different reason to see him. Use these sentences to write dialogues to explain to the doctor why you don't feel well.

1. — Пло́хо. Голова́ боли́т, а вчера́ весь день боле́ли глаза́.
2. — Температу́ру ме́рили?
3. — Мне ка́жется, что тра́вы вам помо́гут.
4. — Ка́шель, на́сморк, боли́т го́рло.
5. — На что жа́луетесь?
6. — Хорошо́. А витами́ны ну́жно принима́ть?
7. — Да, ме́рила. Высо́кая — три́дцать де́вять и оди́н.
8. — Что у вас боли́т?
9. — Температу́ра норма́льная.
10. — Хорошо́, до́ктор. Мне нра́вится лечи́ться тра́вами.
11. — Как вы себя́ чу́вствуете?
12. — Принима́йте э́то лека́рство три ра́за в день до еды́.
13. — У меня́ боли́т се́рдце.
14. — Кака́я у вас температу́ра?

A12

Са́ша говори́т: Без лека́рств на́до жить.

The preposition **без** refers to the exclusion or the absence of something or someone. It is followed by the genitive case.

Мы пошли́ в теа́тр без Ната́ши, потому́ что она́ заболе́ла.

A13
Прочита́йте и скажи́те, кто из на́ших геро́ев э́то говори́т.
Вспо́мните, на́ши геро́и — э́то: журнали́ст Ната́ша, учени́к Илю́ша, лётчик Влади́мир Никола́евич, секрета́рь-рефере́нт О́льга, крестья́нка Анна Афана́сьевна, врач Алексе́й Никола́евич.

1. — Коне́чно, без маши́ны в дере́вне тру́дно.

2. — Без кла́ссики жить нельзя́. Я кла́ссику люблю́ слу́шать, осо́бенно, когда́ у меня́ плохо́е настрое́ние.

3. — Тру́дно переводи́ть статьи́ без хоро́шего словаря́.

4. — Я не могу́ без не́ба. Я всегда́ хоте́л лета́ть, как пти́ца.

5. — С те́хникой у нас сло́жно. Но сейча́с без те́хники нельзя́: компью́теры, ксе́роксы о́чень помога́ют в рабо́те.

6. — Тра́вы, коне́чно, хоро́шее де́ло, но совсе́м без лека́рств я не сове́тую жить.

Подготóвьтесь к чтéнию.

1. Почемý лю́ди болéют?

2. Éсли вы болéете грúппом, чем лéчит вас вáша мáма?

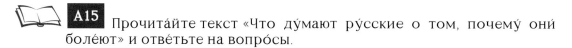

A15 Прочитáйте текст «Что дýмают рýсские о том, почемý онú болéют» и отвéтьте на вопрóсы.

Что дýмают рýсские о том, почемý онú болéют.

Когдá рýсские начинáют болéть, когдá у них грипп, кáшель, нáсморк, температýра, онú рéдко дýмают, что э́то **вúрус**. Обы́чно онú говоря́т так:

— О, навéрное, вчерá я съéл слúшком мнóго морóженого (осóбенно, éсли э́то был жáркий день).

— Да, конéчно, Вáня заболéл, я вúдел, как он пил холóдную вóду.

— Ну, вот, посидéла вчерá у окнá, а на ýлице был сúльный вéтер, и пожáлуйста, температýра и ýши боля́т.

— Говорúла мне бáбушка не сидéть на холóдной землé, я не хотéла слýшать, а сегóдня у меня́ всё болúт, и головá и гóрло.

Вот почемý рýсские почтú не пьют лимонáд úли пéпси-кóлу со **льдóм**: онú считáют, что онú заболéют. А éсли онú увúдят, что вы сидúте óколо окнá úли на **полý**, онú мóгут сказáть: — Ой, не сидúте здесь, пожáлуйста, э́то плóхо для здорóвья.

Интерéсно, что зимóй рýсские не дýмают, что онú заболéют, и с удовóльствием едя́т морóженое пря́мо на ýлице, когдá температýра бывáет 0 грáдусов по Фаренгéйту. ■

1. Мно́го ру́сских не ду́мает, что они́ заболе́ют от ви́русов. От чего́, они́ счита́ют, мо́жно заболе́ть?

2. Что ру́сские лю́бят есть зимо́й на у́лице?

пол

лёд

Б1 Интервью с врачо́м Алексе́ем Никола́евичем Петро́вым

Дóктор Петрóв с семьёй и гóстьей

Ната́ша:.	Алексе́й Никола́евич, вы — счастли́вый челове́к?
Алексе́й Никола́евич:	Тру́дный вопро́с. Наве́рное, счастли́вый, осо́бенно сейча́с: и дочь, и сын поступи́ли в институ́ты. Аня — моя́ дочь — у́чится в медици́нском.
Ната́ша:	А ваш оте́ц то́же был врачо́м?
Алексе́й Никола́евич:	Нет. Но он о́чень хоте́л, что́бы я стал врачо́м: по́сле войны́[3] оте́ц си́льно боле́л и **у́мер**, а я не мог помо́чь ему́, **вы́лечить** его́. Поэ́тому снача́ла я ко́нчил медици́нское учи́лище, а пото́м институ́т.

---

3 по́сле войны́ — after World War II (1941-1945).

Ната́ша:.	Всё вре́мя рабо́таете в Москве́?
Алексе́й Никола́евич:	Нет, я рабо́тал снача́ла на Украи́не, пото́м три го́да **за грани́цей**.
Ната́ша:	Где?
Алексе́й Никола́евич:	В **ара́бских** стра́нах, о́коло Кра́сного мо́ря: в Йе́мене, Лива́не, Ира́ке, Еги́пте, Иорда́нии и Сау́довской Ара́вии. А пото́м на́чал рабо́тать в Москве́. Бо́льше пятна́дцати лет был **гла́вным** врачо́м **поликли́ники**.

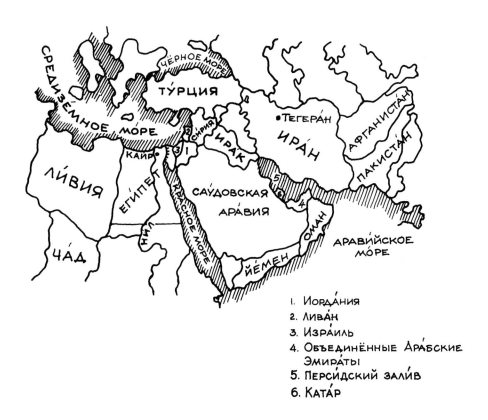

1. ИОРДА́НИЯ
2. ЛИВА́Н
3. ИЗРА́ИЛЬ
4. ОБЪЕДИНЁННЫЕ АРА́БСКИЕ ЭМИРА́ТЫ
5. ПЕРСИ́ДСКИЙ ЗАЛИ́В
6. КАТА́Р

Ната́ша:	Вам бы́ло легко́ и́ли тру́дно рабо́тать?
Алексе́й Никола́евич:	Как вам сказа́ть? И легко́, и тру́дно. Легко́, потому́ что в поликли́нике бы́ли хоро́шие врачи́: хоро́шие лю́ди и прекра́сные **специали́сты**. Тру́дно, потому́ что **не хвата́ло** хоро́шей **аппарату́ры**, лека́рств, осо́бенно в

последние го́ды. В больни́цах лечи́ть ле́гче, в поликли́никах трудне́е.

Ната́ша: А как вы отно́ситесь к тра́вам?

Алексе́й Никола́евич: Коне́чно, мо́жно лечи́ть тра́вами, иногда́ мы ле́чим без лека́рств, но не всегда́.

Ната́ша: Алексе́й Никола́евич, вы хоте́ли, что́бы ва́ша Аня ста́ла врачо́м. А врачи́ у нас так ма́ло зараба́тывают!

Алексе́й Никола́евич: Сейча́с ста́ли зараба́тывать бо́льше, но всю жизнь зараба́тывали ма́ло. И э́то пло́хо для **о́бщества**. Коне́чно, я понима́ю, что у Ани бу́дет нелёгкая жизнь, потому́ что **медици́на тре́бует** большо́й **эне́ргии**, **трудолю́бия**, **терпе́ния**. Но Аня лю́бит медици́ну, она́ у́мная, до́брая и терпели́вая, а э́то гла́вное. И я рад, что она́ реши́ла стать врачо́м.

Б2 ПРОВЕРКА ✓ ПОНИМАНИЯ

	ДА	НЕТ

Есть ли в диало́ге информа́ция о том,

1. почему́ Алексе́й Никола́евич вы́брал профе́ссию врача́? ☐ ☐

2. кем был оте́ц Алексе́я Никола́евича? ☐ ☐

3. в како́м институ́те у́чится сын Алексе́я Никола́евича? ☐ ☐

4. ско́лько лет рабо́тал Алексе́й Никола́евич гла́вным врачо́м поликли́ники? ☐ ☐

5. почему́ ему́ бы́ло тру́дно рабо́тать? ☐ ☐

6. ско́лько он зараба́тывает? ☐ ☐

Б3

To express the idea of "enough" the verbs **хвата́ть / хвати́ть** are used, but only in the third person singular or plural, followed by the genitive case.

Я хоте́л бы бо́льше занима́ться спо́ртом, но у меня́ всегда́ не **хвата́ет вре́мени**.

Мне не **хвати́ло де́нег**, что́бы купи́ть большу́ю ва́зу, поэ́тому я купи́л ма́ленькую.

Моему́ бра́ту всегда́ **хвата́ет эне́ргии**, что́бы всё сде́лать краси́во и хорошо́.

The logical subject is in either the dative case or the gentive case with the preposition **у.**

Б4 Чего́ им (не) хвата́ет/(не) хвати́ло? Вре́мени, эне́ргии, терпе́ния, де́нег, слов, те́хники, маши́ны, ...?

Образе́ц ▶   Ива́н хоте́л купи́ть маши́ну. Она́ сто́ила две ты́сячи, а у него́ бы́ло то́лько ты́сяча пятьсо́т.

Ему́ не хвати́ло де́нег.

1. Игорь: — Мне мно́го что нра́вится: и спорт, и му́зыка, и кино́. Но как всё успе́ть? В шко́ле так мно́го дома́шних зада́ний, что я могу́ то́лько иногда́ сходи́ть в кино́.

2. Ни́на: — В магази́не мне о́чень понра́вилось одно́ пла́тье, но когда́ я уви́дела, ско́лько оно́ сто́ит, поняла́, что э́то пла́тье не для меня́.

3. Анна Афана́сьевна: — Я всё сама́, свои́ми рука́ми де́лаю. Коне́чно, с маши́ной и́ли тра́ктором лу́чше. Но где их взять?

4. Что́бы купи́ть биле́ты на бале́т, мы стоя́ли, наве́рное, час и купи́ли биле́ты. И сего́дня мы о́чень ра́ды, что купи́ли э́ти биле́ты: бале́т был прекра́сным.

5. Бра́йан: — Я о́чень хочу́ хорошо́ говори́ть по-ру́сски. Но мне ещё тру́дно. Я не всегда́ пра́вильно говорю́ и я про́сто не зна́ю мно́гих слов.

Expressing demands and requirements

The verbs **тре́бовать/потре́бовать** express a strong directive, order, or command. An infinitive, a noun in the genitive case, or a clause beginning with the conjunction **что́бы** is normally used with this verb.

В на́шей шко́ле тре́буют не надева́ть на уро́ки джи́нсы.

Профе́ссия врача́ тре́бует терпе́ния, любви́, профессионали́зма.

Моя́ ма́ма тре́бует, что́бы я звони́л ей, е́сли я не иду́ домо́й по́сле шко́лы.

Б6   Use the verbs **тре́бовать/потре́бовать** to express the conclusion based upon each statement.

Образе́ц ▶   Е́сли вы хоти́те рабо́тать учи́телем, у вас должна́ быть эне́ргия и терпе́ние.

— Рабо́та учи́теля тре́бует эне́ргии и терпе́ния.

1. Ра́ньше в о́фисе мо́жно бы́ло рабо́тать без те́хники. А сейча́с у нас есть и компью́тер, и ксе́рокс, и, коне́чно, пи́шущие маши́нки.
2. Учи́тель сказа́л: «Ребя́та, в кла́ссе вы должны́ говори́ть то́лько по-ру́сски».
3. У спортсме́на должны́ быть тала́нт и трудолю́бие.
4. Сейча́с в дере́вне нельзя́ жить без те́хники.
5. Что́бы сде́лать э́ту рабо́ту, ну́жно мно́го вре́мени.
6. Ма́ма: «Ва́ня, снача́ла ты до́лжен сде́лать все уро́ки».
7. Па́па: «Ма́ма, ты обяза́тельно должна́ пойти́ к врачу́».

Объявле́ния це́нтров нетрадицио́нной медици́ны

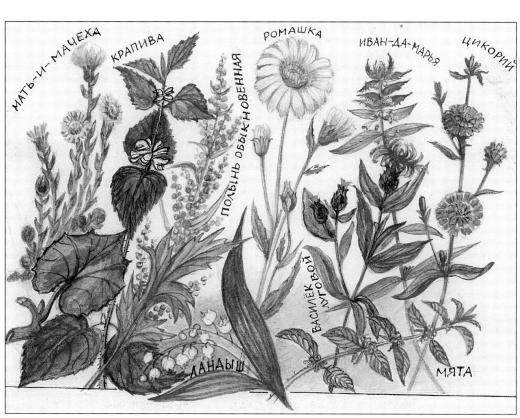

Лека́рственные тра́вы

Подгото́вьтесь к слу́шанию.

1. Кто лечи́л больны́х люде́й в деревня́х ра́ньше, когда́ не́ было враче́й?
2. Чем лечи́ли люде́й ра́ньше, когда́ не́ было **аспири́на** и други́х лека́рств?
3. Как вы отно́ситесь к кита́йской медици́не и друго́й **нетрадицио́нной** медици́не?

Б8 Прослу́шайте текст «Кака́я быва́ет медици́на» и отве́тьте на вопро́сы.

1. Почему́ лю́ди в деревня́х уме́ли хорошо́ лечи́ть, хотя́ и не учи́лись в медици́нских институ́тах?
2. Почему́ врача́м из институ́тов не нра́вилась наро́дная медици́на?
3. Что мо́жно взять у наро́дной медици́ны?
4. Почему́ сейча́с лю́ди ча́сто не иду́т к обы́чным врача́м?

ПОРАБОТАЕМ НАД ДИАЛОГОМ И НЕ ТОЛЬКО...

B1 Вы хоти́те бо́льше знать о враче́ Петро́ве? Ва́ши вопро́сы, пожа́луйста.

1. — ...?
— Да, зна́ю англи́йский. Не о́чень хорошо́ говорю́, но медици́нские журна́лы на англи́йском языке́ чита́ю.

2. — ...?
— Да, маши́на есть. В воскресе́нье мы всегда́ е́здили с детьми́ на маши́не в лес, на о́зеро: зимо́й — ката́ться на лы́жах, ле́том — купа́ться. Ле́том е́здили на Украи́ну, в **Крым**, на Кавка́з — на мо́ре.

под Москво́й

в Крыму́

3. — ...?
   — Чем я увлекаюсь? У меня нет хобби. Много работаю, мало хожу в театры, в кино.

4. — ...?
   — Нет, сам не был, но мои дети были в Америке.

5. — ...?
   — Потому что хотел, чтобы люди не болели, хотел лечить их, помогать им. И мой отец хотел, чтобы я стал врачом.

6. — ...?
   — Нет, свою семью не лечу. Иногда советую, какие лекарства принимать, но они меня не очень слушают.

7. — ...?
   — Нет, не играю. Играют жена и Аня. Жена — учительница музыки.

8. — ...?
   — Нет, я не лечил больных **СПИДом**. Но это очень большая проблема, особенно потому, что у нас не хватает **одноразовых шприцев**.

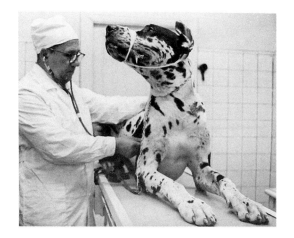

9. — ...?
   — Да, конечно, у нас есть врачи, которые лечат животных. Есть поликлиники, куда приходят люди со своими больными кошками, **собаками** и даже **обезьянами**.

Алексе́й Никола́евич Петро́в то́же хо́чет знать о ва́шей жи́зни, о ва́шем здоро́вье. Ва́ши отве́ты, пожа́луйста.

1. — В на́шей стране́, к сожале́нию, о́чень мно́го молоды́х люде́й ку́рят. А мои́ де́ти расска́зывали, что америка́нские молоды́е лю́ди почти́ не ку́рят. И я чита́л, что ку́рят всё ме́ньше и ме́ньше. Это пра́вда?
   — . . .

2. — Я зна́ю, что америка́нцы о́чень пра́вильно едя́т: мно́го фру́ктов, овоще́й. Но почему́ бо́льше всего́ едя́т ве́чером? Мне, врачу́, ка́жется, что э́то пло́хо для здоро́вья. У нас говоря́т, что у́жин на́до отда́ть челове́ку, кото́рого вы не лю́бите.
   — . . .

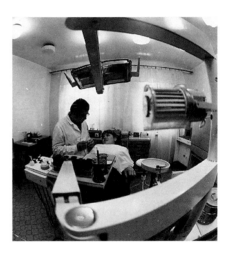

3. — В на́ших шко́лах есть шко́льный врач: е́сли учени́к пло́хо себя́ чу́вствует, он мо́жет пойти́ к нему́. Иногда́ в шко́лу прихо́дят **зубны́е врачи́** и **ле́чат** ребя́т. А в ва́ших шко́лах есть врач?
   — . . .

4. — Я уже́ говори́л, что сейча́с у нас ма́ло лека́рств, но не́сколько лет наза́д лека́рства бы́ли, и бы́ли дешёвые, а иногда́ и **беспла́тные**. А как вы счита́ете, в Аме́рике лека́рства дороги́е и́ли дешёвые?
   — . . .

5. — В Аме́рике лю́ди, кото́рые живу́т в города́х, ма́ло хо́дят пешко́м: у них мно́го маши́н. Вы то́же ма́ло хо́дите?
   — . . .

6. — В после́дние го́ды у нас **появи́лась** пробле́ма **нарко́тиков**. А у вас есть така́я пробле́ма? Где мо́гут лечи́ться **наркома́ны**?
   — . . .

7. — После́дний вопро́с: кто хо́чет стать врачо́м? Вы гото́витесь к э́тому? Как?
   — . . .

B3 Think of funny lines to accompany the following cartoons.

1.

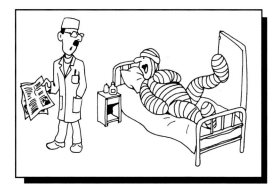

2.

3.

B4 Cáша говори́т, что на́до лечи́ться без лека́рств. До́ктор Петро́в то́же говори́т, что иногда́ мо́жно лечи́ть больно́го без лека́рств. Прочита́йте небольши́е статьи́ и скажи́те, нра́вятся вам таки́е «лека́рства» и́ли нет? Как вы ду́маете, понра́вятся они́ Cáше, Ната́ше, Илю́ше, Анне Афана́сьевне?

БОЛЬНО́ГО ЛЕ́ЧАТ . . .
ХЕМИНГУЭ́ЕМ.

Вы зна́ете, что тако́е **терапи́я**? А вы слы́шали о библиотерапи́и? Да, в Ха́рьковском институ́те нам рассказа́ли, что они́ ле́чат . . . кни́гами. Кни́ги ра́зные: детекти́вы, рома́ны, **юмористи́ческие расска́зы**. Осо́бенно хоро́шее лека́рство — кни́ги Эрне́ста Хемингуэ́я, потому́ что его́ **геро́и** — лю́ди сме́лые, самостоя́тельные, кото́рые уме́ют помо́чь са́ми себе́ в тру́дные мину́ты жи́зни.

терапи́я — therapy

юмористи́ческой
  humorous
расска́з — story
геро́й — hero

B5 Лека́рство ... от плохо́го настрое́ния.

Объявле́ние в газе́те «Вече́рняя Москва́»:
Меня́ю анекдо́т на анекдо́т. Звони́ть по́сле 18.
330-86-56. Гео́ргий Ива́нович.

меня́ть / поменя́ть
(что на что) — to
exchange something
for something (else)

Мо́жно бы́ло поду́мать, что э́то шу́тка. Но
Гео́ргий Ива́нович не шути́л. Когда́ ему́ звони́ли,
он говори́л: «Вы мне расска́зываете анекдо́т, и,
е́сли он мне нра́вится, я вам расска́зываю то́же».

В пе́рвый день Гео́ргию Ива́новичу позвони́ли
почти́ сто челове́к. **Реко́рд** — у челове́ка из
Оде́ссы, кото́рый рассказа́л 20 прекра́сных
анекдо́тов.

реко́рд — record

B6 Вот анекдо́ты о врача́х, кото́рые расска́зывали Гео́ргию
Ива́новичу. Вы по́мните, что он меня́л анекдо́т на анекдо́т — сам
расска́зывал анекдо́т то́лько тогда́, когда́ анекдо́т ему́ нра́вился.
Сейча́с вы — Гео́ргий Ива́нович. Како́й анекдо́т вам нра́вится и на
како́й вы его́ поменя́ете?

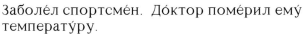

1. Заболе́л спортсме́н. До́ктор поме́рил ему́
    температу́ру.
    — Кака́я у меня́ температу́ра?
    — 38,9 (три́дцать во́семь и де́вять).
    — А кака́я температу́ра — **мирово́й** реко́рд?

мирово́й — world

2. Мужчи́на звони́т до́ктору:
    — До́ктор, у мое́й жены́ **аппендици́т**!
    — Не мо́жет быть! Три го́да наза́д я **сде́лал** ей
    опера́цию! Второ́й раз аппендици́т не
    мо́жет быть.
    — Но у челове́ка мо́жет быть втора́я жена́!

аппендици́т —
appendicitis
де́лать / сде́лать
опера́цию (кому́) —
to operate (on
someone)

3. Оди́н больно́й челове́к расска́зывает своему́
    дру́гу:
    — Я был у двух враче́й и получи́л два ра́зных
    сове́та. Оди́н сове́товал е́хать к мо́рю, а
    друго́й — бо́льше ходи́ть пешко́м. Не зна́ю,
    что де́лать.
    — Иди́ к мо́рю пешко́м.

сове́т — advice, counsel;
(also council)

4. — Говоря́т, что **гениа́льность** — э́то **боле́знь**.
    — Не волну́йтесь! Вы — о́чень **здоро́вый**
    челове́к.

гениа́льность *(f.)* —
genius
боле́знь *(f.)* — sickness
здоро́вый — healthy

5. И послéднее, но э́то не анекдóт. Позвони́ла Геóргию Ивáновичу бáбушка и рассказáла: когдá её мáленький внук уви́дел на у́лице **огрóмный термóметр**, он сказáл: — Улица заболéла.

огрóмный термóметр
— enormous, huge
thermometer

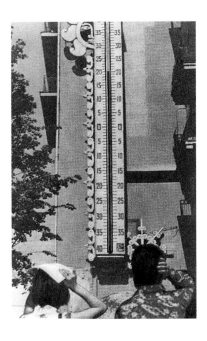

GRAMMAR REVIEW AND SUMMARY

Г1 Глагóльная страни́ца

The fourth verb type includes those first-conjugation verbs ending in **-еть**, where the suffix **-e** is retained in the conjugated forms of the present and future tenses. All other verbs with the suffix **-еть** belong to the second conjugation.

бол - é - ть	бол - é - ю
	бол - é - ешь
	бол - é - ют

Вы зна́ете глаго́лы «успе́ть», «жале́ть», «уме́ть», кото́рые изменя́ются, как глаго́л «боле́ть».

— Я жале́ю, что не ста́ла врачо́м.
— У тебя́ есть кот. А ты уме́ешь его́ лечи́ть?
— Вы успе́ете пойти́ сего́дня в поликли́нику?

Г2   Вот не́сколько «медици́нских» глаго́лов и **выраже́ний**, кото́рые вы вы́учили в э́том уро́ке. Вспо́мните, как изменя́ются э́ти глаго́лы и како́го падежа́ они́ тре́буют. Посмотри́те на рису́нки и скажи́те, что де́лают, как чу́вствуют себя́ геро́и э́тих рису́нков.

1. чу́вствовать себя́ пло́хо
2. ка́шлять
3. ме́рить температу́ру
4. принима́ть лека́рство
5. лечи́ть (кого́)
6. лечи́ться (у кого́)

Г3   Decide which verb is needed: **боле́ть**, **жале́ть**, **уме́ть**, or **успе́ть**, then write the correct form of the verb in each of the following.

1. Когда́ лю́ди _____ , они́ принима́ют лека́рство.

2. Влади́мир Никола́евич не _____, что стал лётчиком.

3. За́втра я не пойду́ в шко́лу, потому́ что я _____, у меня́ высо́кая температу́ра.

4. Вы _____ печа́тать на ру́сской и лати́нской маши́нках?

5. Ты _____, что поступи́ла в медици́нский институ́т?

6. У меня́ есть свобо́дное вре́мя, и я _____ встре́титься с ва́ми до обе́да.

ДУМАЕМ, СПОРИМ, ОБСУЖДАЕМ

Плю́сы и ми́нусы профе́ссии врача́

Д1   Read the following arguments discussing the pros and cons of the medical profession. Which would you list in the "pro" column and which in the "con" column?

1. Когда́ врач вы́лечит больно́го, э́то больша́я ра́дость не то́лько для э́того челове́ка, но и для всей его́ семьи́.

2. Медици́на ещё не всё мо́жет, но ча́сто лю́ди ду́мают, что э́то врач не мо́жет вы́лечить **больно́го**. Это нелегко́.

3. Врачи́, осо́бенно **хиру́рги**, не живу́т до́лго, потому́ что у них о́чень тру́дная рабо́та.

4. Врачу́ мо́гут позвони́ть и но́чью, и в пра́здники, и он до́лжен е́хать к больно́му.

5. Профе́ссия врача́ — **прести́жная** профе́ссия. Мо́жет быть, са́мая прести́жная, потому́ что здоро́вье, жизнь — са́мое гла́вное для челове́ка.

6. Рабо́чий по́сле рабо́ты — про́сто челове́к, секрета́рь по́сле о́фиса —то́же про́сто челове́к, но врач — всегда́ врач. Он ду́мает о свои́х больны́х, волну́ется, пра́вильно и́ли непра́вильно он их ле́чит, чита́ет но́вые медици́нские кни́ги и журна́лы.

7. Врач мно́го зараба́тывает, врачи́ обы́чно бога́тые лю́ди.

8. В теа́тре, на конце́рте, на дне рожде́ния, когда́ врач хо́чет поговори́ть о му́зыке, об арти́стах, про́сто поболта́ть, он до́лжен отвеча́ть на вопро́сы о боле́знях и лека́рствах.

9. Врач помога́ет больны́м лю́дям, ле́чит их, **спаса́ет** здоро́вье и жизнь. Это большо́е сча́стье.

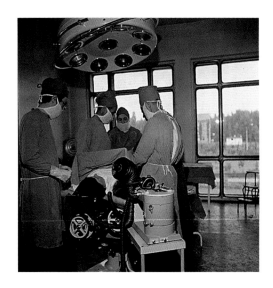

Д2 У вас ка́ждый день боли́т голова́, и вы хоти́те пойти́ к врачу́. Ва́ши друзья́ сове́туют вам пойти́ к врачу́ А.: «Он прекра́сный специали́ст, но не о́чень хоро́ший челове́к».

Други́е сове́туют пойти́ к врачу́ Б.: «Он не о́чень хоро́ший специали́ст, но прекра́сный челове́к».

А к како́му врачу́ вы хоти́те пойти́? Скажи́те, каки́м до́лжен и́ли не до́лжен быть врач.

Врач до́лжен быть . . . . (каки́м?)   Врач не до́лжен быть . . . . (каки́м?)

у́мный	воспи́танный	**энерги́чный**
глу́пый	сме́лый	**трудолюби́вый**
злой	**незави́симый**	**гру́бый**
до́брый	**самоуве́ренный**	терпели́вый
серьёзный	**мы́слящий**	**реши́тельный**
лени́вый	**образо́ванный**	**чу́ткий**
общи́тельный	**компете́нтный**	че́стный
весёлый	тала́нтливый	аккура́тный

Д3 Напиши́те письмо́ ва́шему дру́гу, кото́рый живёт в Москве́. Вы хоти́те пое́хать к нему́ на оди́н ме́сяц. Расскажи́те ему́, что ва́ша ма́ма бои́тся, что в Москве́ нет хоро́ших враче́й, и е́сли вы заболе́ете, то у вас бу́дут пробле́мы и с врача́ми, и с лека́рствами. Расскажи́те ему́ та́кже о ва́ших боле́знях. Напиши́те ему́, каки́м до́лжен быть врач, у кото́рого вы хоти́те лечи́ться.

ЗНАКОМИМСЯ СО СТРАНОЙ И РУССКОЙ КУЛЬТУРОЙ

Дóктор Фёдоров

— Где вы бу́дете де́лать опера́цию?
— Наве́рное, у Фёдорова.
— Не «наве́рное», а «обяза́тельно»! Де́лайте опера́цию то́лько у Фёдорова!

(из разгово́ра)

E1 Это Святосла́в Никола́евич Фёдоров.

А э́то **знамени́тый** Моско́вский институ́т **микрохирурги́и** гла́за, но все его́ называ́ют Институ́том Фёдорова (Святосла́в Никола́евич — дире́ктор Институ́та). Сейча́с у Институ́та — 13 **филиа́лов** в ра́зных города́х страны́. В Моско́вском институ́те и его́ филиа́лах рабо́тает во́семь ты́сяч челове́к.

А неда́вно Фёдоров **арендова́л кора́бль** и там организова́л ещё оди́н филиа́л, где де́лают глазны́е опера́ции.

знамени́тый — famous, well-known
микрохирурги́я — microsurgery
филиа́л — branch, subsidiary

арендова́ть кора́бль — to rent, lease a ship

Это знамени́тый хирурги́ческий **конве́йер** Фёдорова. Ка́ждый год в Институ́те и филиа́лах де́лают 200 ты́сяч опера́ций.

конве́йер — conveyer belt

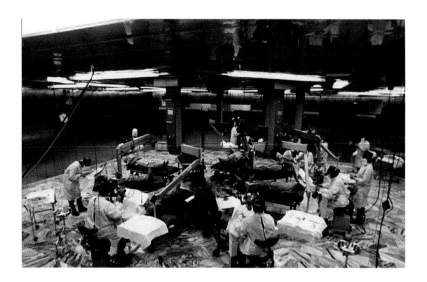

Но Фёдоров не то́лько прекра́сный врач и учёный (Святосла́в Никола́евич — **акаде́мик** медици́ны), но и **замеча́тельный организа́тор**.

У Институ́та есть хозя́йства в дере́внях, есть свой заво́д (500 рабо́чих, 100 инжене́ров), где де́лают инструме́нты и да́же компью́терные систе́мы. Институ́т продаёт за грани́цу свои́ **инструме́нты**, **пате́нты**, врачи́ де́лают опера́ции **иностра́нным гра́жданам** (опера́ция сто́ит четы́реста два́дцать до́лларов). Институ́т зараба́тывает не́сколько миллио́нов до́лларов в год.

Врачи́ в институ́те Фёдорова зараба́тывают в не́сколько раз бо́льше, чем врачи́, кото́рые рабо́тают в други́х глазны́х больни́цах.

акаде́мик — academician
замеча́тельный — remarkable
организа́тор — organizer
инструме́нт — instrument
пате́нт — patent
иностра́нные гра́ждане — foreign citizens

E2 Прочита́йте, что до́ктор Фёдоров говори́т о себе́, о свое́й рабо́те.

— Я всё де́лаю, что́бы лу́чше вы́лечить больно́го. Я не смогу́ его́ вы́лечить, е́сли у меня́ не бу́дет о́чень хоро́шей аппарату́ры. Эту аппарату́ру я могу́ купи́ть и́ли в Аме́рике, и́ли в **Япо́нии**, и́ли в

Япо́ния — Japan

Герма́нии. Для э́того нужна́ **валю́та**. В **Министе́рстве фина́нсов** мне говоря́т, что валю́ты нет. Если де́нег нет, лю́ди бу́дут ходи́ть **слепы́ми**. Я не смогу́ де́лать опера́ции. Поэ́тому на́ша систе́ма **заста́вила** меня́ стать бизнесме́ном: я до́лжен зараба́тывать на фе́рмерском хозя́йстве, на пате́нтах, на опера́циях иностра́нным гра́жданам.

Герма́ния — Germany
валю́та — foreign, "hard," currency
Министе́рство фина́нсов — Ministry of Finance
слепо́й — blind
заста́вить *(pf.)* — to cause, force

— Я мно́го раз говори́л, что мо́жно стать **алкого́ликом**, а мо́жно стать **трудого́ликом**. Мо́жно стать наркома́ном, а мо́жно стать наркома́ном **труда́** и **добра́**. Наве́рное, у люде́й есть **ген альтруи́зма**.

алкого́лик — alcoholic
трудого́лик — workaholic
труд — labor
добро́ — good
ген — gene
альтруи́зм — altruism

Журнали́ст: Как вы счита́ете, ваш Институ́т, ва́ша больни́ца, конве́йер . . . Вы постро́или себе́ па́мятник?

Фёдоров: Я ду́маю, что я постро́ил **моде́ль** медици́ны XXI ве́ка. **Реа́льную** моде́ль, моде́ль, кото́рая рабо́тает.

моде́ль — model
реа́льный — real; practical

Журнали́ст: А **заче́м** вся э́та рабо́та **ли́чно** вам? У вас уже́ всё есть!

заче́м — why
ли́чно — personally

Фёдоров: Фрейд говори́л, что гла́вная програ́мма челове́ка — получа́ть удово́льствие. Я то́же **эго́ист**, я получа́ю удово́льствие, потому́ что могу́ вы́лечить ты́сячу челове́к, два миллио́на . . . Я могу́ заста́вить **улыба́ться** не то́лько свою́ жену́, но и во́семь ты́сяч челове́к, кото́рые рабо́тают в Институ́те, на фе́рмах, на корабле́. Я про́сто **элемента́рный** эго́ист.

эго́ист — egoist

улыба́ться *(impf.)* — to smile

элемента́рный — elementary; simple

Отве́тьте на вопро́сы.

1. Кто тако́й до́ктор Фёдоров?
2. Что де́лают в Институ́те микрохирурги́и гла́за?
3. Почему́ говоря́т, что Фёдоров — замеча́тельный организа́тор?
4. Как вы ду́маете, мо́жете вы прие́хать в Институ́т Фёдорова, е́сли вам э́то ну́жно?

E3

В Институ́те Фёдорова ле́чат и дете́й. Пе́рвое, что они́ ви́дят по́сле опера́ции— краси́вые карти́ны на сте́нах: **ба́бочки**, цветы́, пти́цы, живо́тные. А нарисова́л их худо́жник Джон Файт из америка́нского го́рода Атла́нты. Нарисова́л **беспла́тно** (он нарисова́л три ты́сячи карти́н в ста пяти́десяти больни́цах ми́ра — и все беспла́тно). Это зна́чит, что «ген альтруи́зма», о кото́ром говори́л Святосла́в Никола́евич Фёдоров, есть!

ба́бочка — butterfly

беспла́тно — free, without charge

E4

Святосла́в Никола́евич Фёдоров говори́т, что он — элемента́рный эгои́ст. Вы согла́сны с э́тим? Почему́ вы так ду́маете?

СЛОВА́РЬ

Часть А ———————————————————— *Фо́рмы глаго́лов*

А что?	What of it?	
без (+ *gen.*)	without	
бо́лен, больн-а́, -ы́ (*short form adj.*)	sick	
боле́ть (*3rd person only*) (у кого́)	to hurt, to ache	*боли́т, -я́т*
боле́ть / заболе́ть	to be sick / to fall ill, to come down (with)	*боле́-ю, -ешь, -ют / заболе́-ю, -ешь, -ют*
больни́чный	doctor's note, medical release from work provided by a doctor	
ви́рус	virus	
витами́н	vitamin	
вспомина́ть / вспо́мнить	to remember	*вспомина́-ю, -ешь, -ют / вспо́мн-ю, -ишь, -ят*

го́рло	throat	
грипп	flu	
еда́	food	
до (по́сле) еды́	(*here*) before (after) eating	
жа́ловаться /	(*here*) to ail, bother;	*жа́лу-юсь, -ешься, -ются /*
пожа́ловаться	complain (about)	*пожа́лу-юсь, -ешься, -ются*
(на что)		
живо́т	stomach	
зуб tooth		
ка́шель (*masc.*)	cough	
ка́шлять / пока́шлять	to cough, to have a cough	*ка́шля-ю, -ешь, -ют /*
		пока́шля-ю, -ешь, -ют
лёд, льда (*sing. only*)	ice	
со льдом	with ice	
лека́рство	medicine	
лечи́ться / вы́лечиться	to be treated (with) /	*леч-у́сь, -ишься, -атся/*
тра́вами	to be cured (by) herbs	*вы́леч-усь, -чишься, -атся*
мали́на (*collect., no pl.*)	raspberries	
мёд	honey	
ме́рить / поме́рить;	to measure;	*ме́р-ю, -ишь, -ят /*
ме́рить / поме́рить	to take (one's)	*поме́р-ю, -ишь, -ят*
температу́ру	temperature	
на́сморк	cold (*in the head*)	
нога́	leg	
норма́льный	normal	
па́лец	finger	
пол	floor	
на полу́	on the floor	
принима́ть / приня́ть	to take medicine	*принима́-ю, -ешь, -ют /*
лека́рство		*приму́, при́мешь, -ут*
реце́пт	(*here*) prescription	
се́рдце	heart	
слу́шать / послу́шать	to listen to	*слу́ша-ю, -ешь, -ют /*
		послу́ша-ю, -ешь, -ют
у́хо, -а; у́ш-и, -е́й	ear	
чу́вствовать /	to feel	*чу́вству-ю, -ешь, -ют /*
почу́вствовать себя́		*почу́вству-ю, -ешь,-ют*
экстрасе́нс	a person who cures ailments through hypnosis or other non-medical means; a psychic	
я́сный	clear; keen	

Часть Б

аппарату́ра	apparatus, equipment
ара́бский	Arabic (*adj.*)
аспири́н	aspirin
гла́вный	chief, main, principal
Еги́пет	Egypt
за грани́цей	abroad
Иорда́ния	Jordan
Ира́к	Iraq
лечи́ть / вы́лечить	to treat/to cure, treat completely (*to full health or recovery*)

леч-у́, ле́ч-ишь, -ат / вы́леч-у, -ишь, -ат

медици́на	medicine
нетрадицио́нный	non-traditonal
не хвата́ть (*3rd pers., sing. only*) (у кого́/чего́ не хвата́ет) / хвати́ть (у кого́/ чего́ не хва́тит)	to not have enough, to lack
о́бщество	society
переда́ча	program
поликли́ника	(poly)clinic, outpatient facility
после́дний	(*here*) recent
в после́дние го́ды	in recent years
Сау́довская Ара́вия	Saudi Arabia
специали́ст	specialist
терпе́ние	patience
тре́бовать / потре́бовать (чего́ от кого́)	to require, to demand

тре́бу-ю, -ешь, -ют/ потре́бу-ю, -ешь, -ют

трудолю́бие	love of hard work, industriousness
умира́ть / умере́ть	to die

умира́-ю, -ешь, -ют/ умр-у́, -ёшь, -у́т

эне́ргия	energy

Часть В

беспла́тный	free (of charge)
боле́знь (*f.*)	illness, disease
зубно́й (*adj.*)	tooth, dental
зубно́й врач	dentist
Крым	Crimea
в Крыму́	in the Crimea
наркома́н	drug addict

наркóтик	narcotic, drug	
обезья́на	monkey	
однорáзовый шприц, однорáзовые шпри́цы (pl.)	single-use (disposable) syringe(s)	
появи́ться	to appear	*появл-ю́сь, поя́в-ишься, -ятся*
СПИД (abbr. Синдрóм приобретённого иммунодефици́та)	AIDS (abbr. Acquired Immune Deficiency Syndrome)	

Часть Г

выраже́ние	expression

Часть Д

больнóй	(adj.) sick, ill; (noun) sick person, patient	
грýбый	rough, rude	
компете́нтный	competent	
мы́слящий	thinking, intellectual	
незави́симый	independent	
образóванный	educated, cultured	
общи́тельный	sociable	
прести́жный	prestigious	
реши́тельный	decisive	
самоуве́ренный	self-confident, self-assured	
спасáть/спасти́	to save	*спасá-ю, -ешь, -ют / спас-ý, -ёшь, -ýт*
трудолюби́вый	hard-working, industrious	
хирýрг	surgeon	
чýткий	keen (of hearing, smell); (fig.) sensitive, sympathetic, kind	
энерги́чный	energetic	

REFERENCE LIST OF ILLNESSES AND SOME MEDICAL TERMINOLOGY
(Назвáния болéзней и нéкоторые медици́нские тéрмины)

allergy	аллерги́я
anemia	малокрóвие
angina	анги́на
broken leg	перелóм ноги́
broken arm	перелóм руки́

Reference List of Illnesses and Some Medical Terminology
(Назва́ния боле́зней и не́которые медици́нские те́рмины)
(CONT'D)

bulimia	булими́я, кинлрехси́я
cancer	рак
chicken pox	ветря́нка
cholera	холе́ра
chest cold, chill	просту́да
cold, head cold, chill	на́сморк
corpulence, obesity	ожире́ние
cough	ка́шель
depression	депре́ссия
diarrhea	поно́с
diphtheria	дифтери́я
German measles	красну́ха
headache	головна́я боль
heart attack	инфа́ркт
infection	инфе́кция
influenza	грипп
jaundice	желту́ха
measles	корь
migraine	мигре́нь
mumps	сви́нка
plague	чума́
pneumonia	пневмони́я, воспале́ние лёгких
stroke	инсу́льт, уда́р
swelling, tumor	о́пухоль

Повторе́ние уро́ков 5–7

ВОСЬМОЙ УРОК

LESSON		FUNCTIONS REVIEWED	BASIC STRUCTURAL EXAMPLES
5	**A**	How to express obligation	— Секрета́рь до́лжен быть обяза́тельным.
		How to make a contradictory statement [урок 5]	— Не жале́ете, что не преподаёте? — Почему́ жале́ю?
		[урок 6]	— Вы настоя́щая фе́рмерша! — Кака́я же я фе́рмерша?
		How to talk about the equipment used in an office	— На́до рабо́тать на телефа́ксе.
		How to speak about abilities and skills	— Я не уме́ю шить, но уме́ю вяза́ть.
		How to talk on the telephone	Мне на́до позвони́ть дире́ктору. — Это институ́т? Позови́те Ни́ну Ива́новну. — Вы ошиби́лись, вы не туда́ попа́ли.
6	**A**	How to talk about farm animals and crops	На дворе́ у Анны Афана́сьевны есть коро́вы, бык, теля́та. Анна Афана́сьевна посади́ла карто́шку, морко́вь, помидо́ры.
		How to indicate what something is made of	— Вот ко́фта на мне из ове́чьей ше́рсти.
7	**A**	How to talk about one's health	— Ната́ша, ты заболе́ла? — Я чу́вствую себя́ пло́хо. У меня́ боля́т глаза́. — У тебя́ грипп. На́до лечи́ться тра́вами.
		How to talk about the absence of something or someone	— На́до жить без лека́рств.
		How to express the idea of "enough"	— Не хвата́ло хоро́шей аппарату́ры.
		How to express demands and requirements	— Медици́на тре́бует большо́й эне́ргии.
5-7	**Б**	Ле́ксика, грамма́тика	
	В	Порабо́таем над диало́гами и не то́лько . . .	
	Г	Ду́маем, спо́рим, обсужда́ем «Зна́ки зодиа́ка»	

A1 Role-play the following situations with a classmate. Use those functions introduced in Lessons 5-7.

1. Ваш друг до́лго собира́л ма́рки о живо́тных и расте́ниях, а сейча́с не собира́ет. Вам ка́жется, что он жале́ет об э́том, но друг говори́т, что он не жале́ет, потому́ что стал увлека́ться компью́терами.

2. Вам сказа́ли, что роди́тели ва́шей подру́ги хотя́т отда́ть щенка́ пу́деля. Вы хоти́те узна́ть, пра́вильно э́то и́ли нет. Подру́га говори́т, что они́ хотя́т отда́ть не щенка́, а котёнка.

3. Вы спра́шиваете бра́та, пойдёт он в апте́ку и́ли нет. Брат отвеча́ет, что пойдёт, но хо́чет знать, почему́ вы его́ спра́шиваете. Вы про́сите купи́ть лека́рство, потому́ что у вас боли́т голова́.

4. Ва́ша подру́га пло́хо по́мнит, как по-ру́сски зову́т же́нщину, кото́рая всё уме́ет де́лать. Вы ду́маете и повторя́ете её вопро́с, а пото́м отвеча́ете.

5. Вы спра́шиваете у врача́, каки́м до́лжен быть хоро́ший врач. Он отвеча́ет, что настоя́щий врач до́лжен быть образо́ванным, компете́нтным и чу́тким.

6. Вы говори́те свое́й ру́сской подру́ге, что она́ настоя́щая хозя́йка: де́лает вку́сные сала́ты из овоще́й, уме́ет принима́ть госте́й. Она́ говори́т, что она́ ещё то́лько у́чится гото́вить.

7. Вы спра́шиваете дру́га, ко́нчил он рабо́тать на компью́тере и́ли нет. Друг отвеча́ет, что он ко́нчил, но хо́чет зна́ть, почему́ вы его́ спра́шиваете. Вы говори́те, что вам ну́жен при́нтер, что́бы напеча́тать сочине́ние.

8. Вы спра́шиваете фе́рмера, что до́лжен уме́ть де́лать фе́рмер. Он отвеча́ет, что фе́рмер до́лжен де́лать всю крестья́нскую рабо́ту: выра́щивать фру́кты и о́вощи, дои́ть коро́в, рабо́тать на тра́кторе, убира́ть урожа́й.

9. Ваш това́рищ спра́шивает вас, как бу́дет по-ру́сски «cabbage». Вы немно́го ду́маете, повторя́ете, а пото́м отвеча́ете на вопро́с.

10. Вам сказа́ли, что у крестья́н в Росси́и ча́сто погиба́ет урожа́й. Вы хоти́те узна́ть у Анны Афана́сьевны, пра́вильно э́то и́ли нет. Анна Афана́сьевна отвеча́ет, что она́ собира́ет весь урожа́й.

11. Ва́ша подру́га спра́шивает, почему́ у Татья́ны Ива́новой сейча́с фами́лия Козло́ва. Вы отвеча́ете, что неда́вно Татья́на и Андре́й Козло́в пожени́лись.

A2   Вы́берите оконча́ние.

Е́сли я хочу́ быть хоро́шим фе́рмером, я до́лжен (должна́) . . . .
Е́сли я хочу́ быть хоро́шим фе́рмером, я не до́лжен (должна́) . . . .

1. — быть терпели́вым, воспи́танным, аккура́тным.
2. — выра́щивать о́вощи.
3. — убира́ть урожа́й.
4. — покупа́ть огурцы́, реди́ску, лук, свёклу.
5. — уме́ть де́лать програ́мму для компью́тера.
6. — уме́ть рабо́тать на ксе́роксе.
7. — уме́ть дои́ть коро́в.
8. — лечи́ть коро́в, когда́ они́ пло́хо себя́ чу́вствуют.
9. — дава́ть лека́рство больны́м живо́тным.
10. — быть здоро́вым и весёлым.
11. — ча́сто е́здить к фе́рмеру, у кото́рого то́же есть быки́, коро́вы, сви́ньи и ко́зы.
12. — переводи́ть статьи́ из журна́лов.

A3　Закóнчите диалóги. *(There is one extra answer.)*

1. — Ты плóхо себя чýвствуешь?　____　— Мне тóже нáдо порабóтать.
   — Да, а что?

2. — У вас есть кýры?　____　— Мóжет быть, вы
   — Да, есть. А что?　　　　　напечáтаете мáленький
   　　　　　　　　　　　　　текст по-англи́йски об
   　　　　　　　　　　　　　оргтéхнике?

3. — Ты ужé кóнчила рабóтать　____　— Нáдо помéрить
   на ксéроксе?　　　　　　　температýру: мне
   — Да. А что?　　　　　　　кáжется, что у тебя
   　　　　　　　　　　　　　сейчáс высóкая.

4. — Вы бýдете звони́ть в АСПРЯЛ?____　— Нáдо приня́ть лекáрство.
   — Да, бýду. А что?

5. — Вы умéете печáтать на　____　— Я хотéла бы купи́ть у вас
   лати́нской маши́нке?　　　　яйца.
   — Умéю. А что?

6. — У тебя что, боли́т сéрдце?　____　— Мне тóже нýжно
   — Да, а что?　　　　　　　поговори́ть с секретарём-
   　　　　　　　　　　　　　референтом.

　　　　　　　　　　　____　— Я должнá принимáть
   　　　　　　　　　　　　　посети́телей, отвечáть на
   　　　　　　　　　　　　　пи́сьма и на телефóнные
   　　　　　　　　　　　　　звонки́.

A4　Agree or Disagree.

Образéц ▶　— Вы жалéете, что чéрез год кóнчите шкóлу?
　　　　　　— Почемý жалéю? Нет, я óчень рад (рáда), что бýду
　　　　　　поступáть в университéт.

и́ли

　　　　　　— Да, жалéю. Я óчень люблю́ свою́ шкóлу, свои́х шкóльных
   друзéй.

1. — Вы не умéете рабóтать на компью́тере?
2. — Вы не лю́бите салáты из овощéй?
3. — Вы не умéете шить?
4. — Вы чýвствуете себя плóхо?
5. — Вы знáете, что вам не хватáет терпéния?
6. — Вы не умéете сáми прясть шерсть?
7. — У вас боли́т головá?
8. — Вы, навéрное, не знáете, как нáдо перевести́ словá «rooster», «bull», «ram», «sheep»?
9. — Вы, навéрное, не лю́бите физи́ческую рабóту?

Б ЛЕКСИКА, ГРАММАТИКА

Б1 Поигра́ем со слова́ми.

Complete this word puzzle. When you have written in the correct words, the outlined vertical row will reveal another important word from this lesson.

1. Зимо́й я всегда́ принима́ю . . . «С».
2. Ты заболе́л, на́до приня́ть . . . .
3. У меня́ си́льный ка́шель и . . . .
4. — У тебя́ боли́т рука́?
   — Нет, то́лько оди́н . . . .
5. Моя́ ба́бушка не мо́жет бы́стро ходи́ть: у неё боли́т . . . .
6. — Когда́ у меня́ боли́т . . . , я пью чай с мёдом.
   — А мы в Аме́рике еди́м моро́женое.
7. — Ты что, пло́хо ви́дишь?
   — Да, у меня́ боли́т . . . .
8. — Дава́й обе́дать.
   — Не хочу́ есть: у меня́ боли́т . . . .
9. — Повтори́, пожа́луйста, что ты сказа́л: у меня́ боли́т . . . ,
   я пло́хо слы́шу.
10. — Ты что, не мо́жешь сего́дня писа́ть сочине́ние?
    — Да, у меня́ боли́т . . . .
11. Не могу́ ходи́ть: боли́т . . . .

Find the hidden words in the puzzle. Words may be written from left to right, from top to bottom, or from bottom to top. The hidden words are listed below the puzzle. Be able to give the meaning of each of these words.

Я	*	*	О	Р	Г	Т	Е	Х	Н	И	К	А
Г	К	Д	И	С	К	Е	Т	А	А	*	О	Г
Н	О	С	Р	*	У	Л	Ы	К	К	*	З	О
Ё	З	П	Е	*	Л	Е	К	Т	Й	*	А	Н
Н	Ё	А	П	Р	*	Ф	В	У	Я	Й	Ц	О
О	Л	Л	А	*	О	А	А	*	З	У	Б	В
К	Р	Е	Д	И	С	К	О	В	О	Д	Ы	Ц
Р	Е	Ц	Е	П	Т	С	С	У	Х	О	К	А

* оргтéхника
* тéхника
* телефáкс
* ксéрокс
* дискéта
* дисковóд
* хозяйка
* козёл

* яйцó
* тыквá
* пáлец
* рецéпт
* нос
* зуб
* ýхо
* ногá

* ягнёнок
* козá
* овцá
* ýтка
* бык
* лук
* рéпа
* редúс

Solve this chain-word puzzle. The last letter of each word is the first word of the next entry.

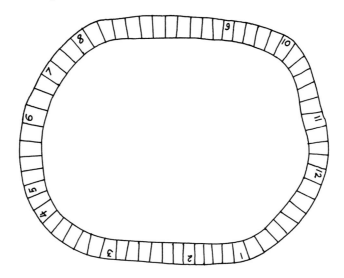

1. Ме́сто, где расту́т о́вощи.
2. Ната́ша: Что вы лю́бите чита́ть?
   Ольга: Рома́ны, . . . — всё, что интере́сно.
3. — Ты принима́ешь . . . «С»?
4.

5. Ма́ма порося́т.
6.

7. Ма́ма ягня́т.
8. Она́ занима́ется администрати́вной рабо́той, она́ . . . .
9. До́ктор дал мне . . . : я пойду́ в апте́ку и куплю́ лека́рство.
10. Бык, коро́ва и ма́ленький . . . .
11. Козлёнок, коза́ и . . . .
12. У тебя́ си́льный ка́шель. Ты принима́ешь . . . ?

Б4 Посмотри́те на рису́нки, прочита́йте расска́з-шу́тку и скажи́те, ско́лько там но́вых слов, кото́рые вы вы́учили в уро́ках 5-7.

Се́рдце, стрела́ и ... до́ктор.

стрела́ — arrow

Когда́ Серге́ю бы́ло 10 лет, он посади́л о́коло до́ма де́рево. Де́реву бы́ло 8 лет, когда́ Серге́й на́чал учи́ться в медици́нском институ́те. Пото́м Серге́й ко́нчил институ́т и стал врачо́м. Он рабо́тал в поликли́нике, лечи́л люде́й. К нему́ шли больны́е, у кото́рых боле́ли голова́, живо́т, го́рло, се́рдце.

Одна́жды Серге́й уви́дел на своём де́реве се́рдце и стрелу́. «Бе́дное больно́е се́рдце» — поду́мал Серге́й. И он реши́л вы́лечить се́рдце.

Б5 Кто на ком жени́лся, кто за кого́ вы́шел за́муж — об э́том пи́шут писа́тели, на э́ту те́му рису́ют худо́жники. Прочита́йте шу́тки, посмотри́те рису́нки–шу́тки. А каку́ю шу́тку *вы* мо́жете рассказа́ть, како́й рису́нок нарисова́ть?

1.

— КОГДА Я ЖЕНИЛСЯ ПЕРВЫЙ РАЗ, ЖЕНА БЫЛА ЛЕГЧЕ.

2.

ТЫ МНЕ ОЧЕНЬ НРАВИШЬСЯ. Я ХОЧУ ЖЕНИТЬСЯ НА ТЕБЕ.

русалка — mermaid
аквариум — aquarium

— А У ТЕБЯ В КВАРТИРЕ ЕСТЬ АКВАРИУМ?

3. Жена́ говори́т му́жу:

— Скажи́, неуже́ли ты мо́жешь полюби́ть меня́?
— Вот ви́дишь, тепе́рь и ты не мо́жешь в э́то пове́рить.

4. — Что ты ду́маешь? — говори́т оте́ц до́чери — Телеви́зор не рабо́тает, а ты хо́чешь вы́йти за́муж не за **электрика**, а за поэ́та!

электрик — electrician

Б6 Complete the sentences below. Use the words in their correct forms.
Refer to the chart if you need assistance.

Genitive кого? чего?	Dative кому? чему?	Accusative кого? что?	Instrumental чем?
не хвата́ть тре́бовать лечи́ться **у кого́**	звони́ть / позвони́ть	принима́ть / приня́ть шить вяза́ть попи́ть позва́ть научи́ть сажа́ть / посади́ть выра́щивать лечи́ть / вы́лечить	боле́ть / заболе́ть лечи́ться/вы́лечиться

1. — Ты бу́дешь звони́ть . . . ? (Анто́н)
   — Бу́ду. А что?
   — Хочу́ узна́ть, . . . он лечи́лся, когда́ у него́ был грипп. (каки́е тра́вы)
2. — Посмотри́, како́й хоро́ший огоро́д! Кто научи́л . . . так хорошо́ выра́щивать . . . ? (Ната́ша) (о́вощи)
   — Это её ба́бушка. Ба́бушка научи́ла . . . де́лать всю крестья́нскую рабо́ту. (она́)
3. — Вы лечи́лись у . . . ? (хоро́ший врач)
   — Да, до́ктор Петро́в — хоро́ший врач, но ему́ не хвата́ет . . . . (терпе́ние)
4. — Ты принима́л . . . , когда́ боле́л . . . ? (э́то лека́рство, грипп)
   — Нет, не принима́л. Снача́ла я пил . . . , а пото́м принима́л . . . . (ра́зные тра́вы, витами́ны)
5. — У меня́ заболе́л щено́к, я не зна́ю . . . . (что)
   — Позвони́ . . . , он вы́лечил . . . . (до́ктор Ива́нов, мой котёнок)
6. — Как ты счита́ешь, . . . тре́бует профе́ссия врача́? (что)
   — Я ду́маю, что медици́на тре́бует . . . , . . . , ... (эне́ргия, трудолю́бие, терпе́ние)
7. — Что вы посади́ли на огоро́де?
   — Что посади́ли? . . . , . . . , . . . , . . . , . . . (карто́шка, реди́ска, лук, морко́вка, капу́ста, сала́т)
   — Вы, наве́рное, посади́ли . . . ра́но? Он у вас о́чень большо́й. (сала́т)
8. — Илю́ша, мне сказа́ли, что ты уме́ешь шить, да?
   — Да, уме́ю. Сейча́с шью себе́ . . . . (мо́дная руба́шка)
9. — Позови́те, пожа́луйста, ... (Ольга)
   — Вы, наве́рное, не туда́ попа́ли.

Б7 Посмотрите на рисунки и ответьте, умеете вы это делать или нет.

Образец ▶ — Ты, наверное, не умеешь печатать на машинке?
— Почему не умею? Я печатаю и на русской и на латинской машинке и печатаю очень быстро.

или

— Да, не умею, но в школе меня учат печатать.

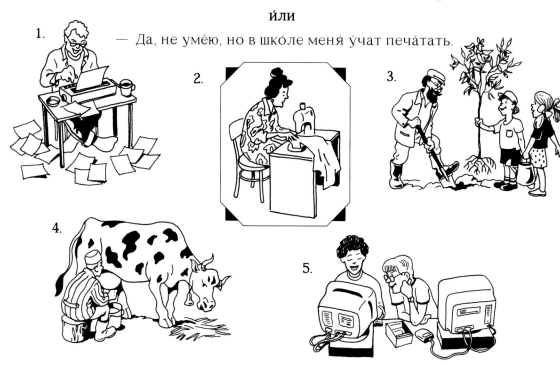

1.
2.
3.
4.
5.

Б8 Это сочинение «Я хочу рассказать вам о своих родителях» написала американская школьница, но она не знала некоторые русские слова. Вы эти слова знаете. Помогите кончить сочинение, пожалуйста.

Я хочу рассказать вам о своих родителях

Через год я _____ школу и буду учиться в университете.
will finish

Я долго не буду видеть моих родителей, поэтому я хочу рассказать

вам о них.

Мой отец роди́лся в 1941 году́ в Калифо́рнии. В _____ он
                                                                     childhood

жил в дере́вне, на _____ : мой де́душка был _____ ,
                                    farm   farmer

_____ _____ . У па́пы бы́ли _____ : он
     raised   vegetables   responsibilities

помога́л де́душке _____ _____ , _____ ,
                        plant   potatoes   beets

_____ , _____ . На фе́рме бы́ли две соба́ки — се́ттер
     carrots   cabbage

и боксёр, ко́шки и _____ . Когда́ па́пе бы́ло 10 лет,
                          kittens

_____ ко́шка, и па́па _____ её сам _____ ,
     got sick   began   to treat

но не _____ . И тогда́ он реши́л, что бу́дет врачо́м.
              to cure

Моя́ ма́ма то́же родила́сь в 1941 году́. Её роди́тели прие́хали из

Еги́пта, поэ́тому, когда́ ма́ма была́ ма́ленькой, она́ не _____
                                                               know how

говори́ть по-англи́йски. Но де́душка и ба́бушка бы́ли счастли́вые,

потому́ что у них была́ _____ семья́. Ма́ма отли́чно учи́лась,
                              healthy

осо́бенно она́ люби́ла хи́мию и биоло́гию и хоте́ла стать _____ .
                                                               surgeon

Но её роди́тели хоте́ли, что́бы она́ ста́ла учи́тельницей: они́ ду́мали,

что врача́ми _____ быть то́лько мужчи́ны.
                   must

Па́па и ма́ма познако́мились, когда́ учи́лись на _____
                                                        medical

факульте́те. Сейча́с они́ о́чень хоро́шие врачи́, рабо́тают в больни́це,

е́здят в ра́зные стра́ны, и когда́ у них есть свобо́дное вре́мя, они́ лю́бят

слу́шать класси́ческую му́зыку.

B1 Как вы ду́маете, что отве́тят на́ши геро́и на э́ти вопро́сы?

1. — Анна Афана́сьевна, у вас, ка́жется, нет порося́т, да?
2. — Ольга Алекса́ндровна, вы хорошо́ вя́жете, да?
3. — Анна Афана́сьевна, вы выра́щиваете и капу́сту, и морко́вь, и карто́фель, да?
4. — Анна Афана́сьевна, вы продаёте молоко́, смета́ну, я́йца в го́роде, да?
5. — Алексе́й Никола́евич, вы не ле́чите свою́ семью́, да?
6. — Алексе́й Никола́евич, у вас и сын, и дочь у́чатся в медици́нском институ́те, да?
7. — Анна Афана́сьевна, вы вя́жете ко́фты и ша́пки из ове́чьей ше́рсти, да?
8. — Алексе́й Никола́евич, вы хоте́ли, чтобы ва́ша дочь ста́ла врачо́м?

Г ДУМАЕМ, СПОРИМ, ОБСУЖДАЕМ

Г1 По́мните: Ната́ша говори́т, что родила́сь под зна́ком Близнецо́в, а об Илю́ше мы зна́ем, что он роди́лся под зна́ком Весо́в. А вы зна́ете, что в Кита́е, в Япо́нии и в други́х стра́нах у ка́ждого го́да есть своё и́мя?

Говоря́т, что ра́ньше э́тих имён не́ было, но одна́жды Бу́дда (Buddha) сказа́л, чтобы все живо́тные пришли́ к нему́. Пришли́ не все, пришли́ Мышь, Бык, Тигр, За́яц, Овца́, Пету́х, Свинья́ и други́е. Тогда́ Бу́дда реши́л, что у ка́ждого го́да бу́дет и́мя одного́ из э́тих живо́тных. В како́м году́ родили́сь вы, ва́ши роди́тели, сёстры, бра́тья? Прочита́йте о себе́ и о них, но по́мните, что э́то, коне́чно, не о́чень серьёзно.

1. **Мышь** — краси́вая, че́стная, энерги́чная (1936, 1948, 1960, 1972, 1984, 1996 гг.)

2. **Бык** — терпели́вый, трудолюби́вый, серьёзный, не лю́бит говори́ть о себе́ (1937, 1949, 1961, 1973, 1985, 1997 гг.)

3. **Тигр** — с бога́тыми чу́вствами, сме́лый, спосо́бный, но лю́бит себя́ (1938, 1950, 1962, 1974, 1986, 1998 гг.)

4. **За́яц** — счастли́вый, весёлый (1939, 1951, 1963, 1975, 1987, 1999 гг.)

5. **Драко́н** — прекра́сно отно́сится к лю́дям, всегда́ говори́т пра́вду (1940, 1952, 1964, 1976, 1988, 2000 гг.)

6. **Змея́** — краси́вая, о́чень у́мная, с больши́ми спосо́бностями (1941, 1953, 1965, 1977, 1989, 2001 гг.)

7. **Ло́шадь** — весёлая, обяза́тельная, но не всегда́ счастли́вая (1942, 1954, 1966, 1978, 1990, 2002 гг.)

8. **Овца́** — до́брая, с больши́ми спосо́бностями к иску́сству, но не всегда́ уве́ренная в себе́ (1943, 1955, 1967, 1979, 1991, 2003 гг.)

9. **Обезья́на** — общи́тельная, с больши́ми у́мственными спосо́бностями, мастери́ца на все ру́ки (1932, 1944, 1956, 1968, 1980, 1992, 2004 гг.)

10. **Пету́х** — чу́ткий, с чу́вством ю́мора, всегда́ говори́т пра́вду (1933, 1945, 1957, 1969, 1981, 1993, 2005 гг.)

11. **Соба́ка** — ве́рная, самостоя́тельная, сме́лая, немно́го консерва́тор (1934, 1946, 1958, 1970, 1982, 1994, 2006 гг.)

12. **Свинья́** — интеллиге́нтная, у́мная, но **вспы́льчивая** (hot-tempered) (1935, 1947, 1959, 1971, 1983, 1995, 2007 гг.)

Г2   Напишите сочинение.

1. Ольга говорит, что она не любит педагогическую работу, а любит административную. А вам нравится профессия секретаря-референта? Что вам в ней нравится? Как вы закончите фразу: «Секретарь должен быть...?» Что он должен уметь делать?

2. Может быть, вы жили на ферме или ваши родители, бабушка и дедушка — фермеры? Нравится вам жизнь фермера или нет? Хотели бы вы сами стать фермером?

3. Вы прочитали интервью с доктором Петровым, прочитали об известном докторе Фёдорове. Может быть, вы знаете врача, о котором вам хочется написать, врача, который лечил вас, вашу семью и вылечил своих больных? Напишите о нём.

4. Посмотрите на эпиграфы уроков. Как вы думаете, в этих коротких фразах есть главные идеи о профессиях секретаря, крестьянки, врача или об Ольге Толмачёвой, Анне Афанасевне, Алексее Николаевиче? Какой эпиграф кажется вам самым хорошим?

ДЕВЯТЫЙ УРОК

«Нет человека вне мо́ды»

MAIN STRUCTURES	FUNCTIONS AND COMMUNICATIVE SITUATIONS	GRAMMATICAL STRUCTURES AND LEXICOLOGY	LANGUAGE AND CULTURE
А			
— Заче́м рабо́тают модельёры? — Что́бы лю́ди носи́ли краси́вую оде́жду.	Asking about the purpose of an action	The interrogative word **заче́м**	«Дом мо́ды»
— Как вам идёт э́тот костю́м!	Saying how something looks on someone	Idiomatic use of the verbs **идти́** and **сиде́ть**	
— Поэ́тому и нужны́ модельёры.	Stating a need for something	The short-form adjective **ну́жен**	
Б			
— А муж не́ был про́тив?	Expressing opposition or objection	The preposition **про́тив** + the genitive case	Ру́сский модельёр Сла́ва За́йцев
— Сама́ шью таки́е костю́мы и одева́ю ку́кол.	Talking about dressing and wearing clothes	The verbs **надева́ть**, **одева́ть**, **одева́ться**	
— Сего́дня сошьёшь руба́шку, а за́втра она́ уже́ мала́.	Talking about clothing that is too big or too small	The short-form adjectives **мал** and **вели́к**	

В   Порабо́таем над диало́гом и не то́лько . . .

Г   **Grammar Review and Summary**

Д   Ду́маем, спо́рим, обсужда́ем
       Что тако́е мо́да?

Е   Знако́мимся со страно́й и ру́сской культу́рой
       Ру́сский наро́дный костю́м

Ё   Слова́рь

— Следует жить,
шить сарафаны и лёгкие платья из ситца.
— Вы полагаете, всё это будет носиться?
— Я полагаю, всё это следует шить. . .

—Юрий Левитанский, русский поэт

— One ought to live and
sew sarafans and light dresses of calico.
— Do you suppose that all of this will be worn?
— I suppose that all of this ought to be sewn. . .

—Yury Levitansky, Russian poet

ПОГОВОРИМ О МОДЕ

A1 Сейчас январь. Наташа
пришла в московский Дом
моды, где работает
манекенщица Ирина Востокова.
Она смотрит **показ** модных
вещей, которые будут носить
весной. После показа Наташа
берёт интервью у Ирины.

Ната́ша:	Здра́вствуйте, Ири́на. Я — Ната́ша из журна́ла «Ру́сский язы́к за рубежо́м».
Ири́на:	Здра́вствуйте, Ната́ша. Бы́ли на пока́зе?
Ната́ша:	Да, была́.
Ири́на:	Ну и как?
Ната́ша:	В о́бщем, о́чень интере́сно. Я пе́рвый раз в До́ме мо́ды. Тепе́рь я зна́ю, каки́е пальто́, пла́щи, костю́мы **бу́дут в мо́де** весно́й. И вы мне о́чень понра́вились — вы о́чень краси́во **дви́гались. Вам** о́чень **шли** все ве́щи, кото́рые вы пока́зывали. Они́ так хорошо́ **сидя́т на вас**.
Ири́на:	Очень прия́тно слы́шать. Кста́ти, пальто́, кото́рое бы́ло на мне — **после́дний крик мо́ды**. Ну, Ната́ша, **жду** ва́шего пе́рвого вопро́са.
Ната́ша:	Начнём с «де́тского» вопро́са: **Заче́м** лю́ди но́сят оде́жду?
Ири́на:	Что́бы бы́ло тепло́. Но мо́жно сказа́ть по-друго́му: что́бы быть краси́выми.
Ната́ша:	Но иногда́ оде́жда де́лает челове́ка некраси́вым.
Ири́на:	Поэ́тому и нужны́ **модельёры**, манеке́нщицы и **манеке́нщики**.
Ната́ша:	Зна́чит, гла́вное в ва́шей профе́ссии — де́лать люде́й краси́выми?
Ири́на:	Я скажу́ немно́го по-друго́му. Мы должны́ помо́чь поня́ть оди́н **секре́т**: на́до носи́ть не про́сто мо́дные ве́щи, а ве́щи, кото́рые **иду́т** то́лько **вам**. Мы должны́ помо́чь челове́ку найти́ свой **стиль**. Гла́вное — развива́ть **вкус**. Если вку́са нет, не помо́жет ни «Бу́рда»,[1] ни Дом мо́ды.
Ната́ша:	Очень интере́сно! Я то́же так ду́мала, но вы прекра́сно сказа́ли. Ира, а тепе́рь расскажи́те немно́го о себе́.
Ири́на:	Что рассказа́ть? Мне 24 го́да, я о́чень ра́но вы́шла за́муж. Муж рабо́тает в о́фисе, у нас отли́чные де́ти — здоро́вые, у́мные, самостоя́тельные.

---

[1] «Бу́рда» — са́мый популя́рный в Росси́и журна́л мо́ды.

Пра́вильно   Непра́вильно

1. Ната́ша разгова́ривает в До́ме
   мо́ды с манеке́нщицей Ири́ной
   а. до пока́за мод.   ☐   ☐
   б. по́сле пока́за мод.   ☐   ☐

2. а. Ната́ши не́ было на пока́зе мод.   ☐   ☐
   б. Ната́ша была́ на пока́зе мод и зна́ет,
      что бу́дет в мо́де весно́й.   ☐   ☐
   в. Ната́ша была́ на пока́зе и зна́ет,
      что мо́дно сейча́с зимо́й.   ☐   ☐

3. Ири́на счита́ет: что́бы краси́во
   одева́ться, на́до
   а. носи́ть то́лько са́мую мо́дную оде́жду. ☐   ☐
   б. носи́ть оде́жду, кото́рая идёт вам.   ☐   ☐
   в. найти́ свой стиль.   ☐   ☐

A3   Match these dialogues with the drawings on the next page.

1. — Кака́я у тебя́ коро́ткая ю́бка! Таки́е сейча́с в мо́де.
   — Да, э́то — после́дний крик мо́ды.

2. — Это мо́дный **га́лстук**? Он о́чень **широ́кий**.
   — По-мо́ему, таки́е га́лстуки бы́ли в мо́де в про́шлом году́.

3. — Том Джонс — мо́дный певе́ц?
   — Ну что ты! Он уже́ давно́ не в мо́де.

4. — Неуже́ли таки́е причёски в мо́де?
   — Наве́рное. Я уже́ мно́го ви́дел таки́х причёсок.

5. — Ба́бушка, когда́ ты была́ молода́я, платки́ бы́ли в мо́де?
   — Платки́ всегда́ бы́ли в мо́де в Росси́и.

A4 Asking about the purpose of an action

— А зачéм рабóтают модельéры?
— Чтóбы лю́ди носи́ли краси́вую одéжду.

The interrogative **зачéм** is used to ask about the purpose or goal of an action (in comparison to **почему**, which is used to ask about the *reason* for an action). **Зачéм** asks for information about future intentions and is therefore, in a sense, forward-looking. **Почему**, on the other hand, asks for information about a reason or action in the past which led to a particular (current) action. For example:

— Почему́ ты идёшь в магази́н?
— Потому́ что у нас в дóме нет хлéба.

— Зачéм ты идёшь в магази́н?
— Чтóбы купи́ть хлеб.

In answer to **зачéм**, the phrase **чтóбы** + the infinitive (if the subject is the same as in the question) or + the past tense (if the subject of the verb is different from the subject in the question) is used.
(See Lesson 3, p. 63.)

The questions and answers below are scrambled. Arrange them into five conversational exchanges. *(There is one extra answer.)*

1. — Ирина, зачём ты занимаешься балетом? Разве манекенщицы должны танцевать?

   ____ — Чтобы это понравилось маме: она сшила мне это платье.

2. — Зачём ты ходишь в Дом моды? Ты и так модно выглядишь.

   ____ — Чтобы самому сделать куртку, которая идёт мне.

3. — Ирина, зачём ты надела это платье?

   ____ — Мы занимаемся, чтобы красиво двигаться.

4. — Зачём Ирина сделала такую короткую причёску? У неё были такие красивые длинные волосы.

   ____ — Чтобы лучше знать, что будет в моде летом.

5. — Зачём ты шьёшь сам? Ты хорошо зарабатываешь, можешь купить себе самую дорогую куртку.

   ____ — Чтобы было нежарко летом.

   ____ — Чтобы поехать в Санкт-Петербург.

Saying how something looks on someone

Natasha said to Irina: **Вам очень шли все вещи, которые вы показывали. Они так хорошо сидят на вас**. The verbs **идти** and **сидеть** are used here to mean "to suit, to become" and "to fit."

Что	идёт/шло		кому
Красный свитер		шёл	мне (Андрею).
Голубая куртка	(не) идёт	шла	тебе (Наташе).
Зелёное платье		шло	ему, ей.
Спортивные костюмы	(не) идут	шли	им (ребятам).

Here are other expressions which Russians use when talking about someone's clothing or taste.

Вам / тебе (не) идёт этот цвет, костюм, причёска.
Это платье сидит на вас / тебе хорошо, плохо.
У вас / у тебя отличный вкус.
У него / у неё нет вкуса.
Вы выглядите отлично сегодня.

— Эта чёрная руба́шка идёт мне бо́льше, чем бе́лая.

A7   Ва́ши друзья́ про́сят, что́бы вы им посове́товали, каку́ю вещь лу́чше купи́ть и́ли наде́ть.

Вы мо́жете сказа́ть:

— Я ду́маю, что лу́чше наде́ть зелёный пиджа́к: он бо́льше идёт к твои́м се́рым глаза́м.

и́ли

— Наве́рное, лу́чше купи́ть си́нее пла́тье: ты бу́дешь вы́глядеть в нём бо́лее стро́йной. Кста́ти, си́ний цвет о́чень идёт к све́тлым волоса́м.

и́ли

— По-мо́ему, тебе́ бо́льше иду́т ве́щи спорти́вного сти́ля, а э́та руба́шка совсе́м друго́го сти́ля.

Что вы посове́туете, е́сли:

1. По́ла невысо́кая, по́лная, со све́тлыми волоса́ми.   (си́нее пла́тье)
2. Стив стро́йный, с се́рыми глаза́ми и тёмными волоса́ми.
                                                      (зелёный сви́тер)
3. Джордж по́лный, с голубы́ми глаза́ми.   (си́няя руба́шка)
4. То́ра стро́йная и высо́кая.   (бе́лый плащ)
5. Джон невысо́кий, со спорти́вной фигу́рой.   (джи́нсы)

The word **нýжно**, used with an infinitive, means the same as **нáдо**. Compare:

Мне нáдо купи́ть чтó-нибудь мóдное.
Мне нýжно купи́ть чтó-нибудь мóдное.

When stating a need for something, the short-form adjective **нýжен, нужнá, нýжно, нужны́** is used. The form of the adjective depends on the gender of the object needed, not on the gender of the person in need. As with **нáдо**, with **нýжно** the person who needs the object is in the dative.

Мне нýжен э́тот журнáл.
Емý нужнá э́та кни́га.
Ей нýжно крáсное плáтье.
Тебé нужны́ чёрные тýфли.

In the past and future tenses the forms are:

	present	*past*	*future*	
Мне	нýжен	был	бýдет	костю́м
Тебé	нужнá	былá	бýдет	кýртка
Емý, ей	нýжно	бы́ло	бýдет	плáтье
Нам	нужны́	бы́ли	бýдут	сапоги́
Вам				
Им		The word order in the past and future tense is:		
Ивáну		Нам былá нужнá кýртка.　　Ивáну бýдут нужны́ сапоги́.		
Мари́не		**и́ли**　　　　　　　　　　　　　　**и́ли**		
		Нам нужнá былá кýртка.　　Ивáну нужны́ бýдут сапоги́.		

　Каки́е вéщи им нужны́?

— Я не знáю, что сейчáс в мóде.
— Тебé нýжен хорóший журнáл мод.

1. — Я хочý перевести́ статью́ о мóде зáвтра. Но я ви́жу, что в ней мнóго нóвых слов.
2. — У меня́ есть краси́вая чёрная ю́бка. Но я не знáю, с чем её носи́ть.
3. — Натáша, у тебя́ все плáтья однóго цвéта. Я понимáю, что тебé óчень идёт чёрный цвет, но быть всё врéмя в чёрном?
4. — Этот костю́м мне óчень нрáвится. Этот сéрый цвет óчень краси́вый. Но я не знáю, какáя рубáшка сюдá идёт?
5. — У меня́ есть си́ние брю́ки. А блýзки тóлько крáсная и жёлтая.
6. — Какóе краси́вое жёлтое плáтье! Но тýфли! Интерéсно, каки́е тýфли мóгут идти́ к немý?
7. — Мне кáжется, что к э́тому сви́теру не идýт мáленькие бýсы.

A10   Подготóвьтесь к чтéнию.

1. Где нахóдится центр мóды в мúре?
2. Кто из америкáнских úли европéйских модельéров вам бóльше всегó нрáвится?
3. Вы смóтрите по телевúзору покáзы мод? А вы вúдели когдá-нибудь покáз мод в вáшем гóроде?
4. Как вы дýмаете, какýю роль для мóды игрáет нарóдный костюм в Россúи? в США?

A11   Прочитáйте текст «Дом мóды» и отвéтьте на вопрóсы:

ДОМ МÓДЫ

В больших городáх Россúи есть «Домá мóды» или «Домá модéлей», где рабóтают модельéры и **создают** нóвые **модéли** одéжды. В этих домáх мóжно побывáть на покáзе мод, получúть совéт и дáже купúть чтó-нибудь мóдное. Но одéжда там стóит **намнóго** дорóже, чем в магазúнах, потомý что это, как говорят, **«áвторские»** вéщи. В Россúи в «Домáх мóды» рабóтает мнóго хорóших талáнтливых худóжников, но именá их обычно **неизвéстны**. Но в послéднее врéмя мнóгие модельéры начинáют рабóтать самостоятельно и открывáют свой, прáвда ещё óчень небольшúе, **ателье** и магазúны ужé со своúм úменем. Так в Москвé, напримéр, нéсколько модельéров открыли ателье «Рáмпа». Плáтья и пальтó этого ателье óчень красúвы и интерéсны, в них мнóго детáлей от нарóдного костюма. Вот посмотрúте: плáтье «Васúлий Блажéнный». Это плáтье ужé вúдели и в США, и в Канáде. **Вездé** покáз модéлей óчень нрáвится. Однá газéта писáла: «Тóлько в той странé, где есть Большóй теáтр, мóжно увúдеть такúе модéли». ■

1. Где обычно рýсские модельéры дéлают свои модéли?
2. В Москвé рабóтает мнóго извéстных худóжников/модельéров?
3. Откýда рýсские модельéры берýт свои идéи, детáли для мóдных костюмов и плáтьев?

Б

Наташа и Ирина продолжают говорить.

Наташа: А когда вы стали манекенщицей?

Ирина: Два года назад. Раньше я работала дома: я знаю английский, поэтому работала **машинисткой**, печатала статьи для газеты «Moscow News».

Наташа: А почему пришли работать в Дом моды?

Ирина: Трудно сказать. Может быть, потому что все говорили, что я **обаятельная**, что я умею красиво носить даже скромную одежду.

Наташа: А муж не был против?

Ирина: Нет, что вы! Совсем наоборот.

Наташа: Извините, Ирина, неприятный вопрос: некоторые люди считают, что у вас лёгкая жизнь, очень лёгкая работа. . .

Ирина: Такие люди считают, что у артистов тоже очень лёгкая жизнь. Наши профессии похожи: нужно **улыбаться**, даже когда тебе плохо.

Наташа: Ещё раз извините, но это не моё мнение. А какие нужны способности, чтобы стать манекенщицей?

Ирина: Надо быть немного балериной, немного артисткой, немного спортсменкой, немного художницей. Надо быть смелой, нельзя быть застенчивой.

Наташа: Ваше увлечение?

Ирина: Я увлекаюсь историей русского народного костюма — читаю книги, собираю картины, открытки с людьми в народных костюмах. Сама шью такие костюмы и **одеваю кукол**.

Наташа   Очень краси́вое хо́бби. А себе́ и де́тям вы ничего́ не шьёте?

Ири́на   Иногда́ себе́ шью что́-нибудь. А де́тям — ре́дко. Они́ бы́стро расту́т. Сего́дня сошьёшь руба́шку, а за́втра она́ уже́ **мала́**.

◀ Же́нский костю́м xix ве́ка. Се́верная Росси́я.

Же́нский костю́м xix ве́ка. ▶ Ю́жная Росси́я.

ПРОВЕРКА ✓ ПОНИМАНИЯ

		Пра́вильно	Непра́вильно

1. Ири́на начала́ рабо́тать
   а. машини́сткой в о́фисе.   ☐ ☐
   б. манеке́нщицей в До́ме мо́ды.   ☐ ☐
   в. машини́сткой в газе́те «Moscow News». ☐ ☐

2. Мне́ние Ната́ши о рабо́те манеке́нщицы:
   а. у манеке́нщиц лёгкая рабо́та,
      лёгкая жизнь.   ☐ ☐
   б. Это не мне́ние Ната́ши, а про́сто
      неприя́тный вопро́с журнали́ста. ☐ ☐

3. Ири́на не шьёт оде́жду де́тям, потому́ что
   а. она́ не уме́ет шить.   ☐ ☐
   б. де́ти сли́шком бы́стро расту́т. ☐ ☐

Expressing opposition or objection

— А муж не про́тив?

Natasha uses the word **про́тив** when asking Irina about her husband. It is used in two ways: by itself (in the meaning of "against"), or with pronouns, adjectives, and nouns in the genitive case (in the meaning of "against" or "contrary to").

Я о́чень люблю́ дли́нные во́лосы, а моя́ ма́ма про́тив.
Я не могу́ идти́ про́тив мо́ды.

	кого́?	чего́?
про́тив	дру́га сестры́ роди́телей	мо́ды вре́мени кла́сса

The opposite of **про́тив** is **за** (for). It is also used either by itself or followed by the accusative case.

— Я всегда́ был про́тив рок-му́зыки, а мой брат — за.
— Я за коро́ткие ю́бки. Но ма́ме они́ совсе́м не нра́вятся.

Б4 Вы за и́ли про́тив?

— Оде́жда челове́ка ничего́ не говори́т об его́ хара́ктере.
— Я за.

и́ли

— Я про́тив.

1. Ну́жно, что́бы в шко́ле ученики́ всегда́ носи́ли то́лько то, что им нра́вится.
2. Хорошо́, когда́ ученики́ в шко́ле но́сят фо́рму.
3. На́до роди́ться со вку́сом. Вкус тру́дно развива́ть. И э́то **сра́зу** ви́дно, есть у тебя́ вкус и́ли нет.
4. Манеке́нщица вообще́ не должна́ выходи́ть за́муж.
5. Манеке́нщица не мо́жет име́ть дете́й.
6. Лю́ди, кото́рые сли́шком мо́дно одева́ются, не мо́гут быть у́мными. Я не хоте́л бы с ни́ми дружи́ть.

Б5

Talking about dressing and wearing clothes

These three sets of verbs will help you talk about getting dressed, wearing clothes, and dressing someone else.

глаго́л	что?	
надева́ть/ надеть	костю́м ку́ртку пла́тье боти́нки	За́втра Ири́на наде́нет зелёное пла́тье. Tomorrow Irina will put on a green dress.
	как?	
одева́ться/ оде́ться	хорошо́/пло́хо со вку́сом мо́дно бы́стро	Муж Ири́ны всегда́ одева́ется со вку́сом. Irina's husband always dresses in good taste. Дочь Ири́ны бы́стро одева́ется сама́. Irina's daughter quickly dresses herself.
	кого́	
одева́ть/ оде́ть	бра́та сестру́ дете́й	У́тром Ири́на оде́ла сы́на и пошла́ с ним в шко́лу. In the morning Irina dressed her son and went to school with him.

Answer these questions with verbs from **Б5**.

1. Скажи́те, вы лю́бите одева́ться мо́дно? Что вы наде́нете, е́сли:

    а. На у́лице хо́лодно, ве́тер, температу́ра 24 гра́дуса.

    б. За́втра в шко́ле пра́здничный конце́рт. Вы выступа́ете, бу́дете петь.

    в. Ско́ро у Ната́ши день рожде́ния.

    г. В суббо́ту в шко́ле выступа́ет рок-гру́ппа «Наути́лус».

    д. В воскресе́нье у де́душки день рожде́ния. Бу́дет вся семья́.

2. Говоря́т, что де́вочки бо́льше, чем ма́льчики, лю́бят мо́дно одева́ться. Вы за и́ли про́тив тако́го мне́ния?

3. У вас была́ в **де́тстве** ку́кла **Ба́рби**? Вы люби́ли её одева́ть?

Б7

Talking about clothing that is too big, too small, or just right

— Этот сви́тер **мне мал**.

— Эти ту́фли **мне велики́**.

— Эта ю́бка **хорошо́ сиди́т на тебе́**. Она́ тебе́ как раз.

Что?					КОМУ?
Костюм	велик	мал	**длинен**	**короток***	мне
Юбка	велика́	мала́	длинна́	коротка́	тебе́
Пла́тье	велико́	мало́	дли́нно	коро́тко	ему́, ей
Брю́ки	велики́	малы́	дли́нны	коро́тки	Анто́ну

*The masculine short-form adjective has two stresses, either of which may be used. The neuter and plural forms have three.

Б8 **А как она́ сиди́т на мне? Она́ идёт мне?** Irina took her son and daughter clothes shopping. She suggested that they try on different things. They wanted to know how the clothes looked on them. Compose mini-dialogues using the statements below. Give responses.

— Наде́нь э́ту ку́ртку.
— А как она́ сиди́т на мне?
— По-мо́ему, она́ велика́ (мала́). Наде́нь другу́ю.

Б9 Match each of the numbered compliments below with one of the pictures and then use these same statements to complete the dialogues following.

1. — Это новое платье очень идёт тебе.
2. — У тебя есть свой стиль.
3. — У тебя прекрасный вкус.
4. — У тебя красивая модная куртка.
5. — **Скромно**, но с большим вкусом.
6. — Ты очень здорово выглядишь в этом костюме: он прекрасно сидит на тебе.

а. — . . . .

— Спасибо. Я хорошо в ней себя чувствую. Она удобная.

б. — Посмотри, тебе нравится, как я выгляжу?

— . . . .

в. — Как ты считаешь: этот костюм не велик мне?

— . . . .

г. — На день рождения родители подарили мне это платье. Что скажешь?

— . . . .

д. — Ну и как? Нравится?

— . . . .

е. — Как тебе моя новая блузка?

— . . . .

Приготóвьтесь к слýшанию.

1. Почемý вещь станóвится мóдной?
2. Кто дéлает мóду? Модельéры йли лю́ди, котóрые покупáют и нóсят одéжду?
3. Мóжет одйн модельéр дéлать модéли для рабóчих и одéжду для рок-музыкáнтов и артйстов?

Б11 Прослýшайте текст «Рýсский модельéр Слáва Зáйцев» и отвéтьте на вопрóсы.

1. Кто сáмый извéстный модельéр Россйи?
2. Как он начинáл свою́ рабóту? Где он рабóтал?
3. Кто одевáется у Егóра Зáйцева?

ПОРАБОТАЕМ НАД ДИАЛОГОМ И НЕ ТОЛЬКО...

B1   Что вы ещё хотите знать об Ирине? Ваши вопросы ей, пожалуйста.

1. — ...?
   — Буду я всю жизнь манекенщицей или нет? Не знаю. Наверное, стану потом модельером. Я неплохо рисую, шью. И вкус у меня хороший.
2. — ...?
   — Что надо делать, чтобы развивать вкус? Я думаю, что надо ходить в музей, слушать музыку и учиться понимать себя.
3. — ...?
   — Нет, в жизни не ношу вещи, о которых можно сказать, что это — последний крик моды.
4. — ...?
   — Что я обычно ношу? Обычно одеваюсь просто, люблю спортивный стиль. Но на Новый год, на дни рождения шью длинные красивые платья.
5. — ...?
   — Чтобы стать манекенщицей, надо заниматься спортом или балетом, и, конечно, у вас должна быть хорошая фигура.
6. — ...?
   — Ну, невысоким девушкам трудно стать манекенщицей. Современные модельеры работают обычно с высокими манекенщицами. Но можно стать фотомоделью, там можно быть невысокого роста.

B2   Что вы ответите на вопросы Ирины?

1. — Вы считаете себя модным человеком?
   — ...
2. — Что вы думаете о современной моде?
   — ...
3. — У молодёжи должна быть своя мода?
   — ...
4. — Вы можете надеть одежду мамы или папы? А наоборот?
   — ...
5. — Кто ваш любимый модельер? Какая манекенщица вам нравится больше всего?
   — ...

GRAMMAR REVIEW AND SUMMARY

Г1

Impersonal Constructions (the logical subject is in the dative case)
Verbs that take the dative case

As you learned in previous lessons, some verbs require that the logical subject be in the dative case. The same is true of the verb **идти** when it is used to say whether clothing fits well or is flattering or suitable. **Как раз** and the short-form adjectives **вели́к, мал, дли́нен**, and **ко́роток** are also commonly used with the dative case.

1. Эта шля́па **мне нра́вится**, но, по-мо́ему, **мне не идёт**.

Анто́н   Макси́м   Ви́ктор

2. Этот плащ **вели́к Анто́ну, мал Макси́му**, но **как раз Ви́ктору**.

Г2

When a sentence concerns a mental or physical state, the logical subject of the sentence is in the dative case:

1. Анто́н боле́л, у него́ была́ высо́кая температу́ра, **ему́ бы́ло пло́хо**.

2. На у́лице моро́з, пурга́, **мне** о́чень **хо́лодно**.

3. Хорошо́, когда́ мы мо́жем
сказа́ть себе́: «**Мне хорошо́!** У
меня́ всё хорошо́ в жи́зни!»

Г3 Read these sentences and then say how their grammatical structures are similar.

1. Модельéры **помога́ют лю́дям** найти́ свой стиль.
2. Ната́ша **позвони́ла Ири́не**.
3. Муж Ири́ны **связа́л де́тям** мо́дные сви́теры.
4. Ири́на сего́дня о́чень счастли́вая, **ей хо́чется улыба́ться всем
лю́дям**.

Г4 Use pronouns in the dative case to complete the following sentences:

1. — Ири́на, звони́ла Ната́ша и проси́ла позвони́ть . . . .

2. — Алло́, Ната́ша! Вы звони́ли . . . ?
— Да, Ира, я хоте́ла, что́бы вы сказа́ли . . . , когда́ в До́ме мо́ды
бу́дет пока́з мод.
— Хорошо́. А заче́м?
— Хочу́ знать, что бу́дет в мо́де.
— Приходи́те лу́чше ко мне, я . . . с удово́льствием посове́тую.

3. — У Анто́на нет ку́ртки, дава́й ку́пим . . . ку́ртку.
— Смотри́, вот краси́вая мо́дная ку́ртка.
— Да, но . . . она́ бу́дет мала́.
— А вот э́та? Она́ бу́дет . . . как раз.
— Мо́жет быть, но она́ не понра́вится . . . , она́ си́няя, а си́ний цвет
. . . не идёт.

4. — Я ви́жу, что у вас сего́дня отли́чное настрое́ние.
— Прекра́сное! Сего́дня наш ма́ленький сын пе́рвый раз улыбну́лся
. . . .

ДУМАЕМ, СПОРИМ, ОБСУЖДАЕМ

Д1 Что такóе мóда?

Ирúна прóсит вас отвéтить на небольшýю «мóдную» анкéту.

1. Считáете, что хорошó одевáться — это знáчит:
    а. мóдно одевáться.
    б. носúть тóлько вéщи — послéдний крик мóды.
    в. носúть тóлько вéщи, котóрые идýт вам.

2. Надéнете вы немóдную вещь, éсли
    а. онá вам óчень идёт.
    б. онá óчень удóбная.
    в. онá хорошó сидúт на вас.

3. Éсли вам подарúли мóдную вещь, но онá великá (малá, длиннá, короткá) вам, что вы дýмаете:
    а. «Онá великá мне, но онá óчень мóдная!»
    б. «Хотя онá мóдная, но плóхо сидúт на мне. Не бýду её носúть!»
    в. Прóсто нóсите, не дýмаете о мóде или о том, как эта вещь сидúт на вас.

4. Откýда вы знáете, что сейчáс в мóде?
    а. регуля́рно смóтрите журнáлы мод.
    б. узнаёте из **передáч** по телевúзору.
    в. от друзéй.
    г. когдá мóдные вéщи нóсят мнóгие лю́ди.

5. Когдá вы покупáете нóвую вещь, что для вас сáмое глáвное:
    а. мóдная онá или нет.
    б. в вáшем онá стúле или нет.
    в. идёт онá вам или нет.

Д2   Прочитáйте, что говоря́т о мóде модельéры, журналúст, артúстка. Какúе мы́сли нóвые для вас? Чьё мнéние вам нрáвится? А чьё мнéние кáжется вам непрáвильным?

Когда́ вы отвеча́ете, вы мо́жете сказа́ть:

— Как и . . . , я ду́маю, что . . .
— А я ду́маю по-друго́му . . .
— Я то́же счита́ю, что . . .

1. **Сла́ва За́йцев**, о кото́ром вы уже́ слы́шали —
   оди́н из лу́чших модельеров ми́ра.

— Нет челове́ка **вне** мо́ды. Но е́сли у челове́ка   вне (мо́ды) — outside of
   нет вку́са, то да́же в о́чень мо́дной оде́жде   (fashion)
   он бу́дет вы́глядеть некраси́во.

2. **Его́р За́йцев**:

— Я счита́ю, что мо́да — э́то самостоя́тельное   жи́вопись — painting
   иску́сство, как му́зыка и **жи́вопись**. Мо́да,
   коне́чно, не де́лает мир лу́чше, но де́лает
   лу́чше настрое́ние и жизнь краси́вее.

3. **Ви́ктор Ахло́мов** (журнали́ст):

— Я неда́вно был в **Соединённых Шта́тах**.   Соединённые Шта́ты —
   Зна́ете, что там мо́дно? Быть че́стным,   U.S.
   трудолюби́вым, до́брым. И совсе́м немо́дно
   пло́хо рабо́тать.

4. **Алла Деми́дова** (арти́стка):

— Когда́ мы слы́шим слова́ «вкус», «мо́да», мы ду́маем об оде́жде, причёске, **ме́бели**. Но мо́дным, немо́дным быва́ет да́же стиль **поведе́ния**.

ме́бель — furniture

поведе́ние — behavior

Ду́маю, что вкус — э́то спосо́бность выбира́ть из мо́ды гла́вное для себя́.

ДЗ В газе́тах ча́сто встреча́ются объявле́ния, где пи́шут, что нужны́ манеке́нщицы и манеке́нщики. Напиши́те во́семь-де́сять предложе́ний о себе́ — почему́ вы хоте́ли бы стать манеке́нщицей/манеке́нщиком? Е́сли вы не хоти́те писа́ть о себе́, напиши́те о свои́х друзья́х, кото́рые могли́ бы стать манеке́нщицей/манеке́нщиком.

и́ли

Напиши́те о своём отноше́нии к мо́де, к профе́ссии манеке́нщицы / манеке́нщика.

ЗНАКОМИМСЯ СО СТРАНОЙ И РУССКОЙ КУЛЬТУРОЙ

E1 **Ру́сский наро́дный костю́м**

Помните, Ири́на говори́т, что её увлече́ние — исто́рия ру́сского наро́дного костю́ма, что она́ собира́ет откры́тки, карти́ны, **шкату́лки**, на кото́рых нарисо́ваны лю́ди в наро́дных костю́мах. Дава́йте познако́мимся немно́го с колле́кцией Ири́ны.

шкату́лка — small wooden box or case

Э́то карти́на ру́сского худо́жника А. Венециа́нова «На **па́шне**». Крестья́нка, кото́рую вы ви́дите, в свое́й обы́чной рабо́чей оде́жде: на ней широ́кая руба́шка и **сарафа́н**, на голове́ — **коко́шник**. Ча́сто на голове́ носи́ли плато́к (платки́ лю́бят носи́ть и сейча́с, осо́бенно зимо́й). Пра́вда, плато́к и сарафа́н о́чень иду́т э́той симпати́чной де́вушке?

па́шня — plowed field

сарафа́н — sarafan, Russian peasant woman's dress
коко́шник — kokoshnik, Russian peasant woman's headdress

Всю оде́жду де́вушки де́лали са́ми — и **обы́чную** и **наря́дную**. Са́мая бога́тая, са́мая интере́сная оде́жда — э́то оде́жда, кото́рую

обы́чный — usual, normal, everyday
наря́дный — elegant, well-dressed

дéвушка дéлала к свáдьбе. **Вáжно** бы́ло сдéлать плáтье óчень красúвым, потому́ что в дерéвне считáли: éсли дéвушка — мастерúца на все ру́ки, знáчит, бу́дет хорóшей женóй.

вáжно — (it is) important

А вот как одевáлись пáрни — длúнная руба́шка, высóкие сапогú, **у́зкий пóяс**. Россúя — больша́я странá, поэ́тому костю́мы на сéвере, в цéнтре и на ю́ге бы́ли рáзные. Совремéнные модельéры чáсто **испóльзуют элемéнты** ру́сских нарóдных костю́мов, чтóбы сдéлать совремéнные мóдные вéщи.

у́зкий — narrow
пóяс — belt, waistband

испóльзовать — to use, to utilize, to employ
элемéнт — element

E2 А что бы́ло в мóде в ру́сской дерéвне в начáле двадца́того вéка? Посмотрúте на картúну извéстного ру́сского худóжника Борúса Кустóдиева «На **я́рмарке**» и отвéтьте на вопрóс.

я́рмарка — fair

СЛОВАРЬ

Часть A ───────────────────────── *Фо́рмы глаго́лов*

а́вторский	author's, (*here*) creator's	
ателье́ (*indecl.*)	studio, (*here*) fashion house	
быть в мо́де	to be in fashion, to be in style	
везде́	everywhere	
вкус	taste	
га́лстук	tie	
дви́гаться / дви́нуться	to move	*дви́га -юсь, -ешься, -ются /*
		дви́н -усь, -ешься, -утся
ждать / подожда́ть	to wait	*жд-у, -ёшь, -ут /*
	to wait a while (*pf.*)	*подожд-у́, -ёшь, -у́т*
зачем	why, what for	
идти́ / пойти́ (кому́)	to suit (someone),	*идёт, иду́т /*
(*3rd person only*)	to look good	*пойдёт, пойду́т*
	(on someone)	
манеке́нщик (*m.*)	model	
моде́ль (*f.*)	model, pattern	
	(*in various senses*)	
модельер	fashion designer, couturier	
намно́го	much, far	
неизве́ст(е)н, -а, -о, -ы	not well-known, unfamiliar	
пока́з	showing, demonstration	
пока́з мо́ды	fashion show	
после́дний крик мо́ды	the latest fad, (*lit.*) — the	
	last scream of fashion	
секре́т	secret	
сиде́ть / посиде́ть	to fit, look good (*on*	*сиди́т, сидя́т /*
хорошо́ (*на ком*)	*someone*)	*посиди́т, посидя́т*
Эти ве́щи хорошо́	Those things look	
сидя́т на тебе́.	good on you.	
(*3rd person only*)		
создава́ть / созда́ть	to create	*созда -ю, -ёшь, -ют /*
		созда́м, созда́шь, созда́ст,
		создади́м, создади́те,
		создаду́т
стиль (*m.*)	style	
широ́кий	wide	

Часть Б

Ба́рби (*f. indecl.*)	Barbie (doll)
быть за (+ *acc.*)	to be for (something)
быть про́тив (+ *gen.*)	to be against (something)
вели́к, -а́, -о́, -и́	(too) big, (too) large
де́тство	childhood
джи́нсы (*pl.*)	jeans, blue jeans
дли́н(е)н, -а́, -о, -ы	(too) long
как раз	just (so); exactly
коро́т(о)к, -а́, коро́тко́, коро́тки́	(too) short
ку́кла	doll
мал, -а́, -о́, -ы́	(too) small
машини́стка	typist
обая́тельный	charming, enchanting
одева́ть / оде́ть (кого́)	to dress (someone)
одева́ться / оде́ться	to dress (oneself)
про́тив (чего́)	against
скро́мно	modestly
сра́зу	at once; immediately
улыба́ться / улыбну́ться (кому́)	to smile (at)

*одева́ -ю, -ешь, -ют /
оде́н -у, -ешь, -ут*

*одева́ -юсь, -ешься, -ются /
оде́н -усь, -ешься, -утся*

*улыба́ -юсь, -ешься, -ются /
улыбну́ -сь, -ёшься, -у́тся*

Часть Д

вне (+ *gen.*)	outside
переда́ча	TV program, broadcast
Соединённые Шта́ты	the United States

ДЕСЯТЫЙ УРОК

«Душа́ должна́ ве́рить»

	MAIN STRUCTURES	FUNCTIONS AND COMMUNICATIVE SITUATIONS	GRAMMATICAL STRUCTURES AND LEXICOLOGY	LANGUAGE AND CULTURE
А	— Дани́ловский монасты́рь был осно́ван в 1282 году́.	Saying that something has been done, built, opened, etc.	The formation and use of short passive participles in the past tense	Как пришло́ христиа́нство в Росси́ю
	— В ва́шей семье́ ве́рили в Бо́га?	Talking about beliefs and nonbeliefs	The verb **ве́рить / пове́рить** with the accusative and dative cases	
Б	— Вы спра́шиваете, влюбля́ются ли семинари́сты?	Asking a question using indirect speech	The use of **ли** when asking a question	Ру́сские ико́ны
	— Говори́ть с людьми́ на́до по-ра́зному.	Describing characteristics of actions	Adverbs with the prefix **по-**	
	— Ико́ны — э́то така́я красота́!	Expressing strong feelings		
	— Смо́тришь — и душа́ отдыха́ет.		Expressions with the word **душа́**	

В	Порабо́таем над диало́гом и не то́лько . . .
Г	**Grammar Review and Summary**
Д	Ду́маем, спо́рим, обсужда́ем Рели́гия в жи́зни челове́ка
Е	Знако́мимся со страно́й и ру́сской культу́рой О ру́сской ма́сленице и Па́схе
Ё	Слова́рь

«Что тако́е ве́ра? Ве́ра — э́то часть челове́ческой жи́зни.
И не то́лько жи́зни. Это часть челове́ческой приро́ды».

Васи́лий Родзя́нко, правосла́вный епи́скоп
—из интервью 1991 го́да

*"What exactly is faith? Faith is a part of human life.
And not only of life. It is a part of human nature."*

Vasilii Rodzyanko, Orthodox bishop
—from a 1991 interview

Оте́ц Ива́н

Дани́ловский монасты́рь в Москве́ **осно́ван** в 1282 году́.

Оте́ц Ива́н — высо́кий, стро́йный челове́к. Ему́ три́дцать семь–три́дцать во́семь лет. Ната́ша пришла́ брать у него́ интервью́ в Дани́ловский монасты́рь. Пра́вда, **мона́хи** здесь уже́ давно́ не живу́т. В Дани́ловском монастыре́ есть большо́й **собо́р**, ря́дом с собо́ром — ста́рое **зда́ние**, а в зда́нии — церко́вный о́фис. Оте́ц Ива́н рабо́тает в э́том о́фисе.

Ната́ша:	У вас здесь пи́шущая маши́нка, факс, компью́тер . . .
Оте́ц Ива́н:	Да, оргте́хника нужна́: наш **отде́л свя́зан** со мно́гими стра́нами.
Ната́ша:	А чем вы занима́етесь?
Оте́ц Ива́н:	Гла́вное в на́шей рабо́те — **свя́зи** с **правосла́вной** це́рковью и правосла́вными людьми́ в ра́зных стра́нах и свя́зи с други́ми рели́гиями.
Ната́ша:	Свя́зи с ра́зными рели́гиями в други́х стра́нах и́ли в на́шей стране́ то́же?
Оте́ц Ива́н:	Коне́чно, и с ра́зными рели́гиями в на́шей стране́: у нас в стране́ о́коло 40 (сорока́) рели́гий. Когда́ отмеча́ли 1000-ле́тие (**тысячеле́тие**) креще́ния Руси́,[1] на пра́зднике бы́ли и **като́лики**, и **протеста́нты**, и **мусульма́не**, и **иуда́исты**, и **будди́сты**.
Ната́ша:	Оте́ц Ива́н, расскажи́те немно́го о себе́. В ва́шей семье́ **ве́рили** в **Бо́га**? **Ведь** не́которые лю́ди счита́ли, **атеи́сты**, наприме́р, что рели́гия не нужна́ для наро́да.
Оте́ц Ива́н:	Ве́рили **ли** в Бо́га в мое́й семье́? Оте́ц — нет, а ма́ма — **ве́рующая**, ходи́л с ней в це́рковь. Ма́ма о́чень до́брая, всегда́ де́лала **добро́** лю́дям. Учи́лся я в дереве́нской шко́ле во́семь лет, пото́м два го́да е́здил в шко́лу в го́род — в дере́вне не́ было девя́того и деся́того кла́сса. Рабо́тал, год учи́лся в те́хникуме, а пото́м служи́л в а́рмии.
Ната́ша:	А в шко́ле, в а́рмии зна́ли, что вы ве́рующий? У вас не́ было **тру́дностей**?[2]

---

[1] The 1000th anniversary of Christianity in Russia was celebrated in 1988. In 988 A.D. the Kievan prince Vladimir converted the peoples of Kievan Rus to Christianity and the Orthodox faith. Before that time, Rus—part of which later became Russia—was a pagan country.

[2] Before about 1990, under Communist rule religious Russians were frequently persecuted in schools and in the military.

Отец Ива́н: Зна́ли, но у меня́ тру́дностей не́ было. Хотя́ я зна́ю, что тру́дности быва́ли и в а́рмии, и иногда́ на рабо́те.

Ната́ша: А что вы де́лали по́сле а́рмии?

Отец Ива́н: Учи́лся в Моско́вской **духо́вной семина́рии**, пото́м в **акаде́мии**.

Се́ргиев Поса́д— духо́вная Акаде́мия

Студе́нты семина́рии

Ната́ша: Интере́сно, каки́е языки́ вы учи́ли в семина́рии?

Отец Ива́н: Ру́сский язы́к и **церковнославя́нский**[3] — обяза́тельно, оди́н иностра́нный и оди́н **дре́вний** язы́к мо́жно бы́ло вы́брать.

---

[3] Church Slavonic — the language of worship in the Russian Orthodox Church (as well as a number of other churches in Slavic-speaking countries).

A2 ПРОВЕРКА ✓ ПОНИМАНИЯ

Indicate which of the following statements correctly represent the answers to Natasha's questions and which do not.

	Правильно	Неправильно

1. Отец Иван

   а. монах. ☐ ☐

   б. священник в церкви, которая находится в Коломенском. ☐ ☐

   в. работает в церковном офисе. ☐ ☐

2. Отец Иван говорит, что их отдел связан

   а. с православными людьми в других странах. ☐ ☐

   б. с другими религиями в разных странах. ☐ ☐

   в. с другими религиями в России только во время праздников. ☐ ☐

3. Отец Иван стал священником, потому что

   а. его отец был священником. ☐ ☐

   б. вся его семья была верующей. ☐ ☐

   в. его мать верила в Бога и ходила с ним в церковь. ☐ ☐

A3 Скажите, какие вопросы есть в интервью, а каких — нет.

	ДА	НЕТ

1. — Сколько вам лет, отец Иван? ☐ ☐

2. — Сколько у вас детей? ☐ ☐

3. — Были ли трудности, когда вы служили в армии? ☐ ☐

A3 продолжается

4. — Когда́ постро́или Дани́ловский монасты́рь?   ☐   ☐

5. — Ве́рили ли в Бо́га в ва́шей семье́?   ☐   ☐

6. — В семина́рии и́ли в акаде́мии учи́ли,

      как на́до говори́ть с людьми́?   ☐   ☐

A4   The formation and use of short form past passive participles.

Compare:

1. Древнеру́сский **худо́жник** Андре́й
    Рублёв **написа́л ико́ну** «Спас» ("the
    Savior") в нача́ле XV (пятна́дцатого)
    ве́ка.

2. **Ико́на** «Спас» **напи́сана**
    древнеру́сским **худо́жником**
    Андре́ем Рублёвым в нача́ле XV
    (пятна́дцатого) ве́ка.

In the first sentence, **худо́жник** (in the nominative case) is the subject, while **написа́л** (the verb in the past tense) and **ико́ну** (the direct object in the accusative case) form the predicate. The structure of the sentence is:

кто	сде́лал	что?
худо́жник	написа́л	ико́ну

In the second sentence, what was originally the direct object has become the subject **ико́на** (in the nominative case); the predicate is expressed by the short form past passive participle (sometimes called the past passive verbal adjective) **напи́сана,** and the noun which names the logical subject is in the instrumental case — **худо́жником.** The structure of this sentence in the passive voice is:

что	сде́лано	кем?
Ико́на	напи́сана	худо́жником

The short form past passive participles (past passive verbal adjectives) are usually formed from perfective verbs. Most verbs simply add **-н** to the past stem; however, verbs that end in **-ить** change the **-и** to **-е**. Whenever this ending is stressed, the **-е** becomes **-ё**. A few verbs (which must be memorized) take the ending **-т**. Study these examples.

написа́ – ть		напи́сан, -а, -о, -ы
нарисова́ – ть	– н	нарисо́ван, -а, -о, -ы
сде́ла – ть		сде́лан, -а, -о, -ы
постро́ – и – ть		постро́ен, -а, -о, -ы
зако́нч – и – ть	– ен	зако́нчен, -а, -о, -ы
реш – и́ – ть		решён, -а́, -о́, -ы́
откры́ – ть	– т	откры́т, -а, -о, -ы
закры́ – ть		закры́т, -а, -о, -ы

Э́тот собо́р постро́ен
Э́та це́рковь постро́ена   в XVII (семна́дцатом) ве́ке.
Э́то зда́ние постро́ено
Э́ти дома́ постро́ены

Э́тот рома́н был (бу́дет) напи́сан
Э́та кни́га была́ (бу́дет) напи́сана   в э́том году́.
Э́то сочине́ние бы́ло (бу́дет) напи́сано
Э́ти кни́ги бы́ли (бу́дут) напи́саны

A5   Посмотри́те на э́ти це́ркви, собо́ры, зда́ния, ико́ны, и зада́йте вопро́сы.

Образе́ц ▶   Успе́нский собо́р в го́роде Влади́мире **постро́ил** Андре́й Боголю́бский в XII (двена́дцатом) ве́ке.

— Когда́ **постро́ен** э́тот собо́р?
— Где он **постро́ен**?
— Кем он **постро́ен**?

1. Це́рковь на реке́ Нерли́ постро́или в двена́дцатом ве́ке недалеко́ от го́рода Влади́мира. ▶

2. Зда́ние До́ма **правѝтельства** Росси́и постро́или в двадца́том ве́ке.

3. Зда́ние Большо́го Дворца́ в Па́вловске недалеко́ от Санкт-Петербу́рга **реставри́ровал** Фёдор Оле́йник в пятидеся́тые го́ды. ▶

◄

4. Собо́ры и це́ркви в Росто́ве Вели́ком постро́или в двена́дцатом ве́ке.

5. Ико́ну «Тро́ица» ("Trinity") написа́л древнеру́сский худо́жник Андре́й Рублёв в пятна́дцатом ве́ке. ►

◄

6. «**Явле́ние** Христа́ наро́ду» написа́л ру́сский худо́жник Алекса́ндр Ива́нов в девятна́дцатом ве́ке.

A6 In Russian, as in English, the verb **ве́рить/пове́рить** (to believe in or have faith in) is used in various ways. Compare:

1. Вся моя́ семья́ ве́рит в Бо́га.

в кого́? во что?

(по) ве́рить | в Бо́га
в сча́стье
в бу́дущее
в дру́жбу
в побе́ду

2. Я не ве́рю Анто́ну и его́ слова́м.

кому́? чему́?

(по) ве́рить | дру́гу
сло́ву
расска́зу

A7 Скажи́те в кого́, во что и́ли кому́, чему́ они́ ве́рят.

Образе́ц ▶ **Ива́н:** — Я ду́маю, что у всех наро́дов должно́ быть и бу́дет хоро́шее бу́дущее.

— Ива́н ве́рит в хоро́шее бу́дущее всех наро́дов.

1. **Ира:** — Я зна́ю, что у меня́ никогда́ не бу́дет сча́стья! Я так хоте́ла поступи́ть в экономи́ческий институ́т, а не поступи́ла.

2. **Анто́н:** — Почему́ все так лю́бят говори́ть о любви́? Я ду́маю, что э́то всё слова́ и никако́й любви́ нет.

3. **Ната́ша:** — Если Игорь сказа́л что́-нибудь, э́то ещё не зна́чит, что э́то пра́вда.

4. **Алексе́й:** — Я ду́маю, что са́мое гла́вное в жи́зни — э́то твои́ друзья́. Если есть хоро́ший друг, жить не так тру́дно.

5. **Ка́тя:** — Я ду́маю, что на́ша кома́нда должна́ победи́ть. Посмотри́те, как они́ хорошо́ игра́ют!

A8   Подгото́вьтесь к слу́шанию.

1. Каки́е рели́гии вы зна́ете?
2. Когда́ пришло́ христиа́нство в Евро́пу?
3. Когда́ пришло́ христиа́нство в Росси́ю?
4. В Росси́и — то́лько христиа́нская рели́гия?

A9   Прослу́шайте текст «Как пришло́ **христиа́нство** в Росси́ю» и отве́тьте на вопро́сы.

1. В како́м году́ у́мер князь Влади́мир?
2. Где была́ столи́ца Росси́и в деся́том ве́ке?
3. Что не понра́вилось Влади́миру в мусульма́нской рели́гии?

Б1   Интервью́ продолжа́ется.

Ната́ша: А вас учи́ли, как на́до говори́ть с людьми́? Вы — свяще́нник, вы должны́ уме́ть говори́ть **про́поведи**.

Оте́ц Ива́н: Да, учи́ли. Но когда́ я стал свяще́нником в це́ркви, — я не то́лько рабо́таю в о́фисе, но я свяще́нник в це́ркви, в Коло́менском — я по́нял, что говори́ть с людьми́ на́до **по-ра́зному**: иногда́ серьёзно, иногда́ про́сто, иногда́ с шу́ткой.

Ната́ша:	Прости́те, оте́ц Ива́н, за нескро́мный вопро́с. В семина́рии у́чатся молоды́е па́рни. Они́ что, совсе́м не **обща́ются** с де́вушками?
Оте́ц Ива́н:	Почему́ не обща́ются? Де́вушки рабо́тают и на ку́хне и в о́фисе семина́рии. Пото́м есть шко́ла, где де́вушки у́чатся петь в церко́вных **хора́х**.
Ната́ша:	Ещё оди́н вопро́с: а **семинари́сты влюбля́ются**?
Оте́ц Ива́н:	Вы спра́шиваете, влюбля́ются ли семинари́сты? Коне́чно, влюбля́ются и же́нятся. Вы, наве́рное, зна́ете: что́бы стать правосла́вным свяще́нником, на́до жени́ться. А е́сли жени́ться не хо́чешь, стано́вишься мона́хом.
Ната́ша:	Оте́ц Ива́н, ра́ньше в це́рковь ходи́ли обы́чно ста́рые лю́ди, а сейча́с?
Оте́ц Ива́н:	Сейча́с прихо́дит мно́го молоды́х. В на́шей це́ркви есть **воскре́сная шко́ла** для дете́й. Чита́ем с ни́ми **Би́блию**. Де́ти са́ми хотя́т ходи́ть и учи́ться, и э́то гла́вное: что́бы не́ было **наси́лия**.
Ната́ша:	Скажи́те, пожа́луйста, что лю́бите де́лать, е́сли есть свобо́дное вре́мя? Чем увлека́етесь? Кто ва́ши люби́мые писа́тели?
Оте́ц Ива́н:	О́чень ма́ло вре́мени, поэ́тому чита́ю в **электри́чке**: мы живём **под Москво́й**.[4] Люблю́ Че́хова, Достое́вского, Пу́шкина. Люблю́ гуля́ть по́ лесу, собира́ть грибы́. Сейча́с вре́мени нет, а ра́ньше люби́л ико́ны писа́ть,[5] реставри́ровал ста́рые ико́ны. Ико́ны — э́то така́я красота́! Смо́тришь — и **душа́** отдыха́ет.
Ната́ша:	И ещё оди́н вопро́с: почему́ . . .
Оте́ц Ива́н:	Извини́те, пожа́луйста, но я до́лжен идти́. Ско́ро у меня́ начина́ется **слу́жба** в це́ркви в Коло́менском. Я с удово́льствием отве́чу на други́е вопро́сы за́втра.

---

[4] жить под Москво́й, жить в Подмоско́вье — to live not in Moscow, but in suburban Moscow or in the Moscow region, which extends some 30-70 miles outside of Moscow.

[5] По-ру́сски не говоря́т «рисова́ть ико́ну», а говоря́т «писа́ть ико́ну». Челове́к, кото́рый пи́шет ико́ны — иконопи́сец.

ПРОВЕРКА ✓ ПОНИМАНИЯ

Indicate which of the following statements are true and which are not:

		ДА	НЕТ
1.	Отец Иван		
	а. не служил в армии, потому что был верующим.	☐	☐
	б. служил в армии, хотя и был верующим.	☐	☐
	в. в армии у него были трудности, потому что он был верующим.	☐	☐
2.	В духовной семинарии, где учился отец Иван, семинаристы		
	а. учили только древние языки.	☐	☐
	б. могли выбрать один иностранный и один древний язык.	☐	☐
3.	Семинаристы, которые кончают православную духовную семинарию,		
	а. могут жениться и стать священниками.	☐	☐
	б. не должны жениться.	☐	☐
	в. могут стать монахами, если не хотят жениться.	☐	☐

Б3 Indicate which questions were asked in the interview and which were not.

		ДА	НЕТ
1.	— Занимаются ли семинаристы спортом?	☐	☐
2.	— Какие предметы вы учили в семинарии и в академии?	☐	☐
3.	— Влюбляются ли семинаристы?	☐	☐
4.	— В каком году вы кончили семинарию? А академию?	☐	☐
5.	— У вас есть свободное время?	☐	☐

Б4

How to restate someone else's question.

DIRECT SPEECH	INDIRECT SPEECH
Наташа спросила: — В вашей семье верили в Бога?	Наташа спросила, верили **ли** в Бога в семье отца Ивана.
Наташа спросила: — В армии знали, что вы верующий?	Наташа спросила, знали **ли** в армии, что отец Иван — верующий.

Note the position of the particle **ли** in the sentences below.

1. Журналист спросил: «Вы хотели стать священником»? (Хотели или не хотели?)

   Журналист спросил, хотел ли Отец Иван стать священником.

2. Журналист спросил: «Вы хорошо знаете древние языки»? (Хорошо или не очень хорошо?)

   Журналист спросил, хорошо ли он знает древние языки.

3. Журналист спросил: «Все семинаристы хорошо учатся»? (Все или не все?)

   Журналист спросил, все ли семинаристы хорошо учатся.

Б5 Вы слышали интервью журналиста со священником. Как вы об этом расскажете?

Образец ▶ Журналист: — Есть у православной церкви связи с другими религиями?

Журналист спросил, есть ли у православной церкви связи с другими религиями.

Журналист:

1. — Дети хорошо занимаются в воскресной школе?

2. — Дети хорошо понимают Библию в воскресной школе?

3. — Вы любите ходить в музеи, где есть иконы?

4. — Ваши дети ходят в церковь?

5. — Во время праздника тысячелетия крещения Руси приезжали в Москву мусульмане?

6. — Может семинарист жить дома или он живёт всё время в семинарии?

7. — Вам нравятся древние языки?

Б6

Describe actions by adding the preposition **по-** to an adjective in the dative case.

другой — по-другому

Сейчас мы живём по-другому.

настоящий — по-настоящему

Он любит её по-настоящему.

Б7   По-разному, по-другому, по-настоящему, по-новому, по-старому

1. Что тебе сказать? Здесь в Америке мы живём совсем _____. Утром встаём раньше, в школу мы едем, а не идём, и школьные уроки совсем не похожи на ваши уроки.

2. Мы живём _____ . Всё как всегда.

3. Только тогда, когда она уехала в другой город, он понял, что любил её _____.

4. Люди относятся к моде _____. И это хорошо. Было бы совсем неинтересно жить, если бы все любили или ненавидели одно и то же.

5. Ты не хочешь начать работу _____ ? Мне кажется, что название не очень сюда подходит и первое предложение слишком длинное.

6. Мой дедушка всегда всё делает _____ . И если он начинает работу, он делает её до конца.

7. Мне нравится, как ты сшила юбку, а вот платье я сшила бы _____ .

Б8 Отец Иван говорит, что когда он писал новые иконы, реставрировал старые, у него отдыхала душа. В русском языке много выражений со словом «душа». Вот три из них:

— Мне (не) **по душе** эта книга (этот человек) — мне (не) нравится эта книга (этот человек).

— **Открывать / открыть душу** (кому) — to tell someone frankly of one's innermost thoughts or feelings.

— **Вкладывать / вложить душу** (в кого/во что) — to put one's heart and soul into something.

Б9 In Russian, as in English, using the same words or phrases too often in a text is poor style. Edit these excerpts from the interviews with our heroes, rephrasing them using these expressions:

мне (не) по душе
открывать / открыть душу (кому)
вкладывать / вложить душу (в кого/во что)

Образец ▶ — Наташа, тебе нравятся картины этого молодого художника?
— Я брала у него интервью; хороший парень, но его картины мне **не нравятся**.

— Я брала у него интервью. Хороший парень, но его картины мне **не по душе**.

1. — Илюша, у тебя есть друзья, которым ты можешь рассказать всё?
— У меня есть только один друг, которому я могу **рассказать всё**.

2. — Владимир Николаевич, какие люди вам не нравятся?
— Мне **не нравятся** люди, у которых нет чувства ответственности.

3. — Ольга, в вашем офисе люди очень любят свою работу, много делают для неё?
— Да, у нас в офисе все **очень любят** свою работу, очень много для неё делают.

4. — Анна Афанасьевна, а когда вы можете рассказать всё?
— Когда мне хочется **рассказать всё**, я пишу стихи.

5. — Алексе́й Никола́евич, быва́ют больны́е, кото́рые вам не
   нра́вятся?
   — Мне **не нра́вятся** больны́е, кото́рые не ве́рят в медици́ну,
   ле́чатся са́ми.

6. — Илю́ша, ваш учи́тель хи́мии помога́л вам?
   — Наш учи́тель, кото́рый учи́л нас, **о́чень мно́го сде́лал для нас**,
   о́чень нам помога́л, люби́л свои́х ученико́в.

7. — Ири́на, у тебя́ мно́го подру́г, кото́рым ты мо́жешь рассказа́ть
   всё?
   — У меня́ мно́го подру́г, но не всем я могу́ **рассказа́ть всё**.

8. — Оте́ц Ива́н, вам нра́вится совреме́нная духо́вная му́зыка?
   — Я люблю́ стари́нную духо́вную му́зыку, но мне **нра́вится** и
   духо́вная му́зыка совреме́нных компози́торов.

Б10   Подгото́вьтесь к чте́нию.

1. Каку́ю роль игра́ют ико́ны и карти́ны в рели́гии?

2. Вы когда́-нибудь ви́дели ру́сские ико́ны в музе́ях? Они́ похо́жи на
   обы́чные карти́ны, кото́рые мо́жно уви́деть в музе́ях?

«Богома́терь Влади́мирская»

Б11 Прочита́йте текст «Ру́сские ико́ны» и отве́тьте на вопро́сы.

Ру́сские ико́ны

Пе́рвые ико́ны пришли́ в Росси́ю вме́сте с христиа́нством в конце́ IX ве́ка из Константино́поля, отту́да же прие́хали пе́рвые мастера́-иконопи́сцы. Так, са́мая дре́вняя из изве́стных ико́н «Богома́терь Влади́мирская» была́ напи́сана в Константино́поле ещё в XI ве́ке.

Ру́сские лю́ди ве́рят, что когда́ они́ смо́трят на ико́ну, сам Христо́с смо́трит в их ду́шу, и душа́ стано́вится лу́чше, светле́е, вы́ше.

Пе́рвые иконопи́сные шко́лы бы́ли в монастыря́х. И хотя́ мно́гие ико́ны похо́жи, но по цве́ту, по фо́рме специали́сты сра́зу мо́гут сказа́ть, кака́я э́то шко́ла: Моско́вская, Новгоро́дская и́ли Пско́вская. Интере́сно, что с середи́ны XVI ве́ка худо́жники почти́ не создава́ли но́вых ико́н, а должны́ бы́ли повторя́ть то́лько то, что бы́ло напи́сано ра́ньше.

Исто́рии мно́гих ико́н о́чень интере́сны. Так, к «Богома́тери Влади́мирской» относи́лись, как к национа́льной **святы́не**. Снача́ла она́ находи́лась в Ки́еве, но в 1155 году́ князь Андре́й Боголю́бский взял её в свой го́род Влади́мир, от и́мени кото́рого она́ и получи́ла своё и́мя. Когда́ Андре́й Боголю́бский шёл на войну́, он всегда́ брал ико́ну с собо́й.

святы́ня — sacred object

В 1395 году́, во вре́мя большо́й войны́, «Богома́терь Влади́мирскую» привезли́ в Москву́, что́бы она́ помогла́ наро́ду победи́ть. Интере́сно, что враги́ так и не смогли́ взять Москву́. С 1480 го́да э́та ико́на была́ в Успе́нском, гла́вном собо́ре Моско́вского Кремля́. По́сле револю́ции ико́на до́лго была́ в Третьяко́вской галере́е. Но сейча́с **возвращена́** це́ркви и, как мно́гие **со́тни** лет, смо́трит на нас гру́стными всезна́ющими глаза́ми и помога́ет найти́ мир с са́мим собо́й и жи́знью. ■

возвращена́ — has been returned
со́тня — a hundred

Вопро́сы к те́ксту «Ру́сские ико́ны»

1. Где была́ напи́сана ико́на «Богома́терь Влади́мирская»?
2. Когда́ э́та ико́на попа́ла в Росси́ю? Где она́ снача́ла была́?
3. Почему́ ико́на называ́ется Влади́мирской?
4. Кака́я зада́ча была́ у худо́жников с середи́ны XVI ве́ка?
5. Когда́ ико́на была́ в Третьяко́вской галере́е?
6. Где нахо́дится ико́на сейча́с?

ПОРАБОТАЕМ НАД ДИАЛОГОМ И НЕ ТОЛЬКО . . .

B1 Ва́ши вопро́сы отцу́ Ива́ну, пожа́луйста.

1. — . . . ?
— Мог ли я стать мона́хом? Да, мог. Когда́ молодо́й челове́к конча́ет семина́рию и́ли акаде́мию, он мо́жет стать и́ли мона́хом, и́ли жени́ться и стать свяще́нником.

2. — . . . ?
— Занима́ются ли в семина́рии спо́ртом?
— Нет, не занима́ются. Но семинари́сты — здоро́вые ребя́та: встаю́т о́чень ра́но, едя́т немно́го, не пьют, не ку́рят, занима́ются физи́ческим трудо́м.

3. — . . . ?
— Мо́жно ли семинари́стам слу́шать совреме́нную му́зыку? А почему́ нельзя́? Ведь, вы, наве́рное, зна́ете, что есть рок-гру́ппы, кото́рые пою́т духо́вные пе́сни.

4. — . . . ?
— Есть ли це́ркви у мусульма́н, като́ликов, будди́стов и **евре́ев** в Росси́и? Коне́чно, есть.

Синаго́га в Москве́.

Католический **храм**
в Москве.

Молятся мусульмане.

Молятся буддисты.

5. — ... ?
— В **Иерусалиме**? Да, был. Давно хотел увидеть эту землю,
увидеть то, о чём читал всю жизнь.

6. — ... ?
— Должен быть добрым, терпеливым и **терпимым**.

B2   Natasha could not ask Father Ivan more questions because he had to go
to the service at the church in Kolomenskoe. If you had an opportunity to ask
him five more questions, what would they be?

GRAMMAR REVIEW AND SUMMARY

Г1   In Lesson 9 you worked with verbs that require the use of the dative case, such as **помога́ть, звони́ть, сове́товать,** and **покупа́ть.**   In this lesson, you have encountered these verbs used in the following way:

ве́рить / пове́рить	**В КОГО́?**	The noun is in
влюбля́ться / влюби́ться	**ВО ЧТО?**	the accusative case.
вкла́дывать / вложи́ть ду́шу		

Ве́рить в Бо́га, в нау́ку, в челове́ка, в добро́.
Влюби́ться в де́вушку, в па́рня, в го́род, в профе́ссию.
Вкла́дывать ду́шу в ученика́, в рабо́ту.

Г2   Вопро́сы на́шим геро́ям. Fill in the blanks with the correct forms of the given words.

1. — Влади́мир Никола́евич, вы, наве́рное, не ве́рите _____ ?
       Бог

    — Да, не ве́рю. Я ве́рю _____ , _____ , _____ .
           челове́к   нау́ка   свой друзья́-лётчики

2. — А́нна Афана́сьевна, а вы _____ ве́рите?
                   Бог

    — Да́же не зна́ю, что сказа́ть. Когда́ была́ ма́ленькая, ходи́ла с

     ма́мой в це́рковь, а пото́м — нет. Вот ико́на у меня́ есть. Всю

     жизнь я ве́рила _____ , _____ .
                себя́   крестья́нская рабо́та

3. — Оте́ц Ива́н, ве́рят ли _____ де́ти, кото́рые прихо́дят в
                   Бог

     воскре́сную шко́лу?

    — Не зна́ю, но мы у́чим их ве́рить _____ .
                       добро́

Finish the following dialogues. *(There is one extra answer.)*

1. — Илюша, ты уже́ влюбля́лся?
    — Да, когда́ мне бы́ло пять лет, _____ .

    — Ну, все мы влюбля́емся, когда́ нам пять лет. А сейча́с?
    — А сейча́с — секре́т.

(I fell in love with a girl who lived not far from my house.)

2. — Ната́ша, нескро́мный вопро́с: _____ .

    — Когда́ учи́лась в университе́те. Снача́ла мне нра́вился друго́й па́рень, _____ .

(when did you fall in love with your husband?)

(And then I fell in love with Sasha. I even wrote him poems.)

3. — Влади́мир Никола́евич, _____ .
    — _____ .

(did you fall in love only with different kinds of airplanes?
Why only airplanes? I fell in love with beautiful girls when I was young.)

4. — О́льга, у вас хоро́шая семья́, хоро́ший муж?
    — Да, о́чень хоро́ший. Это мой второ́й муж. _____ .

(We fell in love with each other when we met.)

5. — Алексе́й Никола́евич, а де́ти расска́зывают вам, _____ .
    — Я ду́маю, они́ ма́ме расска́зывают.

(with whom did they fall in love?)

6. — Когда́ я пришёл в шко́лу и уви́дел, как рабо́тают ребя́та, как они́ лю́бят матема́тику и эконо́мику, тогда́ и _____ .

(I fell in love with these subjects.)

7. — Ири́на, вы така́я молода́я и краси́вая! Вы, наве́рное, ча́сто влюбля́етесь?
    — Почему́ вы так ду́маете? Нет, э́то совсе́м не так. _____ .

(I have fallen in love only with my husband.)

ДУМАЕМ, СПОРИМ, ОБСУЖДАЕМ

Д1 «Рели́гия в жи́зни челове́ка». Поговори́м об э́том.

1. Есть лю́ди, кото́рые счита́ют, что рели́гия не нужна́, что ну́жно про́сто жить мора́льно. А как вы счита́ете?

2. Сейча́с в Росси́и, осо́бенно в Москве́, мо́жно уви́деть и будди́стов, и кришнаи́тов, и мусульма́н, и мно́гих други́х. В воскресе́нье по телеви́зору выступа́ют америка́нские свяще́нники, совсе́м как в Аме́рике. Така́я карти́на не мо́жет нра́виться ру́сским правосла́вным свяще́нникам. Они́ счита́ют, что Росси́я **теря́ет** своё лицо́, рели́гия про́сто стано́вится мо́дным увлече́нием. А как вы отно́ситесь к тако́й ситуа́ции?

3. Ната́ша не спроси́ла отца́ Ива́на, почему́ он стал свяще́нником. А как вы ду́маете, почему́ лю́ди стано́вятся свяще́нниками? Каки́м, по ва́шему мне́нию, до́лжен быть свяще́нник, и осо́бенно в Росси́и? Напиши́те, пожа́луйста, об э́том Ната́ше.

4. Оте́ц Ива́н сказа́л, что у него́ отдыха́ет душа́, когда́ он смо́трит, пи́шет и́ли реставри́рует ико́ны. А в како́й ситуа́ции вы ска́жете, что у вас отдыха́ет душа́?

5. Ра́ньше в Росси́и говори́ли, что с рели́гией челове́к не мо́жет быть свобо́дным. Как бы вы отве́тили на э́то?

6. Есть молоды́е лю́ди, кото́рые ухо́дят в монасты́рь, они́ не хотя́т жить обы́чной челове́ческой жи́знью. Вы могли́ бы поня́ть таки́х молоды́х люде́й? Что вы могли́ бы им сказа́ть?

ЗНАКОМИМСЯ СО СТРАНОЙ И РУССКОЙ КУЛЬТУРОЙ

 E1   О ру́сской ма́сленице и Па́схе

Ма́сленица
Худо́жник Бори́с Кусто́диев
1916 год

    Ма́сленица — **стари́нный славя́нский** пра́здник, когда́ **провожа́ли** зи́му. В э́ти дни **пекли́ блины́**, кото́рые бы́ли си́мволом весны́. Ведь **кру́глый, горя́чий** блин так похо́ж на весе́ннее тёплое со́лнце! Блины́ е́ли с икро́й, с ры́бой, со смета́ной, с ма́слом и с мёдом. **Продолжа́лась** ма́сленица неде́лю. Лю́ди е́здили на лошадя́х, на бы́стрых ру́сских **тро́йках**, стро́или **городки́** из сне́га, ката́лись с гор, игра́ли в снежки́.

    Есть ру́сская **посло́вица** «Не жизнь, а ма́сленица». Так говоря́т, когда́ жизнь хоро́шая и весёлая — как во вре́мя ма́сленицы.

    Но «не всё коту́ ма́сленица» (во вре́мя ма́сленицы бы́ло мно́го ма́сла и смета́ны, кото́рые лю́бят ко́шки). Конча́лась ма́сленица, и начина́лся **Вели́кий пост** — шесть неде́ль поста́ пе́ред **Па́схой** —

ма́сленица — Shrovetide, carnival
стари́нный — ancient, antique
славя́нский — Slavic, Slavonic
проводи́ть — to say good-bye to, to see off
печь — to bake
блин — Russian-style pancake
кру́глый — round, circular
горя́чий — hot
продолжа́ться — to continue
тро́йка — troika, a vehicle drawn by three horses abreast
городо́к — town, village

посло́вица — proverb

Вели́кий пост — Lent
Па́сха — Easter

са́мым больши́м правосла́вным весе́нним пра́здником. «Пра́здник пра́здников» — так называ́ет Па́сху це́рковь. Со́рок дней Вели́кого поста́ — э́то **па́мять** о сорока́ днях, когда́ Иису́с Христо́с был в **пусты́не**.

па́мять — memory

пусты́ня — desert, wilderness

Христо́с в пусты́не
Худо́жник Ива́н Крамско́й
1872 год

Во вре́мя поста́ не е́ли мя́са, яи́ц, молока́, ма́сла, не кури́ли, не пи́ли **вина́**, не игра́ли в весёлые и́гры, не пе́ли весёлых пе́сен, не́ было **сва́деб**. **Ве́рбное воскресе́нье** — так называ́ется в Росси́и после́днее воскресе́нье Вели́кого поста́. **Ве́рба** — э́то пе́рвое де́рево, на кото́ром **появля́ются пуши́стые по́чки**. Это нача́ло весны́, хотя́ ещё на у́лице мно́го-мно́го сне́га. Наро́д ве́рил, что ве́рба ле́чит ра́зные боле́зни. Кра́сные **ве́тки** ве́рбы с пуши́стыми мя́гкими **ша́риками** стоя́ли в до́ме ря́дом с ико́нами.

вино́ — wine

сва́дьба — wedding
ве́рбное воскресе́нье — Palm Sunday
ве́рба — pussy willow
появля́ться — to appear
пуши́стый — fluffy
по́чка — bud
ве́тка — twig, branch
ша́рик — (little) ball

После́дняя неде́ля пе́ред Па́схой — **Страстна́я неде́ля** [стра́сти — так называ́ются на церко́вном языке́ **страда́ния** Иису́са Христа́].

ВЕ́РБА

Страстна́я неде́ля — Holy Week
стра́сти — passion
страда́ние — suffering

Тайная вечеря.
Икона

тайная вечеря — the Last
Supper

Четверг на Страстной неделе называется «**чистым**»: в этот день люди **убирают** дом, **моют полы**, сами **моются** в бане. В четверг пекут **куличи** — высокий **сладкий** хлеб, делают из **творога** или сметаны **пасхи**, **красят** яйца (яйца — это символ жизни).

чистый — clean; pure
убирать — to tidy up
мыть — to wash
пол — floor
мыться — to wash (oneself)
кулич — Easter cake
сладкий — sweet
творог — cottage cheese
пасха (еда) — paskha,
    cheesecake-like dessert eaten
    at Easter
красить — to paint, to color,
    (*here*) to dye

В суббо́ту свяще́нники слу́жат в це́ркви весь день. В 12 часо́в но́чи начина́ется Па́сха. Свяще́нник говори́т: «Христо́с воскре́се!», а ве́рующие отвеча́ют: «Вои́стину воскре́се!»

Лю́ди **целу́ют** друг дру́га три ра́за, да́рят друг дру́гу **кра́шеные** я́йца.

Так отмеча́ли в Росси́и ма́сленицу и Па́сху ра́ньше. Пото́м мно́го лет э́ти пра́здники не отмеча́лись, но в после́дние го́ды на́чали отмеча́ть и ма́сленицу, и Па́сху.

Коне́чно, не так, как э́то бы́ло в **старину́**, но и сейча́с едя́т блины́ на ма́сленицу, пеку́т са́ми и́ли покупа́ют куличи́ и кра́сят я́йца на па́сху.

1. О каки́х двух стари́нных пра́здниках вы прочита́ли?
2. Есть ли ма́сленица в Аме́рике?
3. Каки́е две посло́вицы вы узна́ли? С каки́м пра́здником они́ свя́заны?
4. С каки́ми ру́сскими худо́жниками, кото́рые рисова́ли карти́ны о ма́сленице, о па́схе, об исто́рии Иису́са Христа́, вы познако́мились?

E2 Мо́жет быть, вы хоти́те научи́ться печь блины́? Вот как их де́лают:

В 200 гра́ммах молока́ **раствори́те** 20 гра́ммов **дрожже́й, доба́вьте** 250 гра́ммов муки́ и пригото́вьте **густо́е те́сто**. Те́сто должно́ постоя́ть 2-3 часа́ в тёплом ме́сте и **подня́ться**. Пото́м доба́вьте 40 гра́ммов ма́сла, ча́йную ло́жку со́ли, столо́вую ло́жку са́хара, яйцо́, 250 гра́ммов муки́ и всё э́то **перемеша́йте**. Сно́ва доба́вьте в те́сто 600 гра́ммов тёплого молока́ и поста́вьте его́ в тёплое ме́сто. Когда́ те́сто подни́мется, перемеша́йте его́ и да́йте ему́ ещё раз подня́ться. По́сле

«Христо́с воскре́се!» — "Christ is risen!"
«Вои́стину воскре́се!» — "Indeed He is risen!"
целова́ть — to kiss
кра́шеный — painted, colored, (*here*) dyed

старина́ — antiquity, days of old

раствоpя́ть — to dissolve
дро́жжи — yeast
добавля́ть — to add
густо́й — dense
те́сто — dough
подня́ться — to rise

перемеша́ть — to mix

этого мо́жно печь блины́. Блины́ мо́жно есть с кра́сной и́ли чёрной икро́й, солёной ры́бой, со смета́ной и́ли с мёдом.

Прия́тного аппети́та!

Прия́тного аппети́та! — Enjoy the meal! Bon appétit!

Посмотри́те на фотогра́фию. Что вы ви́дите на ней?

СЛОВАРЬ

Часть А ———————————————————— *Фо́рмы глаго́лов*

акаде́мия	academy	
атеи́ст	atheist	
Бог	God	
будди́ст	Buddhist	
ведь	you see; is it not?	
ве́рить / пове́рить (в кого́ / во что)	to believe, to have faith (in someone/ in something)	*ве́р-ю, -ишь, -ят / пове́р-ю, -ишь, -ят*
ве́рующий (*noun*)	believer	
весе́лье	merriment, gaity	
добро́	good, good deed	
дре́вний	ancient	

духо́вный	spiritual	
зда́ние	building	
иудаи́ст	Jew (*by religion*)	
като́лик	Catholic	
князь (*m.*)	prince	
креще́ние	baptism, christening	
леге́нда	legend	
ли	(*interrogative particle*)	
мона́х	monk	
мусульма́нин	Moslem	
ого́нь	fire	
осно́вывать / основа́ть	to found, to establish	*осно́выва-ю, -ешь, -ют /* *осну-ю́, -ёшь, -ю́т* [6]
осно́ван	established, founded (*short form past* *passive participle*)	
отде́л	section, department	
оте́ц	Father (*in the Orthodox* *church a priest is* *addressed as* оте́ц)	
прави́тельство	government	
правосла́вный	Orthodox	
правосла́вная це́рковь	the Orthodox church	
протеста́нт	Protestant	
реставри́ровать (*impf. and pf.*)/ отреставри́ровать (*pf.*)	to restore	*реставри́ру-ю, -ешь, -ют/* *отреставри́ру-ю, -ешь, -ют*
ро́дина	homeland	
Русь (*f.*)	Rus (*hist., name of area* *inhabited by various* *Slavic peoples which* *later became Russia*)	
свя́зывать / связа́ть	to connect	*свя́зыва-ю, -ешь, -ют /* *свяж-у́, свя́ж-ешь, -ут*
свя́зан (*short form past* *passive participle*)	connected	
связь (*f.*) -и; -и, -ей (с кем/с чем)	tie, bond, connection	
семина́рия	seminary, (*here*) theological or Bible college	
собо́р	cathedral	
тру́дность (*f.*)	difficulty, hardship	
тысячеле́тие	1000th anniversary, millenium	
христиа́нство	Christianity	
церковнославя́нский	Church Slavonic (the Church Slavonic language)	
явле́ние	appearance (phenomenon) (*Biblical term*)	

---

[6] This verb is rarely conjugated in the future tense.

Часть Б

Би́блия	the Bible, bible	
быть (не) по душе́ (кому́)	to (not) be to one's liking	
вкла́дывать / вложи́ть ду́шу (в кого́/во что)	to put one's heart and soul (into something)	вкла́дыва-ю, -ешь, -ют / влож-у́, вло́ж-ишь, -ат
влюбля́ться / влюби́ться (в кого́ / во что)	to fall in love (with something/with someone)	влюбля́-юсь, -ешься, -ются / влюб-лю́сь, влюб-и́шься, -я́тся
воскре́сная шко́ла	Sunday school	
душа́	soul	
зака́нчивать / зако́нчить (что)	to finish	зака́нчива-ю, -ешь, -ют / зако́нч-у, -ишь, -ат
наси́лие	violence, force	
обща́ться/ пообща́ться (c + instr.)	to associate (with)	обща́-юсь, -ешься, -ются / пообща́-юсь, -ешься, -ются
открыва́ть / откры́ть ду́шу (кому́)	to open one's heart, to tell (someone) one's innermost thoughts or feelings	открыва́-ю, -ешь, -ют / откро́-ю, -ешь, -ют
по- (+ dat. of adj.) по-ра́зному	in a _____ way or manner differently, in a variety of ways	
под Москво́й	suburban Moscow (an area 30-70 miles outside the city limits), in the Moscow region	
про́поведь (f.)	sermon	
семинари́ст	seminarian	
слу́жба	service; (here) church service	
хор	chorus, choir	
электри́чка	suburban (electric) trains	

Часть В

евре́й	Jew (by heritage)	
Иерусали́м	Jerusalem	
мече́ть (f.)	mosque	
моли́ться/помоли́ться	to pray	мол-ю́сь, мо́л-ишься, -ятся / помол-ю́сь, помо́л-ишься, -ятся
синаго́га	synagogue	
терпи́мый	tolerant	

Часть Д

кришнаи́т	Hare Krishna (member of religious sect)	
лицо́	(here) identity	
мора́льно	morally	
теря́ть / потеря́ть	to lose	теря́-ю, -ешь, -ют / потеря́-ю, -ешь, -ют

ОДИННАДЦАТЫЙ УРОК

«Балет—это работа для меня!»

MAIN STRUCTURES	FUNCTIONS AND COMMUNICATIVE SITUATIONS	GRAMMATICAL STRUCTURES & LEXICOLOGY	LANGUAGE AND CULTURE
А			
—Если бы не́ было «кла́сса» ка́ждый день, бы́ло бы о́чень ску́чно.	Stating conditions	Subjunctive mood: the construction **е́сли бы** + the past tense of the conjugated verb	Бале́тные шко́лы в Росси́и
—За́втра я с удово́льствием пошла́ бы в теа́тр.	Indicating a planned or desired action		
—Во-пе́рвых, я родила́сь в Петербу́рге, а, во-вторы́х, балери́ной ста́ла случа́йно.	Indicating a sequence of events or occurrences	Word combinations: **во-пе́рвых, во-вторы́х**	
Б			
—Когда́ я ко́нчила бале́тное учи́лище, я мно́го лет рабо́тала в теа́тре о́перы и бале́та.	Talking about modern and classical ballet, the theater, ballet performances, tickets, and playbills		Почему́ Большо́й теа́тр называ́ется «больши́м»?
—Что идёт в теа́тре в суббо́ту?			

В Порабо́таем над диало́гом и не то́лько . . .

Г Grammar Review and Summary

Д Ду́маем, спо́рим, обсужда́ем
Ска́зка о Зо́лушке

Е Знако́мимся со страно́й и ру́сской культу́рой
Компози́тор С.С. Проко́фьев

Ё Слова́рь

«Всё в ней и́скренне и ми́ло,
Так все движе́нья хороши́ . . . .»

Ф.И. Тю́тчев, ру́сский поэ́т

"Everything in her is so sincere and so dear.
And all her movements are fine..."

F. I. Tyutchev,[1] Russian poet

A1 Еле́на Алекса́ндровна Леленко́ва — балери́на. Это молода́я, о́чень симпати́чная же́нщина небольшо́го ро́ста, **ху́денькая** и **то́ненькая**, как все балери́ны.

Сейча́с 11 часо́в. В э́то вре́мя Ле́на и други́е арти́сты занима́ются. Как они́ говоря́т, у них «класс». Это да́же не **репети́ция** спекта́кля.

---
[1] Фёдор Ива́нович Тю́тчев (1803—1873) – изве́стный ру́сский поэ́т.

Ка́ждый день все арти́сты бале́та, да́же са́мые **изве́стные,** не́сколько часо́в рабо́тают в кла́ссе: две́сти, три́ста, ты́сячу раз де́лают ра́зные **движе́ния, прыжки́**. Да, что́бы прыжо́к был похо́ж на полёт, его́ ну́жно де́лать ка́ждый день и де́лать с душо́й.

A2   Сейча́с Ле́на отдыха́ет со́рок мину́т, и Ната́ша берёт у неё интервью́.

Ната́ша: Зна́ете, Ле́на, когда́ лю́ди ду́мают о бале́те, они́ ви́дят пра́здник: **сце́на**, цветы́, **аплодисме́нты**. А сейча́с я смотрю́ на вас и ви́жу совсе́м друго́е.

Ле́на: Да, пра́здник и цветы́ — э́то не здесь. В кла́ссе — тяжёлый **физи́ческий труд, напряже́ние** и **пот**. Но я сама́ о́чень люблю́ рабо́тать, физи́ческое напряже́ние для меня́ — ра́дость. Е́сли бы не́ было «кла́сса» ка́ждый день, бы́ло бы ску́чно. Да, бале́т — э́то рабо́та для меня́.

Ната́ша: Ле́на, обы́чный вопро́с: как ста́ли балери́ной? **Мечта́ли,** как мно́гие де́вочки, выступа́ть на сце́не Большо́го теа́тра? Быть тако́й же вели́кой балери́ной, как **Анна Па́влова, Гали́на Ула́нова, Ма́йя Плисе́цкая**?

Лéна: Ну, не совсéм так. **Во-пéрвых**, я родилáсь в Петербýрге, и, éсли и мечтáла, то о сцéне петербýргских теáтров. **Во-вторы́х**, балери́ной я стáла **случáйно**.

Натáша:. Балери́ной? Случáйно?

Лéна: Да, я занимáлась спорти́вной гимнáстикой, но потóм **упáла** и стáла **боя́ться** спóрта. Балéтное учи́лище вы́брали бóльше мои́ роди́тели, а не я. Хотя́ они́ не арти́сты: мáма — учи́тельница хи́мии, а пáпа — инженéр. Кстáти, в балéтном учи́лище все всегдá проси́ли, чтóбы я решáла задáчи по хи́мии.

Натáша: А как сейчáс вáши роди́тели отнóсятся к вáшей профéссии?

Лéна: **Гордя́тся**, когдá ви́дят на сцéне. Жалéют, когдá ви́дят, как **тяжелó** я рабóтаю и как **сижý на диéте**.

Натáша: А на диéте нýжно сидéть всё врéмя?

Лéна: Почти́. Хлеб — нельзя́, мáсло — нельзя́, шоколáд — нельзя́, вéчером есть нельзя́ . . . . А иногдá так хóчется!

Натáша:. **Бéдная** вы, бéдная! Но какáя вы тóненькая! Все жéнщины мечтáют быть таки́ми.

Лéна: Но для э́того нáдо не тóлько сидéть на диéте, нýжно ещё и рабóтать, как рабóтают балери́ны.

Натáша: Лéна, а каки́е кáчества глáвные для балери́ны? Понимáю, что нужны́ спосóбности к **тáнцу**, хорóшая фигýра, хорóшее здорóвье, чýвство прекрáсного . . . .

Лéна: Да, конéчно. Ещё си́ла вóли — когдá чýвствуешь, что бóльше не мóжешь танцевáть, а нýжно.

ПРОВЕРКА ✓ ПОНИМАНИЯ

Indicate which of the following sentences are correct and which are incorrect:

		Правильно	Неправильно
1.	а. Лёна мечтáла стать балерúной с дéтства.	☐	☐
	б. Лёна стáла балерúной, потомý что балéт — э́то семéйная профéссия.	☐	☐
	в. Лёна стáла балерúной случáйно.	☐	☐
2.	а. Лёна лю́бит балéт, потомý что балéт — э́то всегдá прáздник.	☐	☐
	б. Лёна лю́бит балéт, хотя́ балéт — э́то тяжёлый физúческий труд и напряжéние.	☐	☐
	в. Лёна говорúт, что физúческое напряжéние — рáдость для неё.	☐	☐
3.	а. Лёна всё врéмя сидúт на диéте, чтóбы быть хýденькой и тóненькой.	☐	☐
	б. Лéне нрáвится сидéть на диéте.	☐	☐
	в. Лéне совсéм не нрáвится сидéть на диéте.	☐	☐

A4 Посмотрúте на фотогрáфии, прочитáйте пóдписи и скажúте, какáя информáция былá в диалóге, а какáя информáция для вас нóвая.

1. Пéрвые балéты в Марúинском теáтре в Санкт-Петербýрге нáчали смотрéть в 1783 годý.

2. Одна́ из са́мых изве́стных совреме́нных балери́н Ма́йя Плисе́цкая по́сле «кла́сса». Все арти́сты бале́та ка́ждый день рабо́тают в «кла́ссе»: де́лают ты́сячи движе́ний и прыжко́в.

3. Каки́х изве́стных балери́н называ́ла Ната́ша, а о каки́х вы прочита́ли в пе́рвый раз?

Ма́йя Плисе́цкая в «кла́ссе»

Репети́ция с Гали́ной Ула́новой

Танцу́ет Анна Па́влова

Екатери́на Макси́мова и Влади́мир Васи́льев в бале́те П. Чайко́вского «Щелку́нчик»

Надéжда Пáвлова, котóрую назвáли «нóвой рýсской Пáвловой»

A5

How to express an action which will take place only under certain conditions.

— Éсли бы я моглá купúть билéты, я пошлá бы в суббóту на балéт **«Лебедúное óзеро»**.

— Éсли бы кáждый день нé было «клáсса», бы́ло бы скýчно.

To designate these kinds of actions, Russian uses the conditional, or subjunctive, mood. The past tense of the verb and the particle **бы** are used to form the conditional/subjunctive mood.

Я				
Ты	танцевáл бы		онó	танцевáло бы
Он				

Я			Мы	
Ты	танцевáла бы		Вы	танцевáли бы
Онá			Онú	

Although **бы** is often used directly after the verb, it can occupy various places in a sentence. However, **бы** can never begin a sentence.

Я с удовóльствием пошёл **бы** в теáтр.
Я **бы** с удовóльствием пошёл в теáтр.
Я с удовóльствием **бы** пошёл в теáтр.

In compound sentences, the particle **бы** is used in both the main and subordinate clauses.

Éсли бы у меня́ нé было лúшнего вéса, я пошлá бы в балéтный кружóк.

Éсли бы я не боя́лась хóлода, я началá бы занимáться в клýбе «моржéй».

Choose a logical response to each initial statement below.
(There is one extra answer.)

1. — А что, Лёна, ёсли бы вы не упа́ли на гимна́стике, не ста́ли бы балери́ной?

2. — Лёна, неужёли ты танцева́ла, когда́ у тебя́ была́ о́чень высо́кая температу́ра?

3. — Посмотри́, кака́я прекра́сная фигу́ра у Ири́ны! Она́ стро́йная, то́ненькая!

4. — Како́й прекра́сный прыжо́к у э́той балери́ны, каки́е краси́вые движе́ния!

5. — Зна́ешь, сын Ви́ктора Петро́вича на́чал рабо́тать в Большо́м теа́тре.

____ — Ёсли бы она́ не сиде́ла всё вре́мя на дие́те, она́ не была́ бы тако́й ху́денькой.

____ — Молоде́ц! Ёсли бы он не мечта́л о сце́не, о бале́те, не рабо́тал так напряжённо, он не мог бы танцева́ть в Большо́м теа́тре.

____ — Ёсли бы она́ не де́лала э́тот прыжо́к и э́ти движе́ния две́сти-три́ста раз в день, она́ бы не танцева́ла так хорошо́.

____ — Я зна́ла, что друго́й балери́ны нет. Ёсли бы у меня́ не́ было си́лы во́ли, я бы, наве́рное, не танцева́ла.

____ — Да, ёсли бы не́ было физи́ческого напряже́ния и по́та в кла́ссе, не́ было бы цвето́в и аплодисме́нтов на сце́не.

____ — Мо́жет быть, кто зна́ет.

How to designate an action which is planned or desired.

— Сего́дня я не могу́, но за́втра я с удово́льствием пошла́ бы в теа́тр, на о́перу.

The conditional/subjunctive mood is used to indicate such actions.

A8 Complete the expressed wishes on the right, using the information in the statements on the left:

Образец ▶ Марк любит театр и очень хочет пойти на балет «Щелкунчик».

— Если бы у меня было свободное время, я пошёл бы в театр на балет «Щелкунчик».

1. У Джейн было большое физическое напряжение, и она хочет поехать отдыхать на океан.

— Если бы у меня было свободное время . . .

2. Лия увлекается спортом и хочет всё время играть в настольный теннис.

— Если бы у меня было свободное время . . .

3. Кэт любит литературу и хочет только лежать и читать современные романы.

— Если бы у меня было свободное время . . .

4. Алекс хочет купить новую машину.

— Если бы у меня было много денег . . .

5. Эндрью любит помогать бедным.

— Если бы у меня было много денег . . .

6. Стив хочет поехать в Санкт-Петербург и посмотреть этот красивый город.

— Если бы у меня было много денег . . .

7. Джонатан хочет поехать учиться в Париж, чтобы лучше знать французский язык.

— Если бы у меня было много денег . . .

8. Виктор хочет, но не может начать регулярно делать зарядку.

— Если бы у меня была сила воли . . .

9. Рита хочет стать худенькой, но не может долго сидеть на диете.

— Если бы у меня была сила воли . . .

10. Михаил хочет плавать зимой, но не может начать ходить в клуб «моржей».

— Если бы у меня была сила воли . . .

Подгото́вьтесь к чте́нию.

1. Как вы ду́маете, каки́е арти́сты должны́ бо́льше всего́ учи́ться: музыка́нты, певцы́, балери́ны и танцо́вщики, и́ли драмати́ческие арти́сты?
2. До како́го вре́мени не по́здно начина́ть учи́ться на арти́ста бале́та?
3. Что са́мое гла́вное для арти́ста бале́та?

A10 Прочита́йте текст «Бале́тные шко́лы в Росси́и» и отве́тьте на вопро́сы.

Бале́тные шко́лы в Росси́и

Б алéтные спекта́кли в Росси́и ста́ли пока́зывать с 1736 го́да снача́ла в Петербу́рге, а пото́м и в Москве́. Коне́чно, сра́зу же ну́жно бы́ло организова́ть и специа́льные бале́тные шко́лы, где мо́жно бы́ло бы гото́вить бу́дущих арти́стов для бале́та. Пе́рвая бале́тная шко́ла была́ откры́та в Петербу́рге в 1738 году́, а в Москве́ — в 1773 году́.

В э́ти шко́лы обы́чно принима́ли дете́й не из о́чень бога́тых семе́й, дете́й арти́стов. Де́ти там не то́лько учи́лись, но и проводи́ли всё своё вре́мя. Жизнь их не́ была́ лёгкой и ра́достной. Тяжёлая учёба, трениро́вки, выступле́ния на сце́не, кото́рые начина́лись о́чень ра́но, и ре́дкие встре́чи с роди́телями и семьёй.

Сейча́с в Росси́и не́сколько бале́тных шко́л. И хотя́ учи́ться там по-пре́жнему нелегко́, жизнь ученико́в не так безра́достна, как ра́ньше. Ко́нкурс там о́чень высо́кий — осо́бенно в таки́е изве́стные и прести́жные шко́лы, как Моско́вское и Санкт-Петербу́ргское хореографи́ческие учи́лища, потому́ что э́то одни́ из са́мых изве́стных и прести́жных бале́тных школ в Росси́и. Туда́ выбира́ют то́лько са́мых тала́нтливых. И у́чатся там де́ти из са́мых ра́зных семе́й. Так, изве́стный бале́тный арти́ст Нури́ев прие́хал в Петербу́рг из далёкой Башки́рии и прекра́сно зако́нчил хореографи́ческое учи́лище, а в Моско́вском учи́лище

ýчится сейчáс внýчка Горбачёва. Глáвное — имéть
талáнт, хорóшую фигýру и желáние.

Принимáют в балéтные шкóлы с 10 лет, и учёба
продолжáется 8 лет. Интерéсно, что артúсты балéта
мóгут уйтú на пéнсию пóсле 15 лет рабóты. Так что
мóжно стать пенсионéром в 33 гóда! ■

1. Где рáньше открыли балéтную шкóлу: в Москвé úли в Петербýрге?
2. Кто рáньше учúлся в балéтных шкóлах?
3. Почемý жизнь в балéтных шкóлах былá нелёгкой?
4. Почемý в балéтные шкóлы такóй большóй кóнкурс?
5. Почемý артúсты балéта так рáно мóгут идтú на пéнсию?

Б

Б1 Интервью с балерúной Елéной Алексáндровной Леленкóвой
продолжáется.

Натáша: Лéна, как вы отнóситесь к совремéнному балéту?

Лéна: Когдá я кóнчила **балéтное учúлище** в Петербýрге, я
мнóго лет рабóтала там в Мáлом теáтре **óперы** и балéта,
танцевáла глáвные пáртии в «Щелкýнчике», **«Коппéлии»,
«Зóлушке».** Но это классúческие балéты, а в совремéнных
балéтах совсéм другúе движéния — движéния как в
дискотéке. Смотрéть мне нрáвится, но в такúх балéтах я
не танцевáла.

Натáша: А вáша любúмая пáртия, любúмый балéт?

Лéна: Навéрное, «Зóлушка» Сергéя Прокóфьева. Я танцевáла
Зóлушку на **выпускнóм вéчере** в учúлище. Я былá такáя
счастлúвая!

Натáша: Лéна, а у вас есть семья́: муж, дéти?

Лéна: Да, муж и дóчка, котóрой семь лет.

Натáша: Онú тóже сидя́т на диéте?

Лёна:	Нет, они любят и торты, и конфеты. У нас в семье всё делает муж: готовит, шьёт, вяжет, летом в саду работает. Он парень высокий, красивый и очень гордится, что его жена — балерина.
Наташа:	А не тяжело это — быть балериной и быть женой, мамой? Не хочется иногда бросить сцену?
Лёна:	Иногда хочется быть просто мамой и женой. Но театр, балет я очень люблю, не могу бросить свою профессию, хотя сейчас я работаю в Москве, а моя семья живёт в Петербурге.
Наташа:	Лёна, а если бы у вас была **волшебная палочка**, как у доброй **волшебницы** в «Золушке»? Ваши три **желания**, пожалуйста!
Лёна:	Три желания? Это не трудно, три желания. Во-первых, чтобы всё было хорошо в стране, очень хочется, чтобы людям было хорошо. Во-вторых, чтобы всё было отлично в моей семье. Ну, здесь даже волшебная палочка не нужна: мы сами это делаем. И ещё одно желание, очень **личное** — много есть и быть худой!

Б2   ПРОВЕРКА ✓ ПОНИМАНИЯ

Прочитайте интервью и скажите, была ли в интервью информация о том, . . .

		ДА	НЕТ
1.	— где Лёна кончила балетное училище?	☐	☐
2.	— какую партию танцевала Лёна на выпускном вечере?	☐	☐
3.	— в каком театре она работала?	☐	☐
4.	— сколько лет она работала в этом театре?	☐	☐
5.	— в каких балетах она танцевала главные партии?	☐	☐
6.	— нравятся ли ей современные балеты?	☐	☐
7.	— танцует ли она в современных балетах?	☐	☐
8.	— какая профессия у мужа Лёны?	☐	☐
9.	— как относится муж Лёны к её работе?	☐	☐

ДА НЕТ

10. — нра́вится ли до́чке Ле́ны рабо́та ма́мы? ☐ ☐

11. — хо́чет ли Ле́на бро́сить рабо́ту? ☐ ☐

12. — лю́бит ли Ле́на то́рты и конфе́ты? ☐ ☐

Б3 Вот сце́ны из трёх изве́стных бале́тов П. И. Чайко́вского. В како́м из них танцева́ла Ле́на?

«Щелку́нчик»

«Спя́щая краса́вица»

«Лебеди́ное о́зеро»

Мы бы с удовóльствием пошли́ в теа́тр.

Ната́ша, её муж Са́ша и Анто́н хотя́т в суббо́ту пойти́ в теа́тр.

Ната́ша: Дава́йте пойдём на де́тский спекта́кль.

Анто́н: Да, да, на де́тский!

Са́ша: Но куда́? И что **идёт** в суббо́ту?

Ната́ша: *(Смо́трит в газе́те **репертуа́р** моско́вских теа́тров на суббо́ту 21 ма́рта.)* Ну, Анто́н, смотри́ вме́сте со мно́й.

Большой театр	Утро. Золушка	Веч. Евгений Онегин
Театр Сатиры	Утро. Малыш и Карлсон	Веч. Баня
Дет. музык. театр	Утро. Синяя птица	Веч. Маугли
Центр. дет. театр	Утро. Двенадцать месяцев	Веч. Ромео и Джульетта
Музык. театр им. Станиславского	Утро. Айболит	Веч. Эсмеральда

Анто́н: Я о́чень хочу́ посмотре́ть «Си́нюю пти́цу»! Я уже́ давно́ мечта́ю об э́том спекта́кле.

Са́ша: И я никогда́ не́ был в э́том теа́тре. Зна́чит, реши́ли? Мы е́дем с Анто́ном покупа́ть биле́ты.

1.   В како́й теа́тр хо́чет пойти́ Анто́н?

2.   Скажи́те, како́й спекта́кль идёт ве́чером в Большо́м теа́тре?

3.   Как прочита́ет Ната́ша **вслух** репертуа́р моско́вских теа́тров, что́бы и Са́ша знал, каки́е спекта́кли иду́т в суббо́ту?

4.   На каки́е спекта́кли могли́ бы пойти́ Ната́ша, Са́ша и Анто́н в суббо́ту?

Образе́ц ▶   Они́ могли́ бы пойти́ в Большо́й теа́тр **на** «Зо́лушку».

Б6 «Все билеты проданы».

Саша с Антоном приехали в кассу Детского музыкального театра.

КАССА

ВСЕ БИЛЕТЫ НА СЕГОДНЯ ПРОДАНЫ

КАССА РАБОТАЕТ
С 12 00 ДО 18 00
ВСЕ ДНИ, КРОМЕ
ПОНЕДЕЛЬНИКА

кроме + *gen. case* — except (for)

Саша: (*Антону*) Видишь, на сегодня все **билеты проданы**. Интересно, а есть ли билеты на субботу. (*Кассирше*) Скажите, пожалуйста, у вас есть билеты на субботу, на «Синюю птицу»?

Кассирша: Нет, билеты на «Синюю птицу» проданы уже на весь месяц. Спросите в театральных кассах на улицах: может быть, у них случайно есть билеты.

Саша: Спасибо. Идём, Антон, может быть, случайно купим билеты.[2]

Б7 Саша и Антон были в театральных кассах, которые находятся на улицах. Посмотрите и скажите, на какие спектакли билеты проданы, а на какие билеты есть.

Образец ▶ — На «Золушку» билеты проданы, а на «Двенадцать месяцев» билеты есть.

---

[2] The theater's repertoire for the current month is usually posted near the box office. If all tickets are sold out for a performance, that title is crossed out. The same practice is followed in the kiosks located on the street.

Большой театр "Золушка" — 2 билета
Театр сатиры "Малыш и Карлсон" 4 билета
Детск. Музык. театр "Синяя птица" 2 билета
Музык. Театр им. Станиславского "Айболит" 4б.
Театр им. Пушкина "Аленький цветочек" 2б.
Центр. Детск. театр "Двенадцать месяцев 5б.
Центр. Театр кукол "Волшебн. лампа Аладина" 2б.

Б8 «А Ле́на — волше́бница!»

Са́ша и Анто́н пришли́ домо́й: биле́ты они́ не купи́ли. Ната́ши нет до́ма, но лежи́т на столе́ **запи́ска**.

Са́шенька и Антоша!
Я ду́маю, что биле́ты на "Си́нюю пти́цу" вы не купи́ли. Наве́рное, все уже́ давно́ про́даны. Но звони́ла балери́на Ле́на Ле́ленкова, у кото́рой я брала́ интервью́, и присла́-сила нас на "Зо́лушку", но не в Большо́й, а в те-а́тр бале́та, кото́рый нахо́дится в Кремлёвском дворце́. По-мо́ему, она́ настоя́щая волше́бница. Вы ра́ды? Ма́ма Ната́ша.

Серия ТС

Кремлёвский
Дворец съездов

проспект Калинина 1
Телефон 222-82-63

Вход через Троицкие
ворота Кремля
со стороны Манежа

24 Марта

Начало в 19 часов

Б/кн №

000006

ПАРТЕР
СЕРЕДИНА

РЯД 1   МЕСТО 5

Прочита́йте запи́ску, посмотри́те биле́т и скажи́те:
— В каку́ю теа́тр иду́т Са́ша, Ната́ша и Анто́н?
— На како́й спекта́кль?
— Они́ пойду́т в теа́тр у́тром и́ли ве́чером?

«Нет ли ли́шнего биле́та?»

Семья́ Зло́биных о́коло теа́тра. Здесь о́чень мно́го люде́й, кото́рые то́же хотя́т посмотре́ть «Зо́лушку», но у них нет биле́тов.

Мужчи́на
с де́вочкой: (*Ната́ше и Са́ше*) Нет ли у вас **ли́шних биле́тов**?

Са́ша: К сожале́нию, нет.

Мужчи́на: (*гро́мким го́лосом*) У кого́ есть ли́шние биле́ты?

Б10 «Мы — в теа́тре!»

Са́ша, Ната́ша и Анто́н пришли́ в теа́тр. Сейча́с май, тепло́, поэ́тому они́ не иду́т в **гардеро́б**,[3] а иду́т в **фойе́** теа́тра.

Фойе́ — Кремлёвский Дворе́ц съе́здов

---

3 At theaters in Russia, it is traditional to leave coats, packages, bags, and umbrellas at the cloakroom (гардеро́б), which is free of charge. While there, one can rent binoculars for a small sum. The binoculars allow one to cut to the front of the line to return the binoculars and thus to retrieve one's belongings after the performance.

Антон: Мáма, давáй кýпим **прогрáммку**.

Натáша: *(жéнщине)* Прогрáммку, пожáлуйста.

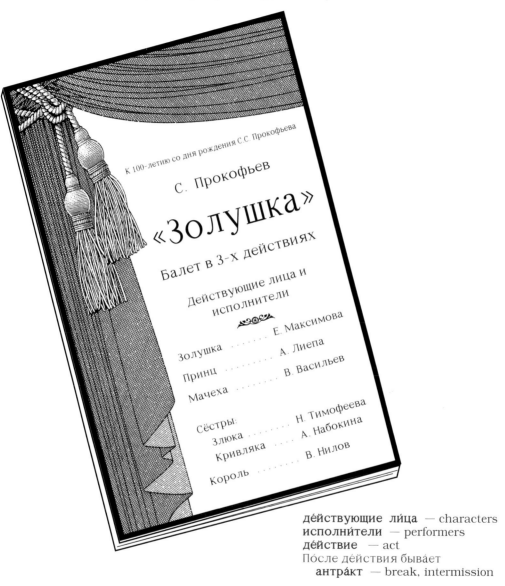

К 100-летию со дня рождения С.С. Прокофьева

С. Прокофьев

«**Золушка**»

Балет в 3-х действиях

Действующие лица и исполнители

Золушка	Е. Максимова
Принц	А. Лиепа
Мачеха	В. Васильев
Сёстры:	Н. Тимофеева
Злюка	А. Набокина
Кривляка	В. Нилов
Король	

дéйствующие лúца — characters
исполнúтели — performers
дéйствие — act
Пóсле дéйствия бывáет
  антрáкт — break, intermission

Посмотрúте прогрáммку и скажúте:

1. Какóй композúтор написáл мýзыку к балéту «Зóлушка»?
2. Почемý балéт «Зóлушка» идёт в 1991 годý?
3. Скóлько дéйствий в эٴтом балéте?
4. А скóлько бýдет антрáктов?
5. Какáя балерúна танцýет глáвную пáртию?

Саша: (*Наташе и Антону*) Уже первый **звонок.**[4] Пойдём в зал.

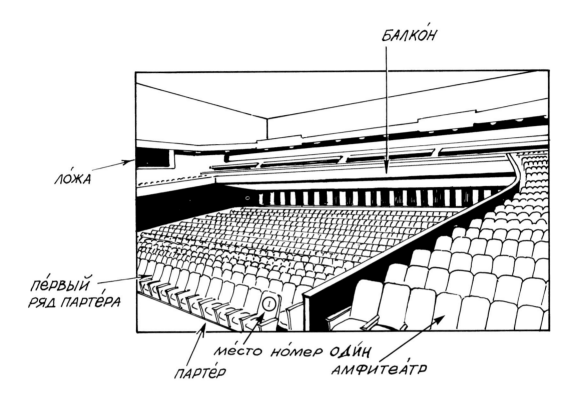

БАЛКОН

ЛОЖА

ПЕРВЫЙ РЯД ПАРТЕРА

МЕСТО НОМЕР ОДИН

ПАРТЕР

АМФИТЕАТР

Саша: А где наши места? В каком ряду мы сидим?

Антон: Вот наши билеты. Идём, я покажу, **в каком ряду́** мы сидим.

1.   Посмотрите на билет (стр. 305) и скажите, что ответил Антон. Найдите их места в зале (у них ещё места 6 и 7). А если они сидели в театре (стр. 302) где были их места?

2.   Что скажут люди, которые идут в театр?

Образец ▶   Наташа: Одиннадцатого июля я иду в театр имени Моссовета. Я буду сидеть в партере, в четвёртом ряду, место десятое.

---

[4] Three bells are sounded before the start of a performance, after which no one is allowed to enter the performance hall.

г Наташи.

а. Это билет Юры.

б. Это билет Инны.

в. Это билет Киры.

г. Это билет Кати.

Б12 «Мне очень понравился спектакль!»

Антон: (аплодирует) Мне очень понравился спектакль! И театр очень красивый.

Наташа: Все артисты прекрасно танцевали, да?

Саша: И музыка красивая. Спасибо Лене. Надо обязательно позвонить ей и ещё раз сказать спасибо за билеты.

Наташа: Конечно.

Б13   Посмотри́те на э́тих люде́й. Кто ска́жет:

1. — Како́й прекра́сный спекта́кль!
2. — Како́й весёлый спекта́кль!
3. — Арти́сты так хорошо́ игра́ли, что я всё вре́мя аплоди́ровала!
4. — Мне о́чень понра́вился спекта́кль.
5. — Спекта́кль? Да́же не зна́ю, что сказа́ть . . . По-мо́ему, неинтере́сный, ску́чный . . . .
6. — Челове́к, кото́рый сиде́л ря́дом со мно́й, весь спекта́кль спал . . . .

Б14   Подгото́вьтесь к слу́шанию.

Почему́ Большо́й теа́тр называ́ется «больши́м»?

1. Кого́ из ру́сских компози́торов вы зна́ете?
2. Каки́е спекта́кли иду́т в Большо́м теа́тре?
3. Како́е зда́ние нахо́дится ря́дом с Больши́м теа́тром?

Б15   Слу́шайте текст «Почему́ Большо́й теа́тр называ́ется «больши́м»?» и отве́тьте на вопро́сы.

1. Когда́ был осно́ван Большо́й теа́тр?
2. Когда́ бы́ло постро́ено пе́рвое зда́ние Большо́го теа́тра?
3. Э́то зда́ние мо́жно уви́деть сейча́с?
4. Каки́е спекта́кли иду́т в Ма́лом теа́тре?
5. Почему́ арти́сты лю́бят выступа́ть на сце́не Большо́го теа́тра?

◆ B ◆

ПОРАБОТАЕМ НАД ДИАЛОГОМ И НЕ ТОЛЬКО . . .

Этот портре́т нарисо́ван изве́стным
францу́зским худо́жником Анри́ Мати́ссом.

B1   Ва́ши вопро́сы балери́не Еле́не
Леленко́вой, пожа́луйста.

Серге́й Серге́евич Проко́фьев
(1891-1953)

1.   — . . . ?
— Кого́ из компози́торов бо́льше люблю́?
Проко́фьева. Могу́ слу́шать и слу́шать.
Очень люблю́ Чайко́вского, Ри́мского-
Ко́рсакова, Шостако́вича, но Проко́фьев
— са́мый люби́мый.

2.   — . . . ?
— Мечта́ю танцева́ть гла́вную па́ртию в
его́ бале́те «Роме́о и Джулье́тта».
Бою́сь, но мечта́ю.

3.   — . . . ?
— Коне́чно, я о́чень люблю́ Петербу́рг:
я родила́сь там, ста́ла балери́ной,
танцева́ла в изве́стном теа́тре.
Петербу́рг о́чень краси́вый,
осо́бенно ле́том, в бе́лые но́чи.[5]

Фонта́ны Петродворца́

Дворцо́вая пло́щадь в Петербу́рге

---

[5] Period in mid-June to early July when there are virtually twenty-four hours of light each day in the extreme
northern parts of Russia.

4. — . . . ?
    — Бóльше люблю́ музыка́льные
    теа́тры. С дóчкой хожу́ в
    замеча́тельный де́тский
    музыка́льный теа́тр. Но люблю́ и
    драмати́ческие теа́тры.

Де́тский музыка́льный
теа́тр в Москве́

Ма́лый теа́тр
(драмати́ческий)
в Москве́

5. — . . . ?
    — Нет, сейча́с она́ не хóчет стать балери́ной. Но у неё хорóшие
    спосóбности к му́зыке, и она́ у́чится в музыка́льной шкóле.

B2 Ле́на тóже хóчет знать о ва́шей жи́зни. Ва́ши отве́ты, пожа́луйста.

1. — Лю́бите ли вы бале́т?
    — . . .

2. — Каки́е бале́ты вы смотре́ли? Каки́е из них вам бóльше понра́вились?
    — . . .

3. — В Аме́рике бы́ли мнóгие ру́сские бале́тные теа́тры, мнóгие
    арти́сты бале́та. Не ви́дели ли вы э́ти спекта́кли?
    — . . .

4. — Мóжет быть, вы са́ми увлека́етесь та́нцами? Каки́ми —
    класси́ческими, нарóдными, совреме́нными?
    — . . .

5. — Есть ли у вас люби́мый компози́тор и́ли музыка́нт? Почему́ вы их лю́бите?
    — . . .

6. — Хо́дите ли вы в теа́тры? В каки́е — драмати́ческие и́ли музыка́льные?
    — . . .

B3   Напиши́те:

1. Как вы ду́маете, каку́ю статью́ написа́ла бы журнали́стка Ната́ша Зло́бина о балери́не Еле́не Леленко́вой?

2. А е́сли бы вы са́ми бы́ли журнали́стом, каку́ю статью́ вы написа́ли бы о балери́не Еле́не Леленко́вой?

3. Вы — балери́на и́ли арти́ст бале́та. В газе́те вы прочита́ли, что бале́тная компа́ния приглаша́ет балери́н и арти́стов бале́та и про́сит всех, кто хо́чет выступа́ть на сце́не её теа́тров, написа́ть о себе́ письмо́-**резюме́**. Напиши́те, ско́лько вам лет, когда́ на́чали интересова́ться бале́том, где вы учи́лись (како́е бале́тное учи́лище и́ли бале́тную шко́лу ко́нчили), в каки́х бале́тах и каки́е па́ртии танцева́ли.

GRAMMAR REVIEW AND SUMMARY

Г1   Глаго́льная страни́ца

1. В э́том уро́ке вы познако́мились с глаго́лом **горди́ться**: Ле́на говори́т, что её роди́тели гордя́тся, когда́ ви́дят её на сце́не.

я	горжу́сь	мы	горди́мся
ты	горди́шься	вы	горди́тесь
он	горди́тся	они́	гордя́тся

горди́лся, горди́лась, горди́лось, горди́лись

Г2   Complete the sentences using the verb **горди́ться**.

1. — Ле́на, вам нра́вилось рабо́тать в Ма́лом теа́тре о́перы и бале́та?
    — Да, я _____ , что рабо́тала в э́том хоро́шем теа́тре.

2. — Никола́й, а вы _____ , когда́ ви́дите жену́ на сце́не?
    — Да, коне́чно. Она́ прекра́сная балери́на, и э́та прекра́сная балери́на — моя́ жена́.

3. — А ты, Та́нечка, _____ свое́й ма́мой?

   — О́чень _____ , то́лько хочу́, что́бы она́ ме́ньше рабо́тала и была́ бо́льше со мной.

4. — Ма́ленькие де́вочки, кото́рые у́чатся в бале́тном учи́лище, о́чень _____ свои́м учи́лищем.

Г3 Nouns, pronouns, and adjectives used after the verb **горди́ться** appear in the instumental case.

горди́ться кем? чем?	свое́й ма́мой изве́стным теа́тром бале́тным учи́лищем свои́ми роди́телями

You already know many other verbs which take the instrumental case:

интересова́ться	кем	чем
увлека́ться	кем	чем
стать	кем	чем
лечи́ться		чем
боле́ть		чем
рабо́тать	кем	
занима́ться	кем	чем

Г4 Complete the following sentences.

1. — Когда́ ты упа́ла на гимна́стике, ты до́лго лежа́ла?

   — Нет, я лечи́лась _____ , _____ .
         движе́ние   спорт

2. — Посмотри́, кака́я ху́денькая де́вочка! _____ она́ боле́ет?
                                              что

   — Она́ не боле́ет, она́ же занима́ется _____ .
                                           бале́т

3. — Ты не зна́ешь, ско́лько лет бы́ло Наде́жде Па́вловой, когда́ она́

   ста́ла _____ _____ ?
          изве́стная   балери́на

   — Наве́рное, пятна́дцать-шестна́дцать лет, а, мо́жет быть, и ме́ньше.

4. — Вы гордитесь _____ , когда видите её на сцене, в спектаклях?

Лена

    — Конечно, мы очень гордимся _____ .

она

5. — Лена, а чем вы увлекаетесь: _____ , _____ ,

балет   театр

_____ ?

музыка

    — Особенно интересуюсь _____ русского балетного

история

театра.

Г5

In the last lesson you became familiar with short form past passive participle constructions used with the instrumental case.

Remember: the majority of Russian masculine last names in the instrumental case do not have the noun endings, **-ом** [**-ем**], but the adjectival endings, **-ым** [**-им**], instead.

Эту музыку написал Николай Римский-Корсаков.
Эта музыка написана Николаем Римск**им**-Корсаков**ым**.

Feminine endings are regular for the instrumental case:

Эти стихи написала Анна Андреевна Ахматова.
Эти стихи написаны Анной Андреевной Ахматовой.

Г6   Complete the following sentences.

1. Первые театры балета в России были созданы _____ и

Юсупов

_____ в восемнадцатом веке.

Шереметьев

2. Музыка к балету «Лебединое озеро» была написана _____

Чайковский

в 1875 году.

3. Рок-о́пера «**Юно́на и Аво́сь**», кото́рая расска́зывает о любви́ ру́сского **офице́ра** и америка́нской де́вушки в девятна́дцатом ве́ке, напи́сана _____ _____ _____ _____ .

моско́вский   компози́тор   Алексе́й   Ры́бников

4. Костю́мы к бале́ту Чайко́вского «Спя́щая краса́вица» бы́ли нарисо́ваны _____ _____ _____ _____ .

ру́сский   худо́жник   Константи́н   Коро́вин

5. Этот «бале́тный рису́нок» был нарисо́ван

_____ _____ _____ _____ .

моско́вская   шко́льница   На́дя   Ру́шева

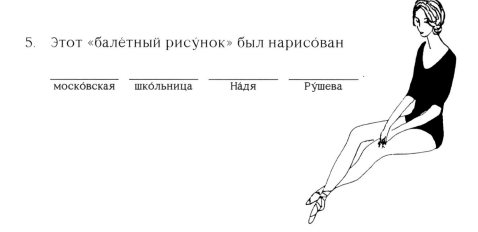

ДУМАЕМ, СПОРИМ, ОБСУЖДАЕМ

 Ска́зка о Зо́лушке

Д1 Балери́на Ле́на Леленко́ва расска́зывает, что она́ танцева́ла гла́вную па́ртию в бале́те «Зо́лушка». Ната́ша, Са́ша и Анто́н с удово́льствием посмотре́ли э́тот балет. Поговори́м и мы об э́той ска́зке, но снача́ла прочита́йте **либре́тто** бале́та.

либре́тто - libretto

Очень давно́ в одно́й ма́ленькой стране́ жила́ до́брая де́вушка. Она́ люби́ла люде́й, соба́к, ко́шек и помога́ла бе́дным. Де́вушка жила́ с **ма́чехой,** у кото́рой бы́ли свои́ две до́чки. **Ма́чеха** была́ о́чень **зла́я**, а до́чки ещё ху́же.

ма́чеха - stepmother
злой - evil

Де́вушка де́лала всю рабо́ту в до́ме: гото́вила, **стира́ла, убира́ла золу́** из **ками́на**, поэ́тому её ста́ли называ́ть «Зо́лушкой». Ма́чеха о́чень люби́ла свои́х до́чек и **ненави́дела** Зо́лушку.

стира́ть - to wash, launder (clothes)
убира́ть золу́ - to take away, remove cinder ash
ками́н - fireplace
ненави́деть - to hate, abhor

Одна́жды молодо́й **принц** э́той страны́ пригласи́л на
бал всех бога́тых и не о́чень бога́тых люде́й. Ма́чеха
о́чень хоте́ла, что́бы её до́чки познако́мились на
балу́ с бога́тыми молоды́ми людьми́ и вы́шли за них
за́муж.

принц - prince

Зо́лушка сде́лала сёстрам краси́вые причёски и
сши́ла мо́дные пла́тья.

Ма́чеха и сёстры пое́хали на бал посмотре́ть, как
танцу́ют други́е и потанцева́ть само́й . . . . Но нельзя́
же Зо́лушке е́хать в тако́м бе́дном и ста́ром пла́тье!
Если бы у неё бы́ло краси́вое пла́тье для ба́ла! Если
бы у неё была́ **каре́та,** в кото́рой она́ могла́ бы пое́хать
на бал!

каре́та - coach, carriage

Не успе́ла она́ об э́том поду́мать, как **появи́лась**
до́брая и му́драя Волше́бница, кото́рая подари́ла
Зо́лушке краси́вое пла́тье для ба́ла, дала́ ей каре́ту,
кото́рую сде́лала из большо́й ты́квы. А ещё она́ дала́
ей волше́бные **хруста́льные ту́фельки.**

появи́ться - to appear

хруста́льные ту́фельки
  - crystal slippers

— Смотри́, Зо́лушка, — сказа́ла ей Волше́бница — на
балу́ бу́дет о́чень ве́село, но ты должна́ быть до́ма
ра́ньше 12 часо́в но́чи. Если ты опозда́ешь, пла́тье
твоё ста́нет таки́м же бе́дным и ста́рым, как сейча́с.
И каре́та опя́ть ста́нет большо́й ты́квой.

На балу́ все танцева́ли, бы́ло о́чень ве́село, но вдруг
все услы́шали краси́вую волше́бную му́зыку — и в
за́ле появи́лась молода́я **принце́сса.** Её **никто́ не
знал:** ни принц, ни го́сти, ни ма́чеха с до́чками.
Принце́сса была́ така́я краси́вая и обая́тельная, что
принц сра́зу влюби́лся в неё. Он разгова́ривал
то́лько с Зо́лушкой, смотре́л то́лько на неё, танцева́л
то́лько с ней. Зо́лушка то́же влюби́лась
в При́нца и совсе́м забы́ла
о слова́х
Волше́бницы.
Но вдруг она́
услы́шала, что
**часы́ бьют
по́лночь.**
Она́ так бы́стро
убежа́ла из
дворца́, что
потеря́ла одну́
хруста́льную ту́фельку.

принце́сса - princess
никто́ не знал - no one
  knew / recognized

часы́ бьют по́лночь -
  the clock strikes (*here,*
  struck) twelve

потеря́ть - to lose

Эту туфельку взял Принц и всё время смотрел на неё. Утром Принц решил пойти во все дома своей страны и найти девушку, которая потеряла туфельку. Но всем девушкам была мала красивая хрустальная туфелька.

Она была мала и Мачехе и её дочкам. И вдруг Принц случайно увидел в кухне ещё одну девушку. На ней была такая бедная и плохая одежда, что Принц не узнал свою принцессу. И хотя Мачеха не хотела, чтобы Золушка **мерила** туфельки, но Принц был **справедливым** и сказал, что он даёт мерить туфельку Золушке. Золушке туфелька была как раз, и тогда она показала Принцу вторую хрустальную туфельку. В этот момент Принц узнал свою прекрасную Принцессу даже в бедной одежде.

мерить - to measure, try on for size
справедливый - just, fair

И вы понимаете, что очень скоро в этой маленькой стране, во дворце была весёлая свадьба. Говорят, что Золушка и Принц жили долго и счастливо.

Д2 Люди всегда мечтают о **справедливости:** они хотят, чтобы добрый, хороший человек был счастливым. Поэтому сказка о Золушке есть у разных народов, она была даже в древнем Египте.

Но как жили Принц и Золушка — такие разные люди — после свадьбы? Если бы вы были писателем, что бы вы написали об этом? Напишите 12 -15 предложений.

справедливость - justice

ЗНАКОМИМСЯ СО СТРАНОЙ И РУССКОЙ КУЛЬТУРОЙ

Русский композитор
Сергей Сергеевич Прокофьев

E1   Балери́на Еле́на Леленко́ва говори́т, что её люби́мый компози́тор — Проко́фьев. Почита́йте немно́го о нём.

**Фотогра́фия сде́лана
в 1902 году́**

Серге́й Серге́евич Проко́фьев роди́лся в 1891 году́. Свою́ пе́рвую о́перу Серёжа написа́л, когда́ ему́ бы́ло 11 лет. **Консервато́рию** он ко́нчил как компози́тор, как дирижёр и как **пиани́ст**. Он серьёзно занима́лся **астроно́мией**, переводи́л **Шекспи́ра**, писа́л расска́зы, занима́лся спо́ртом, осо́бенно увлека́лся ша́хматами. Мно́го раз игра́л в ша́хматы с чемпио́нами ми́ра Ла́скером и Капабла́нкой.

консервато́рия —
   conservatory
пиани́ст — pianist
астроно́мия — astronomy
Шекспи́р — Shakespeare

В 1914 году́ Проко́фьев пе́рвый раз е́дет за грани́цу и выступа́ет в Пари́же, Ло́ндоне, Ри́ме. В 1918 году́ молодо́й компози́тор не остаётся в Росси́и и е́дет в Аме́рику.

Это програ́мма пе́рвого конце́рта Серге́я Проко́фьева в Нью-Йо́рке в 1918 году́.

Пото́м Проко́фьев напи́шет в свое́й кни́ге, как он гуля́л по па́рку в Нью-Йо́рке, ду́мал о прекра́сных орке́страх и о том, что его́ му́зыку здесь не понима́ют. Поэ́тому компози́тор е́дет снача́ла в Евро́пу, а в 1932 году́ — в Росси́ю, в Москву́.

С. Проко́фьев написа́л прекра́сную му́зыку к бале́там «Роме́о и Джулье́тта», «Зо́лушка», «**Сказ о ка́менном цветке́**» (э́то после́дний бале́т, кото́рый был напи́сан компози́тором), о́перу «Война́ и мир» (по рома́ну Льва Толсто́го), мно́го **симфо́ний**, **симфони́ческую** ска́зку для дете́й «Пе́тя и волк». У́мер Проко́фьев в 1953 году́.

«Сказ о ка́менном цветке́»
— *The Tale of the Stone Flower*
симфо́ния — symphony
симфони́ческий —
symphonic

1. В како́м году́ Серге́й Серге́евич Проко́фьев написа́л свою́ пе́рвую о́перу?
2. Проко́фьев зако́нчил консервато́рию как компози́тор, дирижёр и́ли пиани́ст?
3. Каки́е увлече́ния бы́ли у Проко́фьева?
4. В каки́х страна́х выступа́л Проко́фьев в 1914 году́?
5. Почему́ Проко́фьев не оста́лся жить в Аме́рике?
6. Каку́ю му́зыку написа́л Проко́фьев? Вы слу́шали каку́ю-нибудь из его́ веще́й?

СЛОВАРЬ

Часть А ———————————————————— *Фóрмы глагóлов*

аплодисмéнты	applause	
бéдный	poor	
боя́ться / побоя́ться (когó/чегó)	to be afraid (of someone/ of something)	*бо -ю́сь, -и́шься, -я́тся / побо -ю́сь, -и́шься, -я́тся*
во-вторы́х	in the second place, secondly	
во-пéрвых	in the first place, first	
горди́ться / возгорди́ться (кем/чем)	to be proud (of someone/ of something)	*горж-у́сь, горд-и́шься, -я́тся/ возгорж-у́сь, возгорд-и́шься, -я́тся*
движéние	movement, motion	
извéстный	famous, well-known	
«Лебеди́ное óзеро»	*Swan Lake*	
мечтáть / помечтáть	to dream	*мечтá -ю, -ешь, -ют / помечтá -ю, -ешь, -ют*
напряжéние	tension; exertion	
Пáвлова, Áнна	Anna Pavlova (1881-1931), ballet dancer	
пáдать / упáсть	to fall	*пáда -ю, -ешь, -ют / упад -у́, -ёшь, -у́т*
Плисéцкая, Мáйя	Maiya Plisetskaya (1925-), ballet dancer	
пот	sweat	
прыж(ó)к, -á; -и́, -óв	leap, jump	
репети́ция	rehearsal	
на репети́ции	at a rehearsal	
сидéть / посидéть на диéте	to be on a diet	
случáйно	accidentally, by chance	
сцéна	stage	
на сцéне	on stage	
тáн(е)ц, -а; -ы, -ев	dance	
тóненький	rather skinny	
тóнкий	skinny	
тяжелó	(*adv.*) with difficulty (hard)	

Ула́нова, Гали́на	Galina Ulanova (1909/10-)
	ballet dancer
физи́ческий (труд)	physical (labor)
ху́денький	rather thin
худо́й	thin
«Щелку́нчик»	*The Nutcracker*

Часть Б

амфитеа́тр	amphitheater
антра́кт	intermission
бале́тный	(*adj.*) ballet
бале́тное учи́лище	ballet school
балко́н	balcony
на балко́не	in the balcony
биле́ты про́даны	the tickets are sold out
волше́бница	fairy, sorceress
волше́бный	magic; magical
вслух	aloud
выпускно́й ве́чер	graduation party
гардеро́б	cloakroom
де́йствие	act
де́йствующее лицо́	character (in a play, ballet, etc.)
дирижёр	conductor
жела́ние	desire, wish
запи́ска	note
звон(о́)к, -а́; -и́, о́в	bell
«Зо́лушка»	*Cinderella*
исполни́тель (*m.*)	performer
касси́рша	cashier
компози́тор	composer
«Коппе́лия»	*Coppélia*
кро́ме (+ *gen.*)	except (for)
ли́чный	personal, private
ли́шний биле́т	an extra ticket
ло́жа	(theater) box
о́пера	opera
па́лочка	stick, (*here*) wand
парте́р	pit, orchestra
па́ртия	part
програ́мма	program
програ́ммка (театра́льная)	theater program
(*dim.*)	
реперту́ар	repertoire
ряд,	row
в ряду́...	in row ...

спектáкль (балéт, óпера) идёт	performance (ballet, opera) is showing	
«Спя́щая красáвица»	Sleeping Beauty	
танцевáть глáвную пáртию	to dance the lead role	танцу́-ю, -ешь, -ют
фойé	foyer	

Часть В

драматический теáтр	dramatic arts theater
резюмé	résumé

Часть Г

офицéр	officer
«Юнóна и Авóсь»	Iunona and Avos

ДВЕНАДЦАТЫЙ УРОК

LESSON		FUNCTIONS REVIEWED	BASIC STRUCTURAL EXAMPLES
9	**А**	How to ask about the purpose of an action	— Зачéм рабóтают модельéры? — Чтóбы лю́ди носи́ли краси́вую одéжду.
		How to say how something looks on someone	— Как вам идёт э́тот костю́м!
		How to state a need for something	— Поэ́тому и нужны́ модельéры.
		How to express opposition or objection	— А муж нé был прóтив?
10	**А**	How to say that something has been done, built, opened, etc.	— Дани́ловский монасты́рь был оснóван в 1282 годý.
		How to ask a question using indirect speech	— Вы спрáшиваете, влюбля́ются ли семинари́сты?
11	**А**	How to state conditions	— Éсли бы нé было «клáсса» кáждый день, бы́ло бы óчень скýчно.
		How to indicate a planned or desired action	— Зáвтра я с удовóльствием пошлá бы в теáтр
		How to indicate a sequence of events or occurrences	— Во-пéрвых, я родилáсь в Петербýрге, а, во-вторы́х, балери́ной стáла случáйно.
9-11	**Б**	Лéксика, граммáтика	
	В	Порабóтаем над диалóгами и не тóлько . . .	
	Г	Дýмаем, спóрим, обсуждáем *«Юнóна и Авóсь»*	

ФУНКЦИИ

A1 Select statements from the right to complete the conversations.
(There is one extra answer.)

1. — Я купи́ла себе́ пальто́.
   — Ну и как?

   ____ — Ему́ нра́вится там учи́ться, хотя́ его́ оте́ц про́тив. Он не хо́чет, что́бы Никола́й стал свяще́нником и́ли мона́хом.

2. — Заче́м ты хо́дишь на пока́зы мод?

   ____ — Да, спра́шивала. Он сказа́л, что не то́лько влюбля́ются, но и же́нятся.

3. — Почему́ На́дя така́я ху́денькая? Наве́рное, она́ сиди́т на дие́те?

   ____ — Что́бы познако́миться с ра́зными рели́гиями: в журна́ле пи́шут не то́лько о правосла́вной рели́гии, но и о мусульма́нах, будди́стах, иудаи́стах, като́ликах.

4. — Каки́е краси́вые ико́ны в э́том собо́ре!

   ____ — Оно́ о́чень идёт, хотя́ и немно́го дли́нно.

5. — Неуже́ли у вас в теа́тре ка́ждый день быва́ет «класс»? Заче́м? Ведь вы уже́ балери́ны, а не учени́цы.

   ____ — Что́бы знать, что сейча́с в мо́де.

   ____ — Что́бы влюби́ться в него́.

6. — Заче́м ты чита́ешь журна́л «Нау́ка и рели́гия»?

   ____ — Да, коне́чно. Она́ конча́ет бале́тное учи́лище и на выпускно́м ве́чере должна́ танцева́ть гла́вную па́ртию в бале́те «Щелку́нчик».

7. — Мой друг Никола́й поступи́л в духо́вную семина́рию.
   — Ну и как?

   ____ — Да, э́то ста́рые ико́ны, кото́рые бы́ли напи́саны ещё в семна́дцатом ве́ке. А э́ти ико́ны неда́вно реставри́ровали.

8. — Ната́ша, ты спра́шивала отца́ Ива́на, влюбля́ются ли па́рни, кото́рые у́чатся в семина́рии?

   ____ — Её муж — изве́стный модельо́р, у него́ прекра́сный вкус, его́ оде́жда помога́ет челове́ку найти́ свой стиль.

9. — Моя́ ста́ршая сестра́ неда́вно вы́шла за́муж.
   — За кого́?

   ____ — Е́сли бы не́ было «кла́сса» ка́ждый день, мы не́ были бы настоя́щими арти́стами. Ну́жен «класс», ну́жно напряже́ние — тогда́ бу́дут аплодисме́нты на сце́не.

Что ты скáжешь в слéдующих ситуáциях?

1. Нúна пришлá в гóсти в óчень красúвом плáтье. Онó хорошó сидúт на ней, а крáсный цвет — это, конéчно, её цвет. Как вы скáжете, что вам нрáвится, как вýглядит подрýга в нóвом плáтье?

2. Вмéсте с рýсскими студéнтами вы хотúте поéхать на экскýрсию в Вашингтóн. Какóй план мóжно вýбрать? Кудá нáдо пойтú во-пéрвых, во-вторýх . . . ? Расскажúте рýсским студéнтам, что и когдá бýло сóздано, постróено, открýто.

3. Вы хотúте поéхать в Москвý. Как вы дýмаете, какúе вéщи вам бýдут нужнý в Москвé, éсли вы поéдете зимóй?

4. Спросúте студéнтов, котóрые хотя́т поéхать в Москвý, зачéм онú тудá éдут.

5. Что вы сáми хотéли бы посмотрéть в Москвé, кудá бы вы хотéли пойтú?

6. Джон говорúт, что сначáла нáдо поéхать в Колóменское. У вас абсолю́тно другóй план, вы не мóжете согласúться с Джóном. Как вы это скáжете? Дáйте свои идéи.

7. Вас попросúли рассказáть, о чём говорúли рýсские стýденты. Передáйте своúми словáми разговóр, котóрый вы слýшали:

    Нúна: Тебé нрáвится здесь в Балтимóре?

    Олéг: Да, óчень.

    Нúна: А что тебé нрáвится бóльше всегó?

    Олéг: Харáктер америкáнцев. Онú всегдá весёлые и энергúчные.

    Нúна: А тебé нрáвится их спорт, бейсбóл?

    Олéг: Вообщé, спорт нрáвится, но бейсбóл — нет.

The questions and answers below are mismatched. What conversational exchanges are going on? *(There is one extra answer.)*

1. — Зачём вы идёте к отцу́ Ива́ну?

   ____ — Гордя́тся, когда́ ви́дят на сце́не. Но, коне́чно, о́чень жале́ют когда́ ви́дят, как тяжело́ я рабо́таю и как сижу́ на дие́те.

2. — А как сейча́с ва́ши роди́тели отно́сятся к ва́шей профе́ссии?

   ____ — Что́бы посмотре́ть но́вые ве́щи модельера За́йцева.

3. — Зачём Серге́й пошёл учи́ться в духо́вную семина́рию?

   ____ — Что́бы послу́шать его́ про́поведь.

4. — Зачём ты чита́ешь журна́л «Нау́ка и рели́гия»?

   ____ — Что́бы я лу́чше понима́л бале́т и му́зыку изве́стных компози́торов.

5. — Зачём Ли́за пошла́ в Дом мо́ды?

   ____ — Что́бы познако́миться с ра́зными рели́гиями: в журна́ле пи́шут не то́лько о правосла́вной рели́гии, но о мусульма́нах, будди́стах, иудаи́стах, като́ликах.

   ____ — Что́бы стать мона́хом, пото́м жить в монастыре́ и служи́ть Бо́гу.

6. — А ва́ша люби́мая па́ртия, люби́мый бале́т?

   ____ — Наве́рное, «Зо́лушка» Серге́я Проко́фьева. Я танцева́ла Зо́лушку на выпускно́м ве́чере в учи́лище. Я была́ така́я счастли́вая!

Б1 Пусть порабо́тает ва́ша фанта́зия: предста́вьте себе́, что э́ти изве́стные лю́ди живу́т сейча́с. Переведи́те э́ти фра́зы и скажи́те, согла́сны ли вы с мне́нием худо́жника. А как вы ду́маете, каку́ю оде́жду носи́ли бы э́ти лю́ди, кака́я совреме́нная оде́жда пошла́ бы им?

1. Do you recall that Leonardo da Vinci dreamed of flying and made sketches of a machine which could fly? Do you think that the jacket this young man is wearing would look good on him?

2. The Russian poet Aleksandr Sergeevich Pushkin dressed fashionably and with excellent taste. He was not of great stature, but was well-built. He loved to go horseback riding. What outfit, do you think would look best on him today: something athletic or an outfit like the poet Andrei Voznesensky is wearing?

3. Pushkin's wife, Natalya Nikolaevna was tall and shapely and was one of the most beautiful women in Russia. Long, brightly-colored dresses suited her, but she also looks very good in this beautiful sports outfit.

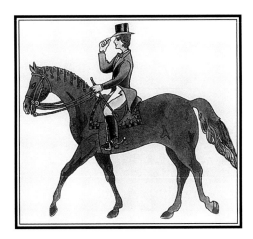

Б2 Решите кроссворд.

Complete this word puzzle. When you have written in the correct words, the outlined vertical row will reveal another important word from the previous lessons.

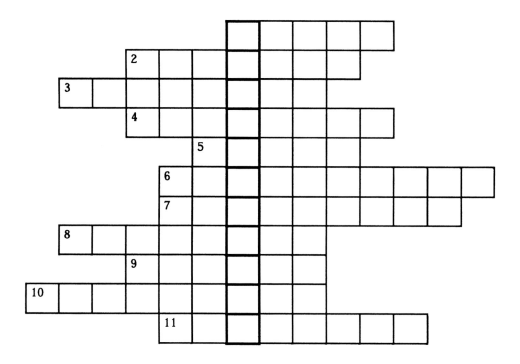

1. Человéк, котóрый живёт в монастырé.
2. Лéна сказáла, что однó её . . . — мнóго есть и быть худóй.
3. . . . Руси́ бы́ло в 988 годý при кня́зе Влади́мире.
4. Человéк, котóрый дéлает мóдную одéжду.
5. . . . Влади́мирской Бóжьей Мáтери.
6. Отéц Ивáн éздит из Москвы́ домóй на . . .
7. Дани́ловский . . . был оснóван в 1272 годý.
8. Человéк, котóрый вéрит в Бóга.
9. Человéк, котóрый не вéрит в Бóга.
10. Сначáла у нас «класс», потóм . . ., вéчером — спектáкль.
11. Сначáла отéц Ивáн учи́лся в семинáрии, а потóм в духóвной . . . .

Б3 Закóнчите фрáзы.

1. — Натáша, _____ нрáвится это плáтье? Онó как раз
   _{ты}

   спорти́вного сти́ля — как ты лю́бишь.

   — Но я дýмаю, что онó _____ велико́.
   _я

2. — Роди́тели Лéны óчень гордя́тся _____ _____ ?
   _{своя́} _{дочь}

   — Конéчно, они́ вложи́ли дýшу в _____ , сáми увлекáются
   _{онá}

   _____ .
   _{балéт}

3. — Я сегóдня позвони́ла _____ и посовéтовала
   _{Андрéй}

   _____ прочитáть нóвую кни́гу об истóрии Росси́и.
   _{он}

4. — У тебя́ вчерá был день рождéния, бы́ли гóсти. Ну и как?

   — Прекрáсно. _____ _____ бы́ло óчень хорошó.
   _{Мой} _{друзья́}

5. — Посмотри́, как Ми́ша улыбáется _____ .
   _{Тáня}

   — Да, он влюби́лся в _____ .
   _{Тáня}

6. — Кака́я хоро́шая карикату́ра!

— Да, весёлая, а _____
   какой

_____ она́ нарисо́вана?
   худо́жник

Но́ев ковче́г
Noah's Ark

7. — Ната́ша спроси́ла, лечи́лась ли я _____ , когда́ боле́ла _____
   тра́вы   грипп

8. — Почему́ ты не интересу́ешься _____ ?
   мо́да

— Я мно́го рабо́таю, и у меня́ нет вре́мени занима́ться _____ .
   мо́да

9. — Да ... И _____ _____ пло́хо, и _____
   э́тот   челове́к   э́ти

_____ совсе́м не хорошо́ . . . .
   лю́ди

Б4 Вы прие́хали в Петербу́рг. Каки́е вопро́сы вы задади́те, когда́
уви́дите э́ти зда́ния, собо́ры, мосты́? Вопро́сы в образце́ к фотогра́фии
Исаа́киевского собо́ра помо́гут вам.

Образе́ц ▶

Где постро́ен Исаа́киевский собо́р?
Кем он был постро́ен?
Когда́ бы́ло на́чато строи́тельство собо́ра?
Когда́ оно́ бы́ло зако́нчено?

4.

«Спас на крови́» це́рковь в Петербу́рге
Архите́ктор А. Па́рланд, 1833-1907

1.

Исаа́киевский собо́р в Петербу́рге
Архите́ктор О. Монферра́н, 1818–1858

2.

Дворцо́вый мост
Архите́ктор Р. Ф. Ме́льцер, 1910-ые го́ды

5.

Петербу́рг был осно́ван 16 (27) ма́я, 1703
го́да: в э́тот день на́чали строи́тельство
Петропа́вловской кре́пости (fortress).

3.

Ру́сский музе́й откры́лся
в Петербу́рге в 1898 году́.
Архите́ктор К. Ро́сси, 1819–1825

6.

Зи́мный дворе́ц (Эрмита́ж)
Архите́ктор Ф. Б. Растре́лли, 1754–1762

Read this text and identify the case of each underlined pronoun. Why is this case used?

Изве́стный ру́сский, а тепе́рь америка́нский, дирижёр Мстисла́в Ростропо́вич расска́зывал: «Во вре́мя войны́, в ты́сяча девятьсо́т со́рок второ́м году́ у́мер мой оте́ц. <u>Мне</u> бы́ло о́чень пло́хо. Я до́лго боле́л. Но ну́жно бы́ло рабо́тать, и наш орке́стр из шести́ челове́к, где я был са́мым сла́бым и молоды́м, пое́хал на по́езде в друго́й го́род. Хотя́ ка́ждому в по́езде да́ли **одея́ло**, но я до́лго не спал: <u>мне</u> бы́ло о́чень хо́лодно. Но у́тром я почу́вствовал, что <u>мне</u> о́чень тепло́: я спал под шестью́ одея́лами».

одея́ло – blanket

Say that you wish you could accept the invitation below, but that unfortunately you must decline it. Give your reasons why.

Образе́ц ▶   — Пойдём в суббо́ту на «Зо́лушку»? Ле́на танцу́ет гла́вную па́ртию, и у меня́ есть биле́т для тебя́.
           — Я пошла́ бы с удово́льствием, но в пя́тницу прилета́ет моя́ подру́га из Нори́льска, и мы в суббо́ту пойдём с ней в Дани́ловский монасты́рь.

1. — Ле́на приглаша́ет нас на репети́цию «Спя́щей краса́вицы». Пойдём?
   — . . . .

2. — Я случа́йно купи́ла биле́ты в Де́тский музыка́льный теа́тр на «Си́нюю пти́цу». Моя́ до́чка давно́ мечта́ет об э́том теа́тре. У меня́ есть ещё два биле́та. Хоти́те?
   — . . . .

3. — В воскресе́нье мо́жно пойти́ на выпускно́й ве́чер бале́тного учи́лища. Ребя́та танцу́ют на сце́не Большо́го теа́тра. Вы хоти́те пойти́ с на́ми?
   — . . . .

4. — У вас есть жела́ние вме́сте с детьми́ пойти́ в теа́тр ку́кол на «Волше́бную ла́мпу Аллади́на»?
   — . . . .

5. — В суббо́ту де́ти из бале́тного кружка́ выступа́ют в на́шем клу́бе. Пото́м их бу́дут пока́зывать по телеви́дению. Они́ о́чень гордя́тся э́тим. Приходи́те в два часа́!
   — . . . .

    Ваш друг спра́шивает вас, каки́е биле́ты покупа́ть, где вы лю́бите сиде́ть.

    — Я хоте́л бы сиде́ть в деся́том ряду́: хорошо́ ви́дишь арти́стов, балери́н, но не ви́дишь их напряже́ния.
    — А я хоте́л бы сиде́ть высоко́, на балко́не, в пе́рвом ряду́.

Б8
    Как вы зако́нчите фра́зу «Е́сли бы у меня́ была́ волше́бная па́лочка . . .»? Скажи́те три ва́ших жела́ния.

В ПОРАБОТАЕМ НАД ДИАЛОГАМИ И НЕ ТОЛЬКО . . .

В1
    Вы хорошо́ зна́ете на́ших геро́ев. Как вы ду́маете, что отве́тят на э́ти вопро́сы Ири́на Восто́кова, оте́ц Ива́н, Еле́на Леленко́ва.

Образе́ц ▶
    — Оте́ц Ива́н, я сего́дня купи́ла пласти́нку с совреме́нной духо́вной му́зыкой. Хоти́те её послу́шать?
    — Спаси́бо, послу́шаю, хотя́ я бо́льше люблю́ стари́нную духо́вную му́зыку.

1. — Еле́на, у меня́ есть биле́ты в консервато́рию. Игра́ют Проко́фьева. Хоти́те пойти́?

2. — Еле́на Алекса́ндровна, не хоти́те ли танцева́ть гла́вную па́ртию в совреме́нном бале́те «Натали́»?

3. — Ле́на, я сде́лала о́чень вку́сный торт. Приходи́те — бу́дем пить чай с то́ртом.

4. — Ири́на, мне на́до о́чень бы́стро напеча́тать статью́ на англи́йском языке́. Мо́жешь мне помо́чь?

5. — В музе́е на Делега́тской[1] откры́та вы́ставка «Наро́дный костю́м ру́сского Се́вера». Дава́й пойдём, Ири́на, в суббо́ту?

---
[1] **Музе́й на Делега́тской** is a museum of applied and decorative art in Moscow which houses works of Russian folkwares.

6. — Ири́на, ты говори́ла, что хо́чешь купи́ть пальто́. Я ви́дела сего́дня в ГУ́Ме о́чень краси́вое и мо́дное, после́дний крик мо́ды.

7. — Оте́ц Ива́н, у меня́ до́чка, ей семь лет. Я хочу́, что́бы она́ зна́ла Би́блию. В ва́шей це́ркви есть воскре́сная шко́ла для дете́й?

8. — У меня́ есть о́чень ста́рая ико́на, но её на́до реставри́ровать. Оте́ц Ива́н, вы не зна́ете, кто э́то мо́жет сде́лать?

9. — Оте́ц Ива́н, мне семна́дцать лет, я о́чень люблю́ духо́вную му́зыку и хоте́ла бы петь в церко́вном хо́ре. Есть така́я шко́ла для де́вушек?

10. — Оте́ц Ива́н, сейча́с в лесу́ о́чень мно́го грибо́в. Не хоти́те пойти́ за́втра в лес?

B2   Напиши́те письмо́ одному́ из на́ших геро́ев: и́ли Еле́не Леленко́вой, и́ли Ири́не Восто́ковой, и́ли отцу́ Ива́ну. Скажи́те, бы́ло ли вам интере́сно чита́ть интервью́, что но́вого вы узна́ли о жи́зни манеке́нщицы, свяще́нника, балери́ны.

Е́сли вы бу́дете писа́ть Ири́не, напиши́те, как отно́сятся к мо́де в Аме́рике, что счита́ют у вас мо́дным. Напиши́те, нра́вится ли вам увлече́ние Ири́ны, что интере́сного узна́ли вы об исто́рии ру́сского наро́дного костю́ма.

Е́сли вы бу́дете писа́ть отцу́ Ива́ну, расскажи́те ему́ о свяще́ннике, кото́рого вы зна́ете; о це́ркви, в кото́рую вы хо́дите; о до́брых дела́х, кото́рые вы помога́ете де́лать. Ему́ бу́дет интере́сно узна́ть, каки́е рели́гии есть в Аме́рике, каки́е пра́здники — са́мые гла́вные, а каки́е — са́мые весёлые.

Е́сли вы бу́дете писа́ть балери́не Еле́не, напиши́те, как вы с ней познако́мились, что узна́ли о её жи́зни, о её семье́. Е́сли вы то́же лю́бите бале́т, напиши́те, каки́е бале́ты вы ви́дели; ско́лько вам бы́ло лет, когда́ вы смотре́ли ваш пе́рвый бале́т; како́й бале́т ваш люби́мый. Мо́жет быть, вы хоти́те написа́ть ей о своём люби́мом компози́торе, музыка́нте и́ли арти́сте?

B3   В пе́рвом уро́ке вы узна́ли, что Ната́ша лю́бит собира́ть ма́рки — что э́то хо́бби у неё и у её сы́на Анто́на. В уче́бнике вы уви́дели не́которые из э́тих ма́рок. Каки́е вам бо́льше всего́ понра́вились? Почему́? А каки́е не о́чень? Почему́? Как вы ду́маете, каки́е из них собира́ла Ната́ша, а каки́е Анто́н?

B4 Посмотрите на эпиграфы уроков. Как вы думаете, в них есть главные идеи о профессиях модельера, священника, балерины, или об Ирине, отце Иване, Елене Леленковой? Какой эпиграф кажется вам самым хорошим?

Г ДУМАЕМ, СПОРИМ, ОБСУЖДАЕМ

Г1 Прочитайте текст «*Юнона и Авось*».

«*Юнона и Авось*»

В ы слышали историю о любви русского офицера и американской девушки из Сан-Франциско? Это было давно, в начале XIX (девятнадцатого) века.

Николай Петрович Резанов родился в 1764 (тысяча семьсот шестьдесят четвёртом) году в небогатой дворянской семье. Был офицером, а потом работал в Российско—Американской компании. Чтобы торговые связи между Россией и Америкой стали лучше, в 1806 году на двух кораблях, которые назывались «Юнона» и «Авось», Резанов поплыл в Калифорнию. Там он познакомился с дочкой губернатора Сан-Франциско Кончитой, которой было 16 лет. Резанов и Кончита полюбили друг друга, они хотели пожениться, но родители Кончиты были против: они не хотели, чтобы их дочь вышла замуж за Резанова и уехала в далёкую холодную Россию. Они были против ещё и потому, что были католиками, а Резанов был православным. Но Николай Петрович и Кончита всё равно обручились (стали мужем и женой).

Резанов должен был вернуться в Россию, а Кончита обещала его ждать. Она ждала его тридцать шесть лет: с шестнадцати до пятидесяти двух. Кончита не знала,

что по доро́ге в Росси́ю, в Сиби́ри, в го́роде Красно-
я́рске, Никола́й Петро́вич Реза́нов заболе́л и у́мер.

В на́ше вре́мя знамени́тый поэ́т Андре́й Вознесе́нский
рассказа́л об э́той необыкнове́нной любви́ в поэ́ме
«Аво́сь», а пото́м компози́тором Алексе́ем Ры́бниковым
была́ напи́сана прекра́сная рок-о́пера, кото́рая
называ́ется «*Юно́на и Аво́сь*». Э́та о́пера мно́го лет идёт в
моско́вском теа́тре Ленко́м, кото́рый пока́зывал её во
мно́гих стра́нах ми́ра: гру́стная и краси́вая исто́рия о
лю́дях, кото́рые жи́ли и люби́ли друг дру́га две́сти лет
наза́д, нра́вится совреме́нным молоды́м лю́дям. ∎

Г2 Скажи́те с чем вы согла́сны, а с чем вы ника́к не мо́жете
согласи́ться. Да́йте объясне́ния свое́й то́чки зре́ния.

1. — Я бы никогда́ не пошёл в теа́тр на таку́ю глу́пую о́перу: как мо́жно
влюби́ться в челове́ка, язы́к кото́рого не зна́ешь, рели́гия кото́рого —
не твоя́ рели́гия? И я зна́ю ещё, что Реза́нов был намно́го ста́рше
Кончи́ты.
— Во-пе́рвых, в о́пере гла́вное — му́зыка. Я могу́ согласи́ться, что в
о́пере ча́сто быва́ет глу́пый текст. Но в э́той о́пере — о́чень краси́вая
му́зыка, а стихи́ написа́л изве́стный поэ́т Андре́й Вознесе́нский. А во-
вторы́х, любо́вь не зна́ет пра́вил, она́ ча́сто быва́ет непоня́тной и
де́лает ра́зные шу́тки с людьми́.

2. — Потеря́ть 30 лет жи́зни — э́то не шу́тки. Мо́жно влюби́ться и люби́ть
то́лько челове́ка, кото́рого хорошо́ зна́ешь и понима́ешь.
— Е́сли бы все так влюбля́лись и жени́лись, жизнь на земле́ была́ бы
невозмо́жна. Е́сли челове́к лю́бит, он стано́вится други́м, он хо́чет
понра́виться тому́, кого́ лю́бит.

3. — Но мо́жно ли люби́ть и не ви́деть челове́ка, кото́рого лю́бишь, так
до́лго? Я не ве́рю в э́ту ска́зку.
— Я ду́маю, что Кончи́та не счита́ла, что она́ потеря́ла те го́ды, когда́
она́ ждала́ Реза́нова. Любо́вь была́ у неё в душе́, она́ люби́ла — э́то
са́мое гла́вное. И е́сли выбира́ть, то, по-мо́ему, лу́чше самому́
люби́ть и не быть люби́мым, чем быть люби́мым, но самому́ не люби́ть.

4. — Ну уж, не зна́ю. По-мо́ему, лу́чше всего́ люби́ть и быть люби́мым.
— Э́то пра́вильно. Но в жи́зни не всегда́ так получа́ется.

APPENDICES

ФОНЕТИКА И ИНТОНАЦИЯ

УРОК 1

ФОНЕ́ТИКА:
- Stressed **o** and **y**
- Unstressed **a** and **o** after hard consonants

ИНТОНА́ЦИЯ:
- Intonation Construction 1 (**ИК-1**) in enumeration and in compound sentences without conjunctions
- Intonation Construction 4 (**ИК-4**) in incomplete questions beginning with **a**

1. Read these words with particular attention to the stressed **o** (lips protruded and rounded).

он	ко́нчить	рок
хо́бби	село́	рабо́та

2. Read these words with particular attention to the pronunciation of stressed and unstressed **y** (lips forward).

Пу́шкин	увлека́ться	ду́эль
у бра́та	умере́ть	поги́бнуть

3. Read these words and prepositional phrases with particular attention to the pronunciation of unstressed **a** and **o** after hard consonants. Remember that both **a** and **o** are pronounced like a slightly reduced **a** in the syllable immediately preceding the stress, or at the very beginning of the word, and are much more reduced in all other positions.

— ´	´ —	— —´	—´ —	´ — —
нача́ть	на́до	помога́ть	знако́ма	о́коло
помо́чь	до́ма	повторя́ть	свобо́да	му́зыка
расска́з	тру́дно	начина́ть	поги́бнуть	гла́вное
разде́л	ра́да	офице́р	под зна́ком	с пе́рвого

4. Read these sentences aloud with particular attention to intonation. Note that ИК-1 is used in all segments of compound sentences without a conjunction.

ИК-1 ИК-1
Меня́ зову́т Ната́ша, / фами́лия моя́ Зло́бина. Я

ИК-1 ИК-1
журнали́ст, / рабо́таю в журна́ле «Ру́сский язы́к за рубежо́м».

ИК-1
Близнецы́ мо́гут занима́ться журнали́стикой: / им нра́вится

ИК-1 ИК-1
литерату́ра, / они́ лю́бят рабо́тать с ра́зными людьми́.

5. Read this text. Note that the intonation centers are located on the most important words (those which give new information) of each speech segment. If all the information in a sentence with ИК-1 is new and important, then the intonation center is located on the final word.

ИК-1 ИК-1
У нас журнали́стская семья́: / муж то́же журнали́ст. Мы вме́сте

ИК-1 ИК-1 ИК-1
учи́лись в университе́те. Са́ша рабо́тает на ра́дио. Его́ оте́ц то́же журнали́ст.

6. Read these sentences which contain enumerations. Remember that ИК-1 is used in enumerations to communicate a neutral tone.

ИК-1 ИК-1
Я бу́ду брать интервью́ у ра́зных люде́й: / у шко́льника, /

ИК-1 ИК-1 ИК-1
манеке́нщицы, / балери́ны, / свяще́нника. О чём я бу́ду их спра́шивать?

ИК-1 ИК-1 ИК-1
О профе́ссии, / о рабо́те, / о семье́ . . .

7. Read these dialogues with particular attention to the intonation of incomplete questions beginning with the conjunction **a**.

ИК-1 ИК-4
— Люблю́ геогра́фию. **А ты?**

ИК-1
— А я люблю́ фи́зику.

ИК-1 ИК-1
— Мне нра́вятся на́ши гру́ппы / — «Нау́тилус», /

ИК-1 ИК-1 ИК-4
«Парк Го́рького», / «Брига́да С». **А тебе́?**

ИК-1
— Мне нра́вится «Бон-Джо́ви».

8. Read this poem aloud; paying particular attention to the connection between the intonation and the mood of the poetry.

ИК-1 Ти́хо дре́млет река́.	The river slumbers quietly.
ИК-1 Тёмный бор не шуми́т.	The dark pines stand silently.
ИК-1 Солове́й не поёт.	The nightingale is not singing.
ИК-1 И дерга́ч не кричи́т.	Even the corncrake isn't screeching.
ИК-1 ИК-1 Ночь. Вокру́г тишина́.	It is night. Silence is all around.
ИК-1 Ручеёк лишь журчи́т.	The brook is barely murmuring.
ИК-1 Свои́м бле́ском луна́	The moon with its beams shining
ИК-1 Всё вокру́г серебри́т.	Silvers everything all around.
— *С. Есе́нин*	— *S. Yesenin*

УРОК 2

ФОНЕ́ТИКА:
- Pronunciation of **ы**
- Devoicing of consonants at the end of a word or phrase

ИНТОНА́ЦИЯ:
- Intonation Construction 2 (**ИК-2**) and Intonation Construction 3 (**ИК-3**) in questions

1. Read these words and phrases with particular attention to the pronunciation of unstressed **a** and **o**.

за́втракать - на за́втрак	на конька́х
обе́дать - на обе́д	на велосипе́де
анке́та - с анке́той	по-друго́му

2. Read these words and phrases with particular attention to the pronunciation of **ы** (lips pursed, tongue towards the back of the mouth, lower jaw forward).

мы	причёсываться	в институ́т*
ты	удо́бный	с интере́сом*

* the vowel **и** is always pronounced like **ы** after a preposition ending in a hard consonant.

3. Read these phrases. Remember that final consonants are always pronounced quietly without voicing.

мо́жет ли шко́льник

гото́вит за́втрак

     [т]
ку́пит велосипе́д

        [к]
нет де́нег

     [п]   [ф]
клуб книголюбов

4. Learn this tongue-twister.

От то́пота копы́т пыль по́ полю лети́т, пыль по́ полю лети́т от то́пота копы́т.
Dust flies from the pounding of hooves across the field, the dust flies across the field from the pounding of hooves.

5. Read these fragmentary questions with the conjunction **a**. Pay careful attention to the intonation.

    ИК-4   ИК-4   ИК-4
А мо́да в му́зыке? А твоя́ семья́?   А твоё хо́бби?

6. Read these questions. Remember that questions without a question word are said with Intonation Construction 3 (ИК-3). The intonation center is located on the word that gives new information.

    ИК-3
Ты ра́но встаёшь?   (Да, ра́но. Нет, по́здно.)

         ИК-3
Ты принима́ешь душ ка́ждый день?   (Да, ка́ждый. Нет, че́рез день.)

     ИК-3
Ты пьёшь ко́фе с са́харом?   (Да, с са́харом. Нет, без са́хара.)

   ИК-3
Ты ча́сто ешь шокола́д?   (Да, ча́сто. Нет, ре́дко.)

                 ИК-3
На твоём бутербро́де ты лю́бишь мно́го ма́сла?   (Да, мно́го. Нет, немно́го.)

7. Read these questions independently. Determine the intonation centers for yourself.

Ты ка́ждый день ешь сала́т?   Ты ешь о́чень бы́стро?
Ты ку́ришь?   Ты регуля́рно занима́ешься спо́ртом?
Ты хо́дишь в шко́лу пешко́м?   У тебя́ есть мла́дший брат?

8. Read these questions. Remember that questions with a question word are said with Intonation Construction 2 (ИК-2). If the question is not connected with a preceding idea or is the very first line of a dialogue, the intonation center falls on the last word of the question.

           ИК-2
Когда́ шко́льники встаю́т?
      ИК-2
Кто гото́вит за́втрак?
               ИК-2
Почему́ ребя́та не е́здят на маши́не?
       ИК-2
Когда́ уро́ки конча́ются?
                     ИК-2
Ско́лько вре́мени ребя́та де́лают дома́шние зада́ния?

9. Read these dialogues. Note that if a question is intended to clarify a point, then the intonation center falls on the question word.

       ИК-3
— Ты спо́ртом совсе́м не занима́ешься?

ИК-2   ИК-1
— Почему́ вы так ду́маете? Занима́юсь.

                        ИК-1
— Хочу́ быть хоро́шим экономи́стом.
     ИК-1   ИК-2
— Но всё-таки, каки́м бу́дет челове́к 21-ого ве́ка?
   ИК-1
— До́брым . . .

УРОК 3

ФОНЕ́ТИКА: • Pronunciation of soft consonants
              • Pronunciation of stressed vowels **я, е, ё, ю**, unstressed and after soft
                consonants.

ИНТОНА́ЦИЯ: • Intonation of questions with **и́ли**
              • Intonation of complete questions with **a**

1. Read these words with particular attention to the pronunciation of soft consonants before **и** (lips
    stretched out in a smile with the tongue pressed against the roof of the mouth).

    иди́   каби́на   в Сиби́ри
    пти́ца   Кипр   Влади́мир

2. Read these words with particular attention to the pronunciation of stressed **я, е, ё, ю**.

    поле́т   ме́сто   тебя́   лю́ди
    приле́т   сесть   мя́гкий   всю́ду
    взле́т   ле́вый   заря́д   объявлю́
    чертёж   кре́сло   теря́ть   посмотрю́

3. Read these words. Remember that unstressed **е** and **я** are pronounced the same as the vowel **и**.

    ´ —   — ´   ´ — —   — ´ —   — — ´
    вме́сте   темно́   дви́гатель   мета́ллы   челове́к
    вы́лет   лета́ть   па́мятка   семе́йный   пустяки́
    се́вер   взлете́ть   с тре́нером   ряза́нский   нелегко́

4. Learn to say this tongue-twister.

    Перепёлка перепелёнка перепелёнывала, перепелёнывала, е́ле перепелена́ла.
    A mother quail was diapering her baby, and diapering, barely managed to diaper him.

5. Read these questions with the conjunction **и́ли**. Note that the first phrase is pronounced with
    Intonation Construction 3 (**ИК-3**) and the second with Intonation Construction 2 (**ИК-2**).

         ИК-3   ИК-2
    Напра́во / и́ли нале́во?
               ИК-3   ИК-2
    Она́ вам понра́вилась / и́ли нет?
          ИК-3   ИК-2
    Это семе́йная профе́ссия / и́ли вы о́чень хоте́ли стать лётчиком?
           ИК-3   ИК-2
    Вы не хоти́те стать космона́втом / и́ли рабо́тать в космона́втике?

6. Read this dialogue independently. Determine for yourself the intonation centers and the
    appropriate intonation constructions.

    — Я занима́лся бе́гом, игра́л в насто́льный те́ннис, пла́вал.
    — А сейча́с? Пла́ваете и́ли нет?

— Плáваю, дáже зимóй плáваю.
— Вы морж?
— Да.

7. Read the dialogue. Note that questions with the conjunction **a** and without question words are always pronounced with Intonation Construction 3 (ИК-3), but that questions with question words are usually said with Intonation Construction 2 (ИК-3).

                        ИК-2   ИК-3
— **А почемý вы стáли лётчиком?** Хотéли летáть, как птúца?
ИК-1 ИК-1
— Да, óчень хотéл.
                      ИК-2
— **А где вы учúлись?**
                    ИК-1
— Кóнчил учúлище в рязáнской óбласти.
                        ИК-3
— **А вы не увлекáетесь дельтаплáнами?**
    ИК-1
— Нет.
                          ИК-3
— **А спóртом занимáлись?**
      ИК-1
— Конéчно.

8. Read this dialogue. Note that complete questions may be spoken with Intonation Construction 4 (**ИК-4**), if there is a juxtaposition of ideas, for example, **учúлись** juxtaposed with **рабóтали**.

                    ИК-2
— А где вы учúлись?
                  ИК-1
— Кóнчил учúлище в рязáнской óбласти.
                    ИК-4
— **А где вы рабóтали?**
                            ИК-1
— 20 лет я рабóтал в Москвé.

УРОК 4

ФОНÉТИКА:
- Review
- Poetry reading

ИНТОНÁЦИЯ:
- Intonational analysis of texts

1. Read this text. Indicate the location of the intonational centers.

Волóдя знáет мнóго языкóв: англúйский, испáнский, францýзский, итальянский. Сейчáс он ýчит япóнский язык.

2. Read these dialogues. Determine the intonation centers and the type of intonation construction. Explain your choices.

а.   — Ну, как делá?
      — Óчень хорошó. Задáчи были нетрýдные. Все ребята решúли их óчень быстро.
      — А отмéтку твою ты ужé знáешь?
      — Нет ещё. Узнáем зáвтра.

б.   — А как ребята отнóсятся к твоúм стихáм?
      — Однúм нрáвятся, другúе совсéм не любят стихú.
      — А что ты любишь?

— Гуля́ть. Зи́му люблю́.
— А ле́то?
— Ле́то люблю́ бо́льше всего́.

3. Read this poem to yourself and decide where the intonation centers lie. Then read it aloud, paying careful attention to pronunciation and intonation.

Присни́лся сла́дкий сон Степа́ну:
Он ви́дел све́жую смета́ну.
В знако́мой ми́ске голубо́й . . .
Но ло́жки не́ было с собо́й!
Он с ло́жкой спать уле́гся ра́но.
Не сни́лась вку́сная смета́на!
— Г. Бо́йко

Steven dreamed a sweet dream:
He saw some fresh sour cream.
In a familiar blue bowl . . .
But he had no spoon with him!
He'd go to bed early with a spoon.
If he could dream of delicious sour cream!
— G. Boyko

УРОК 5

ФОНЕ́ТИКА:
- Conformation (voicing and devoicing) of consonants
- Pronunciation of the consonant й and the vowels я, е, ё, ю at the beginning of a word and after consonants

ИНТОНА́ЦИЯ:
- Intonation Construction 2 (ИК-2) in addressing someone, greeting persons, and in imperatives
- Intonation Constructions 3 and 4 (ИК-3 and ИК-4) in non-final positions

1. Read these words and phrases with particular attention to the conformation of consonants.

[в]   [ф]
в де́тстве - в шко́ле
[з]   [с]
из Балтимо́ра - из компью́тера
    [т]
заря́дка
    [п]
оши́бка

[к]   [г]
к телефо́ну - к дру́гу
[с]   [з]
с секретарём - с диске́ты
[ф]
включи́ть
[з]   [г]
сдал экза́мен

2. Read these words. Pronounce the consonant soft (palatalized) before ь.

преподава́тели - преподава́тель
посети́тели - посети́тель
жале́ет - жале́ть

конча́ет - конча́ть
печа́тает - печа́тать
принима́ет - принима́ть

3. Read these words with particular attention to the pronunciation of й and the vowels я, е, ё, ю.

я
е́ду
аккура́тный

е́сли
ю́жный
воспи́танный

попада́ю - попада́ешь - попада́ют
болта́ю - болта́ешь - болта́ют
обяза́тельный   педагоги́ческий

4. Read this riddle and try to answer it.

Всё ле́то
Её на цвета́х мы встреча́ли.
Кто э́то?
Попро́буй вспо́мнить за ча́ем.

5. Read these sentences with particular attention to the intonation in each. Remember that in addressing someone, greeting another person, or using an imperative, Intonation Construction 2 (ИК-2) is used.

ИК-2   ИК-2
О́льга, / расскажи́те немно́го о себе́.

ИК-2   ИК-2
Алло́! / Ма́шу, пожа́луйста.
ИК-2
Здра́вствуйте! / Позови́те, пожа́луйста, Макси́ма.
ИК-2
Скажи́те, пожа́луйста . . . .
ИК-2
Извини́те, пожа́луйста . . . .

6. Read these sentences. Pay careful attention to the introduction of sentences with predicate nominatives.

ИК-3/4   ИК-1
Пе́рвый но́мер / — э́то экра́н.

ИК-3/4   ИК-1
Второ́й но́мер / — э́то клавиату́ра.

ИК-3/4   ИК-1
Секрета́рь в на́шем о́фисе / — хозя́йка.

7. Read these sentences which illustrate the intonation in complex sentences with dependent clauses. Intonation Construction 4 (**ИК-4**) in non-final phrases signals an official, businesslike style, while Intonation Construction 3 (**ИК-3**), a conversational style.

ИК-3/4   ИК-1
Мне ка́жется, / что А́нна не уме́ет рабо́тать на компью́тере.

ИК-3/4   ИК-1
Ольга говори́т, / что на́до рабо́тать на телефа́ксе.

8. Learn these sayings.

ИК-3   ИК-1
Что сде́лано, / то сде́лано.   What's done is done.

ИК-3   ИК-1
За что купи́л, / за то и прода́ю.   I'll sell it for what I paid for it (I'm telling you like it is).

ИК-3   ИК-1
Не ошиба́ется тот, / кто ничего́ не де́лает.   He who does nothing makes no mistakes.

9. Read these dialogues. Determine the intonation centers and the intonation constructions yourself.

— Алло́! Мо́жно Макси́ма?
— Его́ нет до́ма. А что ему́ переда́ть?

— Переда́йте, пожа́луйста, что звони́ла Ма́ша. А Ни́на до́ма?
— И её нет.

УРОК 6

ФОНЕ́ТИКА:
- Pronunciation of е, ё, ю, я after hard (ъ) and soft (ь) signs
- Distinguishing between unstressed е and я at the end of words

ИНТОНА́ЦИЯ:
- Intonation Constructions 5, 6, and 7 (**ИК-5, ИК-6, ИК-7**) used in evaluative sentences (exclamations)

1. Read these words with particular attention to the pronunciation of soft consonants and the vowels following them.

гусёнок - гуся́та   ягнёнок - ягня́та
козлёнок - козля́та   яйцо́ - я́йца - яи́ц
котёнок - котя́та   йо́гурт
поросёнок - порося́та   майоне́з

2. Read these words with particular attention to the pronunciation of **е, ё, ю, я** after hard (**ъ**) and soft (**ь**) signs.

крестья́нин   объя́вит
крестья́нка   селе́нье•
свинья́   овéчье•

• These endings are poetic, stylistic alterations of the conventional endings.

3. Read these words. Although some speakers distinguish between unstressed **е** and **я** at the end of words, most speakers pronounce both final **е** and final **я** like a severely reduced **a**.

по́ле - у по́ля   физи́ческое - физи́ческая
растéние - растéния   у́мственное - у́мственная
в дерéвне - дерéвня   деревéнское - деревéнская

4. Learn this proverb.

Терпéние и труд всё перетру́т.   Perseverance and hard work win the day.

5. Read these evaluative sentences. Remember that Intonation Construction 5 (**ИК-5**) is used to express the strongest emotions.

        ИК-5
Како́й краси́вый пету́х!
        ИК-5
Како́й большо́й дом!
           ИК-5
Кака́я у тебя́ краси́вая ко́фта!
ИК-5
Как хорошо́!
     ИК-5
Здесь так ти́хо!

6. Read these sentences. Note that evaluative sentences with inverted word order are usually spoken with Intonation Construction 6 (**ИК-6**).

   ИК-6
Пету́х како́й у вас краси́вый!
   ИК-6
А индю́к како́й!
     ИК-6
Кака́я ко́фта тёплая!
ИК-6
 Ти́хо как!

7. Read these dialogues. Remember that evaluative sentences with Intonation Construction 7 (**ИК-7**) express irony and cannot be the first line of a dialogue.

        ИК-5
— Вы настоя́щая фéрмерша!

    ИК-7   ИК-1
— **Кака́я же я фéрмерша!?** Я крестья́нка.

    ИК-2
— Спо́йте, пожа́луйста.
    ИК-7   ИК-1
— **Кака́я же я арти́стка!?** Не пою́ я.

        ИК-1
— У вас небольшо́е хозя́йство.
    ИК-7   ИК-1   ИК-1   ИК-1   ИК-1
— **Како́е же небольшо́е!?** И коро́ва, / и порося́та, / и о́вцы, / и ку́ры.

8. Read this dialogue. Determine for yourself where the intonation centers lie and the type of intonation construction used.

— А вы из милиции?
— Какóй же я милиционéр!? Я почтальóн деревéнский. Поэтому я всё дóлжен знать.

УРОК 7

ФОНÉТИКА:
- Pronunciation of ж, ш
- The combinations чт, чн, сш, зш, сж, зж

ИНТОНÁЦИЯ:
- Intonation in non-final speech segments and when repeating a question in answering it
- (Intonation Constructions 3, 4, and 6 (ИК-3, ИК-4, ИК-6)

1. Read these words. Be sure to pronounce ж and ш hard, without palatalization (lips rounded and pushed forward, tongue pulled back, larynx tensed).

жил	ужé	шприц	кáшляешь
жизнь	жáлуешься	ýши	слýшаешь
живóт	престúжный	кáшель	решúтельный

2. Read and remember these words in which чн and чт are pronounced like шн and шт.

[шт]	[шн]	[шн]
что	конéчно	яúчница
чтóбы	скýчно	двóечник

3. Read these word combinations. Remember that сш and зш are read like long ш and that сж and зж sound like long ж.

[ж]	[ш]
из животá	из шприца
с животóм	из шкóлы
с жáлобой	с шоколáдом

4. Read these poems with particular attention to the sounds ж and ш.

В мóре свéтится дорóжка.
Если б ты по ней пошёл
И прошёл совсéм немнóжко
До луны бы ты дошёл.
Поигрáл бы ты с лунóй —
Очень скýчно ей однóй.
— И. Пивовáрова

A path shines upon the ocean.
If you were to set off along it
And walk not much at all
You'd reach the moon.
You should play with the moon —
She's very bored when she's alone.
— I. Pivovarova

И пришёл к немý печáльный мотылёк:
"Я на свéчке себé крылышко обжёг.
Помогú мне, помогú мне, Айболúт:
Моё рáненое крылышко болúт!"
"Не печáлься, мотылёк,
Ты ложúся на бочóк.
Я пришью тебé другóе,
Шёлковое, голубóе,
Нóвое,
Хорóшее,
Крылышко!"
— К. Чукóвский

And a sad moth came up to him:
"I've burned my wing on a candle.
Help me, help me, Aybolit:
My injured wing hurts!"
"Don't be sad, little moth,
You sit back on your flank.
I'll sew you another,
Silken, blue,
New,
Nice,
Wing.
— K. Chukovsky

5. Read these dialogues with particular attention to the fact that repeating a question when giving the answer is said with Intonation Construction 3 (ИК-3)

ИК-2
— Чем вы увлека́етесь?
ИК-3   ИК-1
— **Чем я увлека́юсь?** У меня́ нет хо́бби.

ИК-2
— Как вы себя́ чу́вствуете?
ИК-3   ИК-1
— **Как я себя́ чу́вствую?** Не о́чень хорошо́.

ИК-2
— Ско́лько вре́мени вы боле́ете?
ИК-3   ИК-1
— **Ско́лько вре́мени?** Я боле́ю уже́ неде́лю.

6. Read these sentences. Note that non-final sentence segments may also be spoken with Intonation Construction 6 (ИК-6). This intonation construction usually lends an emotional tone to the utterance.

ИК-6   ИК-1
Медици́на / — это нау́ка и исску́ство.
ИК-6   ИК-1
Осо́бенно хоро́шее лека́рство / — кни́ги Хемингуэ́я.
ИК-6   ИК-1
Оте́ц о́чень хоте́л, / что́бы я стал врачо́м.
ИК-6   ИК-1
Са́ша говори́т, / что на́до лечи́ться без лека́рств.

7. Read these sentences which contain the conjunctions **а** and **но**. Observe the intonation constructions carefully.

ИК-3/4/6   ИК-1
Сейча́с приму́ лека́рство, / а ве́чером пойду́ к врачу́.
ИК-3/4/6   ИК-1
Я принима́ю лека́рства, / а Ка́тя ест витами́ны.
ИК-3/4/6   ИК-1
Не о́чень хорошо́ говорю́, / но медици́нские журна́лы чита́ю на англи́йском.

8. Read this dialogue. Decide where the intonation centers are located and what intonation constructions are appropriate. Be ready to explain your choices.

— До́ктор, здра́вствуйте.
— Здра́вствуйте! На что жа́луетесь?
— На что жа́луюсь? Голова́ боли́т, температу́ра высо́кая.
— Я ду́маю, что у вас грипп. Вот реце́пт на лека́рство.
— А как его́ принима́ть? До́ и́ли по́сле еды́?
— По́сле еды́, три ра́за в день.

УРОК 8

ФОНÉТИКА:
- Review
- Phonological poetry reading

ИНТОНÁЦИЯ:
- Review
- Intonational analysis of texts

1. Read this text. Observe the intonation constructions carefully.

      ИК-6   ИК-1   ИК-6
      Говорят, / что раньше этих имён нé было./ Однáжды, / Бýдда
ИК-3   ИК-1   ИК-1
сказáл, / чтóбы все живóтные пришлú к немý. Пришлú не все, / пришлú
ИК-1   ИК-1   ИК-1   ИК-1   ИК-1   ИК-1   ИК-3
Мышь, / Бык, / Тигр, / Зáяц, / Овцá, / Петýх . . . . Тогдá Бýдда решúл, /
      ИК-6   ИК-1
что у кáждого гóда / бýдет úмя одногó из этих живóтных.

2. Read this text independently. Separate the sentences into speech segments and tell which intonation constructions are appropriate.

Когдá Сергéю бûло 10 лет, он посадúл óколо дóма дéрево. Дéреву бûло 8 лет, когдá Сергéй нáчал учúться в медицúнском институте. Потóм Сергéй стал врачóм. Он рабóтал в поликлúнике, лечúл детéй. К немý шли больнûе, у котóрых болéла головá, живóт, гóрло, сéрдце . . . .

3. Read this poem. Be careful to use correct pronunciation and appropriate intonations.

Вот как это бûло:	This is how it was:
Принцéсса былá	There once was a princess,
Прекрáсная,	A beautiful one,
Погóда былá ужáсная.	The weather was terrible.
Днём	In the afternoon
Во вторóм часý	Just after one
Заблудúлась принцéсса	The Princess got lost
В лесý.	In the forest.
Смóтрит — полянка	She looked about — a meadow,
Прекрáсная.	A beautiful one.
На полянке — землянка	In the meadow was a mud hut
Ужáсная.	A terrible one.
А в землянке — людоéд:	And in the mud hut a cannibal:
Заходú-ка на обéд!	Come to my place for dinner!
Он хватáет нож,	He takes his knife,
Дéло ясное.	The situation was clear.
Вдруг увúдел, какáя . . .	Suddenly he saw such a . . .
Прекрáсная!	Beautiful woman!
Людоéду срáзу стáло	The cannibal immediately felt
Хýдо.	Bad.
— Уходú, — говорúт,	"Go away," he said,
Отсюда.	"From here."
Аппетúт, — говорúт, —	"My appetite," he said,
Ужáсный.	"Is terrible."
Слúшком вид, — говорúт, —	"Your look," he said,
Прекрáсный.	"Is too beautiful."
И пошлá потихóньку	And the princess stealthily
Принцéсса.	Set off.
Прямо к зáмку вûшла из лéса.	Straight for the castle she headed out of the woods.
Вот какáя легéнда ужáсная!	What a terrible legend!
Вот какáя принцéсса прекрáсная!	What a beautiful princess!
— Т. Власúхина	— T. Vlasikhina

УРОК 9

ФОНЕ́ТИКА:
- Pronunciation of ц and the combinations тс, дс, тц, дц, тся, ться
- Pronunciation of ч and щ and the combinations сч, зч.

ИНТОНА́ЦИЯ:
- Intonation in expressions of emotion
- (Intonation Constructions 2, 5, 6 and 7 (ИК-2, ИК-5, ИК-6, ИК-7).

1. Read these words. Be sure to pronounce ц hard, without palatalization (tip of the tongue lowered towards the bottom teeth and larynx tensed). Remember that тс and дс are pronounced like ц.

	[ц]	[ц]
цель	де́тство	спортсме́н
цирк	де́тский	сове́тский

2. Read these words and word combinations. Remember that ться, тся, дц and тц are pronounced like long ц.

[ц] [ц]	[ц]
дви́гаться - дви́гается	два́дцать
одева́ться - одева́ется	у отца́
улыба́ться - улыба́ется	из ситца

3. Read these words. Be certain to pronounce ч and щ with adequate palatalization (in pronouncing ч the tip of the tongue is pressed against the roof of the mouth just behind the front teeth; in pronouncing щ the sides of the tongue touch the side teeth; and the lips are pushed forward). Remember that the combinations сч and зч are pronounced like щ.

			[щ]
заче́м	чёрный	плащ - плащи́	сча́стье
сейча́с	отли́чный	вещь - ве́щи	счастли́вый
причёска	помо́чь	манеке́нщица	зака́зчик

4. Read these words and phrases. Remember that the sound sequences зч and сч in preposition-word combinations are pronounced like щч.

	[щч]	[щч]
челове́к	с челове́ком	без челове́ка
чай	с ча́ем	без ча́я

5. Learn this saying.

С ним води́ться — что в крапи́ву сади́ться.   Dealing with him is like sitting down on a nettle.

6. Read these sentences. Pay careful attention to the intonations used in evaluative sentences.

    ИК-5
Ве́щи так хорошо́ сидя́т на вас!
      ИК-5
Како́й отли́чный вкус!
ИК-5
Как ты вы́глядишь сего́дня!
      ИК-6
Кака́я у тебя́ ю́бка коро́ткая!
     ИК-6
Как мне ту́фли велики́!

7. Read these dialogues with particular attention to the use of Intonation Construction 2 (ИК-2) in sentences where the speaker wants to convince the listener or express a contrary point of view.

ИК-3
— Том Джонс — мо́дный певе́ц?
ИК-2   ИК-2
Ну, что ты! Он уже́ давно́ не в мо́де.

ИК-3
А муж не́ был про́тив?
ИК-2   ИК-2
Что вы! Совсе́м наоборо́т.

8. Read these sentences with particular attention to the intonation centers. Create mini-dialogues with the sentences using Intonation Construction 2 (ИК-2).

ИК-1/2
Я пе́рвый раз в до́ме мо́ды.
ИК-1/2
Я то́же так ду́мала.
ИК-1/2
Это не моё мне́ние.
ИК-1/2
У нас отли́чные де́ти.

9. Read this poem with particular attention to intonation. Note that in poetry Intonation Construction VI (ИК-6) is used most frequently in non-final speech segments.

ИК-1   ИК-6
— Сле́дует жить, / шить сарафа́ны /   One ought to live and sew sarafans
ИК-1
и лёгкие пла́тья из си́тца.   and light dresses of calico.
ИК-6   ИК-3
— Вы полага́ете, / всё это бу́дет носи́ться?   Do you suppose that all this will be worn?

ИК-6   ИК-1
— Я полага́ю, / всё это сле́дует шить.   I suppose that all of this ought to be sewn.
— Ю. Левита́нский   — Yu. Levitansky

УРОК 10

ФОНЕ́ТИКА:
- Pronunciation of hard and soft л
- Pronunciation of hard and soft р

ИНТОНА́ЦИЯ:
- Intonation of complex questions
- Intonation in stylistically different texts

1. Read these words with attention to the pronunciation of both hard and soft л.

гла́вный	целова́ть	като́лик	весе́лье
слу́жба	пол	добавля́ть	мусульма́не

2. Read these words with attention to the pronunciation of both hard and soft р.

ро́дина	про́поведь	хор	ве́рить	раствори́ть
Русь	кра́сить	собо́р	дре́вний	ве́черя

3. Read these word combinations with particular attention to the pronunciation of л and р.

страстна́я неде́ля   воскре́сная шко́ла
правосла́вная це́рковь   слу́жба на церко́внославя́нском

4. Read this poem with particular attention to the pronunciation of **л** and **р**.

Глу́пый гном гляде́л, гляде́л.	A silly gnome looked and looked.
Гро́мкий горн гуде́л, гуде́л.	A loud bugle tooted and tooted.
Гро́мче го́рна гро́хнул гром.	The thunder crashed louder than a bugle.
Гро́мче гро́ма га́ркнул гном.	The gnome shouted louder than thunder.

5. Learn this text. Decide for yourself where the intonation centers are located and the intonation constructions to use.

Что тако́е ве́ра? Ве́ра — э́то часть челове́ческой жи́зни. И не то́лько жи́зни. Это ча́сть челове́ческой приро́ды.

6. Read these sentences with particular attention to the intonation of complex questions.

ИК-3
В а́рмии зна́ли, что вы ве́рующий?
ИК-3
В семина́рии учи́ли, как на́до говори́ть на про́поведи?
ИК-3
Вас учи́ли, как на́до говори́ть с людьми́?
ИК-2
Что лю́бите де́лать, е́сли есть свобо́дное вре́мя?
ИК-2
Когда́ вы ска́жете, что у вас отдыха́ет душа́?

7. Read these dialogues. Note that **ли** is used if a question without a question word is repeated in an answer.

ИК-3
— В ва́шей семье́ ве́рили в Бо́га?
ИК-3   ИК-3   ИК-1
— Ве́рили ли в Бо́га в мое́й семье́? / Оте́ц / — нет.

ИК-3
— А семинари́сты влюбля́ются?
ИК-3   ИК-1
— Влюбля́ются ли семинари́сты? Коне́чно.

8. Read these texts with particular attention to the intonations. Explain how and why their intonations differ.

ИК-6
   Ма́сленица / — стари́нный
ИК-3
славя́нский пра́здник, / когда́
ИК-1   ИК-6
провожа́ли зи́му. В э́ти дни / пекли́
ИК-6
блины́, / кото́рые бы́ли си́мволом
ИК-1   ИК-3
весны́. Ведь кру́глый, / горя́чий
ИК-3   ИК-5
блин / так похо́ж на весе́ннее тёплое
                     ИК-6
со́лнце! Блины́ е́ли с икро́й, / с
ИК-6   ИК-3   ИК-6
рыбо́й, / со смета́ной, / с ма́слом / и
ИК-1
с мёдом.

Shrovetide is the ancient Slavic holiday which celebrated the passing of winter. During these days people made blinis, which were a symbol of spring. After all, a round, hot blin resembles the warm spring sun. Blinis were eaten with caviar, fish, sour cream, butter, and honey.

ИК-4
В 200 г молока́ / раствори́те

ИК-4   ИК-4
20 г дрожже́й, / доба́вьте 250 г муки́

ИК-1
/ и пригото́вьте густо́е те́сто. Те́сто

ИК-4
должно́ постоя́ть / 2-3 часа́ в

ИК-3   ИК-1
тёплом ме́сте / и подня́ться.

In 200 grams of milk dissolve 20 grams of yeast; add 250 grams of flour, and prepare a dense dough. The dough must stay in a warm place for 2-3 hours and rise.

УРОК 11

ФОНЕ́ТИКА:
- Pronunciation of hard and soft г, к, х
- Pronunciation of consonant clusters

ИНТОНА́ЦИЯ:
- Intonation of imperatives with the word дава́й(те)

1. Read these words with attention to the pronunciation of hard г, к, х.

го́род	ко́нкурс	худо́й	во-пе́рвых
горди́ться	кро́ме	вслух	во-вторых

2. Read these words with attention to the pronunciation of soft г, к, х.

гимна́стика	хи́мия	прыжо́к - прыжки́
физи́ческий	драмати́ческий	каки́е

3. Read these word combinations with particular attention to the pronunciation of the preposition with the following noun.

[к]	[г]
к кому́	к го́роду
к композитору	к Гали́не

4. Read this poem with particular attention to the pronunciation of г, к and х.

Му́ха, Му́ха-Цокоту́ха,	Fly, Fly-Buzzing One,
Позоло́ченное брю́хо!	Gilded belly!
Му́ха по́ полю пошла́,	Fly went off through the field,
Му́ха де́нежку нашла́,	Fly found some money,
Пошла́ Му́ха на база́р	Fly went to a bazaar,
И купи́ла самова́р .	And bought a samovar.
— К. Чуко́вский	— K. Chukovsky

5. Read these words with particular attention to the fact that р and л can form a syllable in combination with another consonant at the end of a word.

теа́тр	Пётр	рубль
амфитеа́тр	декáбрь	спекта́кль

6. Read these words, relaxing the articulation of the first sound in the consonant groups.

кро́ме	акти́вный	ка́к-то
вслух	актри́са	сце́на

7. Read these words, relaxing the articulation of the final sound in the consonant cluster. Note that both consonants in the cluster сть are pronounced soft.

текст	антра́кт	пусть
арти́ст	есть	упа́сть

8. Read these requests, keeping in mind that in sentences with the word **давáй(те)**, Intonation Construction 3 (**ИК-3**) is used to express a gentle request. The intonation center will always fall upon the word **давáй(те)**.

ИК-2   ИК-3
Мáма, / давáй кýпим прогрáммку.
 ИК-3
Давáйте сядем на пéрвый ряд!

9. Read these requests. Note that when sentences with the word **давáй(те)** are pronounced with Intonation Construction 2 (**ИК-2**), they express a strongly worded proposal. In such sentences the intonation center can be on any word.

 ИК-2
Давáй поéдем за билéтами!
              ИК-2
Давáй поéдем за билéтами!
ИК-2
Давáйте пойдём на дéтский спектáкль.
              ИК-2
Давáйте пойдём на дéтский спектáкль.

УРОК 12

ФОНÉТИКА:
- Review
- Phonological reading

ИНТОНÁЦИЯ:
- Review
- Intonational analysis of texts.

1. Read this text to yourself.

        ИК-6   ИК-4
Извéстный рýсский, / а тепéрь америкáнский, дирижёр /
        ИК-3   ИК-1   ИК-3
Мстислáв Ростропóвич / расскáзывал: / «Во врéмя войны, / в тысяча
             ИК-3   ИК-1
девятьсóт вторóм годý, / ýмер мой отéц. / Мне бы́ло óчень
ИК-2   ИК-1   ИК-1   ИК-6
плóхо. Я дóлго болéл. / Но нýжно бы́ло рабóтать, / и наш оркéстр из
                ИК-3   ИК-6
шести человéк, / где я был сáмым слáбым / и молоды́м, / поéхал на
ИК-1   ИК-6   ИК-3
пóезде в другóй гóрод. / Хотя кáждому в пóезде / дáли одеяло, / но
       ИК-1   ИК-2   ИК-3
я дóлго не спал: / мне бы́ло óчень хóлодно. / Но ýтром / я
ИК-6   ИК-1   ИК-5
почýвствовал, / что мне óчень теплó: / я спал под шестью одеялами».

Read these words from the text, being careful to reduce the vowel **o** after hard consonants.

в оркéстре	плóхо	хóлодно
сóрок	дóлго	молоды́м

Read these words from the text, being careful to reduce the vowel **e** after soft consonants.

ýмер	девятсóт	одеяло
теплó	человéк	на пóезде

Read these words from the text. Be careful to pronounce ж and ш hard.

ну́жно	ка́ждому	шестью́
дирижёр	что	из шести́

Now read the text aloud. Use careful intonation and pronunciation.

2. Read this poem. Watch your intonation and correctly pronounce ч and щ.

Средь шу́много ба́ла, случа́йно,
В трево́ге мирско́й суеты́,
Тебя́ я уви́дел, но та́йна
Твои́ покрыва́ла черты́.

Лишь о́чи печа́льно гляде́ли,
А го́лос так ди́вно звуча́л,
Как звон отдалённой свире́ли,
Как мо́ря игра́ющий вал.
                    — А.С. Пу́шкин

Amidst the noisy ball, by chance,
In the rush of worldly bustle,
I saw you, but a secret
Concealed your features.

Only your eyes shone sadly,
And your voice so wondrously sounded,
Like the rustle of a distant reed,
Like a frolicking wave of the sea.
                    — A.S. Pushkin

3. Read this poem. Be careful to use appropriate intonations. Pay careful attention to the pronunciation of hard and soft л and р.

На хо́лмах Гру́зии лежи́т ночна́я мгла:
Шуми́т Ара́гва пре́до мно́ю.
Мне гру́стно и легко́: печа́ль моя́ светла́:
Печа́ль моя́ полна́ тобо́ю,
Тобо́й, одно́й тобо́й . . . Уны́нья моего́.
Никто́ не му́чит, не трево́жит,
И се́рдце вновь гори́т и лю́бит — оттого́,
Что не люби́ть оно́ не мо́жет.
                    — А.С. Пу́шкин

On the Georgian hills lies the haze of night:
I hear the Aragva before me.
I am both sad and joyful: my sadness is bright.
My sadness is filled with you,
With you, with you alone . . . my despondency
No one torments, nor worries,
And again my heart burns and loves – because
    It cannot but love.
                    — A.S. Pushkin

CASE	USAGE	VERBS	PREPOSITIONS		M.	N.	F.
nom. кто что	Subject, doer (predicate noun/ adj.) до́лжен			S	-∅ -й -ь	-о -е -ие	-а -я -ь -ия
				P	-ы -и -и	-а -я -ия	-ы -и -и -ии
gen. кого́ чего́	Possession Negation: нет не́ было не бу́дет Numbers: 2-4 (sing.) 5+ (plural) Quantity words: мно́го, ма́ло (plural)	жела́ть боя́ться	у о́коло по́сле для из до от с — from без	S	-а -я -я	-а -я- -ия	-ы -и -и -ии
				P	-ов -ев -ей	-∅ -ей -ий	-∅ -∅ -ей -ий
dat. кому́ чему	Indirect Object, to, or for, whom Impersonal Expressions: мо́жно, нельзя́, на́до	пока́зывать жела́ть дари́ть сове́товать нра́виться каза́ться (ка́жется)	к по	S	-у -ю	-у -ю	-е -и
				P	-ам	-ям	
acc. кого́ что	Direct Object Destination after Motion Verbs: куда́ Some Time Expressions	Action Verbs: ви́деть люби́ть чита́ть писа́ть учи́ть зна́ть	в, на — to *after*: идти́/ходи́ть е́хать/е́здить лета́ть/лете́ть поступа́ть/ поступи́ть	S	*anim.* see gen. *inanim.* see nom.	-о -е	-у -ю
			похо́ж(а) на *кого́* че́рез	P	*anim.* see gen.	*inan.* see nom.	
instr. кем чем	Agent of Action, "by means of" Change of State (future, past) Some Time Expressions	быть: был бу́дет бу́дь(те) занима́ться горди́ться увлека́ться познако́миться	с — with над под пе́ред за ме́жду ря́дом с	S	-ом -ем	-ом -ем	-ой -ей
				P	-ами	-ями	
prep. о ком о чём	Prepositional Phrases: где когда́	ду́мать мечта́ть спо́рить	в — in на — at, on о (об)	S	-е -и	-е -и	-е -и
				P	-ах	-ях	

DECLENSION PATTERNS OF ADJECTIVES AND NOUNS

MASCULINE ADJECTIVES AND NOUNS (INANIMATE)

ИМЕНИ́ТЕЛЬНЫЙ (NOMINATIVE)	пе́рвый класс	после́дний кора́бль	ру́сский музе́й
РОДИ́ТЕЛЬНЫЙ (GENITIVE)	пе́рвого кла́сса	после́днего корабля́	ру́сского музе́я
ДА́ТЕЛЬНЫЙ (DATIVE)	пе́рвому кла́ссу	после́днему кораблю́	ру́сскому музе́ю
ВИНИ́ТЕЛЬНЫЙ (ACCUSATIVE)	пе́рвый класс	после́дний корабль	ру́сский музе́й
ТВОРИ́ТЕЛЬНЫЙ (INSTRUMENTAL)	пе́рвым кла́ссом	после́дним корабле́м	ру́сским музе́ем
ПРЕДЛО́ЖНЫЙ (PREPOSITIONAL)	(о) пе́рвом кла́ссе	(о) после́днем корабле́	(о) ру́сском музе́е

MASCULINE ADJECTIVES AND NOUNS (ANIMATE)

ИМЕНИ́ТЕЛЬНЫЙ (NOMINATIVE)	пе́рвый журнали́ст	после́дний секрета́рь	ру́сский свяще́нник
РОДИ́ТЕЛЬНЫЙ (GENITIVE)	пе́рвого журнали́ста	после́днего секретаря́	ру́сского свяще́нника
ДА́ТЕЛЬНЫЙ (DATIVE)	пе́рвому журнали́сту	после́днему секретарю́	ру́сскому свяще́ннику
ВИНИ́ТЕЛЬНЫЙ (ACCUSATIVE)	пе́рвого журнали́ста	после́днего секретаря́	ру́сского свяще́нника
ТВОРИ́ТЕЛЬНЫЙ (INSTRUMENTAL)	пе́рвым журнали́стом	после́дним секретаре́м	ру́сским свяще́нником
ПРЕДЛО́ЖНЫЙ (PREPOSITIONAL)	(о) пе́рвом журнали́сте	(о) после́днем секретаре́	(о) ру́сском свяще́ннике

FEMININE ADJECTIVES AND NOUNS (INANIMATE/ANIMATE)

ИМЕНИ́ТЕЛЬНЫЙ (NOMINATIVE)	пе́рвая балери́на	после́дняя неде́ля	ру́сская исто́рия	хоро́шая статья́
РОДИ́ТЕЛЬНЫЙ (GENITIVE)	пе́рвой балери́ны	после́дней неде́ли	ру́сской исто́рии	хоро́шей статьи́
ДА́ТЕЛЬНЫЙ (DATIVE)	пе́рвой балери́не	после́дней неде́ле	ру́сской исто́рии	хоро́шей статье́
ВИНИ́ТЕЛЬНЫЙ (ACCUSATIVE)	пе́рвую балери́ну	после́днюю неде́лю	ру́сскую исто́рию	хоро́шую статью́
ТВОРИ́ТЕЛЬНЫЙ (INSTRUMENTAL)	пе́рвой балери́ной	после́дней неде́лей	ру́сской исто́рией	хоро́шей статьёй
ПРЕДЛО́ЖНЫЙ (PREPOSITIONAL)	(о) пе́рвой балери́	(о) после́дней не неде́ле	(о) ру́сской исто́рии	(о) хоро́шей статье́

NEUTER ADJECTIVES AND NOUNS

ИМЕНИ́ТЕЛЬНЫЙ (NOMINATIVE)	второ́е письмо́	си́нее мо́ре	хоро́шее увлече́ние
РОДИ́ТЕЛЬНЫЙ (GENITIVE)	второ́го письма́	си́него мо́ря	хоро́шего увлече́ния
ДА́ТЕЛЬНЫЙ (DATIVE)	второ́му письму́	си́нему мо́рю	хоро́шему увлече́нию
ВИНИ́ТЕЛЬНЫЙ (ACCUSATIVE)	второ́е письмо́	си́нее мо́ре	хоро́шее увлече́ние
ТВОРИ́ТЕЛЬНЫЙ (INSTRUMENTAL)	вторы́м письмо́м	си́ним мо́рем	хоро́шим увлече́нием
ПРЕДЛО́ЖНЫЙ (PREPOSITIONAL)	(о) второ́м письме́	(о) си́нем мо́ре	(о) хоро́шем увлече́нии

Plural Adjectives and Nouns (Animate)

ИМЕНИ́ТЕЛЬНЫЙ (NOMINATIVE)	пе́рв**ые** журнали́ст**ы**	после́дн**ие** секретари́	ру́сск**ие** балери́н**ы**
РОДИ́ТЕЛЬНЫЙ (GENITIVE)	пе́рв**ых** журнали́ст**ов**	после́дн**их** секретар**е́й**	ру́сск**их** балери́н
ДА́ТЕЛЬНЫЙ (DATIVE)	пе́рв**ым** журнали́ст**ам**	после́дн**им** секретар**я́м**	ру́сск**им** балери́н**ам**
ВИНИ́ТЕЛЬНЫЙ (ACCUSATIVE)	пе́рв**ых** журнали́ст**ов**	после́дн**их** секретар**е́й**	ру́сск**их** балери́н
ТВОРИ́ТЕЛЬНЫЙ (INSTRUMENTAL)	пе́рв**ыми** журнали́ст**ами**	после́дн**ими** секретар**я́ми**	ру́сск**ими** балери́н**ами**
ПРЕДЛО́ЖНЫЙ (PREPOSITIONAL)	(о) пе́рв**ых** журнали́ст**ах**	(о) после́дн**их** секретар**я́х**	(о) ру́сск**их** балери́н**ах**

Plural Adjectives and Nouns (Inanimate)

ИМЕНИ́ТЕЛЬНЫЙ (NOMINATIVE)	пе́рв**ые** кла́ссы	после́дн**ие** неде́ли	втор**ы́е** пи́сьма	хоро́ш**ие** увлече́ни**я**
РОДИ́ТЕЛЬНЫЙ (GENITIVE)	пе́рв**ых** кла́сс**ов**	после́дн**их** неде́л**ей**	втор**о́го** пи́сьма	хоро́ш**их** увлече́ний
ДА́ТЕЛЬНЫЙ (DATIVE)	пе́рв**ым** кла́сс**ам**	после́дн**им** неде́л**ям**	втор**ы́м** пи́сьм**ам**	хоро́ш**им** увлече́ни**ям**
ВИНИ́ТЕЛЬНЫЙ (ACCUSATIVE)	пе́рв**ые** кла́ссы	после́дн**ие** неде́ли	втор**ы́е** пи́сьма	хоро́ш**ие** увлече́ни**я**
ТВОРИ́ТЕЛЬНЫЙ (INSTRUMENTAL)	пе́рв**ыми** кла́сс**ами**	после́дн**ими** неде́л**ями**	втор**ы́ми** пи́сьм**ами**	хоро́ш**ими** увлече́ни**ями**
ПРЕДЛО́ЖНЫЙ (PREPOSITIONAL)	(о) пе́рв**ых** кла́сс**ах**	(о) после́дн**их** неде́л**ях**	(о) втор**ы́х** пи́сьм**ах**	(о) хоро́ш**их** увлече́ни**ях**

Examples of Qualitative Adjectives
(Short Forms, Simple and Compound Comparatives and Compound Superlatives)

LONG-FORM ADJECTIVE (DECLINES)	SHORT-FORM ADJECTIVE (DOES NOT DECLINE)	SIMPLE COMPARATIVE (DOES NOT DECLINE)	COMPOUND COMPARATIVE (DECLINES)	COMPOUND SUPERLATIVE (DECLINES)
краси́в**ый**, -ая, -ое, -ые	краси́в, -а, -о, -ы	краси́в**ее**	бо́лее (ме́нее) краси́в**ый**	са́м**ый** краси́в**ый**
до́бр**ый** -ая, -ое, -ые	добр, -а́, -о́, -ы́	добр**е́е**	бо́лее (ме́нее) до́бр**ый**	са́м**ый** до́бр**ый**
дорог**о́й**	до́рог, -а́, -о, -и	доро́же	бо́лее (ме́нее) дорог**о́й**	са́м**ый** дорог**о́й**

- Short form adjectives change for gender and number, but not for case, and they are used only as predicates in sentences. The masculine form is normally the same as the adjective stem ending (-Ø), the feminine adds -**a**, the neuter adds -**о**, and the plural adds -**ы** (**и**).
- Simple comparative adjectives are formed by adding the suffixes -**ее** or -**е**. Some final stem consonants undergo mutations (see the following table).

Table of Consonant Mutations in Comparative Forms of Adjectives
(with examples)

г > ж	дорог**о́й** > доро́**же**	dear > dearer
к > ч	жа́р**кий** > жа́р**че**	hot > hotter
х > ш	сух**о́й** > су́**ше**	dry > drier
д > ж	молод**о́й** > моло́**же**	young > younger
т > ч	бога́**тый** > бога́**че**	richer > richer
ст > щ	прос**то́й** > про́**ще**	simple > simpler
тк > ч	коро́**ткий** > коро́**че**	short > shorter
зк > ж	бли́**зкий** > бли́**же**	near > nearer
в > вл	дешё**вый** > деше́**вле**	cheap > cheaper
с(о)к > ш	высо́**кий** > вы́**ше**	tall > taller

PERSONAL PRONOUNS

ИМЕНИ́ТЕЛЬНЫЙ (NOMINATIVE)	Я I	ТЫ you	ОН he/it	ОНО́ it	ОНА́ she/it	МЫ we	ВЫ you	ОНИ́ they	КТО who	ЧТО what
РОДИ́ТЕЛЬНЫЙ (GENITIVE)	меня́	тебя́	(н)его́		(н)её	нас	вас	(н)их	кого́	чего́
ДА́ТЕЛЬНЫЙ (DATIVE)	мне	тебе́	(н)ему́		(н)ей	нам	вам	(н)им	кому́	чему́
ВИНИ́ТЕЛЬНЫЙ (ACCUSATIVE)	меня́	тебя́	(н)его́		(н)её	нас	вас	(н)их	кого́	что
ТВОРИ́ТЕЛЬНЫЙ (INSTRUMENTAL)	мной	тобой	(н)им		(н)ей	на́ми	ва́ми	(н)и́ми	кем	чем
ПРЕДЛО́ЖНЫЙ (PREPOSITIONAL)	обо мне	о тебе́	о нём		о ней	о нас	о вас	о них	о ком	о чём

The third person pronouns (**он, оно́, она́, они́**) add an initial **н** after prepositions.
The reflexive pronoun **себя́** declines the same way as **я** and **ты,** but does not have nominative forms.

POSSESSIVE PRONOUN
(POSSESSIVE ADJECTIVE) МОЙ (MY)

CASE	MASCULINE	NEUTER	FEMININE	PLURAL
ИМЕНИ́ТЕЛЬНЫЙ (NOMINATIVE)	мой	моё	моя́	мой
РОДИ́ТЕЛЬНЫЙ (GENITIVE)	моего́		мое́й	мои́х
ДА́ТЕЛЬНЫЙ (DATIVE)	моему́		мое́й	мои́м
ВИНИ́ТЕЛЬНЫЙ (ACCUSATIVE) INANIMATE / ANIMATE	мой / моего́	моё	мою́	мой / мои́х
ТВОРИ́ТЕЛЬНЫЙ (INSTRUMENTAL)	мои́м		мое́й	мои́ми
ПРЕДЛО́ЖНЫЙ (PREPOSITIONAL)	(о) моём		(о) мое́й	(о) мои́х

The possessive pronoun (possessive adjective) **твой** declines the same way as **мой** and **свой.**

POSSESSIVE PRONOUN
(POSSESSIVE ADJECTIVE) НАШ (OUR)

CASE	MASCULINE	NEUTER	FEMININE	PLURAL
ИМЕНИ́ТЕЛЬНЫЙ (NOMINATIVE)	наш	на́ше	на́ша	на́ши
РОДИ́ТЕЛЬНЫЙ (GENITIVE)	на́шего		на́шей	на́ших
ДА́ТЕЛЬНЫЙ (DATIVE)	на́шему		на́шей	на́шим
ВИНИ́ТЕЛЬНЫЙ (ACCUSATIVE) INANIMATE / ANIMATE	наш / на́шего	на́ше	на́шу	на́ши / на́ших
ТВОРИ́ТЕЛЬНЫЙ (INSTRUMENTAL)	на́шим		на́шей	на́шими
ПРЕДЛО́ЖНЫЙ (PREPOSITIONAL)	(о) на́шем		(о) на́шей	(о) на́ших

The possessive pronoun (possessive adjective) **ваш** (your) declines the same way as **наш.**

DECLENSION OF THE DEFINITE PRONOUN
ВЕСЬ (ALL)

CASE		MASCULINE	NEUTER	FEMININE	PLURAL
ИМЕНИ́ТЕЛЬНЫЙ (NOMINATIVE)		весь	всё	вся	все
РОДИ́ТЕЛЬНЫЙ (GENITIVE)		всего́		всей	всех
ДА́ТЕЛЬНЫЙ (DATIVE)		всему́		всей	всем
ВИНИ́ТЕЛЬНЫЙ (ACCUSATIVE)	INANIMATE	весь	всё	всю	все
	ANIMATE	всего́			всех
ТВОРИ́ТЕЛЬНЫЙ (INSTRUMENTAL)		всем		всей	все́ми
ПРЕДЛО́ЖНЫЙ (PREPOSITIONAL)		(обо) всём		(обо) всей	(обо) всех

DECLENSION OF THE INTERROGATIVE PRONOUN
ЧЕЙ (WHOSE)

CASE		MASCULINE	NEUTER	FEMININE	PLURAL
ИМЕНИ́ТЕЛЬНЫЙ (NOMINATIVE)		чей	чьё	чья	чьи
РОДИ́ТЕЛЬНЫЙ (GENITIVE)		чьего́		чьей	чьих
ДА́ТЕЛЬНЫЙ (DATIVE)		чьему́		чьей	чьим
ВИНИ́ТЕЛЬНЫЙ (ACCUSATIVE)	INANIMATE	чей	чьё	чью	чьи
	ANIMATE	чьего́			чьих
ТВОРИ́ТЕЛЬНЫЙ (INSTRUMENTAL)		чьим		чьей	чьи́ми
ПРЕДЛО́ЖНЫЙ (PREPOSITIONAL)		(о) чьём		(о) чьей	(о) чьих

DECLENSION OF THE DEMONSTRATIVE PRONOUN
ТОТ

CASE		MASCULINE	NEUTER	FEMININE	PLURAL
ИМЕНИ́ТЕЛЬНЫЙ (NOMINATIVE)		тот	то	та	те
РОДИ́ТЕЛЬНЫЙ (GENITIVE)		того́		той	тех
ДА́ТЕЛЬНЫЙ (DATIVE)		тому́		той	тем
ВИНИ́ТЕЛЬНЫЙ (ACCUSATIVE)	INANIMATE	тот	то	ту	те
	ANIMATE	того́			тех
ТВОРИ́ТЕЛЬНЫЙ (INSTRUMENTAL)		тем		той	те́ми
ПРЕДЛО́ЖНЫЙ (PREPOSITIONAL)		(о) том		(о) той	(о) тех

одѝн, однá, однó, однѝ	one	пéрвый	first
два, две	two	вторóй	second
три	three	трéтий	third
четы́ре	four	четвёртый	fourth
пять	five	пя́тый	fifth
шесть	six	шестóй	sixth
семь	seven	седьмóй	seventh
вóсемь	eight	восьмóй	eighth
дéвять	nine	девя́тый	ninth
дéсять	ten	деся́тый	tenth
одѝннадцать	eleven	одѝннадцатый	eleventh
двенáдцать	twelve	двенáдцатый	twelfth
тринáдцать	thirteen	тринáдцатый	thirteenth
четы́рнадцать	fourteen	четы́рнадцатый	fourteenth
пятнáдцать	fifteen	пятнáдцатый	fifteenth
шестнáдцать	sixteen	шестнáдцатый	sixteenth
семнáдцать	seventeen	семнáдцатый	seventeenth
восемнáдцать	eighteen	восемнáдцатый	eighteenth
девятнáдцать	nineteen	девятнáдцатый	nineteenth
двáдцать	twenty	двадцáтый	twentieth
трѝдцать	thirty	тридцáтый	thirtieth
сóрок	forty	сороковóй	fortieth
пятьдеся́т	fifty	пятидеся́тый	fiftieth
шестьдéсят	sixty	шестидеся́тый	sixtieth
сéмьдесят	seventy	семидеся́тый	seventieth
вóсемьдесят	eighty	восьмидеся́тый	eightieth
девянóсто	ninety	девянóстый	ninetieth
сто	(one) hundred	сóтый	(one) hundredth
двéсти	two hundred	двухсóтый	two hundredth
трѝста	three hundred	трёхсóтый	three hundredth
четы́реста	four hundred	четырёхсóтый	four hundredth
пятсóт	five hundred	пятисóтый	five hundredth
шестьсóт	six hundred	шестисóтый	six hundredth
семьсóт	seven hundred	семисóтый	seven hundredth
восемьсóт	eight hundred	восьмисóтый	eight hundredth
девятьсóт	nine hundred	девятисóтый	nine hundredth
ты́сяча	(one) thousand	ты́сячный	(one) thousandth
две ты́сячи	two thousand	двухты́сячный	two thousandth
пять ты́сяч	five thousand	пятиты́сячный	five thousandth
миллиóн	(one) million	миллиóнный	(one) millionth
два миллиóна	two million	двухмиллиóнный	two millionth
миллиáрд	(one) billion	миллиáрдный	billionth

- Ordinal numbers have the same case, number, and gender endings as other adjectives. See the declension of пéрвый earlier. All are hard, except for трéтий, declined below.
- Ты́сяча is a feminine noun: numbers ending in the word однá take ты́сяча; numbers ending in the word две, три, or четы́ре take ты́сячи; numbers ending in the word пять or higher take ты́сяч.
- Миллиóн is a masculine noun; with 2, 3, 4 миллиóна is used, with numbers ending in a number higher than 4, миллиóнов is used.

DECLENSION OF THE ORDINAL NUMBER—трéтий (THIRD)

CASE	MASCULINE	NEUTER	FEMININE	PLURAL
ИМЕНѝТЕЛЬНЫЙ (NOMINATIVE)	трéтий	трéтье	трéтья	трéтьи
РОДѝТЕЛЬНЫЙ (GENITIVE)	трéтьего		трéтьей	трéтьих
ДÁТЕЛЬНЫЙ (DATIVE)	трéтьему		трéтьей	трéтьим
ВИНѝТЕЛЬНЫЙ (ACCUSATIVE) INANIMATE / ANIMATE	трéтий / трéтьего	трéтье	трéтью	трéтьи / трéтьих
ТВОРѝТЕЛЬНЫЙ (INSTRUMENTAL)	трéтьим		трéтьей	трéтьими
ПРЕДЛÓЖНЫЙ (PREPOSITIONAL)	(о) трéтьем		(о) трéтьей	(о) трéтьих

DECLENSION OF NUMBERS—Один (1)

CASE		MASCULINE	NEUTER	FEMININE	PLURAL
ИМЕНИ́ТЕЛЬНЫЙ (NOMINATIVE)		один	одно́	одна́	одни́
РОДИ́ТЕЛЬНЫЙ (GENITIVE)		одного́		одно́й	одни́х
ДА́ТЕЛЬНЫЙ (DATIVE)		одному́		одно́й	одни́м
ВИНИ́ТЕЛЬНЫЙ (ACCUSATIVE)	INANIMATE / ANIMATE	один / одного́	одно́	одну́	одни́ / одни́х
ТВОРИ́ТЕЛЬНЫЙ (INSTRUMENTAL)		одни́м		одно́й	одни́ми
ПРЕДЛО́ЖНЫЙ (PREPOSITIONAL)		(об) одно́м		(об) одно́й	(об) одни́х

два (2), три (3), четы́ре (4)

CASE		MASCULINE	NEUTER	FEMININE	PLURAL
ИМЕНИ́ТЕЛЬНЫЙ (NOMINATIVE)		два	две	три	четы́ре
РОДИ́ТЕЛЬНЫЙ (GENITIVE)		двух		трёх	четырёх
ДА́ТЕЛЬНЫЙ (DATIVE)		двум		трём	четырём
ВИНИ́ТЕЛЬНЫЙ (ACCUSATIVE)	INANIMATE / ANIMATE	два / двух	два / две	три / трёх	четы́ре / четырёх
ТВОРИ́ТЕЛЬНЫЙ (INSTRUMENTAL)		двумя́		тремя́	четырьмя́
ПРЕДЛО́ЖНЫЙ (PREPOSITIONAL)		(о) двух		(о) трёх	(о) четырёх

пять (5), пятьдеся́т (50), со́рок (40), девяно́сто (90), сто (100)

CASE					
ИМЕНИ́ТЕЛЬНЫЙ (NOMINATIVE)	пять	пятьдеся́т	со́рок	девяно́сто	сто
РОДИ́ТЕЛЬНЫЙ (GENITIVE)	пяти́	пяти́десяти	сорока́	девяно́ста	ста
ДА́ТЕЛЬНЫЙ (DATIVE)	пяти́	пяти́десяти	сорока́	девяно́ста	ста
ВИНИ́ТЕЛЬНЫЙ (ACCUSATIVE)	пять	пятьдеся́т	со́рок	девяно́сто	сто
ТВОРИ́ТЕЛЬНЫЙ (INSTRUMENTAL)	пятью́	пятью́десятью	сорока́	девяно́ста	ста
ПРЕДЛО́ЖНЫЙ (PREPOSITIONAL)	пяти́	пяти́десяти	сорока́	девяно́ста	ста

THE RUSSIAN VERB SYSTEM

VERB FORM	DESCRIPTION	TRANSLATION(S)
	IMPERFECTIVE VERBS	
читáть	imperfective infinitive	to read
я, ты, он чнтáл	masculine imperfective past	I, you, he read, was reading, did read, used to read
я читáю	(imperfective) present	I am reading, I read, I do read
я буду читáть	imperfective future	I will read, will be reading
читáя*	present verbal adverb	while reading
читáющий*	present active participle	(which is) reading
читáемый*	present passive participle	being read
	PERFECTIVE VERBS	
прочитáть	perfective infinitive	to read
я, ты, он прочитáл	masculine perfective past	I, you, he read, finished reading
я прочитáю	perfective future	I will read, will have read
прочитáв(ши)*	past verbal adverb	having read, having finished reading
прочитáвший*	past active participle	(having) read
прочитанный*	past passive participle	(which was) read
прочитан	short form past passive participle	(which was) read

*These are primarily literary forms and are used infrequently in conversational Russian. These forms are not taught in this textbook and are given for reference only.

PAST TENSE

REGULAR VERBS

быть (to be)		танцевáть (to dance)
я, ты, он был	masculine	я, ты, он танцевáл
я, ты, онá былá	feminine	я, ты, онá танцевáла
онó бы́ло	neuter	онó танцевáло
мы, вы, они́ бы́ли	plural	мы, вы, они́ танцевáли

IRREGULAR VERBS

мочь (to be able)		умерéть (to die)
я, ты, он мог	masculine	я, ты, он у́мер
я, ты, онá моглá	feminine	я, ты, онá умерлá
онó моглó	neuter	онó у́мерло
мы, вы, они́ могли́	plural	мы, вы, они́ у́мерли

FIRST CONJUGATION PRESENT IMPERFECTIVE AND FUTURE PERFECTIVE

Verbs in -ать (-ять)/-еть that retain the suffix -a/-е
(Verbs that end in the suffixes -ывать (-ивать) are also members of this group.)

читáть (to read)		уметь (to know how)	
я читáю	мы читáем	я умéю	мы умéем
ты читáешь	вы читáете	ты умéешь	вы умéете
он/онá читáет	они́ читáют	он/онá умéет	они́ умéют

Monosyllabic verbs in -ать that drop the suffix -а ждать (to await)		Monosyllabic verbs in -ать that have a non-past final stem consonant -н- стать (to become, begin)	
я жду	мы ждём	я стáну	мы стáнем
ты ждёшь	вы ждёте	ты стáнешь	вы стáнете
он/онá ждёт	они́ ждут	он/онá стáнет	они́ стáнут

Polysyllabic verbs in -ать that drop the suffix -а		Verbs in -авать	
писа́ть (to write)		продава́ть (to sell)	
я пишу́	мы пи́шем	я продаю́	мы продаём
ты пи́шешь	вы пи́шете	ты продаёшь	вы продаёте
он/она́ пи́шет	они́ пи́шут	он/она́ продаёт	они́ продаю́т

Verbs of the писа́ть type have a consonant mutation throughout the non-past. See the table of verbal consonant mutations below.

Verbs in -овать/евать (-овать/-евать > -у)			
рисова́ть		танцева́ть	
я рису́ю	мы рису́ем	я танцу́ю	мы танцу́ем
ты рису́ешь	вы рису́ете	ты танцу́ешь	вы танцу́ете
он/она́ рису́ет	они́ рису́ют	он/она́ танцу́ет	они́ танцу́ют

SECOND CONJUGATION PRESENT IMPERFECTIVE AND FUTURE PERFECTIVE

Verbs in -ить and -еть			
люби́ть (to like or love)		смотре́ть (to look)	
я люблю́	мы лю́бим	я смотрю́	мы смо́трим
ты лю́бишь	вы лю́бите	ты смо́тришь	вы смо́трите
он/она́ лю́бит	они́ лю́бят	он/она́ смо́трит	они́ смо́трят

Second conjugation verbs with the suffixes, -ить and -еть have a consonant mutation in the first person singular whenever the final stem consonant is one of those which mutates. A list of consonant mutations in verbs is given below. One verb in -ать (спать - to sleep) belongs to this group of verbs.

Verbs in -ать (final stem consonants ш, ж, щ, or ч)		Table of Consonant Mutations in Verbs		
слы́шать (to hear)		м › мл	д › ж	т › ч
		в › вл	з › ж	к › ч
я слы́шу	мы слы́шим	п › пл	г › ж	ст › щ
ты слы́шишь	вы слы́шите	б › бл	х › ш	ск › щ
он/она́ слы́шит	они́ слы́шат	ф › фл	с › ш	

COMMON IRREGULAR VERBS

хоте́ть (to want)		мочь (to be able)	
я хочу́	мы хоти́м	я могу́	мы мо́жем
ты хо́чешь	вы хоти́те	ты мо́жешь	вы мо́жете
он/она́ хо́чет	они́ хотя́т	он/она́ мо́жет	они́ мо́гут

дать (to give)		есть (to eat)	
я дам	мы дади́м	я ем	мы еди́м
ты дашь	вы дади́те	ты ешь	вы еди́те
он/она́ даст	они́ даду́т	он/она́ ест	они́ едя́т

Future Tense
(Imperfective Verbs)
All Imperfective Verbs

писа́ть

я бу́ду писа́ть	мы бу́дем писа́ть
ты бу́дешь писа́ть	вы бу́дете писа́ть
он/она́ бу́дет писа́ть	они́ бу́дут писа́ть

This vocabulary contains all of the important words encountered in **Russian Faces and Voices**, with the exception of first names, patronymics, surnames, and those place names which are easily understood. Capitalization follows the rules of the language in which words are given. The lesson in which a word is given for active mastery is shown in bold print.

Nouns are listed according to their nominative singular forms, unless they do not normally use singular forms. The last stem element or vowel that is retained in spelling the various case forms of a word is followed by the symbol "‖". Fill (or fleeting) vowels are enclosed in parentheses "( )". The spelling for the nominative and genitive singular and for the nominative and genitive plural is given. If singular forms are not in use, the gender designation is followed by a "*pl.*" If plural forms are non-existent or rarely used, then an "*s.*" appears after the gender notation. The singular and plural forms are separated by a semi-colon (;). When the genitive plural is equal to the stem, this is shown by the symbol "Ø". The genitive plural of feminine and neuter nouns that require the addition of a fill vowel is provided, since the spelling cannot always be deduced. Accents are marked throughout, except when they occur on capital letters or on monosyllabic forms.

Adjectives, ordinal numbers, and possessive adjectives are listed in their masculine nominative singular forms; and the final stem element that is retained in spelling their forms is followed by the symbol "‖". The spelling of the endings for feminine, neuter, and plural forms in the nominative case is given. No forms are given for cardinal numbers or for phrases.

For verbs, the final non-past tense stem element of the infinitive is followed by the symbol "‖" and the correct spelling of the first and second person singular and third person plural endings of the non-past is given. Stems which differ from the infinitive are shown in the same way. Forms which are not consistent with these principles are spelled out in their entirety.

The following abbreviations are used in this Russian–English vocabulary.

acc. - accusative case	*impf.* - imperfective verb	*pf.* - perfective verb
adj. - adjective	*indecl.* - indeclinable	*phr.* - phrase
adv. - adverb	*indef.* - indefinite	*pl.* - plural
C.S. - Church Slavonic form	*indet.* - indeterminate	*poss.* - possessive
card. - cardinal	*instr.* - instrumental case	*p.p.p.* - past passive participle
coll. - collective noun	*interj.* - interjection	*pr.a.p.* - present active participle
comp. - comparative adjective or adverb	*interrog.* - interrogative	*pred.* - predicate
conj. - conjunction	*intrans.* - intransitive verb (no direct object)	*prep.* - preposition
conv. - conversational or slang form	*m.* - masculine noun	*prepos.* - prepositional case
dat. - dative case	*neg.* - negative	*pron.* - pronoun
det. - determinate	*n.* - neuter noun	R. - Russian
dim. - diminutive	*no.* - number	*refl.* - reflexive pronoun
excl. - exclamation	*nom.* - nominative case	*rel.* - relative pronoun
f. - feminine noun	*ord.* - ordinal	*s.* - singular
gen. - genitive case	*p. t.* - past tense	*s.f.* - short form
imper. - imperative	*paren.* - parenthetical	*subst.* - substantive noun
	part. - particle	*trans.* - transitive verb (takes direct object)
	pers. - person; personal (pronoun)	

абсолю́тно (*adv.*) absolutely, perfectly, utterly

авангарди́ст [-а; -ы, -ов] (*m.*) avant-gardist, a person ahead of his/her time

а́вгуст [-а; -ы, -ов] (*m.*) August

авиакомпа́ни‖я [-и; -и, -й] (*f.*) **3** airline company

авиапассажи́р [-а; -ы, -ов] (*m.*) air passenger

авиа́ци‖я [-и; -и, й] (*f.*) **3** aviation

А́встри‖я [-и; -и, -й] (*f.*) **3** Austria (country)

авто́бус [-а; -ы, -ов] (*m.*) bus

авто́бусн‖ый [-ая, -ое, -ые] (*adj.*) bus

автомоби́л‖ь [-я; -и, -ей] (*m.*) automobile

а́втор [-а; -ы, -ов] (*m.*) author

а́вторск‖ий [-ая, -ое, -ие] (*adj.*) **9** author's, creator's

агресси́вност‖ь [-и] (*f.s.*) aggressiveness

агресси́вн‖ый [-ая, -ое, -ые] (*adj.*) aggressive, belligerent

администрати́вн‖ый [-ая, -ое, -ые] (*adj.*) **5** administrative

адмиралте́йств‖о [-а] (*n.*) the Admiralty (in St. Petersburg)

а́дрес [-а; -а́, -о́в] (*m.*) address

А́зи‖я [-и] (*f.*) Asia

АЙРЕКС [-а] (*m.*) IREX (International Research and Exchanges Board)

акаде́мик [-а; -и, -ов] (*m.*) academician

акаде́ми‖я [-и; -и, -й] (*f.*) **10** academy

аквалангист [-а; -ы, -ов] (*m.*) (scuba) diver

Аква́риум Akvarium (R. musical group)

аккура́тн‖ый [-ая, -ое, -ые] (*adj.*) **5** exact, thorough; tidy, neat

аку́стик‖а [-и] (*f.*) acoustics

алкого́лик [-а; -и, -ов] (*m.*) drunkard, alcoholic

аллерги́‖я [-и; -и, -й] (*f.*) allergy

алло́ (*interj.*) hello

алма́з [-а; -ы, -ов] (*m.*) **3** diamond

альпини́ст [-а; -ы, -ов] (*m.*) mountaineer, mountain climber

альтруи́зм [-а; -ы, -ов] (*m.*) altruism, unselfishness

Аля́ск‖а[-и] (*f.*) Alaska

Аме́рик‖а [-и] (*f.*) America

америка́н(е)ц [-а; -ы, -ев] (*m.*) American (male)

америка́нск‖ий [-ая, -ое, -ие] (*adj.*) American

амфитеа́тр [-а; -ы, -ов] (*m.*) **11** amphitheater

анги́н‖а [-ы] (*f.*) angina

англи́йск‖ий [-ая, -ое, -ие] (*adj.*) English

англича́нин [-а; англича́н‖е, -∅] (*m.*) **6** Englishman

А́нгли‖я [-и] (*f.*) England (country)

анекдо́т [-а; -ы, -ов] (*m.*)

анке́т‖а [-ы; -ы, -∅] (*f.*) **2** questionnaire

анса́мбл‖ь [-я; -и, -ей] (*m.*) ensemble, band

антра́кт [-а; -ы, -ов] (*m.*) **11** intermission

аплоди́р‖овать [-ую, -уешь, -уют] (*impf.*) to applaud, clap

аплодисме́нт‖ы [-ов] (*m. pl.*) **11** applause

Аполло́н [-а] (*m.*) Apollo (Roman god); Apollo spaceship

аппара́ту́р‖а [-ы; -ы, -∅] (*f.*) **7** apparatus, equipment, gear

аппендици́т [-а] (*m.*) appendicitis

аппети́т [-а; -ы, -ов] (*m.*) **10** appetite; прия́тного аппети́та enjoy the meal; bon appetit

апте́к‖а [-и, -и, -∅] (*f.*) drugstore, pharmacy

ара́бск‖ий [-ая, -ое, -ие] (*adj.*) **7** Arab, Arabian, Arabic

Ара́ви‖я [-и; -и, -й] (*f.*) Saudi Arabia (country)

Арба́т [-а] (*m.*) Arbat Street

аргуме́нт [-а; -ы, -ов] (*m.*) argument

аренд‖ова́ть [-у́ю, -у́ешь, -у́ют] (*impf.*) to lease, rent

а́рми‖я [-и; -и, -й] (*f.*) army

арти́ст [-а; -ы, -ов] (*m.*) actor

арти́стк‖а [-и; -и, арти́сток] (*f.*) actress

архите́ктор [-а; -ы, -ов] (*m.*) architect

архитекту́р‖а [-ы] (*f.*) architecture

архитекту́рн‖ый [-ая, -ое, -ые] (*adj.*) architectural

аспири́н [-а] (*m., s.*) **7** aspirin

АСПРЯЛ [-а] (*m., s.*) **5** Америка́нский Сове́т Преподава́телей Ру́сского Языка́ и Литерату́ры American Council of Teachers of Russian (ACTR)

астроно́м [-а; -ы, -ов] (*m.*) astronomer

астрономи́ческ‖ий [-ая, -ое, -ие] (*adj.*) astronomical

астроно́ми‖я [-и] (*f., s.*) astronomy

атеи́ст [-а; -ы, -ов] (*m.*) **10** atheist

ателье́ (*n., indecl.*) **9** studio, fashion house

Ахма́тов‖а [-ы] (*f.*) Anna Akhmatova, 1889-1966 (R. poet)

аэродро́м [-а; -ы, -ов] (*m.*) **3** airfield, (British) aerodrome

аэропо́рт [-а; -ы, -ов] (*m.*) **3** airport (building)

ба́бочк‖а [-и; -и, ба́бочек] (*f.*) butterfly

ба́бушк‖а [-и; -и, ба́бушек] (*f.*) grandmother

бадминто́н [-а] (*m.*) badminton

байда́рк‖а [-и; -и, байда́рок] (*f.*) canoe

бал [-а; -ы, -о́в] (*m.*) ball: dance

балери́н‖а [-ы; -ы, -∅] (*f.*) **1** ballerina

бале́т [-а; -ы, -ов] (*m.*) ballet

бале́тн‖ый [-ая, -ое, -ые] (*adj.*) **11** ballet

балко́н [-а; -ы, -ов] (*m.*) **11** balcony; на балко́не on the balcony

бана́н [-а; -ы, -ов] (*m.*) banana

ба́н‖я [-и, -и, -ей] (*f.*) **3** bathhouse, sauna

бара́н [-а; -ы, -ов] (*m.*) **6** ram

Ба́рби (*f., indecl.*) **9** Barbie (doll)

ба́рд-пев(е́)ц [-а; -ы, -ов] (*m.*) bard-singer

барсу́к [-а́; -и, -ов] (*m.*) badger

ба́рхатн‖ый [-ая, -ое, -ые] (*adj.*) **5** velvety soft

баскетбо́л [-а] (*m.*) basketball

бассе́йн [-а; -ы, -ов] (*m.*) swimming pool

Башки́ри‖я [-и] (*f.*) Bashkir (region in Russia)

бе́га‖ть [-ю, -ешь, -ют] (*impf., indet.*) to run

бег [-а] (*m.*) race

бего́м (*adv.*) running

бе́дн‖ый [-ая, -ое, -ые] (*adj.*) **11** poor, unfortunate; unlucky, unhappy

бежа́ть [бегу́, беж‖и́шь, бегу́т] (*impf. det.*) to run

без (*prep. + gen.*) **7** without, minus

безмо́лвно (*adv.*) silently

безнадёжно (*adv.*) hopelessly

безра́дост(е)н [-а; -о, -ы] (*s.f. adj.*) joyless

бейсбо́л [-а] (*m.*) baseball

бе́л‖ый [-ая, -ое, ые] (*adj.*) white

Берли́н [-а] (*m.*) Berlin, capital of Germany

беспла́тно (*adv.*) free

беспла́тн‖ый [-ая, -ое, -ые] (*adj.*) **7** free (of charge)

библиоте́к‖а [-и; -и, -∅] (*f.*) library

библиотерапи́‖я [-и; -и, -й] (*f.*) (book) therapy

Би́бли‖я [-и; -и, -й] (*f.*) **10** the Bible

бизнесме́н [-а; -ы, -ов] (*m.*) businessman

биле́т [-а; -ы, -ов] (*m.*) **11** ticket

биоло́ги‖я [-и] (*f.*) biology

Битлз [-а] (*m.*) **1** the Beatles

бить [бь‖ю, -ёшь, -ют] (*impf.*) to hit, beat, strike

благода́р(е)н [-а, -о, -ы] (*s.f. adj.*) **5** grateful

блаже́нн‖ый [-ая, -ое, -ые] (*adj.*) blessed

бли́зк‖ий [-ая, -ое, -ие] (*adj.*) **5** near; close (*subst.*) one's nearest and dearest

Близне́ц‖ы [-о́в] (*m., pl.*) Gemini (astrological sign)

блин [-а́; -ы́, -о́в] (*m.*) pancake

блу́зк‖а [-и; -и, блу́зок] (*f.*) blouse

Бог [-а] (*m., s.*) God

бога́тств‖о [-а; -а, -∅] (*n.*) riches, wealth

бога́т‖ый [-ая, -ое, -ые] (*adj.*) rich, wealthy

Богома́тер‖ь [-и] (*f.*) Mother of God

бо́дрост‖ь [-и] (*f.*) **5** cheerfulness, good spirits; заря́д бо́дрости energy charge

бо́ж‖ий [-ая, -ое, -ие] (*adj.*) of God

бокс [-а] (*m.*) boxing

боксёр [-а; -ы, -ов] (*m.*) boxer

бо́лее (*adv.*) more

боле́зн‖ь [-и; -и, -ей] (*f.*) illness, disease

бо́л(е)н [-а́; -о, -ы́] (*s. f. adj.*) **7** sick; hurt, ache

боле́‖ть [-ю, -ешь, -ют] (*impf. + instr.*) **7** to be sick

бол‖е́ть [-и́т, -я́т] (*impf. 3rd pers. only*) **7** to hurt, ache

болта́‖ть [-ю, -ешь, -ют] (*impf.*) **5** to chat, to gab

бол‖ь [-и; -и, -ей] (*f.*) pain

больни́ц‖а [-ы; -ы, -∅] (*f.*) hospital

больни́чн‖ый [-ые] (*m., subst.*) **7** medical release, doctor's note

больн‖о́й [-а́я, -о́е, -ы́е] (*adj.*) **7** sick, ill; (subst.) sick person, patient

бо́льше (*comp. adj.*) more, larger

больш‖о́й [-а́я, -о́е, -и́е] (*adj.*) big, large; Большо́й теа́тр the Bolshoi Theater (in Moscow)

ботин(о)к [-а; -и, -ов] (*m.*) boot

боя́ться (+ *gen.*) **11** to fear, be afraid (of someone/something)

брат [-а; бра́ть‖я, -ев] (*m.*) brother

брать [бер‖у́, -ёшь, -у́т] (*impf.*) **1** to take; брать интервью́ (у кого́) to interview (someone)

бро́с‖ить [бро́шу́, -ишь, -ят] (*pf.*) **5** to throw; бро́сить институ́т to drop out of the institute; бро́сить кури́ть to give up or quit smoking

брю́к‖и [брюк] (*pl.*) pants, trousers

Бу́дда [-ы] (*m.*) Buddha

будди́ст [-а; -ы, -ов] (*m.*) **10** Buddhist

буди́льник [-а; -и, -ов] (*m.*) alarm clock

бу́дущ‖ее [-его] (*n. subst.*) the future

бу́дущ‖ий [-ая, -ее, -ие] (*adj.*) future

бу́кв‖а [-ы; -ы, -∅] (*f.*) letter (of alphabet)

булими́‖я [-и] (*f.*) bulimia

Бу́рд‖а [-ы] (*f.*) name of R. fashion magazine

бу́с‖ы [бус] (*pl.*) beads

бутербро́д [-а; -ы, -ов] (*m.*) sandwich

бы (*conditional part.*)

быва́‖ть [-ю, -ешь, -ют] (*impf.*) to be sometimes, to visit

бык [-а́; -и, -ов] (*m.*) **6** bull, ox

бы́стро (*adv.*) quickly

бы́стр‖ый [-ая, -ое, -ые] (*adj.*)

быть [бу́д‖у, -ешь, -ут] (*pf.*) to be

В

в (*prep.. + prep.. or + acc.*) at; in, into

ва́жно (*adv.*) important(ly)

ва́жн‖ый [-ая, -ое, -ые] (*adj.*) **5** important [ва́ж[е]н, -а́, -о, -ы́ s.f. adj.]

ва́з‖а [-ы; -ы, -∅] (*f.*) vase

валю́т‖а [-ы; -ы, -∅] (*f.*) (foreign) currency

вам (*pers. pron.*) *dat. of* вы

ва́режк‖а [-и; -и, ва́режек] (*f.*) **6** mitten

вас (*pers. pron.*) *acc./gen./prep. of* вы

васил(ё)к [василёк‖а́; -й, -о́в] (*m.*) cornflower

ваш [-а, -е, -и] (*poss. adj.*) your

Вашингто́н [-а] (*m.s.*) Washington

вдруг (*adv.*) suddenly

ведь (*conj.*) **10** you see; is it not?

везде́ (*adv.*) **9** everywhere

век [-а; -а́, -о́в] (*m.*) century

вели́к [-а́; -о́, -и́] (*s.f. adj.*) **9** (too) big, (too) large

вели́к‖ий [-ая, -ое, -ие] (*adj.*) great

велосипе́д [-а; -ы, -ов] (*m.*) bicycle

ве́р‖а [-ы; -ы, -∅] (*f.*) faith

ве́рб‖а [-ы; -ы, -∅] (*f.*) pussy willow (tree/shrub)

ве́рбное воскресе́нье (*n.*) Palm Sunday

веретен‖о́ [-а; веретён‖а, -∅] (*n.*) spindle (for spinning)

ве́р‖ить [-ю, -ишь, -ят] (*impf. + gen./acc.*) **8, 10** to believe, to have faith (in someone/in something); to trust, have confidence (in)

ве́рно (*adv.*) probably

верн‖у́ться [-у́сь, -ёшься, -у́тся] (*pf.*) **12** to return

ве́рн‖ый [-ая, -ое, -ые] (*adj.*) **5** faithful, loyal

вертолёт [-а; -ы, -ов] (*m.*) **3** helicopter

ве́рующ‖ий [-ая, -ее, -ие] (*adj.*) **10** believer

вес [-а; -а́, -ов] (*m.*) weight

ве́село (*adv./pred.*) cheerfully, (it's) cheerful

весёл‖ый [-ая, -ое, -ые] (*adj.*) cheerful, merry

весе́ль‖е [-я] (*n.*) **10** merriment, gaity

весе́нн‖ий [-яя, -ее, -ие] (*adj.*) spring

весн‖а́ [-ы́; вёсн‖ы, вёсен] (*f.*) spring

весно́й (*adv.*) in the spring

вести́ [вед‖у́, -ёшь, -у́т] (*impf., det.*) **3** drive, lead

Вес‖ы́ [-о́в] (*m. pl.*) Libra (astrological sign)

весь [вс‖я, -ё, -е] (*adj.*) all

ве́т(е)р [-а; -ы, -ов] (*m.*) wind, breeze

ве́тк‖а [-и; -и, ве́ток] (f.) branch, limb (of tree)

ветря́нк‖а [-и] (f.) chicken pox

ветчин‖а́ [-ы́] (f.) ham

ве́чер [-а; -а́, -о́в] (m.) evening; party

вече́рн‖ий [-яя, -ее, -ие] (adj.) evening

ве́чером (adv.) in the evening

ве́чер‖я [-и] (f.) та́йная ве́черя the Last Supper

ве́щ‖ь [-и; -и, -е́й] (f.) thing

взлета́‖ть [-ю, -ешь, -ют] (impf.) **3** to fly up, to ascend

взлет‖е́ть [взлечу́, -и́шь, -я́т] (pf.) **3** to fly up, to take off

взро́сл‖ый [-ая, -ое, -ые] (adj., subst.) grown-up, adult

взя́т‖ый [-ая, -ое, -ые] (p.p.p.) taken, borrowed

взять [возьм‖у́, -ёшь, -у́т] (pf.) **1** to take; взять интервью́ (у кого́) to interview (someone)

вид [-а; -ы, -ов] (m.) kind

видеоаппарату́р‖а [-ы; -ы, -∅] (f.) video apparatus or gear

ви́д‖еть [ви́жу, -ишь, -ят)] (impf.) to see

ви́дик [-а; -и, -ов] (m., conv.) video (recorder)

ви́дно (adv.) obviously, evidently

Византи́‖я [-и; -и, -й] (f., s.) Byzantium

виндсе́рфинг [-а] (m., s.) windsurfing

вини́тельн‖ый [-ая, -ое, -ые] (adj.) accusative

вин‖о́ [-а́; -а, -∅] (n.) wine

виногра́д [-а] (m., s.) grapes

ви́нчестер [-а; -ы, -ов] (m.) **5** hard disk [Winchester]

ви́рус [-а; -ы, -ов] (m.) **7** virus

витами́н [-а; -ы, -ов] (m.) **7** vitamin

вкла́дыва‖ть [-ю, -ешь, -ют] (impf.) **10** to put in, insert; вкла́дывать ду́шу (в + acc.) to put one's heart or soul (into something)

включа́‖ть [-ю, -ешь, -ют] (impf.) to include (in); insert (in)

включ‖и́ть [-у́, -и́шь, -а́т] (pf.) to include (in); insert (in)

вкус [-а] (m.) **9** taste

вку́сно (pred.) (it's) delicious, tasty

вку́сн‖ый [-ая, -ое, -ые] (adj.) delicious, tasty

Влади́мир [-а] (m.) Vladimir (R. city)

влади́мирск‖ий [-ая, -ое, -ие] (adj.) of or pertaining to the city of Vladimir

вло́ж‖ить [-у́, -ишь, -ат] (pf.) **10** to put in, insert; вложи́ть ду́шу (в + acc.) to put one's heart or soul (into someone/something)

влюби́ться [влюблю́сь, -ишься, -ятся] (pf. в + acc./gen.) **10** to fall in love (with someone or something)

влюбля́‖ться [-юсь, -ешься, -ются] (impf. в + acc./gen.) **10** to fall in love (with someone or something)

вме́сте (adv.) together

вне (prep. + gen.) **9** outside (of)

внима́ни‖е [-я] (n.) attention, heed, notice, note

внима́тельно (adv.) attentively

внук [-а; -и, -ов] (m.) grandson

вну́чк‖а [-и; -и, вну́чек] (f.) granddaughter

во (see **В**)

во-вторы́х **11** in the second place, secondly

вод‖а́ [-ы́; -ы, -∅] (f.) water

води́ть [вожу́, во́д‖ишь, -ят] (impf. indet.) **3** drive, lead, conduct

Водоле́‖й [-я] (m.) Aquarius (astrological sign)

возвращён [а́, о́, ы́] (s.f.p.p.p.) returned

возгорд‖и́ться [возгоржу́сь, -и́шься, -я́тся] (pf. + instr.) to be proud (of)

во́здух [-а] (m.) **6** air

Вознесе́нск‖ий [-ого] (m.) Andrei Voznesensky, 1933-   (R. poet)

вои́стину (adv., C.S.) indeed, in truth; Вои́стину воскре́се Indeed He is risen.

войн‖а́ [-ы́; во́йны, -∅] (f.) war

войти́ [войд‖у́, -ёшь, -у́т] (impf., det.) to enter, go (into), come (into)

вокали́ст [-а; -ы, -ов] (m.) vocalist

вокза́л [-а; -ы, -ов] (m.) train station

Волгогра́д [-а] (m.) Volgograd (R. city)

волейбо́л [-а] (m.) volleyball

волк [-а; -и, -о́в] (m.) wolf

волнова́ться [волну́‖юсь, -ешься, -ются] (impf.) to worry

во́лос [-а; -ы, воло́с] (pl.) **2** hair

волше́бниц‖а [-ы; -ы, -∅] (f.) **11** fairy, sorceress

волше́бн‖ый [-ая, -ое, -ые] (adj.) **11** magical, of magic

во́л‖я [-и] (f.) will

вообще́ (adv.) generally, in general, on the whole

во-пе́рвых **11** in the first place, first

вопро́с [-а; -ы, -ов] (m.) question

восемна́дцат‖ый [-ая, -ое, -ые] (ord. no.) eighteenth

во́сем‖ь (card. no.) eight

во́семьдесят (card. no.) eighty

восемьсо́т (card. no.) eight hundred

воскре́се (C.S.) risen; Христо́с воскре́се; Christ is risen; Вои́стину воскре́се; Indeed He is risen

воскресе́нь‖е [-я] (n.) Sunday

воскре́сн‖ый [-ая, -ое, -ые] (adj.) **10** Sunday; воскре́сная шко́ла Sunday school

воспале́ни‖е [-я] (n.) inflammation воспале́ние лёгких pneumonia

воспи́танност‖ь [-и] (f., s.) (good) breeding

воспи́танн‖ый [-ая, -ое, -ые] (adj.) well brought up, well-mannered

восьм‖о́й [-а́я, -о́е, -ы́е] (ord. no.) eighth

вот (adv.) here (is)

вписа́ть [впиш‖у́, -ешь, -ут] (pf.) врач [-а; -и́, -е́й] (m.) doctor

вре́м‖я [-ени; -ена́, времён] (n.) time

вса́дник [-а; -и, -ов] (m.) horseman

все [всех] (pron.) everyone, everybody

всё [всего́] (pron.) all, everything

всегда́ (adv.) always

всезна́ющ‖ий [-ая, -ее, -ие] (adj.) all-knowing; know-it-all

всё-таки (conj. and part.) **2** nevertheless, all the same, for all that, still

вслух (adv.) **11** aloud

вспомина́‖ть [-ю, -ешь, -ют] (impf.) **7** to remember, recall

вспо́мн‖ить [-ю, -ишь, -ят] (pf.) **7** to remember, recall

вспы́льчив‖ый [-ая, -ое, -ые] (adj.) hot-tempered, quick-tempered

встa‖ва́ть [-ю, -ёшь, -ют] (impf.) to get up, stand up, arise

вста́в‖ить [-лю, -ишь, -ят] (pf.) insert, put into

встать [вста́н‖у, -ешь, -ут] (pf.) to stand up, get up

встре́ч‖а [-и; и, -∅] (f.) meeting, encounter

встреча́‖ть [-ю, -ешь, -ют] (impf., trans. + gen.) to meet (someone) встреча‖ться [-юсь, -ешься, -ются] (impf., intrans.) to meet

встрет‖ить [встречу, -ишь, -ят] (pf., trans. + gen.) to meet

встрет‖иться [встречусь, встрет-ишься, -ятся] (pf., intrans.) to meet

вторник [-а] (m.) Tuesday

втор‖ой [-ая, -ое, -ые] (ord. no.) second

вчера (adv.) yesterday

вы (pers. pron.) you (plural/polite)

выбира‖ть [-ю, -ешь, -ют] (impf.) to select, choose

выбрать [выбер‖у, -ешь, -ут] (pf.) to select, choose

выгляд‖еть [выгляжу; -ишь, -ят] (impf.) to look, appear

выигра‖ть [-ю, -ешь, -ют] (pf.) to win

выйти [выйд‖у, -ешь, -ут] (pf.) **5** to go out, exit; выйти замуж (за + acc.) to get married (of a woman)

выключа‖ть [-ю, -ешь, -ют] (impf.) to turn off, switch off

выключ‖ить [-у, -ишь, -ат] (pf.) to turn off, switch off

вылет [-а; -ы, -ов] (m.) **3** departure, takeoff

вылета‖ть [-ю, -ешь, -ют] (impf.) **3** to fly out

вылетающ‖ий [-ая, -ое, -ие] (pr.a.p.) departing, taking off

вылет‖еть [вылечу, вылет-ишь, -ят] (pf.) **3** to fly out

вылеч‖ить [-у, -ишь, -ат] (pf.) **7** to cure, treat completely (to full health or recovery)

вылеч‖иться [-усь, -ишься, -атся] (pf.) **7** to be cured, treated completely (to full health or recovery); вылечиться травами to be cured with herbs

выполн‖ить [-ю, -ишь, -ят] (pf.) **5** to complete, fill out выполнить тест to take a test

выполня‖ть [-ю, -ешь, -ют] (impf.) **5** to complete, fill out выполнять тест to take a test

выпускн‖ой [-ая, -ое, -ые] (adj.) **11** of or pertaining to graduation

выражени‖е [-я; -я, -й] (n.) expression

выраст‖ить [выращу, -ишь, -ят] (pf.) **6** to grow, to cultivate, to breed

выращива‖ть [-ю, -ешь, -ют] (impf.) **6** to grow, to cultivate, to breed

высок‖ий [-ая, -ое, -ие] (adj.) tall, high

высоко (pred. and adv.) high, tall

выставк‖а [-и; -и, выставок] (f.) exhibition, show

выступа‖ть [-ю, -ешь, -ют] (impf.) to perform, speak

выступ‖ить [-лю, -ишь, -ят] (pf.) to perform; come forward, advance; appear

выступлени‖е [-я; -я, -й] (n.) performance. speech, appearance

выуч‖ить [-у, -ишь, -ат] (pf.) to learn

выход [-а; -ы, -ов] (m.) **3** gate (in an airport); exit; leaving, exiting

выход‖ить [выхожу, -ишь, -ят] (impf.) **5** to go out, exit; leave; выходить замуж [за + acc.] to get married (of a woman)

выше (comp. adj. and adv.) **6** above, over, beyond; taller, higher

вязань‖е [-я] (m.) knitting, crocheting

вяз‖ать [вяж‖у, -ешь, -ут] (impf.) **5** to knit

Г

Гагарин [-а] (m.) Yuri Gagarin, R. cosmonaut (1934-1968), first human in space

газет‖а [-ы; -ы, -Ø] (f.) newspaper

галере‖я [-и; -и, -й] (f.) art gallery

галстук [-а; -и, -ов] (m.) **9** tie

гардероб [-а; -ы, -ов] (m.) **11** cloakroom

где (adv.) **1** where, in what place

гениальност‖ь [-и] (f., s.) genius, greatness, brilliance

гени‖й [-я; -и, -ей] (m.) **2** genius

географи‖я [-и] (f., s.) geography

Германи‖я [-и] (f.) Germany (country)

героин‖я [-и; -и, героинь] (f.) heroine

геро‖й [-я; -и, -ев] (m.) hero

Гжатск [-а] (m.) Gzhatsk (R. city), birthplace of Gagarin

гимнастик‖а [-и] (f., s.) gymnastics

гипноз [-а] (m., s.) hypnosis

гитар‖а [-ы; -ы, -Ø] (f.) guitar

главн‖ое (n., subst.) **1** the main thing

главн‖ый [-ая, -ое, -ые] (adj.) **1, 7** main, chief, important

глагол [-а; -ы, -ов] (m.) verb

глагольн‖ый [-ая, -ое, -ые] (adj.) verbal

глаз [-а; -а, -Ø] (m.) eye

глазн‖ой [-ая, -ое, -ые] (adj.) of or pertaining to the eye

гласност‖ь [-и] (f., s.) openness, publicity

глуп‖ый [-ая, -ое, -ые] (adj.) **6** stupid, silly

говор‖ить [-ю, -ишь, -ят] (impf.) to speak, say, tell

Гогол‖ь [-я] (m.) Nikolai Gogol, 1809-1852 (R. novelist)

год [-а; -ы, -ов (лет)] (m.) year

годовщин‖а [-ы; -ы, -Ø] (f.) anniversary

Годунов [-а] (m.) Boris Godunov, regent and R. tsar, 1598-1605

голов‖а [-ы; -голов‖ы, голов] (f.) head

головн‖ой [-ая, -ое, -ые] (adj.) head; головная боль headache

голос [-а; -а, -ов] (m.) **1** voice

голуб‖ой [-ая, -ое, -ые] (adj.) light blue

Гончаров [-а] (m.) Ivan Goncharov, 1812-1891 (R. novelist)

гор‖а [-ы; -ы, -Ø] (f.) mountain

Горбачёв [-а] (m.) Mikhail Gorbachev, 1931- , (General Secretary of the Soviet Communist Party, 1985-1991)

горд‖иться [горжусь, -ишься, -ятся] (impf. + instr.) **11** to be proud (of someone or something)

горл‖о [-а; -а, -Ø] (n.) **7** throat

город [-а; -а, -ов] (m.) city, town

город(о)к [-а; -и, -ов] (m.) town, village

Горьк‖ий [-ого] (m.) Maksim Gorky, 1868-1936 (R. writer)

горяч‖ий [-ая, -ое, -ие] (adj.) hot (of a liquid)

господин [-а; господ‖а, господ] (m.) mister, Mr.

гост‖ь [-я; -и, -ей] (m.) 1 guest; идти в гости (to go visiting); быть в гостях (to be visiting)

готов [-а; -ы] (s.f. adj.) prepared, ready

готов‖ить [-лю, -ишь, -ят] (impf., trans. indet.) to prepare

готов‖иться [-люсь, -ишься, -ятся] (impf., intrans. indet.) to prepare for, get ready

градус [-а; -ы, -ов] (m.) degree (of temperature)

гражданин [-а; граждан‖е, -Ø] (m.) citizen

граждански‖ий [-ая, -ое, -ие] (adj.) civic, civil

грамм [-а; -ы, -ов (грамм)] (m.) gram

грамматик‖а [-и] (f.) grammar

грани́ц‖а [-ы; -ы, -Ø] (f.) **7** border; за грани́цей abroad

граф [-а; -ы, -ов] (m.) count

гриб [-á; -ы́, -óв] (m.) mushroom

грипп [-а] (m.) **7** influenza, flu

гро́мк‖ий [-ая, -ое, -ие] (adj.) **2** loud

гру́бост‖ь [-и; -и, -ей] (f.) roughness, coarseness, rudeness, crudeness

груб‖ый [-ая, -ое, -ые] (adj.) **7** rough, rude, coarse

гру́пп‖а [-ы; -ы, -Ø] (f.) group

гру́стн‖ый [-ая, -ое, -ые] (adj.) melancholy, sad

губерна́тор [-а; -ы, -ов] (m.) governor

гуля́‖ть [-ю, -ешь, -ют] (impf.) to stroll, walk

ГУМ [-а] (m., s.) State Department Store

гуманита́рн‖ый [-ая, -ое, -ые] (adj.) **2** humanitarian; гуманита́рный класс humanities class

гусён(о)к [-а; гуся́т‖а, -Ø] (m.) **6** gosling

густ‖о́й [-а́я, -о́е, -ы́е] (adj.) thick, dense

гус‖ь [-я́; -и, -е́й] (m.) **6** goose

Д

да (adv.) yes

да‖ва́ть [-ю́, -ёшь, -ю́т] (impf.) to give

давно́ (adv.) for a long time

да́же (part.) even

далёк‖ий [-ая, -ое, -ие] (adj.) distant, remote

далеко́ (pred.) **2** far (away), distant, remote

дани́ловск‖ий [-ая, -ое, -ие] (adj.) **10** of or pertaining to Danilov; дани́ловский монасты́рь the Danilov Monastery

дар‖и́ть [-ю́, -ишь, -ят] (impf.) to give, present

да́т‖а [-ы; -ы, -Ø] (f.) date

да́тельн‖ый [-ая, -ое, -ые] (adj.) dative; да́тельный паде́ж dative case

дать [дам, дашь, даст, дади́м, дади́те, даду́т] (pf.) to give

два (card. no.) two (with masc. & neut. nouns)

двадца́т‖ый [-ая, -ое, -ые] (ord. no.) twentieth

два́дцать (card. no.) twenty

две (card. no.) two (with feminine nouns)

двена́дцат‖ый [-ая, -ое, -ые] (ord. no.) twelfth

двена́дцать (card. no.) twelve

две́сти (card. no.) two hundred

дви́га‖ться [-юсь, -ешься, -ются] (impf.) **9** to move

движе́ни‖е [-я; -я, -й] (n.) **11** movement, motion

дви́н‖уться [-усь, -ешься, -утся] (pf.) **9** to move

дво́йк‖а [-и; -и, дво́ек] (f.) D, grade of two

двор [-á; -ы́, -óв] (m.) **6** courtyard, yard; во/на дворе́ outside

двор‖е́ц [-á; -ы́, -óв] (m.) palace; Дворе́ц съе́здов Palace of Congresses (theater in the Kremlin)

дворцо́в‖ый [-ая, -ое, -ые] (adj.) of or pertaining to the palace

дворя́нск‖ий [-ая, -ое, -ие] (adj.) of or pertaining to the nobility

двухты́сячн‖ый [-ая, -ое, -ые] (adj.) two thousandth

Де́в‖а [-ы] (f., s.) Virgo (astrological sign)

деви́ц‖а [-ы; -ы, -Ø] (f.) girl (outdated usage)

де́вочк‖а [-и; -и, де́вочек] (f.) **1** girl, young girl

де́вушк‖а [-и; -и, де́вушек] (f.) girl, young lady

девяно́сто (card. no.) ninety

девятна́дцат‖ый [-ая, -ое, -ые] (ord. no.) nineteenth

девя́т‖ый [-ая, -ое, -ые] (ord. no.) ninth

де́вять (card. no.) nine

девятьсо́т (card. no.) nine hundred

де́душк‖а [-и; -и, де́душек] (m.) grandfather

де́йстви‖е [-я; -я, -й] (n.) **11** act

де́йствующ‖ий [-ая, -ее, -ие] (adj.) **11** in force, acting, performing; де́йствующее лицо́ character (in a play, ballet, etc.)

де́ла‖ть [-ю, -ешь, -ют] (impf.) do or make; де́лать заря́дку **2** to exercise, do exercises

делега́тск‖ий [-ая, -ое, -ие] (adj.) of or pertaining to a delegate

де́л‖о [-а; -á, -Ø] (n.) affair, pursuit, business

делов‖о́й [-а́я, -о́е, -ы́е] (adj.) **5** business, businesslike

дельтапла́н [-а; -ы, -ов] (m.) **3** hang glider

д(е)н‖ь [-я; -и, -ей] (m.) day

де́ньги [де́нег] (pl.) money

депре́сси‖я [-и; -и, -й] (f.) depression

дереве́нск‖ий [-ая, -ое, -ие] (adj.) rural, rustic

дере́вн‖я [-и; -и, дереве́нь] (f.) village

де́рев‖о [-а; дере́вь‖я, -ев] (n.) tree

деревя́нн‖ый [-ая, -ое, -ые] (adj.) wooden, of wood

держ‖а́ть [-у́, -ишь, -ат] (impf.) to hold, keep; **3** держа́ть себя́ в рука́х to keep oneself together, to get hold of oneself

деся́т‖ый [-ая, -ое, -ые] (ord. no.) tenth

де́сять [-и] (card. no.) ten

детекти́в [-а; -ы, -ов] (m.) **5** detective, mystery novel

де́т‖и [-е́й] (pl.) children

де́тск‖ий [-ая, -ое, -ие] (adj.) children's

де́тств‖о [-а] (n.) **5, 9** childhood

дешёв‖ый [ая, -ое, -ые] (adj.) inexpensive, cheap

джаз [-а] (m.) jazz

джинс‖ы [-ов] (m. pl.) **9** jeans

диало́г [-а; -и, -ов] (m.) dialogue

дие́т‖а [-ы; -ы, -Ø] (f.) diet

дире́ктор [-а, -á, -óв] (adj.) director, manager, head, principal

дирижёр [-а; -ы, -ов] (m.) **11** orchestra conductor

диск [-а; -и, -ов] (m.) disk

диске́т‖а [-ы; -ы, -Ø] (f.) **5** disk, diskette

дисково́д [-а; -ы, -ов] (m.) **5** disk drive

дискоте́к‖а [-и] (f.) discotheque

дискуссио́нн‖ый [-ая, -ое, -ые] (adj.) debatable

диспле́‖й [-я; -и, -ев] (m.) **5** [computer] display (screen)

дифтери́‖я [-и; -и, -й] (f.) diphtheria

дли́н(е)н [-á; -о, -ы] (s.f. adj.) **9** (too) long

дли́нн‖ый [-ая, -ое, -ые] (adj.) long

для (prep. + gen.) for

дневни́к [-á; -и́, -óв] (m.) diary, daybook

днём (adv.) in the afternoon, in the daytime

до (prep. + gen.) until, before, up to; до еды́ before eating

доба́в‖ить [-лю, -ишь, -ят] (pf.) to add

добавля‖ть [-ю, -ешь, -ют] (impf.) to add

добр‖о́ [-а́] (n.) **10** good, good deed

до́бр‖ый [-ая, -ое, -ые] (adj.) good, kind

дое́хать [дое́д‖у, -ешь, -ут] (pf.) to reach by vehicle

дожд‖ь [-я́, -и́, -е́й] (m.) rain

до‖и́ть [-ю́, -и́шь, -я́т] (pf.) **6** to milk

до́ктор [-а; -а́, -о́в] (m.) doctor

докуме́нт [-а; -ы, -ов] (m.) document

до́лго (adv.) for a long time

до́лж(е)н [-а́; -о́, -ы́] (pred.) **5** must; should

до́ллар [-а; -ы, -ов] (m.) dollar

до́л‖я [-и; -и, -е́й] (f.) part, portion, share

дом [-а; -а́, -о́в] (m.) house, building

до́ма (adv.) at home

дома́шн‖ий [-яя, -ее, -ие] (adj.) home

домо́й (adv.) homeward

допо́лн‖ить [-ю, -ишь, -ят] (impf.) to supplement, amplify, add

доро́г‖а [-и; -и, -Ø] (f.) road

до́рого (adv./pred.) expensively; (it's) expensive

доро́г‖ой [-а́я, -о́е, -и́е] (adj.) dear, expensive

доро́же (comp. adj./adv.) more expensive, dearer; more expensively

Достое́вск‖ий [-ого] (m. subst.) Fyodor Dostoevsky, 1821-1881 (R. novelist)

до́чк‖а [-и; -и, до́чек] (dim., f.) daughter

доч‖ь [-ери; -ери, -ере́й] (f.) daughter

драко́н [-а; -ы, -ов] (m.) dragon

дра́м‖а [-ы; -ы, -Ø] (f.) drama

драмати́ческ‖ий [-ая, -ое, -ие] (adj.) **11** dramatic, dramatic arts

древнеру́сск‖ий [-ая, -ое, -ие] (adj.) ancient Russian

дре́вн‖ий [-яя, -ее, -ие] (adj.) **10** ancient

дро́жж‖и [-е́й] (pl.) **10** yeast

друг [-а; друзь‖я́, друзе́й] (m.) friend

друг дру́га (refl. pron.) each other (other forms exist)

друг‖о́й [-а́я, -о́е, -и́е] (adj.) 1 other, another

дру́жб‖а [-ы; -ы, -Ø] (f.) friendship

друж‖и́ть [-у́, -ишь, -ат] (impf.) to be friends with, be on friendly terms

дру́жно (adv.) **5** amicably, harmoniously, in a friendly way

друзья́ (see друг)

ду́ма‖ть [-ю, -ешь, -ют] (impf.) to think

духо́вн‖ый [-ая, -ое, -ые] (adj.) **10** spiritual

душ [-а; -и, -ев] (m.) shower, shower-bath

душ‖а́ [-и́; -и, душе́й] (f.) **10** soul; по душе́ to one's liking

дуэ́л‖ь [-и; -и, -ей] (f.) **1** duel

дя́д‖я [-я; -и, -ей] (m.) uncle

Е

евре́‖й [-я; -и, -ев] (m.) Jew (by heritage)

Евро́п‖а [-ы] (f.) Europe

европе́йск‖ий [-ая, -ое, -ие] (adj.) European

Евтуше́нко (m.) Evgeny Evtushenko, 1933- (R. poet)

Еги́пет [-а] (m.) **7** Egypt (country)

его́ (pers. pron.) (acc./gen. of ОН)

его́ (poss. adj.) his

ед‖а́ [-ы] (f., s.) **7** food; до еды́ before eating; по́сле еды́ after eating

её (pers. pron.) (acc./gen. of ОНА́)

её (poss. adj.) her

е́зд‖ить [е́зжу, е́зд-ишь, -ят] (indet. impf.) to go, ride, drive

ей (pers. pron.) dat./instr. of ОНА́

Ельцин [-а] (m.) Boris Yeltsin, 1931- , President of the Russian Republic, 1991- .

ему́ (pers. pron.) (dative of он/оно́)

е́сли (conj.) if

есте́ственн‖ый [-ая, -ое, -ые] (adj.) natural; есте́ственные нау́ки natural sciences

есть (impf.) is, are (fixed form)

есть [ем. ешь, ест, еди́м, еди́те, едя́т] (impf.) to eat

е́хать [е́д‖у, -ешь, -ут] (det. impf.) to go by vehicle, ride

ещё (adv.) still, furthermore

Ж

жале́‖ть [-ю, -ешь, -ют] (impf. + prep./gen.) **5** to regret; be sorry, to feel sorry for someone

жа́л‖оваться [-уюсь, -уешься, -уются] (impf. на + acc.) **7** to complain, make complaints

жа́рк‖ий [-ая, -ое, -ие] (adj.) hot

жд‖ать [жду, -ёшь, -ут] (impf.) **9** to wait for, await

же (emphatic part.)

жела́ни‖е [-я; -я, -й] (n.) **11** desire, wish

жела́‖ть [-ю, -ешь, -ют] (impf.) to wish

желе́зн‖ый [-ая, -ое, -ые] (adj.) iron

желту́х‖а [-и] (f.) jaundice

жёлт‖ый [-ая, -ое, -ые] (adj.) yellow

жен‖а́ [-ы́; жён‖ы, -Ø] (f.) wife

жен‖и́ться [-юсь, -ишься, -ятся] (impf. на + prep.) **5** to get married (male)

же́нск‖ий [-ая, -ое, -ие] (adj.) womanly, female

же́нственн‖ый [-ая, -ое, -ые] (adj.) **5** feminine

же́нщин‖а [-ы; -ы, -Ø] (f.) woman

жеребён(о)к [-а; жеребя́т‖а, -Ø] (m.) **6** foal, colt

жёстк‖ий [-ая, -ое, -ие] (adj.) **5** hard, rigid, stiff; жёсткий диск hard drive

жи́вопис‖ь [-и] (f.) **9** painting

живо́т [-а; -ы, -ов] (m.) **7** stomach, belly, abdomen

живо́тн‖ое [-ого; -ые, -ых] (n., subst.) **5** domesticated animal; pet

жигули́ (n., indecl.) Zhiguli (automobile)

жизн‖ь [-и; -и, -ей] (f.) life

жил-был once upon a time there was

жить [жив‖у́, -ёшь, -у́т] (impf.) to live; жить да пожива́ть to live happily ever after

журна́л [-а; -ы, -ов] (m.) journal, magazine

журнали́ст [-а; -ы, -ов] (m.) journalist

журнали́стик‖а [-и] (f.) 1 journalism

журнали́стк‖а [-и; -и, журнали́сток] (f.) (female) journalist

журнали́стск‖ий [-ая, -ое, -ие] (adj.) journalistic

З

за (prep. + instr.) behind, beyond; **1** за рубежо́м abroad **7** за грани́цей abroad; (prep. + acc.) **9** for

заболе́‖ть [-ю, -ешь, -ют] (pf.) **7** to become sick, fall ill

заболе́‖ть [-и́т, -я́т] (pf. 3rd person only) **7** to begin to hurt, ache

забыва́‖ть [-ю, -ешь, -ют] (impf.) to forget; neglect

забы́ть [забу́д‖у, -ешь, -ут] (pf.) to forget, neglect

заво́д [-а; -ы, -ов] (m.) plant, factory, mill

заво́д‖ить [завожу́,-ишь, -ят] (impf.) to wind

за́втра (adv.) tomorrow

за́втрак [-а; -и, -ов] (m.) breakfast

за́втрака‖ть [-ю, -ешь, -ют] (impf.) **2** to eat/have breakfast

зада‖ва́ть [-ю, -ёшь, -ют] (impf.) **2** to assign; задава́ть вопро́с to ask a question

зада́ни‖е [-я; -я, -й] (n.) task, job

зада́ть [зада́м, зада́шь, зада́ст, задади́м, задади́те, зададу́т] (pf.) **2** зада́ть вопро́с to ask a question

зада́ч‖а [-и; -и, -∅] (f.) problem, task, aim

зака́нчива‖ть [-ю, -ешь, -ют] (impf.) **10** to finish, complete, end, conclude

зако́нчен [-а, -о, -ы] (s.f. p.p.p.) finished, completed, ended, concluded

зако́нч‖ить [-у, -ишь, -ат] (pf.) **10** to finish, complete, end, conclude

закры́ть [закро́‖ю, -ешь, -ют] (pf.) to cover; to close

зал [-а; -ы, -ов] (m.) hall, auditorium

замести́тел‖ь [-я; -и, -ей] (m.) deputy

замеча́тельн‖ый [-ая, -ое, -ые] (adj.) remarkable, splendid, wonderful, outstanding

замолч‖а́ть [-у́, -и́шь, -а́т] (pf.) to keep silent, hush up

за́муж (adv.) выходи́ть/вы́йти за́муж to get married (of woman)

за́пад [-а] (m., s.) west

записа́ть [запиш‖у́, -ешь, -ут] (pf.) to jot down, make a note

запи́ск‖а [-и; -и, запи́сок] (f.) **11** note

запи́сыва‖ть [-ю, -ешь, -ют] (impf.) to write down, jot down, note

за́пис‖ь [-и; -и, -ей] (f.) **5** entry; record, recording

зараба́тыва‖ть [-ю, -ешь, -ют] (impf.) to earn

зарабо́та‖ть [-ю, -ешь, -ют] (pf.) to earn

заря́д [-а; -ы, -ов] (m.) charge; fund, supply заря́д бо́дрости energy charge

заря́дк‖а [-и; -и, заря́док] (f.) exercise; charging, loading

засме́‖я́ться [-ю́сь, -ёшься, -ю́тся] (pf.) to begin laughing

заста́в‖ить [-лю, -ишь, -ят] (impf.) to force, compel, make

засте́нчивост‖ь [-и] (f., s.) shyness, bashfulness

засте́нчив‖ый [-ая, -ое, -ые] (adj.) shy, bashful

захоте́ть [захоч‖у́, -ешь, -ет; захот‖и́м, -и́те, -я́т] (impf.) to want

заче́м (adv.) **9** why, what for, for what reason; заче́м бы́ло говори́ть there was no reason to say anything

за́(я)ц [за́йц‖а; -ы, -ев] (m.) hare

звать [зов‖у́, ёшь, у́т] (impf.) **5** to call, name

звезд‖а́ [-ы; звёзд‖ы, -∅] (f.) star

звер‖ь [-я; -и, -е́й] (m.) wild animal, beast, brute

звон‖и́ть (impf. + dat.) [-ю́ и́шь, я́т] **1, 5** to ring, telephone (someone)

звон(о́)к [-а́; -и, -о́в] (m.) **11** bell, call, telephone call

зда́ни‖е [-я; -я, -й] (n.) **10** building, ediface

здесь (adv.) here, in this place

здоро́в‖ый [-ая, -ое, -ые] (adj.) healthy

здоро́вь‖е [-я] (n.) health

здра́вствуй(те) (greeting) hello

зелён‖ый [-ая, -ое, -ые] (adj.) green

землетрясе́ни‖е [-я; -я, -й] (n.) earthquake

земл‖я́ [-и́; -и, земе́ль] (f.) earth; soil, ground

зим‖а́ [-ы́; -ы, -∅] (f.) winter

зимо́й (adv.) in winter

зл‖ой [-ая, -ое, -ые] (adj.) evil, wicked, malicious, bad-tempered, vicious

злю́к‖а [-и; -и, -∅] (f.) malicious creature; shrew

зме‖я́ [-й; -и, зме́й] (f.) snake, serpent

знак [-а; -и, -ов] (m.) **1** sign

знако́м‖иться [-люсь, -ишься, -ятся] (impf.) to meet, make the acquaintance of, get to know

знамени́т‖ый [-ая, -ое, -ые] (adj.) famous, well-known

зна‖ть [-ю, -ешь, -ют] (impf.) to know

знач‖ить [-ит, -ат] (impf.) to mean, signify

знач(о́)к [-а; -и, -о́в] (m.) badge, pin

зодиа́к [-а] (m.) **1** zodiac (astrology)

зо́лот‖о [-а] (n. s.) **3** gold

зол‖а́ [-ы] (f., s.) ashes

«Зо́лушк‖а» [-и] (f.) **11** Cinderella (ballet)

зре́ни‖е [-я] (n.s.) sight, vision

зри́тельн‖ый [-ая, -ое, -ые] (adj.) visual, optic

зуб [-а; -ы, -о́в] (m.) **7** tooth

зубн‖о́й [-а́я, -о́е, -ы́е] (adj.) **7** tooth, dental; зубно́й врач dentist

И

и . . . и (conj.) **2** both . . . and

Ива́н-да-Ма́рь‖я ‖я [-и] (f.) cow wheat

игр‖а́ [-ы́; -ы, -∅] (f.) game

игра́‖ть [-ю, -ешь, -ют] (impf.) to play

игру́ш‖ка [-и; -и, игру́шек] (f.) toy, plaything

иде́‖я [-и; -и, -й] (f.) idea, notion, concept

ид‖ти́ [-у́, -ёшь, -у́т] (det., impf.) to go on foot; **3** идти́ на поса́дку to board, embark; **9** (+ dat., 3rd pers.) to suit (someone), look good (on someone)

Иерусали́м [-а] (m.) **10** Jerusalem (city)

из (prep. + gen.) **6** from, out of

изве́стн‖ый [-ая, -ое, -ые] (adj.) **11** famous, well-known

извин‖и́ть [-ю́, -йшь, -я́т] (pf.) excuse, pardon

измене́ни‖е [-я; -я, -й] (n.) change, alteration

изменя́‖ться [-юсь, -ешься, -ются] (impf.) to change

изобрета́тел‖ь [-я; -и, -ей] (m.) **5** inventor

изуча́‖ть [-ю, -ешь, -ют] (impf.) **5** to study, learn (well)

изуче́ни‖е [-я] (n., s.) study

изуч‖и́ть [-у́, -ишь, -ат] (pf.) **5** to study, learn (well)

«Иису́с Христо́с Су́перстар» Jesus Christ, Superstar (rock opera)

ико́н‖а [-ы; -ы, -∅] (f.) icon, religious painting

иконопи́сн‖ый [-ая, -ое, -ые] (adj.) of or pertaining to icon painting

и́ли (conj.) or

им (pers. pron.) dat. of ОНИ; instr. of ОН

имена́ (see И́МЯ)

име́‖ть [-ю, -ешь, -ют] (impf.) to possess, own, have

и́мя [и́мени; имена́, имён] (n.) name

Инди‖я [-и] (f.) 5 India (country)

индю́к [-а́; -и́, -о́в] (m.) turkey

инжене́р [-а; -ы, -ов] (m.) 1 engineer

иногда́ (adv.) 1 sometimes

иностра́нн‖ый [-ая, -ое, -ые] (adj.) foreign

институ́т [-а; -ы, -ов] (m.) institute

инструме́нт [-а; -ы, -ов] (m.) instrument

инсу́льт [-а; -ы, -ов] (m.) stroke

интеллиге́нтн‖ый [-ая, -ое, -ые] (adj.) cultured, educated, intellectual

интервью́ (n., indecl.) interview

интере́с [-а; -ы, ов] (m.) interest

интере́сно (adv./pred.) interestingly; (it's) interesting, I wonder

интере́сн‖ый [-ая, -ое, -ые] (adj.) interesting

интерес‖ова́ться [-у́юсь, -у́ешься, -у́ются] (impf. + instr.) to be interested (in)

инфа́ркт [-а; -ы, -ов] (m.) heart attack

инфе́кци‖я [-и; -и, -й] (f.) infection

информа́ци‖я [-и] (f., s.) information

Иорда́ни‖я [-и] (f.) 7 Jordan (country)

Ира́к [-а] (m.) 7 Iraq (country)

Исаа́киевский собо́р St. Isaac's Cathedral (in St. Petersburg)

иска́ть [ищ‖у́, -ешь, -ут] (impf.) 6 to search, look (for)

и́скренно (adv.) sincerely, frankly, candidly

иску́сств‖о [-а] (n.) art

испа́нск‖ий [-ая, -ое, -ие] (adj.) Spanish

исполни́тел‖ь [-я; -и, -ей] (m.) 11 performer

испо́льз‖овать [-ую, -уешь, -уют] (pf.) to use, to utilize, to employ

испуга́‖ться [-юсь, -ешься, -ются] (impf.) to become afraid

исто́ри‖я [-и] (f.) history

Ита́ли‖я [-и] (f.) Italy (country)

италья́нск‖ий [-ая, -ое, -ие] (adj.) 1 Italian

иудаи́ст [-а; -ы, -ов] (m.) 10 Jew (by religion)

их (poss. pron.) their

их (pers. pron.) them (acc./gen. of ОНИ)

ию́л‖ь [-я] (m., s.) July

ию́н‖ь [-я] (m., s.) June

Й

Йе́мен [-а] (m.) 3 Yemen (country)

йо́гурт [-а] (m.) 6 yogurt

К

к (prep. + dat.) towards, to

каби́н‖а [-ы; -ы, -∅] (f.) cabin, cockpit

каза́ться [кажу́сь, ка́ж‖ешься, -утся] 1 (+ dat.) to seem. (mainly used in 3rd person sing., мне ка́жется)

ка́жд‖ый [-ая, -ое, -ые] (adj.) each, every

ка́жется (see КАЗА́ТЬСЯ)

как (adv.) how; 9 как раз just so, just right, perfect(ly)

как‖о́й [-а́я, -о́е, -и́е] (adj.) what, what kind of

како́й-нибудь [-а́я, -о́е, -и́е] (pron.) some, some kind of, any

календа́р‖ь [-я́; -и́, -е́й] (m.) calendar

Калифо́рни‖я [-и] (f.) California

ками́н [-а; -ы, -ов] (m.) fireplace

ка́менн‖ый [-ая, -ое, -ые] (adj.) stone; Ка́менный цвето́к The Stone Flower (ballet)

Кана́д‖а [-ы] (f.) Canada (country)

кани́кул‖ы [-∅] (pl.) vacation, holidays

капу́ст‖а [-ы] (f.) 6 cabbage

каре́т‖а [-ы; -ы, -∅] (f.) carriage, coach

карикату́р‖а [-ы; -ы, -∅] (f.) caricature, cartoon

Ка́рлсон [-а] (m., s.) Carlson, a cartoon character

карма́нн‖ый [-ая, -ое, -ые] (adj.) 2 pocket, of the pocket; карма́нные де́ньги pocket money, spending money

карти́н‖а [-ы; -ы, -∅] (f.) painting, picture

карти́нк‖а [-и; -и, карти́нок] (f.) [dim.] picture

карто́фел‖ь [-я] (m. s.) 6 potato

карто́шк‖а [-и] (f., conv.) 6 potato, potatoes

ка́рт‖а [-ы; -ы, -∅] (f.) map

ка́сс‖а [-ы; -ы, -∅] (f.) cashier's stand or booth; cash box, till

кассе́т‖а [-ы; -ы, -∅] (f.) cassette

касси́р [-а; -ы, -ов] (m.) cashier

касси́рш‖а [-и; -и, -∅] (f.) 11 cashier

ката́ни‖е [-я; -я, -й] (n.) skating, rolling

ката́‖ться [-юсь; -ешься, -ются] (impf.) 1 to ride, roll; 2 ката́ться на велосипе́де to bicycle; ката́ться на конька́х to ice skate; ката́ться на ло́дке to go boating

като́лик [-а; -и, -ов] (m.) 10 Catholic

католи́ческий [-ая, -ое, -ие] (adj.) Catholic

кафе́ (n., indecl.) cafe

ка́честв‖о [-а; -а, -∅] (n.) quality

ка́ш(е)л‖ь [-я; -и, -ей] (m.) 7 ка́шель cough

ка́шля‖ть [-ю, -ешь, -ют] (impf.) 7 to cough

кварти́р‖а [-ы; -ы, -∅] (f.) apartment

кем (instr. of КТО)

кефи́р [-а] (m., s.) yogurt

Ки́ев [-а] (m.) Kiev (capital city of Ukraine)

киломе́тр [-а; -ы, -ов] (m.) kilometer

кинлрехси́‖я [-и; -и, -й] (f.) bulimia

кино́ (n., indecl.) movie, movie theater

киноинститу́т [-а; -ы, -ов] (m.) movie institute

киноиску́сств‖о [-а] (n., s.) cinematographic art

Кипр [-а] (m.) 3 Cyprus (country)

Кита́‖й [-я] (m.) China (country)

Кишинёв [-а] (m.) Kishenev (capital city of Moldova)

клавиату́р‖а [-ы; -ы, -∅] (f.) 5 (computer) keyboard

клад [-а; -ы, -ов] (m.) treasure

класс [-а; -ы, -ов] (m.) classroom, class group

кла́ссик‖а [-и; -и, -∅] (f.) 2 the classics

класси́ческ‖ий [-ая, -ое, -ие] (adj.) 2 classical

кла́ссн‖ый [-ая, -ое, -ые] (adj.) classroom, schoolroom

кли́мат [-а; -ы, -ов] (m.) 3 climate

климати́ческ‖ий [-ая, -ое, -ие] (adj.) 3 climatic

кло́ун [-а; -ы, -ов] (m.) clown

клуб [-а; -ы, -ов] (m.) club

кни́г‖а [-и; -и, -∅] (f.) book

кня́з‖ь [-я; -и, -ей] (m.) 10 prince

когда́ (adv.) when, at what time

когда́-нибу́дь (adv.) 6 sometime, anytime, ever

кого́ (acc./gen. of кто)

коз‖а́ [-ы́; -ы, -∅] (f.) 6 (nanny) goat

коз(ё)л [-а́; -ы́, -о́в] (m.) 6 goat

Козеро́г [-а] (m.) 1 Capricorn (astrological sign)

козлён(о)к [-а; козля́т‖а, -∅] (m.) 6 young goat, kid

кока-ко́л‖а [-ы] (f.) Coca Cola

коко́шник [-а; -и, -ов] (m.) kokoshnik, R. peasant woman's headdress

колбас‖а́ [-ы́; -ы, -∅] (f.) sausage

ко́лледж [-а; -ы, -ей] (m.) college

коллекти́вн‖ый [-ая, -ое, -ые] (adj.) collective

коллекциони́ровани‖е [-я] (n., s.) collecting

ко́лли (m. and f., indecl.) collie (dog)

Коло́менск‖ое [-ого] (adj.) Kolomenskoe (church and former Tsarist estate near Moscow)

коло́нн‖а [-ы; -ы, -∅] (f.) column

колхо́з [-а; -ы, -ов] (m.) 6 collective farm

колхо́зник [-а; -и, -ов] (m.) collective farmer

колхо́зниц‖а [-ы; -ы, -∅] (f.) collective farmer

колхо́зн‖ый [-ая, -ое, -ые] (adj.) 6 of or pertaining to a kolkhoz or collective farm

ком (prep. of кто)

кома́нд‖а [-ы; -ы, -∅] (f.) team, command, order

командиро́вк‖а [-и; -и, командиро́вок] (f.) 3 business trip

коммуника́бельност‖ь [-и] (f., s.) communicativeness

коммуника́бельн‖ый [-ая, -ое, -ые] (adj.) communicative

коммуни́ст [-а; -ы, -ов] (m.) 6 communist

ко́мнат‖а [-ы; -ы, -∅] (f.) room

компа́ни‖я [-и; -и, -й] (f.) company

компете́нтно (adv.) 5 competently

компете́нтн‖ый [-ая, -ое, -ые] (adj.) 7 competent

компле́кт [-а; -ы, -ов] (m.) complete set

компози́тор [-а; -ы, -ов] (m.) 11 composer

компью́тер [-а; -ы, -ов] (m.) computer

компью́терн‖ый [-ая, -ое, -ые] (adj.) of computers

консервато́ри‖я [-и; -и, -й] (f.) conservatory

комсомо́л(е)ц [комсомо́льц‖а; -ы, -ев] (m.) member of Komsomol (Young Communist League)

кому́ (pers. pron.) dat. of кто

конве́йер [-а; -ы, -ов] (m.) conveyer, production line

кон(е́)ц [-а; -ы, -о́в] (m.) end

коне́чно (adv.) of course

ко́нкурс [-а; -ы, -ов] (m.) competition

ко́нн‖ый [-ая, -ое, -ые] (adj.) of or pertaining to horses

консерва́тор [-а; -ы, -ов] (m.) 2 conservative

консервато́ри‖я [-и; -и, -й] (f.) conservatory

Константино́пол‖ь [-я] (m.) Constantinople, former name of Istanbul (capital of Turkey)

консульти́р‖овать [-ую, -уешь, -уют] (impf.) to consult, advise

контраргуме́нт [-а; -ы, -ов] (m.) opposing argument

контро́л‖ь [-я] (m.) control

конфе́т‖а [-ы; -ы, -∅] (f.) candy

конце́рт [-а; -ы, -ов] (m.) concert

конча́‖ть [-ю, -ешь, -ют] (impf.) 1, 5 to end, finish, complete; конча́ть шко́лу/университе́т to graduate from a school/university

ко́нч‖ить [-у, -ишь, -ат] (pf.) 1, 5 to end, finish, complete; ко́нчить шко́лу/университе́т to graduate from a school/university

ко́нч‖иться [-усь; -ишься, -атся] (pf. intrans.) to end, finish, come to an end

конька́‖й [-об] (pl.) skates

«Коппе́ли‖я» [-и; -и, -й] (f.) 11 Coppelia (ballet)

кора́бл‖ь [-я; -и, -ей] (m.) ship, boat; 3 косми́ческий кора́бль spaceship

коро́в‖а [-ы; -ы, -∅] (f.) 6 cow

коро́л‖ь [-я; -и, -ей] (m.) king

коро́тк‖ий [-ая, -ое, -ие] (adj.) short

коро́т(о)к [-á; -ó, -й] (s.f. adj.) 9 (too) short

кор‖ь [-и] (f., s.) measles

косми́ческ‖ий [-ая, -ое, -ие] (adj.) space, cosmic

космона́вт [-а; -ы, -ов] (m.) cosmonaut

космона́втик‖а [-и; -и, -∅] (f.) 3 space exploration

ко́смос [-а] (m.) space, cosmos

Костром‖а́ [-ы] (f.) Kostroma (R. city)

кост‖ь [-и; -и, -е́й] (f.) bone

костю́м [-а; -ы, -ов] (m.) suit, costume

кот [-а; -ы, -ов] (m.) cat, tomcat

котён(о)к [-а; котя́т‖а, -∅] (m.) 6 kitten

кото́р‖ый [-ая, -ое, -ые] (rel. pron.) which, who

ко́фе (m., indecl.) coffee

ко́фт‖а [-ы; -ы, -∅] (f.) 6 kofta, a woman's jacket

ко́шк‖а [-и; -и, ко́шек] (f.) cat

крапи́в‖а [-ы] (f., s.) (stinging) nettle

краса́виц‖а [-ы; -ы, -∅] (f.) beauty

краси́во (adv./pred.) beautifully; (it's) beautiful

краси́в‖ый [-ая, -ое, -ые] (adj.) beautiful, handsome

кра́с‖ить [кра́шу, -ишь, -ат] (impf.) to paint, color, dye

Красноя́рск [-а] (m.) Krasnoyarsk (R. city in central Siberia)

красну́х‖а [-и] (f.) German measles

кра́сн‖ый [-ая, -ое, -ые] (adj.) red

красот‖а́ [-ы́] (f.) beauty

кра́шенн‖ый [-ая, -ое, -ые] (adj.) painted, colored, dyed

кре́кер [-а; -ы, -ов] (m.) 6 cracker

Кремлёвск‖ий [-ая, -ое, -ые] (adj.) of or pertaining to the Kremlin

кре́мл‖ь [-я] (m.) Kremlin

кре́пост‖ь [-и; -и, -ей] (f.) fortress

кре́сл‖о [-а; -á, кре́сел] (n.) (arm) chair

крестья́нин [-а; крестья́н‖е, -∅] (m.) 1, 6 peasant

крестья́нк‖а [-и; -и, крестья́нок] (f.) 1, 6 peasant

крестья́нск‖ий [-ая, -ое, -ие] (adj.) 6 peasant (adj.)

креще́ни‖е [-я; -я, -й] (n.) 10 baptism, christening

кривля́к‖а [-и; -и, -∅] (f.) poseur, affected person

крик [-а; -и, -ов] (m.) cry, shout; clamor, outcry

кришна́нт (m.) Hare Krishna (member of religious sect)

крова́т‖ь [-и; -и, -ей] (f.) bed

кро́ме (prep.+ gen.) **11** except, besides

кроссво́рд [-а; -ы, -ов] (m.) crossword

кру́гл‖ый [-ая, -ое, -ые] (adj.) round, circular

круж(о́)к [-а́; -й, -о́в] (m.) circle, club

крыл‖о́ [-а́; кры́лья, крыле́й] (n.) **3** wing

Крым [-а] (m.) **7** Crimea (region in southern Ukraine)

крыш‖а [-и; -и, -Ø] (f.) roof, housetop

ксе́рокс [-а; -ы, -ов] (m.) **5** copier, photocopier, Xerox machine

кста́ти (adv.) **3** by the way, incidentally; to the point, opportunely

кто (pron.) who

кто́-то (indef. pron.) someone

куда́ (adv.) which way, to where

ку́кл‖а [-ы; -ы, ку́кол] (f.) **9** doll

кули́с‖а [-ы; -ы, -Ø] (f.) wings (of theater); за кули́сами behind the scenes

кули́ч [-а́; -й, -е́й] (m.) kulich, traditional Easter cake

культу́р‖а [-ы] (f.) culture

куми́р [-а; -ы, -ов] (m.) **2** idol

купа́‖ться [-юсь, -ешься, -ются] (impf. intrans.) to bathe, take a bath

куп‖и́ть [-лю́, -ишь, -ят] (pf.) to buy, [-ы; -ы, -Ø] purchase

кур‖и́ть [-ю́, -ишь, -ят] (impf.) **2** to smoke

ку́риц‖а [-ы; ку́р‖ы, -Ø] (f.) **6** chicken, hen

ку́рсор [-а; -ы, -ов] (m.) cursor

ку́ртк‖а [-и; -и, ку́рток] (f.) jacket

ку́ры 6 (see ку́рица)

ку́хн‖я [-и; -и, ку́хонь] (f.) kitchen

Л

ла́йк‖а [-и; -и, ла́ек] (f.) Eskimo dog; husky

лакро́с [-а] (m., s.) lacrosse

ла́мп‖а [-ы; -ы, -Ø] (f.) lamp

ла́п‖а [-ы; -ы, -Ø] (f.) **5** paw

ла́пк‖а [-и; -и, ла́пок] (f.) **5** paw (dim. of ла́па)

ла́сково (adv.) affectionately, tenderly

ла́сков‖ый [-ая, -ое, -ые] (adj.) **5** affectionate

лати́нск‖ий [-ая, -ое, -ие] (adj.) **5** Latin

«Лебеди́ное о́зеро» **11** Swan Lake (ballet)

лев Leo (astrological sign); lion

ле́в‖ый [-ая, -ое, -ые] (adj.) **3** left

леге́нд‖а [-ы; -ы, -Ø] (f.) **10** legend

легко́ (adv./pred.) easily, lightly, slightly

лёгк‖ий [-ая, -ое, -ые] (adj.) light

лёгк‖ое [-ого] (n.) lung

ле́гче (comp. of лёгкий) **6** easier

лёд [льда́] (m., s.) **7** ice; со льдом with ice

леж‖а́ть [-у́, -и́шь, -а́т] (impf.) to lie, be lying

лека́рственн‖ый [-ая, -ое, -ые] (adj.) medicinal, officinal

лека́рств‖о [-а; -а, -Ø] (n.) **7** medicine

ле́ксик‖а [-и; -и, -Ø] (f.) vocabulary

лени́в‖ый [-ая, -ое, -ые] (adj.) lazy

Ленингра́д (m.) name of St. Petersburg 1924-1991 (R. city)

ле́нинск‖ий [-ая, -ое, -ие] (adj.) of or pertaining to Lenin

ле́пк‖а [-и] (f., s.) modelling

лес [-а; -а́, -о́в] (m.) woods, forest

лет (see год)

лета́‖ть [-ю, -ешь, -ют] (impf., indet.) **3** to fly

лета́ющ‖ий [-ая, -ее, -ие] (pr.a.p.) flying

лет‖е́ть [лечу́, -и́шь, -я́т] (impf. det) **3** to fly

лётн‖ый [-ая, -ое, -ые] (adj.) **3** flying лётная шко́ла flying school

ле́т‖о [-а; -а, -Ø] (n.) summer

ле́том (adv.) in summer

лётчик [-а; -и, -ов] (m.) **1** pilot

лётчиц‖а [-ы; -ы, -Ø] (f.) **3** female pilot

леч‖и́ть [-у́, -ишь, -ат] (impf.) **7** to treat (medically)

леч‖и́ться [-у́сь, -ишься, -атся] (impf. + instr.) **7** to receive treatment, undergo a cure; лечи́ться тра́вами to be treated with herbs

лечь [ля́гу, ля́ж‖ешь, ля́гут] (pf.) **2, 6** to lie down, лечь спать to go to bed

ли [interrog. part.] **10** (used in questions)

либре́тто (n., indecl.) **11** libretto (of a ballet or opera)

Лива́н [-а] (m.) **3** Lebanon (country)

лимона́д [-а] (m.) lemonade, soft drink

лингвисти́ческ‖ий [-ая, -ое, -ие] (adj.) **2** linguistic

лис‖а́ [-ы́; -ы, -Ø] (f.) fox

лиси́ц‖а [-ы; -ы, -Ø] (f.) fox

лист [-а; ли́сть‖я, -ев] (m.) leaf (of a tree)

литерату́р‖а [-ы] (f.) literature

литерату́рн‖ый [-ая, -ое, -ые] (adj.) literary

лице́‖й [-я; -и, -ев] (m.) Lyceum (high school or law school in pre-revolutionary Russia)

лиц‖о́ [-а́; ли́ц‖а, -Ø] (n.) **1** face; person; **10** identity

ли́чно (adv.) personally, in person

ли́чн‖ый [-ая, -ое, -ые] (adj.) **11** personal, private

ли́шн‖ий [-яя, -ее, -ие] (adj.) **2** ли́шний вес extra or excess weight; **11** ли́шний биле́т extra ticket

ло́дк‖а [-и; -и, ло́док] (f.) boat

ло́ж‖а [-и; -и, -Ø] (f.) **11** (theater) box

лож‖и́ться [-у́сь, -и́шься, -а́тся] (impf.) **2, 6** to lie down ложи́ться спать to go to bed

ло́жк‖а [-и; -и, ло́жек] (f.) spoon

Ло́ндон [-а] (m.) London (capital of U.K.)

ло́шад‖ь [-и; -и, -е́й] (f.) horse

лугово́й василёг (m.) meadow cornflower

Лужники́ [-о́в] (m.) **2** Luzhniki (a sports stadium near Moscow State University)

лук [-а] (m., s.) **6** onions

лу́ковиц‖а [-ы; -ы, -Ø] (f.) **6** onion

Лун‖а́ [-ы́; -ы, -Ø] (f.) **3** the Moon

лу́чше | comp. adv.) better

лу́чш‖ий [-ая, -ее, -ие] (adj.) better

лы́ж‖и [-Ø] (pl.) **1** skis

люби́м‖ый [-ая, -ое, -ые] (adj.) beloved, favorite

люби́тел‖ь [-я; -и, -ей] (m.) lover, fan

люб‖и́ть [-лю́, -ишь, -ят] (impf.) to love, like

люб(о́)в‖ь [-и́] (f.) love

любопы́тность‖ь [-и; -и, -ей] (f.) curiosity

любопы́тн‖ый [-ая, -ое, -ые] (adj.) curious, interesting, inquisitive

любопы́тств‖о [-а] (n., s.) curiosity, inquisitiveness

лю́ди (see челове́к)
лю́стр‖а [-ы; -ы, -∅] (f.) chandelier
ля́гу (see лечь) 6
ля́жешь (see лечь) 6

M

магази́н [-а; -ы, -ов] (m.) store
ма́ги‖я [-и] (f.) 7 magic
магнитофо́н [-а; -ы, -ов] (m.) tape recorder
Мадри́д [-а] (m.) Madrid (capital city of Spain)
ма‖й [-я] (m.) May
майоне́з [-а] (m.) 6 mayonnaise
ма́л [-а́, -о́, -ы́] (s.f. adj.) 9 (too) small
ма́леньк‖ий [-ая, -ое, -ие] (adj.) little, small
мали́н‖а [-ы] (f., s.) raspberries
ма́ло (adv.) (too) few, (too) little
малокро́ви‖е [-я] (n.) anemia
ма́л‖ый [-ая, -ое, -ые] (adj.) little, small; Ма́лый теа́тр Maly Theater (in Moscow)
малы́ш [-а́; -и́, -е́й] (m.) kid, little boy; Малы́ш cartoon character
ма́льчик [-а; -и, -ов] (m.) boy
ма́льчик-старшекла́ссник (m.) upper-grade student (male)
ма́м‖а [-ы; -ы, -∅] (f.) mama
ма́мочк‖а [-и; -и, ма́мочек] (f.) 5 dim. of ма́ма
манеке́нщик [-а; -и, -ов] (m.) 9 model
манеке́нщиц‖а [-ы; -ы, -∅] (f.) 1 (fashion) model
ма́рк‖а [-и; -и, ма́рок] (f.) stamp
март [-а] (m.) March
маршру́т [-а; -ы, -ов] (m.) route, itinerary
ма́слениц‖а [-ы] (f.) Shrovetide, carnival
ма́сл‖о [-а] (n.) butter, oil
ма́стер-иконопи́с(е)ц [-а; -ы, -ев] (m.) 10 master icon painter
мастери́ц‖а [-ы; -ы, -∅] (f.) 6 master; мастери́ца на все ру́ки jack-of-all-trades
ма́стер-учи́тел‖ь [-я; -и, -ей] (m.) master teacher
матема́тик‖а [-и] (f.) mathematics
математи́ческ‖ий [-ая, -ое, -ие] (adj.) 2 mathematical
материа́л [-а; -ы, -ов] (m.) 6 material
Мати́сс [-а] (m.) Henri Matisse, 1869-1954 (French painter)

матро́с [-а; -ы, -ов] (m.) sailor, seaman
мать [ма́тер‖и; -и, -ей] (f.) mother
ма́чех‖а [-и; -и, -∅] (f.) stepmother
маши́н‖а [-ы; -ы, -∅] (f.) car, machine, automobile
машини́стк‖а [-и; -и, машини́сток] (f.) 9 typist
маши́нк‖а [-и; -и, маши́нок] (f.) 5 machine; typewriter
МГУ (indecl. acronym) MGU (Moscow State University)
ме́бел‖ь [-и] (f., s.) furniture
мёд [-а] (m.) 7 honey
медве́д‖ь [-я; -и, -ей] (m.) bear
медици́н‖а [-ы; -ы, -∅] (f.) medicine
медици́нск‖ий [-ая, ое, ие] (adj.) medical
медици́н‖а [-ы] (f.) 7 medicine
ме́дн‖ый [-ая, -ое, -ые] (adj.) bronze, of bronze; Ме́дный вса́дник the Bronze Horseman (Monument to Peter I)
ме́жду (prep. + instr.) among; between
междунаро́дн‖ый [-ая, -ое, -ые] (adj.) international
Ме́ксик‖а [-и] (f.) Mexico (country)
ме́нее (comp. adv.) less
ме́ньше (comp. adj./adv.) less, smaller, fewer
меня́ (pers. pron.) acc./gen. of я
меня́‖ть [-ю, -ешь, -ют] (impf.) to change; exchange
ме́р‖ить [-ю, -ишь, -ят] (impf.) 7 to measure; ме́рить температу́ру to take (one's) temperature
ме́ст‖о [-а; -а́, -∅] (n.) 3 place, spot, site; seat
ме́сяц [-а; -ы, -ев] (m.) month
мета́лл [-а; -ы, -ов] (m.) 3 metal
метр [-а; -ы, -ов] (m.) meter
метро́ (n., indecl.) subway
мече́т‖ь [-и; -и, -ей] (f.) 10 mosque
мечт‖а́ [-ы́; -ы́, gen. not used] (f.) dream, daydream
мечта́‖ть [-ю, -ешь, -ют] (impf.) 11 to dream
мигре́н‖ь [-и] (f., s.) migraine
микроволно́в‖ый [-ая, -ое, -ые] (adj.) microwave
микрорайо́н [-а] (m.) mikroraion (administrative unit in a R. city)
микрохирурги́‖я [-и] (f., s.) microsurgery
ми́л, мила́, ми́ло, ми́лы (s.f. adj.) nice, sweet, lovable

милиционе́р [-а; -ы, -ов] (m.) policeman
мили́ци‖я [-и; -и, -й] (f.) police, militia
миллио́н [-а; -ы, -ов] (m.) million
министе́рств‖о [-а; -а, -∅] (n.) ministry
ми́нус [-а; -ы, -ов] (m.) minus
мину́т‖а [-ы; -ы, -∅] (f.) minute
мину́тк‖а [-и; -и, мину́ток] (f., conv.) minute
мир [-а] (m.) peace; world
миров‖о́й [-а́я, -о́е, -ы́е] (adj.) world 2 мирова́я культу́ра world culture
ми́стер [-а] (m.) Mr., mister
Миха́йловск‖ое [-ого] (n., subst.) Mikhailovskoye (Pushkin family estate near R. city Pskov)
мла́дш‖ий [-ая, -ее, -ие] (adj.) younger, youngest, junior
мне (pers. pron.) (dat. of я)
мне́ни‖е [-я, -я, -й] (n.) opinion
мно́г‖ие [-их] (pl., subst.) many (people)
мно́го (indef. no.) many, much, a lot
мно́г‖ое [-ого] (n., subst.) much, a great deal
мной (instr. of я)
мо́д‖а [-ы; -ы, -∅] (f.) fashion, style; 9 в мо́де in fashion
модели́́́́рова́ни‖е [-я; -я, -й] (n.) modeling, patterning
моде́л‖ь [-и; -и, -ей] (f.) 9 model, pattern
модельер [-а; -ы, -ов] (m.) 9 fashion designer, couturier
мо́дно (adv. and s.f. adj.) fashionably, stylishly
мо́дн‖ый [-ая, -ое, -ые] (adj.) 2 fashionable, stylish
мо́жно (pred.) one may, one can
мо‖й [-я, -е́, -и́] (poss. pron.) my
мол‖и́ться [-ю́сь, -ешься, -ю́тся] (impf.) 10 to pray
молодёж‖ь [-и] (f.) 6 youth, young people
молод(е́)ц [-а́; -ы́, -о́в] (m.) fine fellow, fine girl
молод‖о́й [-а́я, -о́е, -ы́е] (adj.) young; 6 молоды́е (pl., subst.) young people
молок‖о́ [-а] (n.) milk
молч‖а́ть [-у́, -и́шь, -а́т] (impf.) to be quiet
моме́нт [-а; -ы, -ов] (m.) moment, instant
монасты́р‖ь [-я; -и́, -е́й] (m.) monastery
мона́х [-а; -и, -ов] (m.) 10 monk
Монома́х [-а] (m.) Vladimir Monomakh, early ruler in Rus

мора́льно (*adv.*) **10** morally, ethically

мо́р‖е [-я; -я, -е́й] (*n.*) sea

морж [-а́, -и́, -е́й] (*m.*) walrus

морко́вк‖а [-и, -и, морко́вок] (*f., conv.*) **6** a carrot

морко́в‖ь [-и] (*f., s.*) **6** carrots

моро́жен‖ое [-ого] (*n.*) ice cream

моро́з [-а; -ы, -ов] (*m.*) frost, freeze

Москва́ [-ы́] (*f.*) Moscow

моско́вск‖ий [-ая, -ое, -ие] (*adj.*) of or pertaining to Moscow

мост [-а́; -ы́, -о́в] (*m.*) bridge

мотоци́кл [-а; -ы, -ов] (*m.*) motorcycle

мочь [могу́, мо́ж‖ешь, мо́гут] (*impf.*) to be able

му́дрый **11** (*adj.*) wise

муж [-а; мужья́, муже́й] (*m.*) husband

му́жественн‖ый [-ая, -ое, -ые] (*adj.*) manly, steadfast

мужи́к [-а; -и, -ов] (*m.*) peasant man,

мужчи́н‖а [-ы; -ы, -∅] (*m.*) man, male

музе́‖й [-я; -и, -ев] (*m.*) museum

му́зык‖а [-и] (*f.*) music

музыка́льн‖ый [-ая, -ое, -ые] (*adj.*) musical

музыка́нт [-а; -ы, -ов] (*m.*) musician

мук‖а́ [-и] (*f.*) **6** flour

му́льтик [-а; -и, -ов] (*m., conv.*) **6** animated film, cartoon

мультфи́льм [-а; -ы, -ов] (*m.*) **6** animated film, cartoon

мусульма́нин [-а; мусульма́н‖е, -∅] (*m.*) **10** Moslem

мусульма́нск‖ий [-ая, -ое, -ие] (*adj.*) Moslem

мы (*pron.*) we

мы́слящ‖ий [-ая, -ое, -ие] (*adj.*) **7** thinking, intellectual

мыть [мо́‖ю, -ешь, -ют] (*impf.*) to wash (something)

мы́ться [мо́‖юсь, -ешься, -ются] (*impf. intrans.*) **3, 6** to wash (oneself), bathe

мы́шк‖а [-и; -и, мышек] (*f.*) [*dim.*] **5** mouse

мыш‖ь [-и; -и, -е́й] (*f.*) **5** mouse

мя́гк‖ий [-ая, -ое, -ие] (*adj.*) **3** мя́гкой поса́дки soft landing, have a nice flight

мясн‖о́й [-а́я, -о́е, -ы́е] (*adj.*) of or pertaining to meat

мя́с‖о [-а] (*n., s.*) meat

мя́т‖а [-ы; -ы, -∅] (*f.*) mint

мя́у (*interj.*) meow (cat sound)

Н

на (*prep.*+ *prep. or acc.*) on, in; onto, to, into

наве́рное (*adv.*) probably, most likely

навстре́чу (*adv.*) towards

над (*prep. + instr.*) above, over

надева́‖ть [-ю, -ешь, -ют] (*impf. + acc.*) to put on

наде́ть (*pf. + acc.*) to put on

на́до (*pred.*) necessary, needed

наду́т‖ый [-ая, -ое, -ые] (*adj.*) **6** puffed up, haughty

наза́д (*adv.*) back, ago

назва́ни‖е [-я; -я, -й] (*n.*) name, title

называ́‖ть [-ю, -ешь, -ют] (*impf.*) to call, name, designate

называ́‖ться [-ется, -ются] (*impf., intrans.*) to be called

найти́ [найд‖у́, -ёшь, -у́т] (*pf.*) to find

нале́во (*adv.*) on or to the left

нам (*pers. pron.*) (*dat. of* мы)

на́ми (*pers. pron.*) (*instr. of* мы)

намно́го (*adv.*) much, far

наоборо́т (*adv.*) on the contrary

напеча́та‖ть [-ю, -ешь, -ют] (*pf.*) **1** to print, type

напи́сан [-а; -о, -ы] (*s.f. p.p.p.*) **10** written

написа́ть [напиш‖у́, -ешь, -ут] (*pf.*) **1** to write

Наполео́н [-а] (*m.*) Napoleon Bonaparte,1769-1821, French emperor

направле́ни‖е [-я; -я, -й] (*n.*) direction

напра́во (*adv.*) to or on the right

наприме́р (*paren.*) for example

напряже́ни‖е [-я; -я, -й] (*n.*) **11** tension; strain, effort, exertion

напря́сть [напря́д‖у́, -ёшь, -у́т] (*pf.*) **6** to spin

нараба́тыва‖ться [-юсь, -ешься, -ются] (*impf.*) **6** to work enough, to tire oneself with work

нарабо́та‖ться [-юсь, -ешься, -ются] (*pf.*) **6** to work enough, to tire oneself with work

нарисо́ван [-а; -о, -ы] (*s.f. p.p.p.*) drawn, painted

нарис‖ова́ть [-у́ю, -у́ешь, -у́ют] (*pf.*) to draw, paint

наркома́н [-а; -ы, -ов] (*m.*) **7** drug addict

нарко́тик [-а; -ы, -ов] (*m.*) **7** narcotic, drug

наро́д [-а; -ы, -ов] (*m.*) people

наро́дн‖ый [-ая, -ое, -ые] (*adj.*) of the people, people's

наря́дн‖ый [-ая, -ое, -ые] (*adj.*) elegant, well-dressed

нас (*pers. pron.*) (*acc./gen./prep. of* мы)

наси́ли‖е [-я; -я, -й] (*n.*) **10** violence, force

на́сморк [-а; -и, -ов] (*m.*) **7** cold, head cold, chill

насто́йчивост‖ь [-и; -и, -ей] (*f.*) persistence; urgency, insistence

насто́йчив‖ый [-ая, -ое, -ые] (*adj.*) persistent; urgent, insistent

насто́льный **3** table; насто́льный те́ннис table tennis, ping-pong

настоя́щ‖ий [-ая, -ое, -ие] (*adj.*) real

настрое́ни‖е [-я; -я, -й] (*n.*) **2** mood

натура́льн‖ый [-ая, -ое, -ые] (*adj.*) **6** natural; real, genuine

нау́к‖а [-и; -и, -∅] (*f.*) science

Наути́лус [-а] (*m.*) Nautilus (R. musical group)

науч‖и́ть [-у́, -ишь, -ат] (*pf.*) **6** to teach

науч‖и́ться [-у́сь, -ишься, -атся] (*impf.*) to learn

нау́чн‖ый [-ая, -ое, -ые] (*adj.*) scientific

наход‖и́ться [нахожу́сь, нахо́д‖ишься, -ятся] (*impf.*) is located

национа́льн‖ый [-ая, -ое, -ые] (*adj.*) national

нача́ть [начн‖у́, -ёшь, -у́т] (*pf. + acc./ с + gen.*) **1** to begin

нача́ться [начн‖у́сь, -ёшься, -у́тся] (*pf. intrans.*) to begin, start out

начина́‖ть [-ю, -ешь, -ют] (*impf. + acc./ с + gen*) **1** to begin

начина́‖ться [-ется, -ются] (*impf.*) to begin, be begun

наш [-а, -е, -и] (*poss. pron.*) our

не (*part.*) not

не́б‖о [-а; небес‖а́, небе́с] (*n.*) heaven, sky

небога́т‖ый [-ая, -ое, -ые] (*adj.*) not wealthy

небольш‖о́й [-а́я, -о́е, -и́е] (*adj.*) not large, small

невозмо́жно (*pred.*) impossible

невысо́к‖ий [-ая, -ое, -ие] (*adj.*) rather low, rather short

него́ (*pers. pron.*) (*acc./gen. of* он)

неда́вно (*adv.*) **2** recently, not long ago

недалеко́ (*pred.*) **2** not far (away), not distant

неде́л‖я [-и; -и, -∅] (*f.*) week

недо́лго (*adv.*) not long

неё (*pers. pron.*) (acc./gen. of ОНА́)

нежа́рко (*adv. and prep.*) not hot

не́жно (*adv.*) tenderly, affectionately; delicately

незави́симост‖ь [-и] (*f.*) independence

незави́сим‖ый [-ая, -ое, -ые] (*adj.*) **7** independent

неизве́ст(е)н [-а, -о, -ы] (*s.f. adj.*) **9** not well-known, uncertain, unfamiliar

неизве́стн‖ый [-ая, -ое, -ые] (*adj.*) unknown, uncertain, unfamiliar

неинтере́сно (*adv.*) uninteresting

неинтере́сн‖ый [-ая, -ое, -ые] (*adj.*) uninteresting **2**

ней (*pers. pron.*) (dat./prep./instr. of ОНА́)

не́котор‖ый [-ая, -ое, -ые] (*pron.*) some

некраси́в‖ый [-ая, -ое, -ые] (*adj.*) unattractive, not good-looking, ugly; unsightly

Некра́сов [-а] (*m.*) Nikolai Nekrasov, 1821-1878 (R. poet)

нелёгк‖ий [-ая, -ое, -ие] (*adj.*) difficult, not easy; heavy, not light

нелёг(о)к [-а́; -о́, -и́] (*pred.*) difficult, not easy; heavy, not light

нельзя́ (*pred.*) (it is) impossible, not permitted

нём (*pers. pron.*) prep. of ОН

неме́цк‖ий [-ая, -ое, -ие] (*adj.*) German

немно́го (*adv.*) a bit, some

немоло́д‖ой [-а́я, -о́е, -ы́е] (*adj.*) not young, old

нему́ (*dative of* ОН *and* ОНО́)

ненави́д‖еть [ненави́жу, ненави́д-ишь, -ят] (*impf.*) to hate, detest, abhor

необыкнове́нн‖ый [-ая, -ое, -ые] (*adj.*) unusual, uncommon

неплох‖о́й [-а́я, -о́е, -и́е] (*adj.*) not bad, quite good

непоня́тно (*pred.*) (it is) incomprehensible

непоня́тн‖ый [-ая, -ое, -ые] (*adj.*) incomprehensible, not understandable

непра́вильно (*adv./pred.*) incorrect(ly); (it is) incorrect

непрести́жн‖ый [-ая, -ое, -ые] (*adj.*) **5** not prestigious

неприя́тн‖ый [-ая, -ое, -ые] (*adj.*) not pleasant

не́рв [-а; -ы, -ов] (*m.*) nerve

Нерли́ (*n., indecl.*) Nerli River (near the R. city of Vladimir)

не́сколько (*indef. no.*) several, some, a few

нескро́мн‖ый [-ая, -ое, -ые] (*adj.*) immodest, vain; indiscreet

нес‖ти́ [-у́, -ёшь, -у́т] (*impf., det.*) to carry, take (by carrying)

нет (*neg.*) 1 no, (there is) no

нетерпели́в‖ый [-ая, -ое, -ые] (*adj.*) impatient

нетрадицио́нн‖ый [-ая, -ое, -ые] (*adj.*) **7** non-traditional

нетру́дн‖ый [-ая, -ое, -ые] (*adj.*) not difficult, easy

неудо́бно (*adv.*) uncomfortably, inconveniently

неудо́бн‖ый [-ая, -ое, -ые] (*adj.*) **2** uncomfortable; inconvenient; awkward; embarrassing

неуже́ли (*adv.*) indeed, really

нефть [-и, -и, -ей] (*f.*) oil

нехорошо́ (*adv./pred.*) (it's) not good, not well

неча́сто (*adv.*) infrequently, not often

не́чего (there's) nothing; не́чего де́лать there's nothing to do

ни (*part.*) neither, nor, not

ника́к (*adv.*) in no way, by no means

никак‖о́й [-а́я, -о́е, -и́е] (*adj.*) no, not any

никогда́ (*adv.*) never

никто́ (*pron.*) nobody, no one

ним (*pers. pron.*) (instr. of ОН; dat. of ОНИ́)

ни́ми (*pers. pron.*) instr. of ОНИ́

них (*pers. pron.*) (gen./acc./prep. of ОНИ́)

но (*conj.*) but

Но́вгород [-а] (*m.*) Novgorod (R. city)

новгоро́дск‖ий [-ая, -ое, -ие] (*adj.*) of Novgorod, Novgorodian

но́вост‖ь [-и; -и, -ей] (*f.*) news, tidings

но́в‖ый [-ая, -ое, -ые] (*adj.*) new

ног‖а́ [-и́; -и, -∅] (*f.*) **1, 7** leg; foot

но́мер [-а; -а́, -о́в] (*m.*) number, issue

Нори́льск [-а] (*m.*) Norilsk (R. city)

норма́льно (*adv.*) **2** normally

норма́льн‖ый [-ая, -ое, -ые] (*adj.*) **7** normal

носи́ть [ношу́, но́с‖ишь, -ят] (*impf., indet. trans.*) to carry, take (by carrying); **2** носи́ть (оде́жду) to wear (clothes)

нос(о́)к [-а́; -и́, -о́в] (*m.*) **6** sock

ночь [-и; -и, -е́й] (*f.*) night

ноя́бр‖ь [-я́] (*m.*) November

нра́в‖иться [-люсь, -ишься, -ятся] (*impf.*) to be pleasing

ну (*part.*) **1** well

ну́ж(е)н [-а́, -о, -ы́] (*pred.*) needed, necessary

Нури́ев [-а] (*m.*) Rudolph Nuriev, 1938-1993, (ballet dancer)

Нью-Йо́рк [-а] (*m.*) New York

Нью́тон [-а] (*m.*) Sir Isaac Newton, 1642-1727 (English scientist)

О

о (*prep. + prepos.*) about

обая́тельност‖ь [-и; -и, -ей] (*f.*) fascination, charm

обая́тельн‖ый [-ая, -ое, -ые] (*adj.*) **9** charming, enchanting

обе́д [-а; -ы, -ов] (*m.*) dinner

обе́да‖ть [-ю, -ешь, -ют] (*impf.*) to have dinner, dine

обезья́н‖а [-ы; -ы, -∅] (*f.*) **7** monkey

обеща́‖ть [-ю, -ешь, -ют] (*impf.*) to promise

о́бласт‖ь [-и; -и, -ей] (*f.*) province, region, district

обме́н [-а; -ы, -ов] (*m.*) exchange

образ(е́)ц [-а́; -ы́, -о́в] (*m.*) **1** example, model

образо́ванн‖ый [-ая, -ое, -ые] (*adj.*) **7** educated, cultured

обрат‖и́ть [обращу́, обрат-и́шь, -я́т] (*pf.*) to turn

обра́тно (*adv.*) back, backwards

обруч‖и́ться [-у́сь, -и́шься, -а́тся] (*impf., intrans.*) to become engaged

обсужда́‖ть [-ю, -ешь, -ют] (*impf.*) to discuss, consider

обща́‖ться [-ю́сь, -ешься, -ю́тся] (*impf., c + instr.*) **10** to associate (with)

о́бщ‖ий [-ая, -ее, -ие] (*adj.*) general, common; в о́бщем in general

о́бществ‖о [-а; -а, -∅] (*n.*) **7** society

общи́тельност‖ь [-и; -и, -ей] (*f.*) sociability

общи́тельн‖ый [-ая, -ое, -ые] (adj.) **3, 7** sociable

объяв‖и́ть [-лю́, -ишь, -ят] (pf.) to declare, announce; to publish, proclaim, advertise

объявле́ни‖е [-я; -я, -й] (n.) **5** announcement; advertisement

объявля́‖ть [-ю, -ешь, -ют] (impf.) to declare, announce; to publish, proclaim, advertise

объясне́ни‖е [-я; -я, -й] (n.) explanation

обыкнове́нн‖ый [-ая, -ое, -ые] (adj.) usual; ordinary; commonplace

обы́чно (adv.) usually, as a rule

обы́чн‖ый [-ая, -ое, -ые] (adj.) usual, normal, everyday

обя́занность‖ [-и; -и, -ей] (f.) **5** responsibility, obligation

обяза́тельно (adv. and prep.) without fail

обяза́тельн‖ый [-ая, -ое, -ые] (adj.) **5** obliging, accommodating, binding

Ове́н (m.) Aires (astrological sign); ram

ове́ч‖ий [-ья, -ье, -ьи] (adj.) **6** of or pertaining to sheep

о́вощ [-а; -и, -ей] (m.) **6** vegetable

овощн‖о́й [-а́я, -о́е, -ы́е] (adj.) vegetable

овц‖а́ [-ы́; -ы, ове́ц] (f.) **6** sheep

огон(ё)к [-а́; -и, -ов] (m.) small light, flame

ог(о́)н‖ь [-я́, -й, -е́й] (m.) **10** fire

огоро́д (m.) **6** kitchen (vegetable) garden; в/на огоро́де in the kitchen garden

огро́мн‖ый [-ая, -ое, -ые] (adj.) huge, vast, enormous

огур(е́)ц [-а́; -ы, -ов] (m.) cucumber

одева́‖ть [-ю, -ешь, -ют] (impf., trans.) + acc.) **9** to dress (someone)

одева́‖ться [-юсь, -ешься, -ются] (impf., intrans.) **9** to dress or clothe (oneself)

оде́жд‖а [-ы] (f.) clothing, garments, clothes

Оде́сс‖а [-ы] (f.) Odessa (Ukrainian city on the Black Sea)

оде́‖ть [оде́н‖у, -ешь, -ут] (pf., trans.) **9** to dress (someone)

оде́‖ться [оде́н‖усь, -ешься, -утся] (pf.. intrans.) **9** to dress or clothe (oneself)

одея́л‖о [-а; -а, -∅] (n.) blanket, coverlet

оди́н [одна́; одно́, одни́] (card. no.) **5** one; alone (pl.) some

оди́ннадцат‖ый [-ая, -ое, -ые] (ord. no.) eleventh

одна́жды (adv.) once, once upon a time

одноразов‖ый [-ая, -ое, -ые] (adj.) **7** single use; одноразовый щприц single-use (disposable) syringe

ожире́ни‖е [-я; -я, -й] (n.) corpulence, obesity

о́зер‖о [-а; озёр‖а, -∅] (n.) lake

ой (excl.) oh

океа́н [-а; -ы, -ов] (m.) ocean

окн‖о́ [-а́; о́кна, о́кон] (n.) **3** window

о́коло (prep.+ gen.) near

оконча́ни‖е [-я; -я, -й] (n.) end, conclusion; termination

октя́бр‖ь [-я́] (m.) October

Олимпиа́да [-ы; -ы, -∅] (f.) Olimpiada, Olympics

Олимпи́йск‖ий [-ая, -ое, -ие] (adj.) of or pertaining to the Olympics

он (pers. pron.) he, it

она́ (pers. pron.) she, it

Оне́гин [-а] (m.) Eugene Onegin, opera by Tchaikovsky

они́ (pl. pers. pron.) they

оно́ (neut. pers. pron.) it

опа́сн‖ый [-ая, -ое, -ые] (adj.) dangerous, perilous

о́пер‖а [-ы; -ы, -∅] (f.) **11** opera

опера́ци‖я [-и; -и, -й] (f.) operation

опозда́‖ть [-ю, -ешь, -ют] (pf.) to be late

о́пухол‖ь [-и; -и, -ей] (f.) swelling, tumor

опя́ть (adv.) again

организа́тор [-а; -ы, -ов] (m.) organizer

организа́ци‖я [-и; -и, -й] (f.) **5** organization

организ‖ова́ть [-у́ю, -у́ешь, -у́ют] (impf.) to organize

оргте́хник‖а [-и] (f.) **5** office equipment

оре́х [-а; -и, -ов] (m.) nut

орке́стр [-а; -ы, -ов] (m.) orchestra

о́сен‖ь [-и] (f.) fall, autumn

о́сенью (adv.) in fall, in autumn

Осло (n., indecl.) Oslo (capital city of Norway)

осно́ван [-а; -о, -ы] (s.f. p.p.p.) established, founded

осн‖ова́ть [-у́ю, -у́ешь, -у́ют] (pf.) **10** to found, establish (future tense rarely used)

осно́выва‖ть [-ю, -ешь, -ют] (impf.) to found, establish

осо́бенно (adv.) **1** especially

осо́б‖ый [-ая, -ое, -ые] (adj.) special, particular, peculiar

оста‖ва́ться [-ю́сь, -ёшься, -ю́тся] (impf., intrans.) to remain, stay, be left over

остана́влива‖ть [-юсь, -ешься, -ются] (impf., trans.) to stop, come to a halt

останов‖и́ться [-лю́сь, -ишься, -ятся] (pf., intrans.) **8** to stop, come to a halt

оста́ться [оста́н‖усь, -ешься, -утся] (pf., intrans.) to remain, stay, be left over

отли́чно (adv.) **4** excellently; perfectly; extremely well

отли́чн‖ый [-ая, -ое, -ые] (adj.) excellent; perfect; extremely good

от (prep. + gen.) from

отве́т [-а; -ы, -ов] (m.) answer

отве́ти‖ть [отве́чу, отве́т-ишь, -ят] (pf.) to answer, respond

отве́тственность‖ [-и; -и, -ей] (f.) **3** responsibility

отвеча́‖ть [-ю, -ешь, -ют] (impf.) to answer

отда́ть [отда́м, отда́шь, отда́ст, отдади́м, отдади́те, отдаду́т] (impf.) to give back, return

отде́л [-а; -ы, -ов] (m.) **10** section, department (of a store)

отдыха́‖ть [-ю, -ешь, -ют] (impf.) to rest

от(е́)ц [-а́; -ы́, -о́в] (m.) **10** father (parent or Orthodox priest)

оте́чественнн‖ый [-ая, -ое, -ые] (adj.) patriotic

откла́дыва‖ть [-ю, -ешь, -ют] (impf.) to put aside, set aside, put away

открыва́‖ть [-ю, -ешь, -ют] (impf.) to open; **10** открыва́ть ду́шу (+ dat.) to open one's heart, to tell (someone) one's innermost thoughts or feelings

откры́т [-а, -о, -ы] (pred.) open(ed); discover(ed)

откры́тк‖а [-и; -и, откры́ток] (f.) postcard, greeting card

откры́ть [откро́‖ю, -ешь, -ют] (pf.) to open; **10** откры́ть ду́шу (+ dat.) to open one's heart, to tell (someone) one's innermost thoughts or feelings

отку́да (interr. adv.) from where

отли́чно (adv.) excellent(ly)

отли́чн‖ый [-ая, -ое, -ые] (adj.) excellent

отме́тк‖а [-и; -и, -й] (f.) note; mark, grade

отмеча‖ть [-ю, -ешь, -ют] (*impf.*) to mark, note; to celebrate

отнес‖тись [-у́сь, -ёшься, -у́тся] (*pf.*, к + *dat.*) to treat, regard

относи́ться [отношу́сь, отно́с‖ишься, -ятся] (*impf.*, к + *dat.*) to relate (to), to feel (about)

отноше́ни‖е [-я; -я, -й] (*n.*) attitude

отреставри́р‖овать [-ую, -уешь, -уют] (*pf.*) **10** to restore

отту́да (*adv.*) from there

охо́т‖а [-ы; -ы, -∅] (*f.*) hunt, chase

охо́тник [-а; -и, -ов] (*m.*) hunter

о́чень (*adv.*) very

очк‖о́ [-á; -и́, -о́в] (*n.*) **2** point (in scoring)

о́фис [-а; -ы, -ов] (*m.*) office

офице́р [-а; -ы, -ов] (*m.*) **1, 11** officer

охо́тник [-а; -и, -ов] (*m.*) hunter

ошиба́‖ться [-юсь, -ешься, -ются] (*impf.*) **5** to be mistaken

ошиби́ться [ошибу́сь, ошиб‖ёшься, -у́тся; *p.t.*: ошибся, ошиблась, ошиблись] (*pf.*) **5** to be mistaken

ошибк‖а [-и; -и, ошибок] (*f.*) **1** mistake, error, blunder

П

Па́влова [-ой] (*f.*) **11** Anna Pavlova, 1881-1931 (R. ballet dancer)

Па́вловск [-а] (*m.*) Pavlovsk (small Tsarist palace town near St. Petersburg)

па́да‖ть [-ю, -ешь, -ют] (*impf.*) **11** to fall

паде́ж [-á; -и́, -éй] (*m.*) case

па́л(е)ц [-а; -ы, -ев] (*m.*) finger

па́лочк‖а [-и; -и, па́лочек] (*f.*) **11** stick, wand

пальто́ (*n., indecl.*) overcoat

па́мятка (*f.*) instruction, written rules

па́мятник [-а; -и -ов] (*m.*) monument, statue

па́мят‖ь [-и] (*f.*) **5** memory

па́п‖а [-ы; -ы, -∅] (*m.*) papa

парашюти́ст [-а; -ы, -ов] (*m.*) parachutist

па́р(е)н‖ь [-я; -и, -ей] (*m.*) lad, fellow, guy

Пари́ж [-а] (*m.*) Paris

парк [-а; -и, -ов] (*m.*) park

парте́р [-а; -ы, -ов] (*m.*) **11** pit, orchestra

партиза́нск‖ий [-ая, -ое, -ые] (*adj.*) partisan; guerilla

па́рти‖я [-и; -и, -й] (*f.*) **11** role, part

пассажи́р [-а; -ы, -ов] (*m.*) passenger

пассажи́рск‖ий [-ая, -ое, -ие] (*adj.*) passenger

Па́сх‖а [-и] (*f.*) Easter

па́сха (*f.*) paskha, cheesecake-like dessert eaten at Easter

пате́нт [-а; -ы, -ов] (*m.*) patent, license

па́шн‖я [-и; -и, -й] (*f.*) plowed field, arable land

пев(е́)ц [-á; -ы, -о́в] (*m.*) singer

педагоги́ческ‖ий [-ая, -ое, -ие] (*adj.*) **5** pertaining to teaching or education; педагоги́ческий факульте́т pedagogical faculty, education department

пенсионе́р [-а; -ы, -ов] (*m.*) pensioner

пе́нси‖я [-и; -и, -й] (*f.*) **6** pension, retirement; на пе́нсии retired, on pension

пе́пси-ко́л‖а [-ы] (*f.*) Pepsi Cola

пе́рв‖ый [-ая, -ое, -ые] (*ord. no.*) first

переве‖сти́ [перевед‖у́, -ёшь, -у́т] (*pf.*) **1** to translate, interpret

перево́д [-а; -ы, -ов] (*m.*) **1** translation

переводи́ть [перевожу́, перево́д‖ишь, -ят] (*impf.*) **1** to translate, interpret

перево́дчик [-а; -и, -ов] (*m.*) **1, 5** translator, interpreter

пе́ред (*prep.* + *instr.*) before; in front of

переда‖ва́ть [-ю́, -ёшь, -ю́т] (*impf.*) **5** communicate, convey, pass on

переда́ч‖а [-и; -и, -∅] (*f.*) **7, 9** TV program, broadcast

переда́ть [переда́м, переда́шь, переда́ст, передади́м, передади́те, передаду́т] (*pf.*) **5** communicate, convey, pass on

перезвон‖и́ть [-ю́, -и́шь, -я́т] (*pf.*) to phone back; call again

перело́м break; перело́м ноги́ broken leg; перело́м руки́ broken arm

перемеша́‖ть [-ю, -ешь, -ют] (*pf.*) to mix

Пересла́вль Зале́сский (*m.*) Pereslavl Zalessky (R. city)

перестра́ива‖ть [-ю, -ешь, -ют] (*impf.*) to rebuild, reconstruct; to reform

перестро́ен [-а; -о, -ы] (*s.f. p.p.p.*) rebuilt, reconstructed; reformed

перестро́йк‖а [-и; -и, перестро́ек] (*f.*) rebuilding, reconstructing; reorganization; reformation

переу́л(о)к [-а; -и, -ов] (*m.*) side street, lane

Перу́н [-а] (*m.*) Perun, ancient R. god of fire

пе́сн‖я [-и; -и, пе́сен] (*f.*) song

Петербу́рг [-а] (*m.*) (St.) Petersburg

петербу́ргск‖ий [-ая, -ое, -ие] (*adj.*) of or pertaining to St. Petersburg

Петродвор(е́)ц [-á] (*m.*) Petrodvorets, (R. town near St. Petersburg)

Петропа́вловск‖ий [-ая, -ое, -ие] (*adj.*) Peter and Paul's; петропа́вловская кре́пость Peter and Paul's Fortress (in St. Petersburg)

пету́х [-á; -и́, -о́в] (*m.*) **6** rooster

петь [по‖ю́, -ёшь, -ю́т] (*impf.*) to sing

печа́л‖ить [-ю, -ишь, -ят] (*pf.*) to grieve, sadden

печа́та‖ть [-ю, -ешь, -ют] (*impf.+acc.*) **1, 5** to print, type; печа́тать на маши́нке to type

пе́чк‖а [-и; -и, пе́чек] (*f.*) oven, stove

печь [пеку́, печ‖ёшь, пеку́т] (*impf.*) to bake

пешко́м (*adv.*) on foot

пиани́но (*n., indecl.*), piano, spinet

пиани́ст [-а; -ы, -ов] (*m.*) pianist

пиджа́к [-á; -и́, -о́в] (*m.*) jacket, coat

пиро́жн‖ое [-ого] (*n., coll., subst.*) pastries

писа́тел‖ь [-я; -и, -ей] (*m.*) writer

писа́ть [пиш‖у́, -ешь, -ут] (*impf.*) to write

письм‖о́ [-á; пи́сьма, пи́сем] (*n.*) letter

пить [пь‖ю, -ёшь, -ют] (*impf.*) **5** to drink

пи́шущ‖ий [-ая, -ее, -ие] (*adj.*) **5** writing; пи́шущая маши́нка typewriter плáвани‖е [-я] (n.) swimming

плáва‖ть [-ю, -ешь, -ют] (impf., indet.) **5** to swim

план [-а; -ы, -ов] (m.) plan

планéт‖а [-ы; -ы, -∅] (f.) planet

планетáри‖й [-я; -и, -ей] (m.) planetarium

пластúнк‖а [-и; -и, пластúнок] (f.) record

плат(ó)к [-á; -й, -óв] (m.) shawl, kerchief

плáть‖е [-я; -я, -ев] (n.) dress

плащ [-á; -й, -éй] (m.) raincoat

Плисéцк‖ая [-ой] (f.) **1** Maiya Plisetskaya, 1925- (R. ballet dancer)

плóхо (adv.) poor(ly), badly, grade of (D)

плох‖óй [-áя, -óе, -úе] (adj.) poor

плóщад‖ь [-и; -и, -éй] (f.) square

плыть [плыв‖ý, -ёшь, -ýт] (impf., det.) **5** to swim

плюс [-а; -ы, -ов] (m.) plus

пневмони‖я [-и; -и, -й] (f.) pneumonia

по (prep.+ dat.) on, along, by

по- (adj. + dat.) **10** in a __ way or manner

по-англúйски (adv.) in English

побед‖úть [-úшь, -úт] (pf.) to conquer, win (first singular not used)

побежá‖ть [побегý, -úшь, побегýт] (impf.) to set off running

поболтá‖ть [-ю, -ешь, -ют] (pf.) to chat, gab a bit

побо‖я́ться [-ю́сь, -úшься, -я́тся] (pf. + gen.) to be afraid (of someone/something)

побывá‖ть [-ю, -ешь, -ют] (pf.) to have been, to have visited

поведéни‖е [-я; -я, -й] (n.) **9** behavior

повéр‖ить [-ю, -ишь, -ят] (pf. + gen./acc.) **10** to believe, to have faith (in someone/ in something)

повестú [повед‖ý, -ёшь, -ýт] (pf.) **3** to drive, lead

повторéни‖е [-я] (n.) repetition

повтор‖úть [-ю́, -úшь, -я́т] (pf.) to repeat

повторúтельн‖ый [-ая, -ое, -ые] (adj.) **1** review; повторúтельный урóк review lesson

повторя́‖ть [-ю, -ешь, -ют] (impf.) to repeat

повторя́ющ‖ий [-ая, -ее, -ие] (pr.a.p.) repeating

погúб [-ла; -ло, -ли] (p.t. of погúбнуть)

погибá‖ть [-ю, -ешь, -ют] (impf.) **6** to perish, to die

погúбн‖уть [-у, -ешь, -ут] (pf.) **1, 6** to perish, die

поговор‖úть [-ю́, -úшь, -я́т] (pf.) to talk a bit

поговóрк‖а [-и; -и, поговóрок] (f.) **5** saying, proverb

погóд‖а [-ы] (f.) weather

погóдн‖ый [-ая, -ое, -ые] (adj.) of or pertaining to weather

под (prep.+ instr.)1 under, beneath; **10** под Москвóй suburban Moscow

подар‖úть [-ю́, -úшь, -я́т] (pf.) to present, give

подáр(о)к [-а; -и, -ов] (m.) gift, present

подготóв‖иться [-люсь, -ишься, -ятся] (pf.) to prepare for, get ready for

подготóвленн‖ый [-ая, -ое, -ые] (p.p.p.) prepared, readied

подня́ться [подним‖ýсь, -ешься, -утся] (pf.) **10** to rise

подожд‖áть [-ý, -ёшь, -ýт] (pf.) **9** to wait a while

подо‖úть [-ю́, -úшь, -я́т] (pf.) **6** to milk

пóдпис‖ь [-и; -и, -ей] (f.) signature

подрýг‖а [-и; -и, -∅] (f.) (female) friend

по-дрýгóму (adv.) **2** differently, in another way

подсказáть [подскаж‖ý, -ешь, -ут] (pf.) **2** to prompt

подскáзыва‖ть [-ю, -ешь, -ют] (impf.) **2** to prompt

подýма‖ть [-ю, -ешь, -ют] (pf.) to think, think a bit

подход‖úть [подхожý, -ишь, -я́т] to approach, come up to, go up to; (+ dat.) **9** to suit, fit

пóезд [-а; -á, -óв] (m.) train

поёшь, поёт, поём, поёте (see петь)

поéхать [поéд‖у, -ешь, -ут] (pf.) to go, set out (by vehicle), drive, ride

пожалé‖ть [-ю, -ешь, -ют] (pf. + prep./gen.) to pity, feel sorry (for someone/something); to regret, be sorry (for)

пожáл‖оваться [-уюсь, -уешься, -уются] (pf., intrans. на + acc) **7** to complain, make complaints

пожáлуйста (part.) please; you're welcome

пожáр [-а; -ы, -ов] (m.) fire, conflagration

пожен‖úться [-я́тся] (pf.) **5** to get married (two people)

поживá‖ть [-ю, -ешь, -ют] (Как вы поживáете?) (impf.) How are you?

позáвтрака‖ть [-ю, -ешь, -ют] (pf.) **2** to eat/have breakfast

позвáть [позов‖ý, -ёшь, -ýт] (pf.) **5** to call, name

позвон‖úть [-ю́, -úшь, -я́т] (pf. + dat.) **5** to call, ring, telephone (someone)

пóздно (adv./pred.) lately; (it's) late

поздрáв‖ить [-лю, -ишь, -ят] (pf.) to congratulate

поздравля́‖ть [-ю, -ешь, -ют] (impf.) to congratulate

пóзже (comp. adv.) later

познакóм‖ить [познакóмлю, -ишь, -ят] (pf., trans.) to introduce

познакóм‖иться [познакóмлюсь, -ишься, -я́тся] (pf., intrans.) to be introduced, get acquainted

позолóченн‖ый [-ая, -ое, -ые] (adj.) gilded, made golden

поигрá‖ть [-ю, -ешь, -ют] (pf.) to play (a bit)

пойтú [пойд‖ý, -ёшь, -ýт] (pf.) to go, set off on foot; **9** (+ dat., 3rd pers.) to suit (someone), look good (on someone)

покáз [-а] (m.) **9** showing, demonstration; покáз мóды fashion show

показáть [покажý, покáж‖ешь, -ут] (pf.) to show

покáзыва‖ть [-ю, -ешь, -ют] (impf.) to show

покатá‖ть [-ю -ешь, -ют] (impf., trans.) to take (someone) for a drive

покатá‖ться [-юсь, -ешься, -ются] (pf., intrans.) to take a ride (for pleasure), ride a bit

покáшля‖ть [-ю, -ешь, -ют] (pf.) **7** to cough

покупá‖ть [-ю, -ешь, -ют] (impf.) to buy, shop for

покур‖úть [-ю́, -úшь, -я́т] (pf.) **2** to smoke

пол [-а; -ы́, -óв] (m.) **7** floor; на полý on the floor

полагá‖ть [-ю, -ешь, -ют] (impf.) to suppose, think

пóл‖е [-я; -я, -éй] (n.) **6** field; в/на пóле in the field

полёт [-а; -ы, -ов] (m.) **3** flight

полет‖е́ть [полеч‖у́, -и́шь, -я́т] (pf.) **3** to fly, fly off, start off by flying

поликли́ник‖а [-и; -и, -∅] (f.) **7** (poly)clinic, outpatient

по́лноч‖ь [-и; -и, -е́й] (f.) midnight

по́лн‖ый [-ая, -ое, -ые] (adj.) stout, plump; full

полож‖и́ть [-у́, -ишь, -ат] (pf.) to lay, put, place

получа́‖ть [-ю, -ешь, -ют] (impf.) **2** to get, receive

получа́‖ться [-ется, -ются] (impf.) to come out, work out

получ‖и́ть [-у́, -ишь, -ат] (pf.) **2** to receive, get

получ‖и́ться [-у́сь, -ишься, -атся] (pf.) to turn out

полы́н‖ь [-и; -и, -е́й] (f.) wormwood

полюб‖и́ть [-лю́, -ишь, -ят] (pf.) to come to like, grow fond of; fall in love (with)

по́люс [-а; -ы, -ов] (m.) pole

поменя́‖ть [-ю, -ешь, -ют] (pf.) to change, exchange

поме́р‖ить [-ю, -ишь, -ят] (pf.) **7** to measure; поме́рить температу́ру to take (one's) temperature

помечта́‖ть [-ю, -ешь, -ют] (pf.) **11** to dream

помидо́р [-а; -ы, -ов] (m.) tomato

по́мн‖ить [-ю, -ишь, -ят] (impf.) to remember

помога́‖ть [-ю, -ешь, -ют] (impf. + dat.) **1** to help, assist, give aid

по-мо́ему (adv.) in my opinion, I think

помол‖и́ться [-ю́сь, -ишься, -ятся] (pf.) **10** to pray (for), offer prayers (for)

помо́чь [помогу́, помо́ж‖ешь, -ет, -ем, -ете, помо́гут; past: помо́г, -ла́, -ло́, -ли́] (pf. + dat.) **1** to help, assist, give aid

по́мощ‖ь [-и; -и, -е́й] (f.) help

помы́ться [помо́‖юсь, -ешься, -ются] (pf., intrans.) **6** to wash (oneself), bathe

по-настоя́щему (adv.) the right way, properly

понеде́льник [-а; -и, -ов] (m.) Monday

по-неме́цки (adv.) in German

понес‖ти́ [-у́, -ёшь, -у́т] (pf.) to carry, bear

понима́ни‖е [-я; -я, -й] (n.) understanding

понима́‖ть [-ю, -ешь, -ют] (impf.) to understand

по-но́вому (adv.) in a new fashion

поно́с [-а] (m.) diarrhea

понра́в‖иться [-ится, -ятся] (pf., 3rd pers. only) to be pleasing

поня́тно (pred.) (it's) understood

поня́ть [пойм‖у́, -ёшь, -у́т] (pf.) to understand

пообе́да‖ть [-ю, -ешь, -ют] (impf.) to eat dinner, dine

пообща́‖ться [-юсь, -ешься, -ются] (pf., с + instr.) **10** to associate (with)

попада́‖ть [-ю, -ешь, -ют] (impf. + acc.) **5** to end up, to go (somewhere)

попа́сть [попад‖у́, -ёшь, -у́т] (pf. + acc.) **5** to end up, to go (somewhere)

попи́ть [попь‖ю́, -ёшь, -ю́т] (perf.) **5** to drink a bit

поплы́ть [поплыв‖у́, -ёшь, -у́т] (pf.) to start swimming, strike out (swimming)

поп-му́зык‖а [-и] (f.) pop music

по-пре́жнему (adv.) as before, as usual

попрос‖и́ть [попрошу́, -ишь, -ят] (pf.) to request, ask for (a favor)

популя́рн‖ый [-ая, -ое, -ые] (adj.) popular

порабо́та‖ть [-ю, -ешь, -ют] (pf.) to work a while

по-ра́зному (adv.) **10** differently, in different ways

поро́д‖а [-ы; -ы, -∅] (f.) **5** breed

поросён(о)к [-а; порося́т‖а, порося́т] (m.) **6** piglet

портре́т [-а; -ы, -ов] (m.) 1 portrait

по-ру́сски (adv.) in Russian

поря́д(о)к [-а; -и, -ов] (m.) order

поса́д [-а; -ы, -ов] (m.) trading quarter, suburb; Се́ргиев Поса́д Sergiev Posad (R. city, formerly Zagorsk)

посади́ть [посажу́, поса́д‖ишь, -ят] (pf.) to plant

поса́дк‖а [-и; -и, поса́док] (f.) landing; boarding

поса́дочн‖ый [-ая, -ое, -ые] (adj.) **3** landing; planting

посети́тел‖ь [-я; -и, -ей] (m.) **5** visitor

посиде́ть [посижу́, посиди́шь, -ят] (impf.) to sit (for a while), be sitting, to sit; (на + prep.) **9** to fit (someone), to look (on someone) **11** посиде́ть на дие́те to be on a diet

по́сле (prep. + gen.) after; по́сле еды́ after eating

после́дн‖ий [-яя, -ее, -ие] (adj.) **7** last (final in a series), recent; **9** после́дний крик мо́ды the latest fad

посло́виц‖а [-ы; -ы, -∅] (f.) proverb

послу́ша‖ть [-ю, -ешь, -ют] (pf.) **7** to listen to

посмотр‖е́ть [-ю, -ишь, -ят] (pf.) to look

посове́товать [посове́ту‖ю, -ешь, -ют] (pf.) to advise

поспо́р‖ить [-ю, -ишь, -ят] (pf.) to argue a bit

пост [-а́; -ы́, -о́в] (m.) fast, fasting; Вели́кий пост Lent (40-day period before Easter)

поста́в‖ить [-лю, -ишь, -ят] (pf. + acc.) to put, place (standing), stand

по-ста́рому (adv.) as before, as of old

посто‖я́ть [-ю́, -и́шь, -я́т] (pf.) to stand (for a while)

постро́ен [-а; -о, -ы] (s.f. p.p.p.) built

постро́‖ить [-ю, -ишь, -ят] (pf.) to build, erect

поступа́‖ть [-ю, -ешь, -ют] (impf.) **5** to enroll

поступ‖и́ть [поступлю́, -ишь, -ят] (pf.) **5** to enroll

поступле́ни‖е [-я; -я, -й] (n.) **2** enrollment

посчита́‖ть [-ю, -ешь, -ют] (pf.) **2** to think, consider

посыла́‖ть [-ю, -ешь, -ют] (impf.) to send

пот [-а] (m.) **11** sweat

потанц‖ева́ть [-у́ю, -у́ешь, -у́ют] (pf.) to dance

потеря́‖ть [-ю, -ешь, -ют] (impf.) **1, 10** to lose; потеря́ть го́лову to lose one's head

пото́м (adv.) then, afterwards

потому́ (что) (conj.) because

потре́б‖овать [-ую, -уешь, -уют] (pf. + gen.) **7** to demand, request, require

поу́жина‖ть [-ю, -ешь, -ют] (pf.) **2** to eat dinner, supper

похо́ж‖ий [-ая, -ее, -ие] (adj.) resembling, like

почему́ (adv.) why

почита́‖ть [-ю, -ешь, -ют] (pf.) to read

по́чк‖а [-и; -и, по́чек] (f.) bud

почтальо́н [-а; -ы, -ов] (m.) mail carrier

почти́ (adv.) almost, nearly

почу́вств‖овать [-ую, -уешь, -уют] себя́ (pf.) **7** to feel, sense

пошёл, пошла́, пошло́, пошли́ **6** (p.t. of пойти́)

поэзи‖я [-и; -и, -й] (f.) poetry

поэм‖а [-ы; -ы, -∅] (f.) poem

поэт [-а; -ы, -ов] (m.) poet

поэтическ‖ий [-ая, -ое, -ие] (adj.) **2** poetical, poetic

поэтому (adv.) therefore

появиться [появлюсь, поя́в‖ишься, -ятся] (pf.) **7** to appear

появля‖ться [-юсь, -ешься, -ются] (impf.) **7** to appear

пояс [-а; -ы, -ов] (m.) belt

правд‖а [-ы] (f.) truth, it's true; newspaper name

правильно (adv.) correct(ly)

правительств‖о [-а; -а, -∅] (n.) **10** government

православн‖ый [-ая, -ое, -ые] (adj.) **10** Orthodox; православная церковь the Orthodox church

прав‖ый [-ая, -ое, -ые] (adj.) **3** right, correct; righteous, just

праздник [-а; -и, -ов] (m.) holiday

праздничн‖ый [-ая, -ое, -ые] (adj.) festive

предложёни‖е [-я, -я, -й] (n.) sentence; offer, proposition, proposal

предложн‖ый [-ая, -ое, -ые] (adj.) prepositional (case)

предмéт [-а; -ы, -ов] (m.) **1** subject

представительств‖о [-а; -а, -∅] (n.) representation, representing

представ‖ить [-лю, -ишь, -ят] (impf.) to present; produce, submit; to perform or produce (a play)

президéнт [-а; -ы, -ов] (m.) president

прекрáсно (adv.) excellently, perfectly well

прекрáсн‖ый [-ая, -ое, -ые] (adj.) beautiful, fine; excellent, first-rate

препода‖вáть [-ю, -ёшь, -ют] (impf.) **5** to teach, instruct

престижн‖ый [-ая, -ое, -ые] (adj.) **5, 7** prestigious

при (prep. + prep.) by, at, in the presence of; attached to, affiliated with; in the time of, during the reign of

прибóр [-а; -ы, -ов] (m.) instrument, device, apparatus, appliance, gadget

привез‖ти́ [-ý, -ёшь, -ýт] (pf.) to bring (by vehicle)

приглас‖ить [приглашý, -йшь, -ят] (pf.) to invite

приглашá‖ть [-ю, -ешь, -ют] (impf.) to invite

приготóв‖ить [-лю, -ишь, -ят] (impf.) to prepare; to cook, prepare a meal

приезжá‖ть [-ю, -ешь, -ют] (impf.) to arrive, come (by vehicle)

приéхать [приéд‖у, -ешь, -ут] (impf.) to arrive, come (by vehicle)

прийти́ [прид‖ý, -ёшь, -ýт] (pf.) to arrive on foot

прилёт [-а; -ы, -ов] (m.) **3** arrival (by air)

прилетá‖ть [-ю, -ешь, -ют] (impf.) to arrive (by air), to fly in

прилет‖éть [прилечý, -йшь, -ят] (pf.) to arrive (by air), to fly in

прímем (see принять)

примéр [-а; -ы, -ов] (m.) **2** model, example

примитивн‖ый [-ая, -ое, -ые] (adj.) **2** primitive

принимá‖ть [-ю, -ешь, -ют] (impf.) **5, 7** to accept, receive, take; принимáть душ **2** to take a shower; принимáть посетителей **5** to receive visitors; принимáть лекáрство **7** to take medicine

принтер [-а; -ы, -ов] (m.) **5** (computer) printer

принц [-а; -ы, -ев] (m.) prince

принцéсс‖а [-ы; -ы, -∅] (f.) princess

принципиáльност‖ь [-и; -и, -ей] (f.) adherence to principle

принципиáльн‖ый [-ая, -ое, -ые] (adj.) of principle; based on, guided by principle

принять [прим‖ý, прím‖ешь, -ут] (pf.), **7** to accept, receive, take; **2** принять душ to take a shower; **5** принять посетителей to receive visitors; **7** принять лекáрство to take medicine

приобретённ‖ый [-ая, -ое, -ые] (p.p.p.) acquired, gained

прирóд‖а [-ы] (f., s.) nature

прислáть [пришл‖ю, -ёшь, -ют] (pf.) to send, dispatch

приход‖ить [прихожý, -ишь, -ят] (impf.) to come, arrive

причесáться [причеш‖ýсь, -ешься, -ýтся] (pf.) **2** to comb, to brush (one's hair)

причёск‖а [-и; -и, причёсок] (f.) hairstyle, hairdo

причёсыва‖ться [-юсь, -ешься, -ются] (impf.) **2** to comb, to brush (one's hair)

пришёл, пришлá, пришлó, пришли (p. t. of прийти́)

приятно (adv. and pred.) pleasant(ly), agreeable, pleasing(ly)

приятн‖ый [-ая, -ое, -ые] (adj.) **10** pleasant, agreeable; приятного аппетита enjoy the meal, bon appétit

проблéм‖а [-ы; -ы, -∅] (f.) problem

провéрк‖а [-и; -и, провéрок] (f.) checking, examination, verification; check-up

проводить [провожý, провóд‖ишь, -ят] (impf.) to say goodbye to, see off; accompany

провославн‖ый [-ая, -ое, -ые] (adj.) orthodox

прогрáмм‖а [-ы; -ы, -∅] (f.) **11** program

прогрáммк‖а [-и; -и, прогрáммок] (f.) [dim.] **11** (theater) program

прода‖вáть [-ю, -ёшь, -ют] (impf.) **6** to sell

прода‖вáться [-юсь, -ёшься, -ются] (impf.) to be for sale; to sell

прóдан [-а; -о, -ы] (s.f. p.p.p.) **11** sold, sold out

продáть [продáм, продáшь, продáст, продадим, продадите, продадýт] (pf.) **6** to sell

продолжá‖ть [-ю, -ешь, -ют] (impf., trans.) **5** to continue

продолжá‖ться [-ется, -ются] (impf., intrans.) to continue (mostly used in 3rd person)

продóлж‖ить [-у, -ишь, -ат] (pf., trans.) **5** to continue

произойти́ [произойд‖ý, -ёшь, -ýт] (pf.) to happen, occur, take place

происход‖ить [происхожý, -ишь, -ят] (impf.) to happen, occur, take place

пройти́ [пройд‖ý, -ёшь, -ýт] (impf.) to pass, go past; to cover (a distance)

Прокóфьев [-а] (m.) Sergei Prokofiev, 1891-1953 (R. composer)

прóповед‖ь [-и; -и, -ей] (f.) **10** sermon

прос‖ить [прошý, -ишь, -ят] (impf.) to ask, beg, request

прослýша‖ть [-ю, -ешь, -ют] (impf.) to hear, hear through; to miss, not hear

проспéкт [-а; -ы, -ов] (m.)
avenue

прост‖и́ть [прощу́, прост-
и́шь, -я́т] (impf.) to forgive,
pardon

про́сто (adv.) simply

прост‖о́й [-áя, -óе, -ы́е] (adj.)
simple, easy; simple, ordinary

простоква́ш‖а [-и] (f., s.) sour
milk, yogurt

просту́д‖а [-ы; -ы, -∅] (f.) chest
cold, chill

протестáнт [-а; -ы, -ов] (m.)
10 Protestant

про́тив (prep. + gen.) **5, 9** against

профессионáл [-а; -ы, -ов]
(m.) professional

профессионали́зм [-а] (m.) **3**
professionalism

профессионáльн‖ый [-ая,
-ое, -ые] (adj.) professional,
occupational

профéсси‖я [-и; -и, -й] (f.)
profession

прочитá‖ть [-ю, -ешь, -ют]
(impf.) to read through, peruse

про́шл‖ый [-ая, -ое, -ые] (adj.)
past, bygone, former

пруд [-á; -ы́, -óв] (m.) pond

пры́гн‖уть [-у, -ешь, -ут] (pf.)
to jump

прыж(ó)к [-á; -и́, -óв] (m.) **11**
leap, jump

пря́лк‖а [-и; -и, -∅] (f.) **6** distaff
(used in spinning)

пря́мо (adv.) straight, directly

прясть [пряд‖у́, -ёшь, -у́т]
(impf.) **6** to spin

Пско́вск‖ий [-ая, -ое, -ие]
(adj.) of or pertaining to Pskov
(R. city)

пти́ц‖а [-ы; -ы, -∅] (f.) **3** bird

пу́дел‖ь [-я; -и, -ей] (m.) **5**
poodle

пург‖á [-и́; -и, -∅] (f., s.) **3**
snowstorm, blizzard

пусты́н‖я [-и; -и, пусты́нь] (f.)
10 desert

пусть (part.) let

пустя́к [-á; -и́, -óв] (m.) trifle

путешéств‖овать [-ую, -уешь,
-уют] (impf.) to travel; to voyage

пут‖ь [-и́, -и́, -ей] (m.) way,
track, path; course; road; route

пуши́ст‖ый [-ая, -ое, -ые] (adj.)
5 fluffy

Пу́шкин [-а] (m.) Aleksandr
Pushkin, 1799-1837 (R. poet)

пятидеся́т‖ый [-ая, -ое, -ые]
(ord. no.) fiftieth

пятия́русн‖ый [-ая, -ое, -ые]
five-sailed

пятна́дцат‖ый [-ая, -ое, -ые]
(ord. no.) fifteenth

пятна́дцат‖ь (card. no.) fifteen

пя́тниц‖а [-ы] (f.) Friday

пят‖ь [-и] (card. no.) five

пятьдеся́т (card. no.) fifty

пятьсо́т (card. no.) five hundred

Р

рабóт‖а [-ы; -ы, -∅] (f.) work, job

рабóта‖ть [-ю, -ешь, -ют]
(impf.) to work

рабóч‖ий [-ая, -ее, -ие] (subst.)
worker, factory worker

равнó (adv.) **12** alike, in like
manner

рад [-а, -ы] (pred.) glad

рáдио (n., indecl.) radio

рáдостн‖ый [-ая, -ое, -ые]
(adj.) glad, joyous, joyful

рáдост‖ь [-и] (f.) joy, gladness

раз [-а; -ы́, раз] (adv.) **5** once;
time

развивá‖ть [-ю, -ешь, -ют]
(impf., trans.) **3** to develop

развивá‖ться [-юсь, -ешься,
-юся] (impf., intrans.) to develop

разви́ть [разовь‖ю́, -ёшь, -ю́т]
(pf., trans.) **3** to develop

разговáрива‖ть [-ю, -ешь, -ют]
(impf.) to converse

разговóр [-а; -ы, -ов] (m.)
conversation

рáзн‖ый [-ая, -ое, -ые] (adj.)
different, diverse, various

разыгрá‖ть [-ю, -ешь, -ют]
(impf.) to play (through), to
perform

рак [-а] (m.) cancer

Рак [-а] (m.) Cancer (astrological
sign)

рáмп‖а [-ы; -ы, -∅] (f.) footlights
(theatrical)

рáно (adv.) **2** early

рáньше (comp. adv.) earlier, before

расписáни‖е [-я; -я, -й] (n.) **3**
schedule

рассказ [-а; -ы, -ов] (m.) **1**
narration, tale, story; рассказ-
шу́тка amusing story or tale

рассказáть [расскаж‖у́, -ешь,
-ут] (pf.) to narrate, tell

расскáзыва‖ть [-ю, -ешь, -ют]
(impf.) to narrate

раствор‖и́ть [-ю, -и́шь, -я́т]
(pf.) dissolve

растéни‖е [-я; -я, -й] (n.) **6**
plant

расти́ [раст‖у́, -ёшь, -у́т]
(impf.) to grow

реáкци‖я [-и; -и, й] (f.) **3**
reaction

реáльн‖ый [-ая, -ое, -ые] (adj.)
real, realizable, practicable,
workable

ребя́т‖а [-∅] (pl.) kids, fellows

рéвност‖ь [-и] (f., s.) jealosy

революци‖я [-и; -и, -й] (f.)
revolution

регистрáци‖я [-и] (f.) **3**
registration

регуля́рно (adv.) regularly

редáктор [-а; -ы, -ов] (m.)
editor

реди́с [-а] (m., s.) radish

реди́ск‖а [-и; -и, реди́сок] (f.)
6 radish

рéдк‖ий [-ая, -ое, -ие] (adj.)
rare, uncommon; thin, sparce

рéдко (adv.) seldom, rarely

результáт [-а; -ы, -ов] (m.)
result

резюмé (n. indecl.) **11** resumé

рейс [-а; -ы, -ов] (m.) **3** flight

рек‖á [-и́; рéки, -∅] (f.) river

рекóрд [-а; -ы, -ов] (m.) record

рели́ги‖я [-и; -и, -й] (f.) **2**
religion

ремóнт [-а] (m.) repair

рéп‖а [-ы; -ы, -∅] (f.) **6** turnip

репертуáр [-а; -ы, -ов] (m.) **11**
repertoire

репети́ция [-и; -и, -й] (f.) **11**
rehearsal; на репети́ции at a
rehearsal

реставри́р‖овать [-ую, -уешь,
-уют] (impf. and pf.) **10** to
restore

ресторáн [-а; -ы, -ов] (m.)
restaurant

референт [-а; -ы, -ов] (m.)
reader of a paper; **1**
секретáрь-референт
administrative secretary

рецéпт [-а; -ы, -ов] (m.) **7**
prescription; recipe

речн‖ой [-áя, -óе, -ы́е] (adj.)
river

решá‖ть [-ю, -ешь, -ют] (impf.)
to decide; solve

решён [-а; -о, -ы] (s.f. p.p.p.)
decided; solved

реши́тельн‖ый [-ая, -ое, -ые]
(adj.) **7** decisive

реш‖и́ть [-у́, -и́шь, -áт] (pf.) to
decide, solve

Ри́г‖а [-и] (f.) Riga (capital city of
Latvia)

Рим [-а] (m.) Rome (capital city of
Italy)

Ри́мский-Ко́рсаков [-а] (m.)
Nikolai Rimsky-Korsakov, 1844-
1908 (R. composer)

рисова́ни‖е [-я] (n.) drawing, sketching

рисова́ть [рису́‖ю, -ешь, -ют] (impf.) to draw

рису́н(о)к [-а; -и, -ов] (m.) drawing, sketch

ро́бост‖ь [-и] (f., s.) timidity, shyness

ро́дин‖а [-ы] (f.) 10 homeland

роди́‖тель [-я; -и, -ей] (m.) parent

роди́тельн‖ый [-ая, -ое, -ые] (adj.) genitive

роди́ться [рож‖у́сь, род‖и́шься, -я́тся] (pf.) (usually used in the past tense) 3 to be born

родн‖о́й [-а́я, -о́е, -ы́е] (adj.) native

рожда́‖ться [-юсь, -ешься, -ются] (impf.) 3 to be born

рожде́ни‖е [-я] (n.) birth; день рожде́ния birthday

рожу́сь (see роди́ться)

ро́з‖а [-ы; -ы, -∅] (f.) rose

рок [-а; -ы, -ов] (m.) rock (music)

рок-гру́пп‖а [-ы; -ы, -∅] (f.) rock group

рок-му́зык‖а [-и] (f.) rock music

рок-музыка́нт [-а; -ы, -ов] (m.) 1 rock musician

рок-о́пер‖а [-ы; -ы, -∅] (f.) rock opera

ролев‖о́й [-а́я, -о́е, -ы́е] (adj.) of or pertaining to a role

рол‖ь [-и; -и, -е́й] (f.) role, part

рома́н [-а; -ы, -ов] (m.) 5 novel

рома́шк‖а [-и; -и, -рома́шек] (m.) daisy

Росси́‖я [-и] (f.) Russia (country)

Росси́йско—Америка́нск‖ий [-ая, -ое, -ие] (adj.) Russian-American

рост [-а] (m.) height, stature

Росто́в [-а] (m.) Rostov (R. city)

Ростропо́вич [-а] (m.) Mstislav Rostropovich, 1927- (Russian-born conductor and cellist)

роя́л‖ь [-я; -я, ей] (m.) 2 piano

руба́шк‖а [-и; -и, руба́шек] (f.) shirt

рубе́ж [-а́; -и́, -е́й] (m.) 1 border; за рубежо́м 1 abroad

Рублёв [-а] (m.) Andrei Rublev, 1370-1430 (R. icon painter)

рубл‖ь [-я́; -и́, -е́й] (m.) ruble

рук‖а́ [-и́; ру́ки, -∅] (f.) hand

руса́лк‖а [-и; -и, руса́лок] (f.) mermaid

ру́сск‖ий [-ая, -ое, -ие] (subst.) male Russian; (adj.) Russian language

Рус‖ь [-и] (f.) 10 Rus (historical, name of area which later became Russia)

ры́б‖а [-ы] (f.) fish

ры́бн‖ый [-ая, -ое, -ые] (adj.) fish

Ры́бы Pisces (astrological sign)

рэп [-а] (m.) rap (music)

ряд [-а́; -ы́, -о́в] (m.) 11 row; в ряду́ ... in row ...

ря́дом (adv.) beside, next to, alongside

Ряза́нск‖ий [-ая, -ое, -ые] (adj.) of or pertaining to Ryazan (R. city)

С

с (prep.+ instr.) with, along with

Сави́цк‖ая [-ой] (f.) Svetlana Savitskaya, 1940- (R. cosmonaut)

сад [-а; -ы́, о́в] (m.) garden

са‖ди́ться [са‖жу́сь, сад‖и́шься, -я́тся (impf.) to sit down, to land (of a plane)

сажа́‖ть [-ю, -ешь, -ют] (impf.) 6 to plant

сала́т [-а; -ы, -ов] (m.) salad; lettuce

сало́н [-а; -ы, -ов] (m.) 3 salon, cabin (in a plane)

сам, сама́, само́, са́ми (pron.) oneself

са́м‖ый [-ая, -ое, -ые] (adj.) the most, the very

самолёт [-а; -ы, -ов] (m.) airplane

самостоя́тельн‖ый [-ая, -ое, -ые] (adj.) 1 independent

самостоя́тельно (adv.) 1 independently

самоуве́ренност‖ь [-и; -и, -ей] (f.) 7 self-confidence, self-assurance

самоуве́ренн‖ый [-ая, -ое, -ые] (adj.) 7 self-confident, self-assured

са́м‖ый [-ая, -ое, -ые] (adj.) the most, the very

Санкт-Петербу́рг [-а] (m.) St. Petersburg (R. city)

Сан-Франци́ско (n., indecl.) San Francisco (US city)

сапо́г [-а́; -и́, -∅] (m.) boot

сарафа́н [-а; -ы, -ов] (m.) sarafan, R. peasant woman's dress

сати́р‖а [-ы] (f., s.) satire

Сау́довск‖ая Ара́ви‖я [-ой, -и] (f.) 7 Saudi Arabia (country)

са́хар [-а; -ы, -ов] (m.) sugar

Са́харов [-а] (m.) Andrei Sakharov, 1921-1989 (R. scientist and social critic)

сва́дьб‖а [-ы, -ы, сваде́б] (f.) wedding, marriage

свёкл‖а [-ы; -ы, свёкол] (f.) 6 beet

свет [-а] (m.) world; light

све́тл‖ый [-ая, -ое, -ые] (adj.) light-colored

свида́ни‖е [-я; -я, -й] (n.) meeting, appointment, rendezvous

сви́нк‖а [-и] (f.) mumps

свинь‖я́ [-и́; -и, -е́й] (m.) 6 pig, swine, hog

сви́тер [-а; -ы, -ов] (m.) sweater

свобо́д‖а [-ы] (f.) 1 freedom

свобо́дно (adv.) freely, with ease, fluently

свобо́дн‖ый [-ая, -ое, -ые] (adj.) free

сво‖й [-я́, -ё, -й] (poss. adj.) one's own

свя́зан [-а; -о, -ы] (s.f. p.p.p.) 10 connected

связа́ть [свяж‖у́, -ешь, -ут] (pf.) 5 to knit; 10 to connect, tie, bind

свя́зыва‖ть [-ю, -ешь, -ют] (impf.) to connect, tie together, bind

свя́з‖ь [-и; -и, -ей] (f.) 10 tie, bond, connection

святы́н‖я [-и; -и, святы́нь] (f.) object of worship; holy place; sacred object, sacred thing

свяще́нник [-а; -и, -ов] (m.) 1 priest

сда‖ва́ть экза́мен [-ю́, -ёшь, -ю́т] (impf.) 2 to take an exam

сдать экза́мен [сдам, сдашь, сдаст, сдади́м, сдади́те, сдаду́т] (pf.) 2 to pass an exam

сде́лан [-а; -о, -ы] (s.f. p.p.p.) done, completed, made

сде́ла‖ть [-ю, -ешь, -ют] (pf.) to do or make

себя́, себе́, собо́й (собо́ю), о себе́ (refl. pron.) oneself; myself, yourself, himself, etc.

се́вер [-а] (m.) north

се́верн‖ый [-ая, -ое, -ые] (adj.) northern

сего́дня (adv.) today

седьм‖о́й (ord. no.) seventh

сейча́с (adv.) 1 now, right away

секре́т [-а; -ы, -ов] (m.) 9 secret

секрета́р‖ь [-я; -й, -ей] (m.) **1**
secretary; секрета́рь-
рефере́нт administrative
secretary

селе́ни‖е [-я; -я, -й] (n.)
settlement

селе́нь‖е poetic form of селе́ние

сел‖о́ [-а́; сёл‖а, -∅] (n.) **1**
village, settlement

семе́йн‖ый [-ая, -ое, -ые] (adj.)
family, domestic

семинари́ст [-а; -ы, -ов] (m.)
10 seminarian

семина́ри‖я [-и; -и, -й] (f.) **10**
seminary, theological or Bible
college

семна́дцат‖ый [-ая, -ое, -ые]
(ord. no.) seventeenth

семна́дцать (card. no.) seventeen

семь (card. no.) seven

семь‖я́ [-и; се́мьи, семе́й] (f.)
family

се́мьдесят (card. no.) seventy

семьсо́т (card. no.) seven
hundred

Сент-Лу́ис [-а] (m.) St. Louis
(U.S. city)

серди́т‖ый [-ая, -ое, -ые] (adj.)
angry

се́рдц‖е [-а; -а́, серде́ц] (n.) **7**
heart

середи́н‖а [-ы; -ы, -∅] (f.)
middle, midst

се́р‖ый [-ая, -ое, -ые] (adj.) gray

серьёзн‖ый [-ая, -ое, -ые]
(adj.) serious

серьёзно (adv.) seriously,
earnestly, in earnest

сестр‖а́ [-ы́; сёстры, сестёр]
(f.) sister

сесть [ся́д‖у, -ешь, -ут] (pf.) to
sit down; to land (of a plane)

се́ттер [-а; -ы, -ов] (m.) setter
(dog)

сиби́рск‖ий [-ая, -ое, -ие]
(adj.) Siberian; сиби́рская
ла́йка Siberian husky

Сиби́р‖ь [-и] (f.) **3** Siberia

сигаре́т‖а [-ы; -ы, -∅] (m.)
cigarette

сид‖е́ть [сижу́, -йшь, -я́т]
(impf.) to sit, be sitting; (на +
prep.) **9** (3rd person only) to fit
(someone), to look (on someone);
11 сиде́ть на дие́те to be on
a diet

си́л‖а [-ы] (f.) **3** strength; си́ла
во́ли willpower, strength of will

си́льно (adv.) strongly, violently

си́льн‖ый [-ая, -ое, -ые] (adj.)
strong

си́мвол [-а; -ы, -ов] (m.) symbol

симпати́чн‖ый [-ая, -ое, -ые]
(adj.) nice, likable

симфони́ческ‖ий [-ая, -ое,
-ие] (adj.) symphonic, of the
symphony

симфо́ни‖я [-и; -и, -й] (f.)
symphony

синаго́г‖а [-и; -и, -∅] (f.) **10**
synagogue

синдро́м [-а; -ы, -ов] (m.)
syndrome

си́н‖ий [-яя, -ее, -ие] (adj.)
blue, dark blue

Си́ри‖я [-и] (f.) **3** Syria (country)

систе́м‖а [-ы; -ы, -∅] (f.) system

ситуа́ци‖я [-и; -и, й] (f.) **3**
situation

сит(е)ц [-а; -ы, -ев] (m.) cotton
or calico print; chintz

сказ [-а; -ы, -ов] (m.) tale

сказа́ть [скаж‖у́, -ешь, -ут]
(pf.) to say, tell

ска́зк‖а [-и; -и, ска́зок] (f.) tale,
fairy tale

скейт [-а; -ы, -ов] (m.) skate

скейтбо́рдинг [-а] (m., s.)
scateboarding

ско́лько (interrog.) how much,
how many

ско́ро (adv.) soon, quickly

ско́рост‖ь [-и; -и, -ей] (f.) **3**
speed, velocity

Скорпио́н [-а] (m., s.) Scorpio
(astrological sign)

скри́пк‖а [-и; -и, скри́пок] (f.)
violin

скро́мно (adv.) **9** modestly,
humbly

скро́мн‖ый [-ая, -ое, -ые] (adj.)
5 modest; humble

ску́чно (adv./pred.) boringly, (it's)
boring, tedious, dull

ску́чн‖ый [-ая, -ое, -ые] (adj.)
boring, tedious, dull

сла́б‖ый [-ая, -ое, -ые] (adj.)
weak

славя́нск‖ий [-ая, -ое, -ие]
(adj.) Slavic, Slavonic

сла́дк‖ий [-ая, -ое, -ие] (adj.)
sweet

сле́д‖овать [-ую, -уешь, -уют]
(impf.) to follow, go after; to
comply (with), conform (to)

сле́дующ‖ий [-ая, -ее, -ие]
(adj.) next, following

слеп‖о́й [-а́я, -о́е, -ы́е] (adj.,
subst.) blind

сли́шком (adv.) too

сло́в‖о [-а; -а́, -∅] (n.) word

слова́р‖ь [-я; -й, -е́й] (m.)
dictionary

сло́жно (adv.) **5** complicated

слу́жб‖а [-ы; -ы, -∅] (f.) **11**
service

служ‖и́ть [-у́, -ишь, -ат] (impf.)
to serve, devote oneself to; to
work (as), be employed (as); to
celebrate, conduct (mass)

случа́йно (adv.) **11** accidentally,
by chance

случ‖и́ться [-ится] (pf.) to
happen, occur (usually 3rd pers.
sing.)

слу́ша‖ть [-ю, -ешь, -ют] (impf.)
7 to listen to

слу́шани‖е [-я; -я, -й] (n.)
listening

слы́ш‖ать [-у, -ишь, -ат] (impf.)
to hear

сме́лост‖ь [-и] (f.) **3** bravery,
boldness

сме́л‖ый [-ая, -ое, -ые] (adj.)
bold, courageous, daring

смета́н‖а [-ы] (f.) sour cream

смешн‖о́й [-а́я, -о́е, -ы́е] (adj.)
humorous, funny

сме‖я́ться [-ю́сь, -ёшься,
-ю́тся] (impf., intrans.) to laugh

Смоле́нск [-а] (m.) Smolensk (R.
city)

смотр‖е́ть [-ю́, -ишь, -ят]
(impf.) to look, look at

смочь [смогу́, смо́ж‖ешь,
смо́гут] (pf.) to be able

снача́ла (adv.) first, at first

СНГ (Содру́жество
Незави́симых Госуда́рств)
(m., acronym) Commonwealth of
Independent States

снег [-а] (m.) snow

со (see c)

соба́к‖а [-и; -и, -∅] (f.) dog

собира́‖ть [-ю, -ешь, -ют]
(impf., trans.) to collect, to gather
(something)

собира́‖ться [-юсь, -ешься,
-ются] (impf.. intrans.) **5** to
collect, to gather (together)

собо́р [-а; -ы, -ов] (m.) **10**
cathedral

собра́ть [собер‖у́, -ёшь, -у́т]
(pf., trans.) to collect, gather
(something)

собра́ться [собер‖у́сь, -ёшься,
-у́тся] (pf., intrans.) **5** to
collect, to gather (together)

собы́ти‖е [-я; -я, -й] (n.) event

сове́т [-а; -ы, -ов] (m.) advice

сове́товать [сове́ту‖ю, -ешь,
-ют] (impf.) to advise

сове́тск‖ий [-ая, -ое -ие] (adj.)
Soviet

совме́стн‖ый [-ая, -ое, -ые]
(adj.) joint, combined

совреме́нно (adv.) in a modern fashion or way

совреме́нн‖ый [-ая, -ое, -ые] (adj.) **2**, contemporary, modern

совсе́м (adv.) completely

согла́с‖и́ться [соглашу́сь, -и́шься, -я́тся] (pf.) to agree, consent to

согла́с(е)н [-а; -о, -ы] (s. f. adj.) agreeable (to)

содержа́ние [-я; -я, -й] (n.) **1** content(s)

Соединённые Шта́ты (pl.) **9** the United States

сожале́ни‖е [-я] (n.) regret; к сожале́нию unfortunately

созда‖ва́ть [-ю́, -ёшь, -ю́т] (impf.) **9** to create

со́здан [-а; -о, -ы] (s.f.p.p.) created, founded, established

созда́‖ть [созда́м, созда́шь, созда́ст, создади́м, создади́те, создаду́т] (pf.) **9** to create

сок [-а; -и, -ов] (m.) juice

солён‖ый [-ая, -ое, -ые] (adj.) salt, salty; pickled

соли́ст [-а; -ы, -ов] (m.) soloist

со́лнц‖е [-а; -а, -∅] (n.) sun

со́л‖ь [-и; -и, -ей] (f.) salt

соревнова́ни‖е [-я; -я, -й] (n.) competition, contest

со́рок (card. no.) forty

сосе́д [-а; -и, -ей] (m.) **6** neighbor

сосе́дк‖а [-и; -и, сосе́док] (f.) neighbor

соста́в‖ить [-лю, -ишь, -ят] (pf.)

со́тн‖я [-и; -и, со́тен] (f.) a hundred

сотру́дник [-а; -и, -ов] (m.) **5** fellow worker

сотру́дниц‖а [-ы; -ы, -∅] (f.) **5** fellow worker

сочине́ни‖е [-я; -я, -й] (n.) composition

соши́ть [сошь‖ю́, -ёшь, -ю́т] (pf.) to sew

сою́з [-а; -ы, -ов] (m.) **1** union

сп‖ать [сплю, -ишь, -ят] (impf.) to sleep

спаса́‖ть [-ю, -ешь, -ют] (impf.) **7** to save

спаси́бо (particle) thanks

спас‖ти́ [-у́, -ёшь, -у́т] (impf.) **7** to save

сп‖ать [сплю, -ишь, -ят] (pf.) to sleep

спекта́кл‖ь [-я; -и, -ей] (m.) **11** performance, play

спеть [спо‖ю́, -ёшь, -ю́т] (pf.) to sing

специали́ст [-а; -ы, -ов] (m.) **7** specialist

специа́льно (adv.) especially, specially

специа́льн‖ый [-ая, -ое, -ые] (adj.) special

СПИД (синдро́м приобретённого иммунодефици́та) (m., acronym) **7** AIDS (Acquired Immune Deficiency Syndrome)

споко́йн‖ый [-ая, -ое, -ые] (adj.) calm, quiet

спо́р‖ить [-ю, -ишь, -ят] (impf.) to argue

спорт [-а; -ы, -ов] (coll.) sport(s)

спорти́вн‖ый [-ая, -ое, -ые] (adj.) sporting, athletic

спортсме́н [-а; -ы, -ов] (m.) athlete, sportsman

спосо́бност‖ь [-и; -и, -ей] (f.) **2** ability

спосо́бн‖ый [-ая, -ое, -ые] (adj.)

справедли́вост‖ь [-и; -и, -ей] (f.) justice, equity, fairness

справедли́в‖ый [-ая, -ое, -ые] (adj.) just, fair

спра́вочник [-а; -и, -ов] (m.) reference book, guide, handbook

спра́шива‖ть [-ю, -ешь, -ют] (impf.) to ask (for information), question

спрос‖и́ть [спрошу́, -ишь, -ят] (pf.) to ask (for information), question

спря́таться [спря́ч‖усь, -ешься, -утся] (impf., intrans.) to hide, conceal (oneself)

спу́тник [-а; -и, -ов] (m.) **3** satellite, fellow-traveler

спя́щ‖ий [-ая, -ее, -ие] (adj.) **11** sleeping; «Спя́щая краса́вица» Sleeping Beauty (ballet)

сра́зу (adv.) **9** immediately

сред‖а́ [-ы́] (f.) Wednesday

среди́ (prep. + gen.) among, amongst, amidst

ссы́лк‖а [-и; -и, -∅] (f.) **1** exile, banishment

стадио́н [-а; -ы, -ов] (m.) stadium

Станисла́вский [-ого] (m.) Konstantin Stanislavsky, 1863-1938 (R. stage director, founder of method acting)

станови́ться [становлю́сь, стано́в‖ишься, -ятся] (impf. + instr.) to become

старин‖а́ [-ы́] (f.) antiquity

старинн‖ый [-ая, -ое, -ые] (adj.) ancient, antique

старшекла́ссник [-а; -и, -ов] (m.) student in grades 9-11

ста́рш‖ий [-ая, -ее, -ие] (comp. adj.) older, elder

ста́рш‖ий [-ая, -ое, -ые] (adj.) old

стать [ста́ну, -ешь, -ут] (pf. + instr.) to become; to begin

стать‖я́ [-и; -й, стате́й] (f.) **1** article

стен‖а́ [-ы́; -ы, -∅] (f.) wall

сти́л‖ь [-я; -и, -ей] (m.) **9** style

стира́‖ть [-ю, -ешь, -ют] (impf.) to wash (clothes), launder

стих‖и́ [-о́в] (pl.) verses, poetry

стихотворе́ни‖е [-я; -я, -й] (n.) poem, verse

сто (card. no.) hundred

сто́‖ить [сто́ит; сто́ят] (impf.) to cost

стол [-а; -ы́, -о́в] (m.) table

столи́ц‖а [-ы; -ы, -∅] (f.) capital

столо́в‖ая [-ой; -ые, -ых] (f., subst.) dining room, cafeteria

сторон‖а́ [-ы; сто́рон‖ы, -∅] (f.) side, direction

сто‖я́ть [-ю́, -и́шь, -я́т] (impf.) to stand, be standing

страда́ни‖е [-я; -я, -й] (n.) suffering

стран‖а́ [-ы́; стра́н‖ы, -∅] (f.) country

страни́ц‖а [-ы; -ы, -∅] (f.) page

стра́ст‖ь [-и; -и, -ей] (f.) passion

страстна́я неде́ля (f.) Holy Week (week before Easter)

страх [-а; -и, -ов] (m.) **3** fear

стрел‖а́ [-ы́; -ы, -∅] (f.) arrow; shaft, dart

Стрел(е́)ц [-а] (m.) Sagittarius (sign of the zodiac)

стро́‖ить [-ю, -ишь, -ят] (impf.) to build, construct

строи́тельств‖о [-а] (n.) construction, building

стро́‖ить [-ю, -ишь, -ят] (impf.) to build, construct

стро́йн‖ый [-ая, -ое, -ые] (adj.) slender, slim

стро́чк‖а [-и; -и, стро́чек] (f.) line (of poetry) [dim. of строка́]

студе́нт [-а; -ы, -ов] (m.) college student (male)

стюарде́сс‖а [-ы; -ы, -∅] (f.) stewardess, flight attendant

суббо́т‖а [-ы] (f.) Saturday

судьб‖а́ [-ы́; -ы, су́деб] (f.) fate

Су́здал‖ь [-и] (f.) Suzdal (R. city)

суме́‖ть [-ю, -ешь, -ют] (pf.) to know how (to), be able (to)

су́мк‖а [-и; -и, су́мок] (f.) bag

су́тк‖и [-ок] (pl.) twenty-four hour period

сфотографи́ро‖вать [-ую, -уешь, -уют] (pf.) to photograph

сходи́ть [схожу́, схо́д‖ишь, -ят] (pf.) to make a round trip on foot

сце́н‖а [-ы; -ы, -∅] (f.) 11 stage; на сце́не on stage

сцена́ри‖я [-и; -и, -й] (f.) scenario, script

сча́стливо (adv.) happily, with luck

счастли́в‖ый [-ая, -ое, -ые] (adj.) happy, lucky, fortunate 3 Счастли́вого полёта Bon voyage; have a nice flight.

сча́сть‖е [-я] (n.) happiness, good fortune

счита́‖ть [-ю, -ешь, -ют] (impf.) 2 to think, consider

США (indecl., acronym) U.S.A.

сшить [сошь‖ю, -ёшь, -ют] (pf.) 5 to sew, sew together, suture

съесть [съем, съешь, съест, съеди́м, съеди́те, съедя́т] (pf.) to eat

сын [-а; сыновья́, сынове́й] (m.) son

сыр [-а] (m.) cheese

сюда́ (adv.) to here

ся́ду, ся́дешь, ся́дет, ся́дем, ся́дете, ся́дут (see сесть)

Т

табли́ц‖а [-ы; -ы, -∅] (f.) table

табли́чк‖а [-и; -и, табли́чек] (f.) sign

табло́ (n., indecl.) indicator board, tabulator

Тага́нк‖а [-и] (f.) Taganka (theater in Moscow)

та́йн‖ый [-ая, -ое, -ые] (adj.) secret; та́йная ве́черя the Last Supper

так (adv.) so

так‖о́й [-а́я, -о́е, -и́е] (adj.) such

такти́чност‖ь [-и] (f., s.) tact

такти́чн‖ый [-ая, -ое, -ые] (adj.) tactful

тала́нт [-а; -ы, -ов] (m.) talent, gift

тала́нтливый [-ая, -ое, -ые] (adj.) talented, gifted

Та́ллин [-а] (m.) Tallinn (capital city of Estonia)

тало́н [-а; -ы, -ов] (m.) coupon, stub

там (adv.) there, in that place

тамо́женник [-а; -и, -ов] (m.) 3 customs officer

тамо́женн‖ый [-ая, -ое, -ые] (adj.) customs

та́н(е)ц [-а; -ы, -ев] (m.) 11 dance

танцева́ть [танцу́‖ю, -ешь, -ют] (impf.) 11 to dance

танцо́вщик [-а; -и, -ов] (m.) dancer, ballet dancer

таре́лк‖а [-и; -и, таре́лок] (f.) plate

та́‖ять [-ю, -ешь, -ют] (impf.) to melt, thaw

твой, твоя́, твоё, твои́ (poss. adj.) your

твори́тельн‖ый [-ая, -ое, -ые] (adj.) instrumental

творо́г [-а] (m.) 6 cottage cheese

теа́тр [-а; -ы, -ов] (m.) theater

театра́льн‖ый [-ая, -ое, -ые] (adj.) 11 theatrical, of or pertaining to the theater

тебя́ (pers. pron.) acc./gen. of ТЫ

те́кст [-а; -ы, -ов] (m.) text, written selection

телеви́дени‖е [-я] (n.) television

телеви́зор [-а; -ы, -ов] (m.) television set

телегра́мм‖а [-ы; -ы, -∅] (f.) telegram

телён(о)к [-а; теля́т‖а, -∅] (m.) 6 calf

телефа́кс [-а; -ы, -ов] (m.) 5 fax (facsimile) machine

телефо́н [-а; -ы, -ов] (m.) telephone

телефо́нн‖ый [-ая, -ое, -ые] (adj.) 5 telephone; телефо́нный звоно́к telephone call

Тел(е́)ц [Тельца́] (m.) Taurus (astrological sign)

те́м‖а [-ы; -ы, -∅] (f.) subject, topic, theme

темно́ (adv./pred.) 3 darkly, (it is) dark

тёмн‖ый [-ая, -ое, -ые] (adj.) dark

температу́ра [-ы] (f.) temperature

те́ннис [-а; -ы, -ов] (m.) tennis

тепе́рь (adv.) now

тепло́ (pred.) (it's) warm

тёпл‖ый [-ая, -ое, -ые] (adj.) warm

терапи́‖я [-и; -и, -й] (f.) therapy

Терешко́в‖а [-ой] (f.) Valentina Tereshkova, 1937- (R. cosmonaut)

термо́метр [-а; -ы, -ов] (m.) thermometer

терпели́в‖ый [-ая, -ое, -ые] (adj.) 5 patient

терпе́ни‖е [-я] (n.) 5, 7 patience

терпи́м‖ый [-ая, -ое, -ые] (adj.) 10 tolerant

теря́‖ть [-ю, -ешь, -ют] (impf.) 10 to lose

те́сн‖ый [-ая, -ое, -ые] (adj.) crowded, cramped

те́ст‖о [-а] (n.) dough

тетра́д‖ь [-и; -и, -ей] (f.) notebook

те́хник‖а [-и; -и, -∅] (f.) 5 technology; office equipment

те́хникум [-а; -ы, -ов] (m.) technical school

тигр [-а; -ы, -ов] (m.) tiger

тигрён(о)к [-а; тигря́т‖а, -∅] (m.) cub, tiger cub

тип [-а; -ы, -ов] (m.) 3 type, kind

ти́хо (adv./pred.) quiet, quietly

тишин‖а́ [-ы́; -ы, -∅] (f.) 3 silence, quietude

тобо́й (pers. pron.) instr. of ТЫ

това́рищ [-а; -и, -ей] (m.) comrade

тогда́ (adv.) then, at that time

то́же (adv.) also

То́кио (n., indecl.) Tokyo (capital of Japan)

Толсто́й Leo Tolstoy, 1828-1910 (R. writer and philosopher)

то́лько (adv.) only, just

то́неньк‖ий [-ая, -ое, -ие] (adj.) 11 rather skinny

то́нк‖ий [-ая, -ое, -ие] (adj.) 11 skinny

топо́р [-а́; -ы́, -о́в] (m.) 6 axe

То́р‖а [-и] (f.) Torah, Pentateuch (Jewish holy book)

торго́в‖ый [-ая, -ое, -ые] (adj.) trade, commercial, mercantile

то́рмоз [-а; -а́, -о́в] (m.) brake

торт [-а́; -ы, -ов] (m.) torte, pastry cake

тот [та, то, те] (pron.) that, that one

то́чк‖а [-и; -и, то́чек] (f.) period, dot

точне́е (comp. adj.) more exactly

то́чно (adv.) exact(ly)

трав‖а́ [-ы́; -ы, -∅] (f.) grass, herb

траге́ди‖я [-и; -и, -й] (f.) tragedy

тра́ктор [-а; -а́, -о́в] (m.) 6 tractor

тре́б‖овать [-ую, -уешь, -уют] (impf., + gen.) 7 to require, to demand

трево́ж‖ить [-у, -ишь, -ат] (impf.) to alarm; to disturb; to worry, trouble

тре́нер [-а; -ы, -ов] (m.) trainer, coach

тренирóвк‖а [-и] (f.) training, practice

трéт‖ий [-яя, -ее, -ье] (ord. no.) third

Третьякóвская галерéя (f. phr.) Tretyakov (Art) Gallery

три (card. no.) three

трúдцать [-й] (card. no.) thirty

тринáдцат‖ь [-и] (card. no.) thirteen

трúста (card. no.) three hundred

трóе (coll. no.) three

трóйк‖а [-и; -и, трóек](f.) troika, three horses harnessed abreast, vehicle pulled by three horses

труд [-á] (m.) labor

трýдно (adv./pred.) with difficulty; it's difficult

трýдност‖ь [-и; -и, -ей] (f.) 10 difficulty, hardship

трýдн‖ый [-ая, -ое, -ые] (adj.) difficult

трудогóлик [-а; -и, -ов] (m.) workaholic

трудолюбúво (adv.) in a hard-working way, industriously

трудолюбúв‖ый [-ая, -ое, -ые] (adj.) 6, 7 hard-working, industrious

трудолюбú‖е [-я; -я, -й] (n.) 7 industry, liking for hard work

трус [-а; -ы, -ов] (m.) 3 coward

тудá (adv.) there, to that place

тумáн [-а; -ы, -ов] (m.) 3 fog, mist

Турухáнск (m.) Turukhansk (R. city)

тут (adv.) here

тýфельк‖а [-и; -и, тýфелек] (f.) (little) shoe

тýфл‖я [-и; -и, туфель] (f.) shoe, slipper

тыкв‖а [-ы; -ы, -∅] (f.) 6 pumpkin

тýсяч‖а [-и; -и, -∅] (f.) thousand

тысячелéти‖е [-я] (n.) 10 1,000th anniversary, millenium

тяжелó (pred.) (it is) hard, painful, difficult; 11 (adv.) heavily, seriously, gravely

тяжёл‖ый [-ая, -ое, -ые] (adj.) heavy; hard, difficult

у (prep.+ gen.) by, near

УАЗ UAZ, R. vehicle similar to a Jeep

убежáть [убегý, убеж‖úшь, убегýт] (pf.) to run away

убирá‖ть [-ю, -ешь, -ют] (impf.) 6 to reap, to gather; to tidy up, pick up; to clean up, take away

убóрщиц‖а [-ы; -ы, -∅] (f.) 6 cleaning woman

убрáть [убер‖ý, -ёшь, -ут] (pf.) 6 to reap, to gather

уважáем‖ый [-ая, -ое, -ые] (adj.) 5 respected; (opening in formal letter) "Dear ..."

увéренн‖ый [-ая, -ое, -ые] (adj.) confident, sure

увéренно (adv.) confidently, with certainty

увéренност‖ь [-и; -и, -ей] (f.) 3 confidence, assurance

увидé‖ть [увúжу, увúд-ишь, -ят] (pf.) to see, catch sight of

увлекá‖ться [-юсь, -ешься, -ются] (impf. + instr.) 1 to develop an enthusiasm (for something), be wrapped up (in something) be very interested (in something), be fascinated (by something)

увлечéни‖е [-я; -я, -й] (n.) 1 enthusiasm, fascination

увлéчься [увлекýсь, увлеч‖ёшься, увлекýтся] (pf. + instr.) 1 to be carried away (by), to become keen (on), become enamoured (of), fall (for)

угáсн‖уть [-у, -ешь, -ут] (pf.) to go out (of a fire)

удáр [-а; -ы, -ов] (m.) stroke

удáрник [-а; -и, -ов] (m.) drums, drummer

удáрн‖ый [-ая, -ое, -ые] (adj.) for striking; удáрные инструмéнты percussion

удивú‖ть [удивлю, -úшь, -ят] (pf.) 2 to surprise

удивля‖ть [-ю, -ешь, -ют] (impf.) 2 to surprise

удóбн‖ый [-ая, -ое, -ые] (adj.) 2 comfortable, convenient

удовóльствие (n.) pleasure, satisfaction; с удовóльствием with pleasure

уéхать [уéд‖у, -ешь, -ут] (pf.) to go away, leave, depart

ужé (adv.) already

ýжин [-а; -ы, -ов] (m.) supper

ýжина‖ть [-ю, -ешь, -ют] (impf.) 2 to have dinner, supper

ýзк‖ий [-ая, -ое, -ие] (adj.) narrow, thin

узна‖вáть [-ю, -ёшь, -ют] (impf.) to know, recognize, find out, learn

узнá‖ть [-ю, -ешь, -ют] (pf.) to know, recognize, find out, learn

уйтú [уйд‖ý, -ёшь, -ýт] (adj.) to go away, go off, leave

Украúна [-ы] (f.) Ukraine (country)

украшéние [-я; -я, -й] (n.) decoration, adornment

Улáнов‖а [-ой] (f.) Galina Ulanova, 1909/10-.... (R. ballet dancer)

ýлиц‖а [-ы; -ы, -∅] (f.) street

улыбá‖ться [-юсь, -ешься, -ются] (impf. + dat.) 9 to smile (at)

улыбк‖а [-и; -и, -∅] (f.) smile

улыб‖нýться [-ýсь, -ёшься, -ýтся] (pf. + dat.) 9 to smile (at)

ум [-á] (m.) mind

умéни‖е [-я; -я, -й] (n.) 3 knowledge, know-how

умерéть [умр‖ý, -ёшь, -ýт] (pf.) 1, 7 to die

умé‖ть [-ю, -ешь, -ют] (impf.) 5 to know how (to)

умирá‖ть [-ю, -ешь, -ют] (impf.) 1, 7 to die

ýмн‖ый [-ая, -ое, -ые] (adj.) 5 clever, intelligent

ýмственн‖ый [-ая, -ое, -ые] (adj.) mental, intellectual

унесённ‖ый [-ая, -ое, -ые] (p.p.p.) carried away, blown away

университéт [-а; -ы, -ов] (m.) university

упáсть [упад‖ý, -ёшь, -ýт] (pf.) 11 to fall

упражнéни‖е [-я; -я, -й] (n.) exercise

Урáл [-а] (m., s.) Ural Mountains

урожá‖й [-я; -и, -ев] (m.) 6 harvest

урóк [-а; -и, -ов] (m.) lesson

услóви‖е [-я; -я, -й] (n.) 3 condition

услýш‖ать [-у, -ишь, -ат] (pf.) to hear

успевá‖ть [-ю, -ешь, -ют] (impf.) 2 to have time to, manage to; succeed

успé‖ть [-ю, -ешь, -ют] (pf.) 2 to have time to, manage to; succeed

успéшно (adv.) successfully

утéчь [утекý, утеч‖ёшь, утекýт] to pass, go by; flow away, run away

утён(о)к [-а; утят‖а, -∅] (m.) 6 duckling

ýтк‖а [-и; -и, ýток] (f.) 6 duck

ýтр‖о [-а; -а, -∅] (n.) morning

ýтром (adv.) in the morning

ýх‖о [-а; ýш‖и, -éй] (n.) 7 ear

учáстник [-а; -и, -ов] (m.) participant

учёб‖а [-ы; -ы, -∅] (m.) studies; studying, learning

учéбник [-а; -и, -ов] (m.) textbook

ученик [-а; -й, -об] (m.) pupil, school student

учениц‖а [-ы; -ы, -∅] (f.) female school student

учён‖ый [-ая, -ое, -ые] (adj.) learned, erudite; scholarly, academic (subst.) scientist; scholar

училищ‖е [-а; -а, -∅] (n.) school (for professional training)

учител‖ь [-я; -я, ей] (m.) teacher; учитель-репетитор tutor, rehearsal teacher

учительниц‖а [-ы; -ы, -∅] (f.) teacher

уч‖ить [-у, -ишь, -ат] (impf. + acc.) 6 to study, learn; (impf. + acc./dat.) to teach

уч‖иться [-усь, -ишься, -атся] (impf.) to study, learn

ушли (p.t. of уйти)

фагот [-а; -ы, -ов] (m.) 2 bassoon

факс [-а; -ы, -ов] (m.) facsimile, fax

факультет [-а; -ы, -ов] (m.) department

фамили‖я [-и; -и, -й] (f.) family name, last name, surname

фанат [-а; -ы, -ов] (m.) fanatic; fan

фантази‖я [-и; -и, -й] (f.) fantasy, imagination

фантастик‖а [-и; -и, -∅] (f.) fantasy, fiction; the fantastic, fantastic tale; science fiction

Фаренгейт [-а] (m.) Fahrenheit

февраль [-я] (m.) February

ферм‖а [-ы; -ы, -∅] (f.) farm

фермер [-а; -ы, -ов] (m.) 6 farmer

фермерск‖ий [-ая, -ое, -ие] (adj.)

фермерш‖а [-и; -и, -∅] (f.) 6 farmer (female)

фигур‖а [-ы; -ы, -∅] (f.) figure

физик‖а [-и] (f.) physics

физическ‖ий [-ая, -ое, -ие] (adj.) 6 physical, physically; of physics; 11 физический труд physical labor

физкультур‖а [-ы] (f.) physical education

филиал [-а; -ы, -ов] (m.) branch (of an institution)

философи‖я [-и; -и, -й] (f.) philosophy

фильм [-а; -ы, -ов] (m.) film

финансы [-ов] (m., s.) finances

финансов‖ый [-ая, -ое, -ые] (adj.) 2 financial

фойе (n., indecl.) 11 foyer

фокстерьер [-а; -ы, -ов] (m.) fox terrier (dog)

фон [-а; -ы, -ов] (m.) background

фонтан [-а; -ы, -ов] (m.) fountain

форм‖а [-ы; -ы, -∅] (f.) form, shape, uniform

фото (n., indecl.) photo(s)

фотографи‖я [-и; -и, -й] (f.) photography

фотоохот‖а [-ы] (f., s.) hunting with a camera

фраз‖а [-ы; -ы, -∅] (f.) phrase; sentence

франци‖я [-и] (f.) France (country)

французск‖ий [-ая, -ое, -ие] (adj.) French

Фрейд [-а] (m.) Sigmund Freud, 1856-1939 (Austrian neurologist)

фронт [-а; -ы, -ов] (m.) front

фрукт [-а; -ы, -ов] (m.) fruit

функци‖я [-и; -и, -й] (f.) function

футбол [-а] (m.) soccer; американский футбол – football

характер [-а; -ы, -ов] (m.) character

Харьковск‖ий [-ая, -ое, -ие] (adj.) of or pertaining to the R. city of Kharkov

Хатанг‖а [-и] (f.) Khatanga (R. city)

хвата‖ть [-ет] (impf. 3rd s. only) 7 to have enough, to suffice, be sufficient

хват‖ить [-ит] (pf. 3rd s. only) 7 to have enough, to suffice, be sufficient

хвост [-а; -ы, -об] (m.) 3 tail

хеви-металл [-а] (f.) heavy metal (music)

хими‖я [-и] (f.) chemistry

хирург [-а; -и, -ов] (m.) 7 surgeon

хирургическ‖ий [-ая, -ое, -ие] (adj.) surgical

хитр‖ый [-ая, -ое, -ые] (adj.) sly

хлеб [-а] (m.) bread

хобби (n. indecl.) 1 hobby

ход [-а; -ы, -ов] (m.) motion, movement, travel

ход‖ить [хожу, -ишь, -ят] (impf.), indet. to go on foot

хозяин [-а; хозяева, -∅] (m.) hostess, person in charge; office manager

хозяйк‖а [-и; -и, хозяек] (f.) 5 hostess, person in charge; office manager

хозяйств‖о [-а; -а, -∅] (n.) 6 agriculture; management; economy; farm

хоккей [-я] (m., s.) hockey

холер‖а [-ы] (f., s.) cholera

холод [-а] (m., s.) cold

холодно (pred.) (it's) cold

холодн‖ый [-ая, -ое, -ые] (adj.) cold

хор [-а; -ы, -об] (m.) 10 chorus, choir

хореографическ‖ий [-ая, -ое, -ие] (adj.) 11 choreographic

хорош‖ий [-ая, -ее, -ие] (adj.) good

хорошо (adv./pred.) good, well; grade of (B)

хот‖еть [хочу, хочешь, хочет; -им, -йте, -ят] (impf.) to want; 3 хотеть, чтобы to want that

хотеться (хочется) (impf., intrans., 3rd pers. sing. only) 2 to want, to feel like

хотя (conj.) 3 although, though

христианск‖ий [-ая, -ое, -ие] (adj.) Christian

христианств‖о [-а] (n.) 10 Christianity

Христос [-а] (m.) Christ; Христос воскресе; Christ is risen.

хрустальн‖ый [-ая, -ое, -ые] (adj.) crystal

худеньк‖ий [-ая, -ое, -ие] (adj.) 11 rather thin

художественн‖ый [-ая, -ое, -ые] (adj.) 2 artistic

художник [-а; -и, -ов] (m.) artist, painter

художник-мастер master painter

худ‖ой [-ая, -ое, -ые] (adj.) 11 thin, lean; bad

хуже (comp. adj./adv.) worse; more badly

цвет [-а; -а, -об] (m.) color

Цветаев‖а [-ой] (f.) Marina Tsvetaeva, 1892-1941 (R. poet)

цвет(о)к [-а; цвет‖ы, -об] (m.) flower, blossom

цвето́чк‖а [-и; -и, цвето́чек] (f.) blossom, (small) flower

цветы́ (see цвето́к)

целеустремлённ‖ый [-ая, -ое, -ые] (adj.) purposeful

цел‖ова́ть [-у́ю, -у́ешь, -у́ют] (impf.) to kiss

Це́льси‖й [-я] (m.) Celsius

центр [-а; -ы, -ов] (m.) 1 center; центр внима́ния center of attention

центра́льн‖ый [-ая, -ое, -ые] (adj.) central

церковнославя́нск‖ий [-ая, -ое, -ие] (adj.) 10 Church Slavonic (the Church Slavonic language)

церко́вн‖ый [-ая, -ое, -ые] (adj.) of the church

це́рк(о)вь [це́ркв‖и; -и, -е́й] (f.) church

цыплён(о)к [-а; цыпля́т‖а, -∅] (m.) 6 chick

Ч

ча‖й [-я] (m.) tea

Чайко́вск‖ий [-ого] (m.) Pyotr Tchaikovsky 1840-1893 (R. composer)

час [-а́; -ы́, -о́в] (m.) hour

ча́сто (adv.) often, frequently

част‖ь [-и; -и, -е́й] (f.) part, portion

час‖ы́ [-о́в] (pl.) watch, clock

чего́ (gen. of что)

чей, чья, чьё, чьи (interrog. pron.) whose

челове́к [-а; лю́д‖и, -е́й] (m.) person, man

челове́ческ‖ий [-ая, -ое, -ие] (adj.) human; humane

чем (conj.) than

чем (instr. of что) what

чём (pron.) prep. of что

чемпио́н [-а; -ы, -ов] (m.) champion

чему́ (pron.) dat. of что

черда́к [-а́; -и́, -о́в] (m.) attic

че́рез (prep. + acc.) through; across; past

черепа́ха ‖а [-и; -и, -∅] (f.) 3 turtle

чёрн‖ый [-ая, -ое, -ые] (adj.) black

чертёж [чертеж‖а́; -и́, -е́й] (m.) 3 sketch, blueprint, plan, scheme

че́стно (adv.) honestly

че́стн‖ый [-ая, -ое, -ые] (adj.) honest

четве́рг [-а́] (m.) Thursday

четвероно́г‖ий [-ая, -ое, -ие] (adj.) four-legged, four-footed

четвёрт‖ый [-ая, -ое, -ые] (ord. no.) fourth

четы́ре (card. no.) four

четы́реста (card. no.) four hundred

четы́рнадцат‖ь [-и] (card. no.) fourteen

Че́хов [-а] (m.) Anton Chekhov, 1860-1904 (R. writer)

чи́ст‖ый [-ая, -ое, -ые] (adj.) clean, pure

чита́‖ть [-ю, -ешь, -ют] (impf.) to read

чте́ни‖е [-я; -я, чте́ний] (n.) reading

что (conj./pron.) that; what

что́бы (conj.) that, so that, in order that

что́-нибудь (pron.) 2 anything, something

чу́вство [-а; -а, -∅] (n.) feeling, sense

чу́вств‖овать [-ую, -уешь, -уют] себя́ (impf.) 7 to feel, sense

Чуко́вский [-ого] (m.) Kornei Chukhovsky, 1882-1969 (R. children's writer)

чум‖а́ [-ы́] (f.) plague

чу́тк‖ий [-ая, -ое, -ие] (adj.) 7 keen (of hearing, smell); (fig.) sensitive, sympathetic, kind

Ш

шага́‖ть [-ю, -ешь, -ют] (impf.) to step, walk, stride, pace

ша́пк‖а [-и; -и, ша́пок] (f.) hat

ша́рик [-а; -и, -ов] (m.) (little) ball

ша́хмат‖ы [-∅] (pl.) chess

Шеварднáдзе (indecl.) Eduard Shevardnadze, 1928-   (head of government of Georgia (country))

Шекспи́р [-а] (m.) William Shakespeare, 1564-1616 (English poet and dramatist)

шёл (p.t. of идти́)

шерст‖ь [-и] (f.) 6 wool

шестидеся́т‖ый [-ая, -ое, -ые] (adj.) sixtieth

шестна́дцат‖ь [-и] (card. no.) sixteen

шест‖о́й [-а́я, -о́е, -ы́е] (ord. no.) sixth

шест‖ь [-и́] (card. no.) six

шестьдеся́т (card. no.) sixty

шестьсо́т (card. no.) six hundred

шеф [-а; -ы, -ов] (m.) 5 chief, boss

ше́‖я [-и; -и, -й] (f.) neck

широ́к‖ий [-ая, -ое, -ие] (adj.) 9 wide, broad

шить [шь‖ю, -ёшь, -ют] (impf.) 5 to sew

шить‖ё [-я́; s.] (n., s.) sewing, needlework; embroidery

шкату́лк‖а [-и; -и, шкату́лок] (f.) small wooden box or case

шко́л‖а [-ы; -ы, -∅] (f.) school

шко́льник [-а; -и, -ов] (m.) schoolchild

шко́льниц‖а [-ы; -ы, -∅] (f.) schoolchild (female)

шко́льн‖ый [-ая, -ое, -ые] (adj.) school, scholastic

шла, шло, шли (p.t. of идти́)

шокола́д [-а] (m.) chocolate

Шостако́вич [-а] (m.) Dmitry Shostakovich, 1906-1975 (Russian composer)

шо́у-би́знес [-а] (m.) show business

шприц [-а; -ы, -ев] (m.) 7 syringe

штáт [-а; -ы, -ов] (m.) state; Соединённые Штáты United States

шути́ть [шучу́, шу́т‖ишь, -ят] (pf.) to joke

шу́тк‖а [-и; -и, шу́ток] (f.) 2 joke

Щ

«Щелку́нчик» [-а; -и, -ов] (m.) 11 The Nutcracker (ballet)

щен(о́)к [-а́; щеня́т‖а, -∅] also [-а́; -и́, щенко́в] (m.) 5, 6 puppy

Э

эгои́ст [-а; -ы, -ов] (m.) egoist

эгоисти́чн‖ый [-ая, -ое, -ые] (adj.) egoistical

экзáмен [-а; -ы, -ов] (m.) examination

эконо́мик‖а [-и; -и, -∅] (f.) 2 economics

экономи́ст [-а; -ы, -ов] (m.) economist

эконо́м‖ить [-лю, -ишь, -ят] (impf.) to save (money)

экономи́ческ‖ий [-ая, -ое, -ые] (adj.) economic

экрáн [-а; -ы, -ов] (m.) 5 (computer) screen

экску́рси‖я [-и; -и, -й] (f.) excursion

экстрасéнс [-а; -ы, -ов] (*m.*) **7**
a psychic; a person who cures
ailments through hypnosis or
other non-medical means

экстремáльн‖ый [-ая, -ое, -ые]
(*adj.*) **3** extreme, dire

элéктрик [-а; -и, -ов] (*m.*)
electrician

электричк‖а [-и; -и,
электричек] (*f.*) **10** suburban
(electric) trains

элемéнт [-а; -ы, -ов] (*m.*)
element

элементáрн‖ый [-ая, -ое, -ые]
(*adj.*) elementary

эмоционáльн‖ый [-ая, -ое, -ые]
(*adj.*) emotional

энергúчно (*adv.*) energetic,
vigorous, forceful

энергúчност‖ь [-и; -и, -ей] (*f.*)
forcefulness, having energy

энергúчн‖ый [-ая, -ое, -ые]
(*adj.*) **7** energetic

энéрги‖я [-и] (*f.*) **7** energy

эпúграф [-а; -ы, -ов] (*m.*)
epigraph

Эрмитáж [-а] (*m., s.*) Hermitage
(museum in St. Petersburg)

этáж [-а; -й, -éй] (*m.*) floor,
storey

э́то (*pron.*) this, this is

э́тот, э́та, э́то, э́ти (*pron.*) this

Ю

юбк‖а [-и; -и, юбок] (*f.*) skirt

юг [-а] (*m.*) south

ю́жн‖ый [-ая, -ое, -ые] (*adj.*)
southern

ю́мор [-а] (*m.*) humor

юмористúческ‖ий [-ая, -ое,
-ие] (*adj.*) humorous, comic,
funny

«Юнóна и Авóсь» **11** *Iunona
and Avos* (R. rock opera)

Я

я́блок‖о [-а; -и, -∅] (*n.*) apple

явлéни‖е [-я, -я, -й] (*n.*)
appearance (phenomenon)
(*Biblical term*); occurrence,
happening

ягнён(о)к [-а; ягня́т‖а, -∅] (*m.*)
6 lamb

ягня́та (see ягнёнок)

язы́к [-á; -й, -óв] (*m.*) language;
tongue

яйц‖ó [-á; -а, яйц] (*n.*) **6** egg

янвáр‖ь [-я́] (*m.*) January

Япóни‖я [-и] (*f.*) Japan (country)

япóнск‖ий [-ая, -ое, -ие] (*adj.*)
Japanese

я́рк‖ий [-ая, -ое, -ие] (*adj.*)
bright; colorful, vivid; graphic;
striking, glaring

Ярослáвл‖ь [-я] (*f.*) Yaroslavl (R.
city)

я́сн‖ый [-ая, -ое, -ые] (*adj.*) **7**
clear; keen

ENGLISH-RUSSIAN VOCABULARY

This vocabulary contains all of the important words encountered in **Russian Faces and Voices**, with the exception of first names, patronymics, surnames, and those place names which are easily understood. Capitalization follows the rules of the language in which words are given. The lesson number where each word first appeared is shown. The lesson in which a word is given for active mastery is shown in bold type.

Nouns are listed according to their nominative singular forms, unless they do not normally use singular forms. If singular forms are not in use, the gender designation is followed by a "*pl.*" If plural forms are non-existent or rarely used, then an "*s.*" appears after the gender notation. The singular and plural forms are separated by a semicolon (;). The last stem element that is retained in spelling the various case forms of a word is followed by the symbol "‖". Fill (or fleeting) vowels are enclosed in parentheses "( )". The spelling for the nominative and genitive singular and for the nominative and genitive plural is given. When the genitive plural is equal to the stem, this is shown by the symbol "ø". The genitive plural of feminine and neuter nouns that require the addition of a fill vowel is provided, since the spelling cannot always be deduced. Accents are marked throughout, except when they occur on capital letters or on monosyllabic forms.

Adjectives, ordinal numbers, and possessive adjectives are listed in their masculine nominative singular forms, and the final stem element that is retained in spelling their forms is followed by the symbol "‖". The spelling of the endings for feminine, neuter, and plural forms in the nominative case is given. No forms other than the nominative are given for cardinal numbers or for phrases.

For verbs that form their perfective by simple prefixation, the prefix is separated from the remainder of the verb by parentheses. Otherwise, the imperfective aspect is given first, followed by the symbol "-" and the perfective member of the pair. For verbs of motion, the indeterminate, determinate, and perfective infinitives are given in that order. The final non-past tense stem element of the infinitive is followed by the symbol "‖", and the correct spelling of the first and second person singular and third person plural endings of the non-past is given. Stems which differ from the infinitive are shown in the same way. Forms which are not consistent with these principles are spelled out in their entirety.

The following abbreviations are used in this English–Russian vocabulary.

acc. - accusative case
adj. - adjective
adv. - adverb
C.S. - Church Slavonic
   form
card. - cardinal
coll. - collective noun
comp. - comparative
   adjective or adverb
conj. - conjunction
conv. - conversational or
   slang form
dat. - dative case
det. - determinate
dim. - diminutive
excl. - exclamation
f. - feminine noun
gen. - genitive case
imper. - imperative

impf. - imperfective verb
indecl. - indeclinable
indef. - indefinite
indet. - indeterminate
instr. - instrumental case
interj. - interjection
interrog. - interrogative
intrans. - intransitive verb
   (no direct object)
m. - masculine noun
neg. - negative
n. - neuter noun
no. - number
nom. - nominative case
ord. - ordinal
p. t. - past tense
paren. - parenthetical
part. - particle
pers. - person; personal
   (pronoun)

pf. - perfective verb
phr. - phrase
pl. - plural
poss. - possessive
p.p.p. - past passive
   participle
pr.a.p. - present active
   participle
pred. - predicate
prep. - preposition
prepos. - prepositional case
pron. - pronoun
R. - Russian
refl. - reflexive pronoun
rel. - relative pronoun
sing. - singular
s.f. - short form
subst. - substantive noun
trans. - transitive verb
   (takes direct object)

A

a lot (*indef. no.*) мно́го
abdomen (*m.*) **7** живо́т [-а́; -ы́, -о́в]
abhor (*impf.*) ненави́д‖еть [ненави́жу, -ишь, -ят]
ability (*f.*) **2** спосо́бност‖ь [-и; -и, -ей]
able (*adj.*) спосо́бн‖ый [-ая, -ое, -ые]
able, be able (*intrans.*) (с)мочь [(с)могу́, (с)мо́ж‖ешь, -(с)мо́гут]; (*intrans.*) (с)уме́‖ть [-ю, -ешь, -ют]
about (*prep. + prepos.*) о
above (*comp. adj. and adv.*) вы́ше; (*prep. + instr.*) над
abroad (*phr.*) за рубежо́м; (*phr.*) **9** за грани́цей
absolutely (*adv.*) абсолю́тно
academic (*adj.*) учён‖ый [-ая, -ое, -ые]
academician (*m.*) акаде́мик [-а; -и, -ов]
academy (*f.*) **10** акаде́ми‖я [-и, -и, -й]
accept **5, 7** принима́‖ть [-ю, -ешь, -ют] - **5, 7** приня́ть [прим‖у́, при́м‖ешь, -ут]
accidentally, by chance (*adv.*) **11** случа́йно
accommodating (*adj.*) **5** обяза́тельн‖ый [-ая, -ое, -ые]
accompany (*impf.*) проводи́ть [провожу́, прово́д‖ишь, -ят]
accusative (*case*) (*adj.*) вини́тельн‖ый [-ая, -ое, -ые]
ache (*intrans. 3rd person only*) **7** (за)бол‖е́ть [-и́т, -я́т]; (*s.f. adj.*) **7** бол(е)н [-а́, -о, -ы́]; (*f.*) бол‖ь [-и; -и, -ей]
acoustics (*f.*) аку́стик‖а [-и]
acquainted, get acquainted (*pf., intrans.*) познако́м‖иться [познако́млюсь, -ишься, -ятся]
acquired (*p.p.p.*) приобретённ‖ый [-ая, -ое, -ые]
across (*prep. + acc.*) че́рез
act (*n.*) **11** де́йстви‖е [-я; -я, -й]
acting, in force (*adj.*) **11** де́йствующ‖ий [-ая, -ее, -ие]
actor (*m.*) арти́ст [-а; -ы, -ов]; (*f.*) арти́стк‖а [-и; -и, арти́сток]
add дополня́‖ть [-ю, -ешь, -ют] - допо́лн‖ить [-ю, -ишь, -ят]; добавля́‖ть [-ю, -ешь, -ют] - доба́в‖ить [-лю, -ишь, -ят]
address (*m.*) а́дрес [-а; -а́, -о́в]

administrative (*adj.*) **5** административн‖ый [-ая, -ое, -ые]; administrative secretary (*phr.*) секрета́рь-рефере́нт
adornment (*n.*) украше́ние [-я, -я, -й]
adult (*adj./subst.*) взро́сл‖ый [-ая, -ое, -ые]
advertise объявля́‖ть [-ю, -ешь, -ют] - объяв‖и́ть [-лю́, -ишь, -ят]
advertisement (*n.*) **5** объявле́ни‖е [-я; -я, -й]
advice (*m.*) сове́т [-а; -ы, -ов]
advise (*intrans.*) (по)сове́товать [посове́ту‖ю, -ешь, -ют]; (*intrans.*) (про)консульти́р‖овать [-ую, -уешь, -уют]
aerodrome (*m.*) **3** аэродро́м [-а; -ы, -ов]
affair (*n.*) де́л‖о [-а; -а́, -Ø]
affected person (*f.*) кривля́к‖а [-и; -и, -Ø]
affectionate (*adj.*) **5** ла́сков‖ый [-ая, -ое, -ые]
affectionately (*adv.*) **5** ла́сково; (*adv.*) не́жно
affiliated with (*prep. + prepos.*) при
afraid of **11** (*intrans. + gen.*) (по)бо‖я́ться [-ю́сь, -и́шься, -я́тся]; (*intrans. + gen.*) (ис)пуга́‖ться [-юсь, -ешься, -ются]
after (*prep. + gen.*) по́сле; after eating по́сле еды́
afternoon, in the afternoon, in the daytime (*adv.*) днём
afterwards (*adv.*) пото́м
again (*adv.*) опя́ть
against (*prep. + gen.*) **5, 9** про́тив
ago (*adv.*) наза́д
agree (*intrans.*) соглаша́‖ться [-юсь, -ешься, -ются] - согласи́‖ться [соглашу́сь, -и́шься, -я́тся]
agreeable (*adv. and pred.*) прия́тно
agreeable, in agreement (*s. f. adj.*) согла́с(е)н [-а; -о, -ы]
aggressive (*adj.*) агресси́вн‖ый [-ая, -ое, -ые]
aggressiveness (*f., s.*) агресси́вност‖ь [-и]
agriculture (*n.*) **6** хозя́йств‖о [-а; -а, -Ø]
aid (*intrans.*) **1** помога́‖ть [-ю, -ешь, -ют] - **1** помо́‖чь [помогу́, помо́ж‖ешь, -ет, -ем, -ете, помо́гут; *p.t.* помо́г, -ла́, -ло́, -ли́]; (*f.*) по́мощ‖ь [-и; -и, -ей]

AIDS (Acquired Immune Deficiency Syndrome) (*m., acronym*) **7** СПИД (синдро́м приобретённого иммунодефици́та)
aim (*f.*) зада́ч‖а [-и; -и, -Ø]
air (*m.*) **6** во́здух [-а]
air passenger (*m.*) авиапассажи́р [-а; -ы, -ов]
airfield (*m.*) **3** аэродро́м [-а; -ы, -ов]
airline company (*f.*) **3** авиакомпа́ни‖я [-и; -и, -й]
airplane (*m.*) самолёт [-а; -ы, -ов]
airport (*building*) (*m.*) **3** аэропо́рт [-а; -ы, -ов]
alarm (по)трево́ж‖ить [-у, -ишь, -ат]
alarm clock (*m.*) буди́льник [-а; -и, -ов]
Alaska (*f.*) Аля́ск‖а [-и]
alcoholic (*m.*) алкого́лик [-а; -и, -ов]
alike, in like manner (*adv.*) равно́
all (*adj.*) весь [вс‖я, -ё, -е]; (*pron.*) всё [всего́]
all right (*adv./pred.*) ничего́
all the same (*conj. and part.*) **2** всё-таки
all-knowing (*adj.*) всезна́ющ‖ий [-ая, -ее, -ие]
allergy (*f.*) аллерги́‖я [-и]
alley, side street (*m.*) переу́л(о)к [-а; -и, -ов]
almost (*adv.*) почти́
alone (*card. no.*) **5** оди́н [одна́; одно́, одни́]
along (*prep. + dat.*) по; along with (*prep. + instr.*) с
alongside (*adv.*) ря́дом
aloud (*adv.*) **11** вслух
already (*adv.*) уже́
also (*adv.*) то́же
alteration (*n.*) измене́ни‖е [-я; -я, -й]
although (*conj.*) **3** хотя́
altruism (*m.*) альтруи́зм [-а; -ы, -ов]
always (*adv.*) всегда́
America (*f.*) Аме́рик‖а [-и]
American (*adj.*) америка́нск‖ий [-ая, -ое, -ие]
American (*male*) (*m.*) америка́н(е)ц [-а; -ы, -ев]
amicably, in a friendly way (*adv.*) **5** дру́жно
amidst; in the middle of (*prep. + gen.*) среди́
among (*prep. + instr.*) ме́жду; (*prep. + gen.*) среди́
amphitheater (*m.*) **11** амфитеа́тр [-а; -ы, -ов]

amplify дополня‖ть [-ю, -ешь,
-ют] - допо́лн‖ить [-ю, -ишь,
-ят]

amusing story, tale (phr.)
расска́з-шу́тка

ancient (adj.) стари́нн‖ый [-ая,
-ое, -ые]; (adj.) 10 дре́вн‖ий
[-яя, -ее, -ие]

anecdote (m.) анекдо́т [-а; -ы,
-ов]

anemia (n.) малокро́ви‖е [-я]

angina (f.) ангин‖а [-ы]

angry (adj.) серди́т‖ый [-ая,
-ое, -ые]

animal (domesticated) (n.,
subst.) 5 живо́тн‖ое [-ого;
-ые, -ых]; (wild) (m.) звер‖ь
[-я; -и, -е́й]

animated film (m.) 6
мультфи́льм [-а; -и, -ов];
(m., conv.) 6 му́льтик [-а; -и,
-ов]

anniversary (f.) годовщи́н‖а
[-ы; -ы, -∅]

announce объявля́‖ть [-ю,
-ешь, -ют] - объяв‖и́ть [-лю́,
-ишь, -ят]

announcement (n.) 5
объявле́ни‖е [-я; -я, -й]

another (adj.) друг‖о́й [-а́я,
-о́е, -и́е]; another way (adv.)
2 по-друго́му

answer (intrans.) отвеча́‖ть [-ю,
-ешь, -ют] - отве́ти‖ть
[отве́чу, -ишь, -ят]; (m.)
отве́т [-а; -ы, -ов]

antique (adj.) стари́нн‖ый [-ая,
-ое, -ые]

antiquity (f.) старин‖а [-ы́]

any (pron.) како́й-нибудь [-а́я,
-о́е, -и́е]

anything (pron.) 2 что́-нибудь

anytime (adv.) 6 когда́-нибудь

apartment (f.) кварти́р‖а [-ы;
-ы, -∅]

apparatus (f.) аппарату́р‖а
-ы; -ы, -∅]; (m.) прибо́р [-а;
-ы, -ов]

appear (intrans.) 7
появля́‖ться [-юсь, -ешься,
-ются] - 7 появи́ться
[появлю́сь, поя́в‖ишься,
-ятся];(impf., intrans.)
выгляд‖еть [выгляжу, -ишь,
-ят]; (intrans.) выступа́‖ть
[-ю, -ешь, -ют] - вы́ступ‖ить
[-лю, -ишь, -ят]

appearance (n.) выступле́ни‖е
[-я; -я, -й]

appendicitis (m.) аппендици́т
[-а]

appetite (m.) 10 аппети́т [-а;
-ы, -ов]

applaud (impf., + dat.)
аплоди́р‖овать [-ую, -уешь,
-уют]

applause (m., pl.) 11
аплодисме́нт‖ы [-ов]

apple (n.) я́блок‖о [-а; -и, -∅]

appliance (m.) прибо́р [-а; -ы, -ов]

appointment (n.) свида́ни‖е [-я;
-я, -й]

approach (intrans. , к + dat.)
подход‖и́ть [подхожу́,
-ишь, -ят] - подойти́
[подойд‖у́, -ёшь, -у́т]

Aquarius (astrological sign) (m.)
Водоле́й [-я́]

arable land (f.) па́шн‖я [-и; -и,
-й]

architect (m.) архите́ктор [-а;
-ы, -ов]

architectural (adj.)
архитекту́рн‖ый [-ая, -ое,
-ые]

architecture (f.) архитекту́р‖а
[-ы]

are (fixed form) (impf., intrans.)
есть

argue (intrans.) (по)спо́р‖ить
[-ю, -ишь, -ят]

argument (m.) аргуме́нт [-а;
-ы, -ов]; argument against
(m.) контраргуме́нт [-а; -ы,
-ов]

Aries (astrological sign) (m.)
Ов(е́)н, [-а́]

arise (intrans.) встa‖ва́ть [-ю,
-ёшь, -ют] - встать [встáн‖у,
-ешь, -ут]

armchair (n.) 3 кре́сл‖о [-а; -а,
кре́сел]

army (f.) а́рми‖я [-и; -и, -й]

arrival (by air) (m.) 3 прилёт
[-а; -ы, -ов]

arrive (by air) (intrans.)
прилетá‖ть [-ю, -ешь, -ют]
- прилет‖е́ть [прилечу́,
-и́шь, -я́т]; (on foot) (intrans.)
приход‖и́ть [прихожу́,
-ишь, -ят] - прийти́ [прид‖у́,
-ёшь, -у́т]; (by vehicle)
(intrans.) приезжá‖ть [-ю,
-ешь, -ют] - прие́хать
[прие́д‖у, -ешь, -ут]

arrow (f.) 8 стрел‖á [-ы́; -ы, -∅]

art (n.) иску́сств‖о [-а]

art gallery (f.) галере́‖я [-и; -и, -й]

article (f.) 1 стать‖я́ [-и́; -и,
стате́й]

artist, painter (m.) худо́жник
[-а; -и, -ов]

artistic (adj.) 2 худо́жест-
венн‖ый [-ая, -ое, -ые]

ascend (intrans.) 3 взлетá‖ть
[-ю, -ешь, -ют] - взлет‖е́ть
[взлечу́, -ишь, -ят]

ashes (f., s.) зол‖á [-ы́]

Asia (f.) А́зи‖я [-и]

ask a question (phr.) задa‖вáть
[-ю, -ёшь, -ют] - зада́ть
[зада́м, зада́шь, зада́ст,

зададим, зададите, зададут]
вопро́с; (for information)
спра́шива‖ть [-ю, -ешь, -ют]
спрос‖и́ть [спрошу́, -ишь,
-сят]

ask for (a favor) (по)прос‖и́ть
[(по)прошу́, -ишь, -ят]

aspirin (m., s.) 7 аспири́н [-а]

assign 2 задa‖вáть [-ю, -ёшь,
-ют] - 2 зада́ть [зада́м,
зада́шь, зада́ст, зададим,
зада́дите, зададу́т]

assist (intrans. + dat.) 1
помогá‖ть [-ю, -ешь, -ют] - 1
помо́‖чь [помогу́, помо́ж‖ешь,
-ет, -ем, -ете, помо́гут p.t.
помо́г, -лá, -ло́, -ли́]

assistant, helper (f.) 5
помо́щник‖а [-и; -и, -∅]

associate (with) (с + instr.) 10
(по)общá‖ться [-юсь, -ешься,
-ются]

assurance (f.) уве́ренност‖ь
[-и; -и, -ей]

astronomer (m.) астроно́м [-а;
-ы, -ов]

astronomical (adj.)
астрономи́ческ‖ий [-ая, -ое,
-ие]

astronomy (f., s.) астроно́ми‖я
[-и]

at (prep. + prepos.) в; при

atheist (m.) 10 атеи́ст [-а; -ы,
-ов]

athlete (m.) спортсме́н [-а; -ы,
-ов]

athletic (adj.) спорти́вн‖ый
[-ая, -ое, -ые]

attached to (prep. + prepos.)
при

attention (n.) внима́ни‖е [-я]

attentively (adv.) внима́тельно

attic (m.) черда́к [-á; -и́, -о́в]

attitude (n.) отноше́ни‖е [-я; -я,
-й]

auditorium (m.) зал [-а; -ы,
-ов]

August (m.) áвгуст [-а; -ы, -ов]

author (m.) áвтор [-а; -ы, -ов];
author's (adj.) 10 áвторск‖ий
[-ая, -ое, -ие]

automobile (f.) маши́н‖а [-ы; -ы,
-∅]; (m.) автомоби́л‖ь [-я; -и,
-ей]

autumn (f.) о́сен‖ь [-и]; in
autumn (adv.) о́сенью

avant-gardist, a person ahead
of his/her time (m.)
авангарди́ст [-а; -ы, -ов]

avenue (m.) проспе́кт [-а; -ы, -ов]

aviation (f.) 3 авиáци‖я [-и; -и, й]

await (trans.) 9 (подо)жд‖áть
[-у́, -ёшь, -у́т]

awkward (adj.) неудо́бн‖ый
[-ая, -ое, -ые]

axe (m.) 6 топо́р [-á; -ы́, -о́в]

B

back (*adv.*) обра́тно; (*adv.*)
    наза́д
background (*m.*) фон [-а; -ы,
    -ов]
backwards (*adv.*) обра́тно
bad (*adj.*) **11** худо́й [-а́я, -о́е,
    -ые]; bad(ly), not good
    (*adv./pred.*) нехорошо́;
    badly (*adv.*) пло́хо
bad-tempered (*adj.*) зло́й [-а́я,
    -о́е, -ые]
badge (*m.*) значо́к [-а́; -и́, -о́в]
badger (*m.*) барсу́к [-а́; -и́, -о́в]
badminton (*m.*) бадминто́н [-а]
bag (*f.*) су́мка [-и; -и, су́мок]
bake (ис)пе́чь [(ис)пеку́,
    печёшь, пеку́т]
balcony (*m.*)**11** балко́н [-а; -ы,
    -ов]; на балко́не on the
    balcony
ball (dance) (*m.*) бал [-а; -ы́,
    -о́в]; (for games) (*m., dim.*)
    ша́рик [-а; -и, -ов]
ballerina (*f.*) **1** балери́на [-ы;
    -ы, -∅]
ballet (*m.*) бале́т [-а; -ы, -ов];
    (*adj.*) **11** бале́тный [-ая, -ое,
    -ые]
ballet dancer (*m.*) танцо́вщик
    [-а; -и, -ов]
banana (*m.*) бана́н [-а; -ы, -ов]
band (*m.*) ансамбль [-я; -и, -ей]
banishment (*f.*) **1** ссы́лка [-и;
    -и, -∅]
baptism (*n.*) **10** креще́ние [-я;
    -я, -й]
baseball (*m.*) бейсбо́л [-а]
bashful (*adj.*) засте́нчивый
    [-ая, -ое, -ые]
bashfulness (*f., s.*)
    засте́нчивость [-и]
Bashkiria (*f.*) Башки́рия [-и]
basketball (*m.*) баскетбо́л [-а]
bassoon (*m.*) фаго́т [-а; -ы, -ов] (*m.*) **2**
bathe, take a bath (*intrans.*)
    (вы́)купа́ться [-юсь, -ешься,
    -ются]
bathhouse (*f.*) ба́ня [-и, -и,
    бань]
be (*pf., intrans., no present
    tense*) быть [бу́ду, -ешь, -ут]
be sometimes (*intrans.*)
    (по)быва́ть [-ю, -ешь, -ют]
be friends (with), be on friendly
    terms (*impf., intrans.*)
    дружи́ть [-у́, -ишь, -ат]
be mistaken (*intrans.*) **5**
    ошиба́ться [-юсь, -ешься,
    -ются] - **5** ошиби́ться
    [ошибю́сь, ошиби́шься,
    -ятся; *p.t.* оши́бся,
    оши́блась, оши́блись]

be proud of someone or
    something; (*intrans. + instr.*)
    11 (воз)горди́ться
    [возгоржу́сь, -и́шься, -я́тся]
beads (*pl.*) бу́сы [бус]
bear (*m.*) медве́дь [-я; -и, -ей]
beast (*m.*) зверь [-я; -и, -е́й]
beat (*impf.*) бить [бью, -ёшь, -ют]
beautiful (*adj.*) краси́вый [-ая,
    -ое, -ые]; (*adj.*) прекра́сный
    [-ая, -ое, -ые]
beautifully; (it's) beautiful
    (*adv./pred.*) краси́во
beauty (person) (*f.*) краса́вица
    [-ы; -ы, -∅]; beauty (attribute)
    (*f.*) красота́ [-ы́]
because (*conj.*) потому́ (что)
become (*intrans. + instr.*)
    станови́ться [становлю́сь,
    стано́вишься, -ятся] -
    стать [ста́ну, -ешь, -ут]
become engaged (*intrans.*)
    обруча́ться [-юсь, -ешься,
    -ются] - обручи́ться [-у́сь,
    -и́шься, -а́тся]
bed (*f.*) крова́ть [-и; -и, -ей]
beet (*f.*) **6** свёкла [-ы; -ы,
    свёкол]
before (*adv.*) по-ста́рому;
    (*comp. adv.*) ра́ньше; (*adv.*)
    по-пре́жнему; (*prep. + gen.*)
    7 до ; до еды́ before eating;
    (*prep. + instr.*) пе́ред
beg (по)проси́ть [прошу́,
    -ишь, -ат]
begin (*c + gen.*) **1** начина́ть [-ю,
    -ешь, -ют] - **1** нача́ть [начну́,
    -ёшь, -у́т]; (*intrans.*)
    станови́ться [-лю́сь, -ишься,
    -ятся] - стать [ста́ну, -ешь,
    -ут]; (*intrans.*) начина́ться
    [-ется, -ются] - нача́ться
    [начну́сь, -ёшься, -у́тся]
behavior (*n.*) **9** поведе́ние [-я;
    -я, -й]
behind, beyond 1 (*prep. + instr.*)
    за
belief (in) (*f.*) ве́ра [-ы; -ы, -∅]
believe (*intrans., в + acc.*) **10**
    ве́рить [-ю, -ишь, -ят] - **10**
    пове́рить [-ю, -ишь, -ят]
believer (*subst.*) **10** ве́рующий
    [-ая, -ее, -ие]
bell (*m.*) **11** звоно́к [-а́; -и́, -о́в]
belligerent (*adj.*) агресси́вный
    [-ая, -ое, -ые]
belly (*m.*) **7** живо́т [-а́; -ы́, -ов]
beloved (*adj.*) люби́мый [-ая,
    -ое, -ые]
belt (*m.*) по́яс [-а; -ы, -ов]
beneath (*prep. + instr.*) 1 под
beside (*adv.*) ря́дом; (*prep. +
    instr.*) ря́дом с
besides (*prep. + gen.*) **11** кро́ме
better (*adj.*) лу́чший [-ая, -ее,
    -ие]; (*comp. adv.*) лу́чше

between (*prep. + instr.*) ме́жду
Bible (*f.*) **10** Би́блия [-и; -и, -й]
bicycle (*m.*) велосипе́д [-а; -ы,
    -ов]; (*intrans.*) ката́ться на
    велосипе́де
big (*adj.*) большо́й [-а́я, -о́е,
    -и́е]; too big (*s. f. adj.*) **9**
    вели́к [-а́, -о́, -и́]
bind свя́зывать [-ю, -ешь, -ют]
    - **10** связа́ть [свяжу́, -ешь,
    -ут]
binding (*adj.*) **5** обяза́тельный
    [-ая, -ое, -ые]
biology (*f.*) биоло́гия [-и]
bird (*f.*) **3** пти́ца [-ы; -ы, -∅]
birth (*n.*) рожде́ние [-я;
    birthday день рожде́ния
black (*adj.*) чёрный [-ая, -ое,
    -ые]
blanket (*n.*) одея́ло [-а; -а, -∅]
blessed (*adj.*) блаже́нный [-ая,
    -ое, -ые]
blind (*adj.*) слепо́й [-а́я, -о́е, -ы́е]
blizzard (*f.*) **3** пурга́ [-и́; -и, -∅]
blossom (*m.*) цвето́к [-а;
    цветы́, -о́в]; (*f., dim.*)
    цвето́чка [-и; -и, цвето́чек]
blouse (*f.*) блу́зка [-и; -и,
    блу́зок]
blown away (*p.p.p.*)
    унесённый [-ая, -ое, -ые];
    *Унесённые ве́тром Gone
    with the Wind*
blue (*adj.*) си́ний [-яя, -ее,
    -ие]; light blue (*adj.*)
    голубо́й [-а́я, -о́е, -ы́е]
blueprint (*m.*) чертёж
    [чертежа́; -и́, -е́й]
blunder (*intrans.*) **5** ошиба́ться
    [-юсь, -ешься, -ются] - **5**
    ошиби́ться [ошиблю́сь,
    ошиби́шься, -ятся; past:
    оши́бся, оши́блась,
    оши́блись]; (*f.*) **1** оши́бка [-и;
    -и, оши́бок]
board, embark (*phr.*) идти́ на
    поса́дку
boarding (*f.*) поса́дка [-и; -и,
    поса́док]
boat (*f.*) ло́дка [-и; -и, ло́док];
    go boating (*phr.*) ката́ться на
    ло́дке
bold (*adj.*) сме́лый [-ая, -ое,
    -ые]
boldness (*f.*) сме́лость [-и]
Bolshoi Theater (in Moscow)
    Большо́й теа́тр
bon appétit (*phr.*) **11**
    прия́тного аппети́та
bon voyage (*phr.*) **3** счастли́вого
    полёта
bond (*f.*) **10** связь [-и; -и, -ей]
bone (*f.*) кость [-и; -и, -е́й]
book (*f.*) кни́га [-и; -и, -∅]
book-based therapy (*f.*)
    библиотерапи́я [-и; -и, -й]

boot (*m.*) ботин(о)к [-а; -и, -ов];
(*m.*) сапóг [-á; -й, -∅]

border (*f.*) **7** границ‖а [-ы; -ы,
-∅]; (*m.*) рубéж [-á; -й, -éй]

boring, tedious, dull (*adj.*)
скýчн‖ый [-ая, -ое, -ые];
(*adv./pred.*) скýчно

born, be born (*intrans.*)
рожда‖ться [-юсь, -ешься,
-ются] - род‖úться
[рожýсь, -úшься, -ятся]

borrow **1** брать [бер‖ý, -ёшь,
-ýт] - взять [возьм‖ý, -ёшь,
-ýт] **1**

both . . . and (*conj.*) **2** и . . . и

box (theater) (*f.*) **11** лóж‖а [-и;
-и, -∅]

box, small wooden box (*f.*)
шкатýлк‖а [-и; -и, шкатýлок]

boxer (*m.*) боксёр [-а; -ы, -ов]

boxing (*m.*) бокс [-а]

boy (*m.*) мáльчик [-а; -и, -ов]

branch (of an institution) (*m.*)
филиáл [-а; -ы, -ов]; (of a
tree) (*f.*) вéтк‖а [-и; -и, вéток]

bravery (*f.*) смéлост‖ь [-и]

bread (*m.*) хлеб [-а]

break (*m.*) перелóм [-а; -ы,
-ов]; broken leg (*phr.*)
перелóм ногú; broken arm
перелóм рукú

breakfast (*m.*) зáвтрак [-а; -и,
-ов]; eat/have breakfast
(*intrans.*) **2** (по)зáвтрака‖ть
[-ю, -ешь, -ют]

breed (*f.*) **5** порóд‖а [-ы; -ы, -∅];
6 вырáщива‖ть [-ю, -ешь,
-ют] - **6** вырастl‖ить
[выращу, -ишь, -ят]

breeding (good) (*f., s.*)
воспúтанност‖ь [-и]; well-
mannered (*adj.*)
воспúтанн‖ый [-ая, -ое, -ые]

breeze (*m.*) вéт(е)р [-а; -ы, -ов]

bridge (*m.*) мост [-á; -ы, -óв]

bright (*adj.*) ярк‖ий [-ая, -ое,
-ие]

brilliance (*f., s.*) гениáльност‖ь
[-и]

bring (by vehicle) привод‖úть
[привожý, -ишь, -ят] -
привез‖тú [-ý, -ёшь, -ýт]

broadcast (*f.*) **9** передáч‖а [-и;
-и, -∅]

bronze, of bronze (*adj.*)
мéдн‖ый [-ая, -ое, -ые]

brother (*m.*) брат [-а; брáть‖я,
-ев]

brush (oneself) (*intrans.*) **2**
причёсыва‖ться [-юсь,
-ешься, -ются] -
причеса́ться [причеш‖ýсь,
-ёшься, -ýтся]

brute (*m.*) звер‖ь [-я; -и, -éй]

bud (of a plant) (*f.*) пóчк‖а [-и;
-и, пóчек]

Buddhist (*m.*) **10** буддúст [-а;
-ы, -ов]

build (по)стрó‖ить [-ю, -ишь,
-ят]

building (*m.*) дом [-а; -á, -óв];
(*n.*) **10** здáни‖е [-я; -я, -й]

built (s.f. p.p.p.) построен [-а;
-о, -ы]

bulimia (*f.*) булимú‖я [-и]; (*f.*)
кинлрехсú‖я [-и; -и, -й]

bull (*m.*) **6** бык [-а; -и, -ов]

bus (*m.*) автóбус [-а; -ы, -ов];
(*adj.*) автóбусн‖ый [-ая, -ое,
-ые]

business (*n.*) дéл‖о [-а; -á, -∅];
(*adj.*) **5** делов‖óй [-áя, -óе,
-ы́е]; business trip (*f.*) **3**
командирóвк‖а [-и; -и,
командирóвок]

businesslike (*adj.*) **5** делов‖óй
[-áя, -óе, -ы́е]

businessman (*m.*) бизнесмéн
[-а; -ы, -ов]

but (*conj.*) но

butter (*n.*) мáсл‖о [-а]

butterfly (*f.*) бáбочк‖а [-и; -и,
бáбочек]

buy покупá‖ть [-ю, -ешь, -ют] -
куп‖úть [-лю, -ишь, -ят]

by (*prep. + gen.*) у; (*prep. + dat.*)
по

by the way (*adv.*) **3** кстáти

by, at, in the presence of;
attached to, affiliated with; in
the time of, during the reign
of (*prep. + prep.*) при

bygone (*adj.*) прóшл‖ый [-ая,
-ое, -ые]

C

cabbage (*f.*) **6** капýст‖а [-ы]

cabin (*f.*) кабúн‖а [-ы; -ы, -∅];
(*m.*) **3** салóн [-а; -ы, -ов]

cafe (*indecl., n.*) кафé

cafeteria (*f., subst.*) столóв‖ая
[-ой; -ые, -ых]

calendar (*m.*) календáр‖ь [-я;
-й, -éй]

calf (*m.*) **6** телён(о)к [-а;
телят‖а, -∅]

call (*intrans. + dat.*) **1, 5**
(по)звон‖úть [-ю, -úшь, -ят];
2, 5 (по)звáть [(по)зов‖ý,
-ёшь, -ýт]; (*impf.*) называ́‖ть
[-ю, -ешь, -ют]; be called
(*impf., intrans.*) называ́‖ться
[-ется, -ются]; (*m.*) **11**
звон(ó)к [-á; -ú, -óв]

call again (*pf., intrans. + dat.*)
перезвон‖úть [-ю, -úшь, -ят]

calm (*adj.*) спокóйн‖ый [-ая,
-ое, -ые]

---

can, one can (*pred.*) мóжно

cancer (*m.*) рак [-а]; (astrological
sign) (*m.*) Рак [-а]

candidly (*adv.*) úскренно

candy (*f.*) конфéт‖а [-ы; -ы, -∅]

canoe (*f.*) байдáрк‖а [-и; -и,
байдáрок]

capital (*f.*) столúц‖а [-ы; -ы, -∅]

Capricorn (astrological sign)
(*m.*) Козерóг [-а]

car (*f.*) машúн‖а [-ы; -ы, -∅]

caricature (*f.*) карикатýр‖а [-ы;
-ы, -∅]

carnival (*f.*) мáслениц‖а [-ы]

carriage (*f.*) карéт‖а [-ы; -ы, -∅]

carried away (*p.p.p.*)
унесённ‖ый [-ая, -ое, -ые];
Gone with the Wind:
Унесённые вéтром

carrots (*f.*) **6** морков‖ь [-и]; (*f.,
conv.*) **6** морковк‖а [-и; -и,
морковок]

carry, take (*by carrying*) (*impf.,
indet.*) носúть [ношý,
нóс‖ишь, -ят]; - (*impf., det.*)
нес‖тú [-ý, -ёшь, -ýт] - (*pf.*)
понес‖тú [-ý, -ёшь, -ýт]

cartoon (*f.*) карикатýр‖а [-ы;
-ы, -∅]; (*m.*) **6** мультфúльм
[-а; -и, -ов]; (*m., conv.*) **6**
мýльтик [-а; -и, -ов]

case (*grammatical*) (*m.*) падéж
[-á; -й, -éй]; small wooden
case (*f.*) шкатýлк‖а [-и; -и,
шкатýлок]

cash box, till (*f.*) кáсс‖а [-ы; -ы, -∅]

cashier (*m.*) кассúр [-а; -ы, -ов];
(*f.*) **11** кассúрш‖а [-и; -и, -∅]

cashier's stand or booth (*f.*)
кáсса [-ы; -ы, -∅]

cassette (*f.*) кассéт‖а [-ы; -ы, -∅]

cat (*f.*) кóшк‖а [-и; -и, кóшек];
(*m.*) кот [-á; -ы́, -óв]

cathedral (*m.*) **10** собóр [-а; -ы,
-ов]

Catholic (*m.*) **10** като́лик [-а;
-и, -ов]; (*adj.*)
католúческ‖ий [-ая, -ое,
-ие]

celebrate отмечá‖ть [-ю, -ешь,
-ют] - отмет‖úть [отмечý,
-ишь, -ят]; conduct (mass)
(по)служ‖úть [-ý, -ишь, -ат]

Celsius (*m.*) Цéльси‖й [-я]

center (*m.*) **1** центр [-а; -ы, -ов];
center of attention (*phr.*)
центр внимáния

central (*adj.*) центрáльн‖ый
[-ая, -ое, -ые]

century (*m.*) век [-а; -á, -óв]

certainly, with certainty (*adv.*)
увéренно

chair, armchair (*n.*) крéсл‖о [-а;
-а, крéсел]

champion (*m.*) чемпиóн [-а;
-ы, -ов]

---

chandelier (f.) лю́стр‖а [-ы; -ы, -∅]

change (intrans.) изменя́‖ться [-ю́сь, -ешься, -ются] - измени́‖ться [-ю́сь, -ишься, -ятся]; (trans.) меня́‖ть [-ю, -ешь, -ют] - (по)меня́‖ть [-ю, -ешь, -ют]; (n.) измене́ни‖е [-я; -я, -й]

character (m.) хара́ктер [-а; -ы, -ов]; (phr.) (in a play, ballet, etc.) де́йствующее лицо́

charge (m.) заря́д [-а; -ы, -ов] заря́д бо́дрости (phr.) 3 energy charge

charging (f.) заря́дк‖а [-и; -и, заря́док]

charm (f.) обая́тельност‖ь [-и; -и, -ей]

charming (adj.) 9 обая́тельн‖ый [-ая, -ое, -ые]

chase (f.) охо́т‖а [-ы; -ы, -∅]

chat (intrans.) 5 (intrans.) (по)болта́‖ть [-ю, -ешь, -ют]

cheap (adj.) дешёв‖ый [ая, -ое, -ые]

check-up (f.) прове́рк‖а [-и; -и, прове́рок]

cheerful (adj.) весёл‖ый [-ая, -ое, -ые]

cheerfully, (it's) cheerful (adv./pred.) ве́село

cheerfulness (f.) 5 бо́дрост‖ь [-и]

cheese (m.) сыр [-а]

chemistry (f.) хи́ми‖я [-и]

chess (pl.) ша́хмат‖ы [-∅]

chest cold (f.) просту́д‖а [-ы; -ы, -∅]

chick (m.) 6 цыплён(о)к [-а; цыпля́т‖а, -∅]

chicken (f.) 6 ку́риц‖а [-ы; кур‖ы, -∅]

chicken pox (f.) ветря́нк‖а [-и]

chief (adj.) 7 гла́вн‖ый [-ая, -ае, -ые]; boss (m.) 5 шеф [-а; -ы, -ов]

childhood (n.) 5, 9 де́тств‖о [-а]

children (pl.) де́т‖и [-е́й]; children's (adj.) де́тск‖ий [-ая, -ое, -ие]

chill (f.) просту́д‖а [-ы; -ы, -∅]; (m.) 7 на́сморк [-а; -и, -ов]

chocolate (m.) шокола́д [-а]

choir (m.) хо́р [-а; -ы, -ов]

cholera (f., s.) холе́р‖а [-ы]

choose выбира́‖ть [-ю, -ешь, -ют] - выбрать [вы́бер‖у, -ешь, -ут]

choreographic (adj.) хореографи́ческ‖ий [-ая, -ое, -ие]

chorus (m.) хо́р [-а; -ы, -ов]

christening (n.) 10 креще́ни‖е [-я; -я, -й]

Christian (adj.) христиа́нск‖ий [-ая, -ое, -ие]

Christianity (n.) 10 христиа́нств‖о [-а]

Church Slavonic (the Church Slavonic language) (adj.) 10 церко́внославя́нск‖ий [-ая, -ое, -ие]

church (f.) це́рк(о)вь [це́ркв‖и; -и, -е́й]; (adj.) церко́вн‖ый [-ая, -ое, -ые]

cigarette (m.) сигаре́т‖а [-ы; -ы, -∅]

cinematographic art (n., s.) киноиску́сств‖о [-а]

circle (m.) кружо́к [-а́; -й, -о́в]

circular (adj.) кру́гл‖ый [-ая, -ое, -ые]

citizen (m.) граждани́н [-а; гра́ждан‖е, -∅]

city (m.) го́род [-а; -а́, -о́в]

civic (adj.) гражда́нск‖ий [-ая, -ое, -ие]

civil (adj.) гражда́нск‖ий [-ая, -ое, -ие]

clamor (m.) крик [-а; -и, -ов]

clap (impf., trans.) аплоди́р‖овать [-ую, -уешь, -уют]

class (m.) класс [-а; -ы, -ов]

classical (adj.) 2 класси́ческ‖ий [-ая, -ое, -ие]

classics (f.) 2 кла́ссик‖а [-и; -и, -∅]

classroom (m.) класс [-а; -ы, -ов]; (adj.) кла́ссн‖ый [-ая, -ое, -ые]

clean (adj.) чи́ст‖ый [-ая, -ое, -ые]

clean up 6 убира́‖ть [-ю, -ешь, -ют] - 6 убра́ть [убер‖у́, -ёшь, -у́т]

cleaning woman (f.) 6 убо́рщиц‖а [-ы; -ы, -∅]

clear (adj.) 7 я́сн‖ый [-ая, -ое, -ые]

clever (adj.) 5 у́мн‖ый [-ая, -ое, -ые]

climate (m.) 3 кли́мат [-а; -ы, -ов]

climatic (adj.) 3 климати́ческ‖ий [-ая, -ое, -ие]

clinic (f.) 7 поликли́ник‖а [-и; -и, -∅]

cloakroom (m.) 11 гардеро́б [-а; -ы, -ов]

clock (pl.) час‖ы́ [-о́в]

close (adj.) 5 бли́зк‖ий [-ая, -ое, -ие]

close (trans.) закрыва́‖ть [-ю, -ешь, -ют] - закры́ть [закро́‖ю, -ешь, -ют]

clothe (oneself) (intrans.) 9 одева́‖ться [-ю́сь, -ешься, -ются] - оде́ться [оде́н‖усь, -ешься, -утся]

clothes, clothing (f., s.) 2 оде́жд‖а [-ы]

clown (m.) кло́ун [-а; -ы, -ов]

club, study group (m.) круж(о́)к [-а́; -й, -о́в]

club (m.) клуб [-а; -ы, -ов]

coach (m.) тре́нер [-а; -ы, -ов]; (vehicle) (f.) каре́т‖а [-ы; -ы, -∅]

coarseness (f.) гру́бост‖ь [-и; -и, -ей]

coat (m.) пиджа́к [-а́; -й, -о́в]

Coca-Cola (f., s.) ко́ка-ко́л‖а [-ы]

cockpit (f.) каби́н‖а [-ы; -ы, -∅]

coffee (indecl., m.) ко́фе

cold (m., s.) хо́лод [-а]; (adj.) холо́дн‖ый [-ая, -ое, -ые]; (pred.) хо́лодно; head cold (m.) 7 на́сморк

collect (trans.) собира́‖ть [-ю, -ешь, -ют] - собра́ть [собер‖у́, -ёшь, -у́т]; (intrans.) 5 собира́‖ться [-юсь, -ешься, ются] - собра́ться [собер‖у́сь, -ёшься, -у́тся]

collecting (n., s.) коллекциони́ровани‖е [-я]

collective (adj.) 6 коллекти́вн‖ый [-ая, -ое, -ые]; collective farm (m.) 6 колхо́з [-а; -ы, -ов]; collective farmer (m.) колхо́зник [-а; -и, -ов]; (f.) колхо́зниц‖а [-ы; -ы, -∅]; (adj.) 6 колхо́зн‖ый [-ая, -ое, -ые]

college (m.) ко́лледж [-а; -ы, -ей]; college student (m.) студе́нт [-а; -ы, -ов]

collie (dog) (indecl., m. and f.) ко́лли

color (m.) цвет [-а; -а́, -о́в]

colored (adj.) кра́шенн‖ый [-ая, -ое, -ые]

colorful (adj.) я́рк‖ий [-ая, -ое, -ие

column (f.) коло́нн‖а [-ы; -ы, -∅]

comb (one's hair) (intrans.) 2 причёсыва‖ться [-юсь, -ешься, -ются] - причеса́ться [причеш‖у́сь, -ёшься, -у́тся]

come (on foot) (intrans.) приход‖и́ть [прихожу́, -ишь, -ят] - прийти́ [прид‖у́, -ёшь, -у́т]; come up to (intrans., к dat.) подходи́ть - подойти́ [подойд‖у́, -ёшь, -ут]; come out (intrans.) получа́‖ться [-ется, -ются] - получ‖и́ться [-ится, -атся] (usually 3rd pers.); come to an end (intrans.) конча́‖ться [-юсь; -ешься, -ются] - ко́нч‖иться [-усь; -ишься, -атся]

comfortable (adj.) 2 удо́бн‖ый [-ая, -ое, -ые]

comfortably (adv.) удо́бно

command (f.) кома́нд‖а [-ы; -ы, -∅]

commercial (adj.) торго́в‖ый [-ая, -ое, -ые]

communicate **5** переда‖ва́ть [-ю, -ёшь, -ю́т] - **5** переда́ть [переда́м, переда́шь, переда́ст, передади́м, передади́те, передаду́т]

communicative (*adj.*) коммуника́бельн‖ый [-ая, -ое, -ые]

communicativeness (*f., s.*) коммуника́бельност‖ь [-и]

communist (*m.*) **6** коммуни́ст [-а; -ы, -ов]

company (*f.*) компа́ни‖я [-и; -и, -й]

compel заставля́‖ть [-ю, -ешь, -ют] - заста́в‖ить [-лю, -ишь, -ят]

competent (*adj.*) **7** компе-те́нтн‖ый [-ая, -ое, -ые]

competently (*adv.*) **5** компете́нтно

competition (*m.*) ко́нкурс [-а; -ы, -ов]; (*n.*) соревнова́ни‖е [-я; -я, -й]

compile составля́‖ть [-ю, -ешь, -ют] - соста́в‖ить [-лю, -ишь, -ят]

complain (*intrans., на + acc.*) **7** (по)жа́л‖оваться [-уюсь, -уешься, -уются]

complete (*trans.*) **10** зака́нчива‖ть [-ю, -ешь, -ют] - **10** зако́нч‖ить [-у, -ишь, -ат]; (*trans.*) **1, 5** конча́‖ть [-ю, -ешь, -ют] - **1, 5** ко́нч‖ить [-у, -ишь, -ат]; complete (graduate from) school / the university конча́ть/ко́нчить шко́лу / университе́т; **5** выполня́‖ть [-ю, -ешь, -ют] - **5** вы́полн‖ить [-ю, -ишь, -ят]

complete set (*m.*) компле́кт [-а; -ы, -ов]

completed (*s.f. p.p.p.*) сде́лан [-а, -о, -ы]; (*s.f. p.p.p.*) зако́нчен [-а, -о, -ы]

completely (*adv.*) совсе́м

complicated (*adv.*) **5** сло́жно

comply (with) (*impf., intrans.*) сле́д‖овать [-ую, -уешь, -уют]

compose (*trans.*) составля́‖ть [-ю, -ешь, -ют] - соста́в‖ить [-лю, -ишь, -ят]

composer (*m.*) **11** компози́тор [-а; -ы, -ов]

composition (*n.*) **1** содержа́ни‖е [-я; -я, -й]; (*n.*) сочине́ни‖е [-я; -я, -й]

computer (*m.*) компью́тер [-а; -ы, -ов]; (*adj.*) компью́терн‖ый [-ая, -ое, -ые]

comrade (*m.*) това́рищ [-а; -и, -ей]

conceal (*intrans.*) (с)пря́таться [спря́ч‖усь, -ешься, -утся]

concept (*f.*) иде́‖я [-и; -и, -й]

concert (*m.*) конце́рт [-а; -ы, -ов]

conclude (*trans.*) **10** зака́нчива‖ть [-ю, -ешь, -ют] - **10** зако́нч‖ить [-у, -ишь, -ат]

concluded (*s.f. p.p.p.*) зако́нчен [-а, -о, -ы]

conclusion (*n.*) оконча́ни‖е [-я; -я, -й]

condition (*n.*) **3** усло́ви‖е [-я; -я, -й]

conductor (of an orchestra) (*m.*) **11** дирижёр [-а; -ы, -ов]

confidence (*f.*) уве́ренност‖ь [-и; -и, -ей]; (*f.*) ве́р‖а [-ы; -ы, -∅]

confident (*adj.*) уве́ренн‖ый [-ая, -ое, -ые]

confidently (*adv.*) уве́ренно

conform (to) (*impf., intrans.*) сле́д‖овать [-ую, -уешь, -уют]

congratulate (*trans.*) поздравля́‖ть [-ю, -ешь, -ют] - поздра́в‖ить [-лю, -ишь, -ят]

connect (*trans.*) свя́зыва‖ть [-ю, -ешь, -ют] - **10** связа́ть [свяж‖у́, -ешь, -ут]

connected (*s.f. p.p.p.*) свя́зан [-а, -о, -ы]

connection (*f.*) связ‖ь [-и; -и, -ей]

conquer (*trans.* 1st pers. not used) побежда́‖ть [-ешь, -ют] - побед‖и́ть [-и́шь, -я́т]

conservative (*m.*) **2** консерва́тор [-а; -ы, -ов]

conservatory (*f.*) консервато́ри‖я [-и; -и, -й]

consider (*trans.*) **2** (по)счита́‖ть [-ю, -ешь, -ют]; (*trans.*) обсужда́‖ть [-ю, -ешь, -ют] - обсуди́‖ть [обсуж‖у́, -ишь, -ят]

considerately (*adv.*) внима́тельно

consideration (for) (*n.*) отноше́ни‖е [-я; -я, -й]

construct (по)стро́‖ить [-ю, -ишь, -ят]

construction (*n.*) строи́тельств‖о [-а]

consult (*trans.*) (про)консульти́р‖овать [-ую, -уешь, -уют]

contemporary (*adj.*) **2, 6** совреме́нн‖ый [-ая, -ое, -ые]; (*adv.*) совреме́нно

content (*n.*) **1** содержа́ни‖е [-я; -я, -й]

contest (*n.*) соревнова́ни‖е [-я; -я, -й]

continue (*trans.*) **5** продолжа́‖ть [-ю, -ешь, -ют] - **5** продо́лж‖ить [-у, -ишь, -ат]; (*intrans.*) продолжа́‖ться [-ется, -ются] - продо́л-ж‖иться [-усь, -ишься, -атся]

contrary, on the contrary (*adv.*) наоборо́т

control (*m.*) контро́л‖ь [-я]

convenient (*adj.*) удо́бн‖ый [-ая, -ое, -ые]

conveniently (*adv.*) удо́бно

conversation (*m.*) разгово́р [-а; -ы, -ов]

converse (*impf., intrans.*) разгова́рива‖ть [-ю, -ешь, -ют]

convey **5** переда‖ва́ть [-ю, -ёшь, -ю́т] - **5** переда́ть [переда́м, переда́шь, переда́ст, передади́м, передади́те, передаду́т]

conveyer (*m.*) конве́йер [-а; -ы, -ов]

cook (*trans.*) гото́в‖ить [-лю, -ишь, -ят] - пригото́в‖ить [-лю, -ишь, -ят]

cool, not hot (*adv. and pred.*) нежа́рко

copier (*m.*) **5** ксе́рокс [-а; -ы, -ов]

cornflower (*m.*) васил(ё)к [васильк‖а́; -и́, -о́в]

corpulence (*n.*) ожире́ни‖е [-я; -я, -й]

correct (*adj.*) пра́в‖ый [-ая, -ое, -ые]

correct(ly) (*adv.*) пра́вильно

cosmic (*adj.*) косми́ческ‖ий [-ая, -ое, -ие]

cosmonaut (*m.*) космона́вт [-а; -ы, -ов]

cosmos (*m.*) ко́смос [-а]

cost (*impf., intrans.*) сто́‖ить [сто́ит; сто́ят]

costume (*m.*) костю́м [-а; -ы, -ов]

cottage cheese (*m.*) **6** творо́г [-а]

cotton or calico print; chintz (*m.*) си́т(е)ц [-а; -ы, -ев]

cough (*intrans.*) **7** ка́шля‖ть [-ю, -ешь, -ют] - **7** пока́шля‖ть [-ю, -ешь, -ют]; (*m.*) **7** ка́ш(е)ль [-я; -и, -ей]

count (*m.*) граф [-а; -ы, -ов]

country (*f.*) стран‖а́ [-ы́; стра́н‖ы, -∅]

coupon (*m.*) тало́н [-а; -ы, -ов]

courageous (*adj.*) сме́л‖ый [-ая, -ое, -ые]

coarse (*adj.*) **7** гру́б‖ый [-ая, -ое, -ые]

course (*m.*) пут‖ь [-й; -и, -ей]

courtyard, yard (*m.*) **6** двор [-а́; -ы́, -о́в]

couturier (*m.*) **9** модельер [-а; -ы, -ов]

cover (a distance) проход‖и́ть [прохож‖у́, -ишь, -ят] - пройти́ [пройд‖у́, -ёшь, -у́т]; закрыва́‖ть [-ю, -ешь, -ют] - закры́ть [закро́‖ю, -ешь, -ют]

coverlet (*n.*) одея́л‖о [-а; -а, -∅]

cow (*f.*) **6** коро́в‖а [-ы; -ы, -∅]

cow wheat (*f.*) Ива́н-да-Ма́рь‖я [-и]

coward (*m.*) трус [-а; -ы, -ов]

cracker (*m.*) **6** кре́кер [-а; -ы, -ов]

cramped (*adj.*) те́сн‖ый [-ая, -ое, -ые]

create **9** созда‖ва́ть [-ю, -ёшь, -ю́т] - созда́ть [созда́м, созда́шь, созда́ст, создади́м, создади́те, создаду́т]

created (*s.f. p.p.p.*) со́здан [-а, -о, -ы]

crocheting (*m.*) вяза́нь‖е [-я]

crossword (*m.*) кроссво́рд [-а; -ы, -ов]

crowded (*adj.*) те́сн‖ый [-ая, -ое, -ые]

crudeness (*f.*) гру́бост‖ь [-и; -и, -ей]

cry (*m.*) крик [-а; -и, -ов]

crystal (*adj.*) хруста́льн‖ый [-ая, -ое, -ые]

cub (*m.*) тигрён(о)к [-а; тигря́т‖а, -Ø]

cucumber (*m.*) огур(е́)ц [-а́; -ы́, -о́в]

cultivate **6** выра́щива‖ть [-ю, -ешь, -ют] - **6** вы́раст‖ить [вы́ращу, -ишь, -ят]

culture (*f.*) культу́р‖а [-ы]

cultured (*adj.*) **7** образо́ванн‖ый [-ая, -ое, -ые]; (*adj.*) интел-лиге́нтн‖ый [-ая, -ое, -ые]

cure (*trans.*) (вы́)леч‖ить (*trans. + acc.*) [-у, -ишь, -ат]; be cured (*intrans. + instr.*) (вы́)леч‖иться [-усь, -ишься, -атся]; be cured with herbs; (вы́)лечиться тра́вами

curiosity (*f.*) любопы́тност‖ь [-и; -и, -ей]; (*n., s.*) любопы́тств‖о [-а]

curious (*adj.*) любопы́тн‖ый [-ая, -ое, -ые]

currency (foreign) (*f.*) валю́т‖а [-ы; -ы, -Ø]

cursor (*m.*) ку́рсор [-а; -ы, -ов]

customs (*adj.*) тамо́женн‖ый [-ая, -ое, -ые]; customs officer (*m.*) тамо́женник [-а; -и, -ов]

D

D, grade of two (*f.*) дво́йк‖а [-и; -и, двое́к]

daisy (*f.*) рома́шк‖а [-и; -и, -рома́шек]

dance (*trans. and intrans.*) **11** танцева́ть [танцу́‖ю, -ешь, -ют] - потанц‖ева́ть [-у́ю, -у́ешь, -у́ют]; (*m.*) бал [-а; -ы, -о́в]; (*m.*) **11** та́н(е)ц [-а; -ы, -ев]

dancer (*m.*) танцо́вщик [-а; -и, -ов]

dangerous (*adj.*) опа́сн‖ый [-ая, -ое, -ые] (*adj.*)

daring (*adj.*) сме́л‖ый [-ая, -ое, -ые]

dark (*adj.*) тёмн‖ый [-ая, -ое, -ые]; (*pred.*) **3** темно́

dark blue (*adj.*) си́н‖ий [-яя, -ее, -ие]

darkly (*adv.*) **3** темно́

dart (*f.*) **8** стрел‖а́ [-ы́; -ы, -Ø]

date (*f.*) да́т‖а [-ы; -ы, -Ø]

dative (*adj.*) да́тельн‖ый [-ая, -ое, -ые]; dative case да́тельный паде́ж

daughter (*f.*) доч‖ь [-ери; -ери, -ере́й]; (*dim., f.*) до́чк‖а [-и; -и, до́чек]

day (*m.*) д(е)н‖ь [-я; -и, -ей]

daybook (*m.*) дневни́к [-а́; -й, -о́в]

daydream (*f.*) мечт‖а́ [-ы́; -ы, *gen. pl. not used*]

daytime, in the daytime (*adv.*) днём

dear, expensive (*adj.*) дорог‖о́й [-а́я, -о́е, -и́е]; (*pred.*) до́рого; (*comp. adj./adv.*) доро́же

debatable (*adj.*) дискус-си́онн‖ый [-ая, -ое, -ые]

decide (*trans.*) реша́‖ть [-ю, -ешь, -ют] - реш‖и́ть [-у́, -и́шь, -а́т]

decided (*s.f. p.p.p.*) решён [-а, -о, -ы]

decisive (*adj.*) реши́тельн‖ый [-ая, -ое, -ые]

declare (*trans.*) объявля́‖ть [-ю, -ешь, -ют] - объяв‖и́ть [-лю, -ишь, -ят]

decoration (*n.*) украше́ние [-я, -я, -й]

degree (of temperature) (*m.*) гра́дус [-а; -ы, -ов]

delegate (*adj.*) делега́тск‖ий [-ая, -ое, -ие]

delicately (*adv.*) не́жно

delicious (*adj.*) вку́сн‖ый [-ая; -ое, -ые]; (*pred.*) вку́сно

demand (*intrans. + gen.*) **7** (по)тре́б‖овать [-ую, -уешь, -уют]

demonstration (*m.*) **9** пока́з

dentist (*phr.*) **7** зубно́й врач

departing (*pr.a.p.*) вылета́ющ‖ий [-ая, -ое, -ие]

department (of a school) (*m.*) факульте́т [-а; -ы, -ов]; (of a store) (*m.*) **10** отде́л [-а; -ы, -ов]

departure (by air) (*m.*) вы́лет [-а; -ы, -ов]

depression (*f.*) депре́сси‖я [-и; -и, -й]

deputy (*m.*) замести́тел‖ь [-я; -и, -ей]

desert (*f.*) пусты́н‖я [-и; -и, пусты́нь]

designate (*trans.*) называ́‖ть [-ю, -ешь, -ют] - назва́ть [назов‖у́, -ёшь, -у́т]; be designated (*intrans.*) называ́‖ться [-ется, -ются] - назва́ть [назов‖ётся, -у́тся]

desire (*n.*) **11** жела́ни‖е [-я; -я, -й]

destiny (*f.*) судьб‖а́ [-ы́; -ы, су́деб]

detective novel (*m.*) **5** детекти́в [-а; -ы, -ов]

detest (*impf.*) ненави́д‖еть [ненави́жу, -ишь, -ят]

develop (*trans.*) **3** развива́‖ть [-ю, -ешь, -ют] - разви́ть [разов‖ю́, -ёшь, -ю́т]; (*intrans.*) развива́‖ться [-юсь, -ешься, -юся]; - разви́ться [разов‖ю́сь, -ёшься, -ю́тся]

device (*m.*) прибо́р [-а; -ы, -ов]

devote oneself (по)служ‖и́ть [-у́, -ишь, -ат]

dialogue (*m.*) диало́г [-а; -и, -ов]

diamond (*m.*) алма́з [-а; -ы, -ов]

diarrhea (*m.*) поно́с [-а]

diary (*m.*) дневни́к [-а́; -й, -о́в]

dictionary (*m.*) словар‖ь [-я́; -й, -е́й]

die (*intrans.*) 1, **7** умира́‖ть [-ю, -ешь, -ют] - 1, **7** умере́ть [умр‖у́, -ёшь, -у́т]; (*intrans.*) **6** погиба́‖ть [-ю, -ешь, -ют] - 1, **6** поги́бн‖уть [-у, -ешь, -ут]

diet (*f.*) дие́т‖а [-ы; -ы, -Ø]; be on a diet (*phr.*) **11** сиде́ть на дие́те

different (*adj.*) ра́зн‖ый [-ая, -ое, -ые]

differently (*adv.*) по-друго́му; (*adv.*) **10** по-ра́зному

difficult (*adj.*) тру́дн‖ый [-ая, -ое, -ые]; not easy (*adj.*) нелёгк‖ий [-ая, -ое, -ие]; (*adj.*) тяжёл‖ый [-ая, -ое, -ые]; (*adv. and pred.*) тяжело́; (*adv. and pred.*) тру́дно; (*pred.*) нелёг(о)к [-а́; -о́, -й]

difficulty (*f.*) **10** тру́дност‖ь [-и; -и, -ей]

dine (по)обе́да‖ть [-ю, -ешь, -ют]; (по)у́жина‖ть [-ю, -ешь, -ют]

dining room (*f., subst.*) столо́в‖ая [-ой; -ые, -ых]

dinner (*m.*) обе́д [-а; -ы, -ов]

diphtheria (*f.*) дифтери́‖я [-и, -и, -й]

dire (*adj.*) **3** экстрема́льн‖ый [-ая, -ое, -ые]

direction (*f.*) сторон‖а́ [-ы; сто́рон‖ы, -Ø]; (*n.*) направле́ни‖е [-я, -я, -й] directly (*adv.*) прямо

director (*m.*) дире́ктор [-а; -а́, -о́в]

discotheque (*f.*) дискоте́к‖а [-и]

discover(ed) (*pred.*) откры́т [-а, -о, -ы]

discuss обсужда́‖ть [-ю, -ешь, -ют] -обсуд‖и́ть [обсужу́, обсу́д‖ишь, -ят]

disease (*f.*) боле́зн‖ь [-и; -и, -ей]

disk (*m.*) диск [-а; -и, -ов]; (*f.*) **5** диске́т‖а [-ы; -ы, -Ø]

disk drive (*m.*) **5** дисково́д [-а; -ы, -ов]

dismal (*s.f.adj.*) безра́дост(е)н [-а; -о, -ы]

dispairingly (*adv.*) безнадёжно

dispatch присыла́‖ть [-ю, -ешь, -ют] - присла́ть [пришл‖ю́, -ёшь, -ю́т]

display (of a computer) (*m.*) **5** диспле́‖й [-я; -и, -ев]

disposable syringe (*phr.*) **7** одноразовый шприц

dissolve (*trans.*) растворя́‖ть [-ю, -ешь, -ют] - раствор‖и́ть [-ю́, -и́шь, -я́т]

distaff (used in spinning) (*f.*) **6** пря́лк‖а [-и; -и, -Ø]

distant (*adj.*) далёк‖ий [-ая, -ое, -ие]; (*pred.*) **2** далеко́

district (*f.*) о́бласт‖ь [-и; -и, -ей]

disturb (по)трево́ж‖ить [-у, -ишь, -ат]

diverse (*adj.*) ра́зн‖ый [-ая, -ое, -ые]

do (*trans.*) (с)де́ла‖ть [-ю, -ешь, -ют]; (*phr.*) **2** do exercises де́лать заря́дку

doctor (*m.*) врач [-а; -й, -е́й]; (*m.*) до́ктор [-а; -а́, о́в]; doctor's note (*m. subst.*) **7** больни́чн‖ый [-ые]

document (*m.*) докуме́нт [-а; -ы, -ов]

dog (*f.*) соба́к‖а [-и; -и, -Ø]

doll (*f.*) **9** ку́кл‖а [-ы; -ы, ку́кол]

dollar (*m.*) до́ллар [-а; -ы, -ов]

domestic (*adj.*) семе́йн‖ый [-ая, -ое, -ые]

done (*s.f. p.p.p.*) сде́лан [-а, -о, -ы]

dot (*f.*) то́чк‖а [-и; -и, то́чек]

dough (*n.*) те́ст‖о [-а]

dragon (*m.*) драко́н [-а; -ы, -ов]

drama (*f.*) дра́м‖а [-ы; -ы, -Ø]

dramatic, dramatic arts (*adj.*) **11** драмати́ческ‖ий [-ая, -ое, -ие]

draw (*trans.*) (на)рисова́ть [-у́ю, -у́ешь, -у́ют]

draw up (*trans.*) составл‖я́ть [-ю, -ешь, -ют] - соста́в‖ить [-лю, -ишь, -ят]

drawing (*m.*) рису́н‖(о)к [-а; -и, -ов]; (*m.*) рисова́ни‖е [-я]

drawn (*s.f. p.p.p.*) нарисо́ван [-а, -о, -ы]

dream (*f.*) мечт‖а́ [-ы́; -ы́, *gen. pl. not used*]

dream (*intrans.*) **11** (по)мечта́‖ть [-ю, -ешь, -ют]

dress (*n.*) пла́ть‖е [-я; -я, -ев]

dress (*oneself*) (*intrans.*) одева́‖ться [-юсь, -ешься, -ются] - оде́ться [оде́н‖усь, -ешься, -утся]; (*someone*) (*trans.*) **9** одева́‖ть [-ю, -ешь, -ют] - **9** оде́‖ть [оде́н‖у, -ешь, -ут]

drill teacher (*phr.*) учи́тель-репети́тор

drink (*trans.*) **5** (вы́)пить [пь‖ю, -ёшь, -ют]; a bit (*pf.*) **5** попи́ть [попь‖ю́, -ёшь, -ю́т]

drive (*trans., impf., indet.*) **1** воз‖и́ть [вожу́, -ишь, -ят] - (*trans., impf., det.*) везти́ [вез‖у́, -ёшь, -у́т] - (*pf.*) повезти́ [повез‖у́, -ёшь, -у́т]; (*intrans.*) е́зд‖ить [е́зжу, -ишь, -ят] - е́хать [е́д‖у, -ешь, -ут] - пое́хать [пое́д‖у, -ешь, -ут]

drop out of an institute (*phr.*) бро́сить институ́т

drug (*m.*) **7** нарко́тик [-а; -и, -ов]; addict (*m.*) **7** наркома́н [-а; -ы, -ов]

drugstore (*f.*) апте́к‖а [-и, -и, -Ø]

drummer (*m.*) уда́рник [-а; -и, -ов]

drum (*m.*) бараба́н [-а; -ы, -ов]

drunkard (*m.*) алкого́лик [-а; -и, -ов]

duck (*f.*) **6** у́тк‖а [-и; -и, у́ток]

duckling (*m.*) **6** утён(о)к [-а; утя́т‖а, -Ø]

duel (*f.*) **1** дуэ́л‖ь [-и; -и, -ей]

dull (*adj.*) ску́чн‖ый [-ая, -ое, -ые]; (*adj./pred.*) ску́чно

during the reign of (*prep. + prepos.*) при

dyed (*adj.*) кра́шенн‖ый [-ая, -ое, -ые]

Е

each (*adj.*) ка́жд‖ый [-ая, -ое, -ые]; each other (*refl. pron.*) друг дру́га (other forms exist)

ear (*n.*) **7** у́х‖о [-а; у́ш‖и, -е́й]

early (*adv.*) **2** ра́но; earlier (*comp. adv.*) ра́ньше

earn зараба́тыва‖ть [-ю, -ешь, -ют] - зарабо́та‖ть [-ю, -ешь, -ют]

earnestly, in earnest (*adv.*) серьёзно

earth (*f.*) земл‖я́ [-и́; -и, земе́ль]

earthquake (*n.*) землетрясе́ни‖е [-я; -я, -й]

easily (*adv./pred.*); легко́; easier (*comp. adv..*) **6** ле́гче

easily, with ease (*adv.*) свобо́дно

Easter (*f.*) Па́сх‖а [-и]

easy (*adj.*) прост‖о́й [-а́я, -о́е, -ы́е]; (*adj.*) нетру́дн‖ый [-ая, -ое, -ые]

eat (*trans.*) (съ)есть (съем, (съ)ешь, (съ)ест, (съ)еди́м, (съ)еди́те, (съ)едя́т]; eat breakfast (*intrans.*) **2** (по)за́втрака‖ть [-ю, -ешь, -ют]; eat dinner (*intrans.*) (по)обе́да‖ть [-ю, -ешь, -ют]; eat dinner, supper (*intrans.*) **2** (по)у́жина‖ть [-ю, -ешь, -ют]

economic (*adj.*) **2** экономи́ческ‖ий [-ая, -ое, -ые]

economics (*f.*) **2** эконо́мик‖а [-и; -и, -Ø]

economist (*m.*) экономи́ст [-а; -ы, -ов]

economy (*n.*) **6** хозя́йств‖о [-а, -а, -Ø]

ediface (*n.*) **10** зда́ни‖е [-я; -я, -й]

editor (*m.*) реда́ктор [-а; -ы, -ов]

educated (*adj.*) **7** образо́ванн‖ый [-ая, -ое, -ые]; (*adj.*) интелли-ге́нтн‖ый [-ая, -ое, -ые]

education (*adj.*) **5** педаго-ги́ческ‖ий [-ая, -ое, -ие] ; педагоги́ческий факульте́т education department

effort (*n.*) **11** напряже́ни‖е [-я; -я, -й]

egg (*n.*) **6** яйц‖о́ [-а́; -а, яйц]

egoist (*m.*) эгои́ст [-а; -ы, -ов]

egoistical (*adj.*) эгоисти́чн‖ый [-ая, -ое, -ые]

eight (*card. no.*) во́семь

eight hundred (*card. no.*) восемьсо́т

eighteenth (*ord. no.*) восемна́дцат‖ый [-ая, -ое, -ые]

eighth (*ord. no.*) восьм‖о́й [-а́я, -о́е, -ы́е]

eighty (*card. no.*) во́семьдесят

elder (*adj.*) **3** ста́рш‖ий [-ая, -ее, -ие]

electric suburban trains (*f.*) **10** электри́чк‖а [-и; -и, электри́чек]

electrician (*m.*) эле́ктрик [-а; -и, -ов]

elegant (*adj.*) наря́дн‖ый [-ая, -ое, -ые]

element (*m.*) элеме́нт [-а; -ы, -ов]

elementary (*adj.*) элемен-
тáрн‖ый [-ая, -ое, -ые]

eleventh (*ord. no.*) один-
надцат‖ый [-ая, -ое, -ые]

embarrassing (*adj.*)
неудóбн‖ый [-ая, -ое, -ые]

embroidery (*n., s.*) шить‖ё [-я]

emergency (*adj.*) **3** экстре-
мáльн‖ый [-ая, -ое, -ые]

emotional (*adj.*) эмоцио-
нáльн‖ый [-ая, -ое, -ые]

enchanting (*adj.*) **9**
обаятельн‖ый [-ая, -ое, -ые]

encounter (*f.*) встрéч‖а [-и; и, -∅]

end (*trans.*) **10** закáнчива‖ть
[-ю, -ешь, -ют] - **10**
закóнч‖ить [-у, -ишь, -ат];
(*trans.*) **1, 5** конча́‖ть [-ю,
-ешь, -ют] - **1, 5** кóнч‖ить
[-у; -ишь, -ат]; end, finish,
come to an end (*intrans.*)
конча́‖ться [-юсь; -ешься,
-ются] - кóнч‖иться [-усь;
-ишься, -атся]; (*m.*) кон(é)ц
[-á; -ы́, -óв]; (*n.*) окончáни‖е
[-я; -я, -й]; ended (*s.f. p.p.p.*)
закóнчен [-а, -о, -ы]

end up (somewhere) (*intrans.*
в/на + accus.*) **5** попадá‖ть
[-ю, -ешь, -ют] - **5** попáсть
[попад‖у́, -ёшь, -у́т]

energetic (*adv.*) энергѝчно

energy (*f.*) **7** энéрги‖я [-и]

engine (*m.*) дви́гател‖ь [-я; -и,
-ей]

engineer (*m.*) инженéр [-а; -ы,
-ов]

English (*adj.*) англѝйск‖ий
[-ая, -ое, -ие]; (*adv.*)
по-англѝйски

Englishman (*m.*) **6** англича́нин
[-а; англича́н‖е, -∅]

enormous (*adj.*) огрóмн‖ый
[-ая, -ое, -ые]

enroll (*intrans.*) **5** поступá‖ть
[-ю, -ешь, -ют] - **5**
поступ‖ѝть [поступлю́,
-ишь, -ят]

enrollment (*n.*) **2** поступлéни‖е
[-я; -я, -й]

ensemble, band (*m.*)
ансáмбл‖ь [-я; -и, -ей]

enter (*intrans.*) вход‖ѝть
[вхож‖у́, -ишь, -ят] - войтѝ
[войд‖у́, -ёшь, -у́т]; (in
writing) (*trans.*) впѝсыва‖ть
[-ю, -ешь, -ют] - вписáть
[впиш‖у́, -ешь, -ут]; entry (in
writing) (*f.*) **5** зáпис‖ь [-и; -и,
-ей]

enthusiasm, develop an
enthusiasm (*intrans. + instr.*)
1 увлекá‖ться [-юсь, -ешься,
-ются] - увлечься [увлеку́сь,
увлеч‖ёшься, увлеку́тся];
(*n.*) **1** увлечéни‖е [-я; -я, -й]

epigraph (*m.*) эпѝграф [-а; -ы,
-ов]

equipment (*f.*) аппарату́р‖а [-ы;
-ы, -∅]

equity (*f.*) справедлѝвост‖ь [-и;
-и, -ей]

err (*intrans.*) **5** ошибá‖ться
[-юсь, -ешься, -ются] - **5**
ошибѝться [ошиблю́сь,
ошиб‖ѝшься, -я́тся; *p.t.*
ошибся, ошѝблась,
ошѝблись]

error (*f.*) **1** ошѝбк‖а [-и; -и,
ошибок]

erudite (*adj.*) учён‖ый [-ая, -ое,
-ые]

Eskimo dog (*f.*) лáйк‖а [-и; -и,
лáек]

especially (*adv.*) **1** осóбенно;
(*adv.*) специáльно

establish (*trans.*) **9** созда‖вáть
[-ю, -ёшь, -ют] - создáть
[создáм, создáшь, создáст,
создадѝм, создадѝте,
создаду́т]; (*s.f. p.p.p.*)
сóздан [-а, -о, -ы]; (*trans.*) **10**
оснóвыва‖ть [-ю, -ешь, -ют] -
основáть [осну‖ю́, -ёшь,
-ю́т]; (*s.f. p.p.p.*) оснóван [-а,
-о, -ы]

ethically (*adv.*) **10** морáльно

European (*adj.*) европéйск‖ий
[-ая, -ое, -ие]

even (*part.*) дáже

evening (*m.*) вéчер [-а; -á, -óв];
(*adj.*) вечéрн‖ий [-яя, -ее,
-ие]; in the evening (*adv.*)
вéчером

event (*m.*) собы́ти‖е [-я; -я, -й]

ever (*adv.*) **6** когдá-нибудь

every (*adj.*) кáжд‖ый [-ая, -ое,
-ые]

everybody (*pron., pl.*) все [всех]

everyday (*adj.*) обы́чн‖ый [-ая,
-ое, -ые]

everyone (*pron.*) все [всех]

everything (*pron., s.*) всё [всегó]

everywhere (*adv.*) **9** вездé

evidently (*adv.*) вѝдно

evil (*adj.*) зл‖ой [-áя, -óе, -ы́е]

exact (*adj.*) **5** аккурáтн‖ый [-ая,
-ое, -ые]

exact(ly) (*adv.*) тóчно; (*comp.
adj.*) точнéе

exam, examination (*m.*) экзáмен
[-а; -ы, -ов]; (*f.*) провéрк‖а
[-и; -и, провéрок]; to take an
exam сда‖вáть [-ю́, -ёшь, -ют];
to pass an exam [сдам, сдашь,
сдаст, сдадѝм, сдадѝте,
сдаду́т] экзáмен

example (*m.*) примéр [-а; -ы,
-ов]; (*m.*) образ(é)ц [-á; -ы́,
-óв]; for example (*paren.*)
напримéр

excellent (*adj.*) прекрáсн‖ый
[-ая, -ое, -ые]; (*adj.*)
отлѝчн‖ый [-ая, -ое, -ые];
(*adv. and pred.*) **4** отлѝчно;
(*adv.*) прекрáсно

except (*prep. + gen.*) **11** крóме

exchange (*trans.*) меня́‖ть [-ю,
-ешь, -ют] - поменя́‖ть [-ю,
-ешь, -ют]; (*m.*) обмéн [-а; -ы,
-ов]

excursion (*f.*) экску́рси‖я [-и;
-и, -й]

excuse (*trans.*) извин‖я́ть [-ю,
-ешь, -ют] - извин‖ѝть [-ю,
-ишь, -я́т]

exercise (*f.*) заря́дк‖а [-и; -и,
заря́док]; (*phr.*) дéлать
заря́дку (*n.*) упражнéни‖е
[-я; -я, -й]

exertion (*n.*) **11** напряжéни‖е
[-я; -я, -й]

exhibition (*f.*) вы́ставк‖а [-и; -и,
вы́ставок]

exile (*f.*) **1** ссы́лк‖а [-и; -и, -∅]

exit, exiting (*m.*) вы́ход [-а; -ы,
-ов]

exit, go out (*intrans.*) **5**
выход‖ѝть [выхожу́, -ишь,
-ят] - **5** вы́йти [вы́йд‖у, -ешь,
-ут]

expensive (*adj.*) дорог‖óй [-áя,
-óе, -ѝе]; (*pred./adv.*)
дóрого; (*comp. adj./adv.*)
дорóже

explanation (*n.*) объяснéни‖е
[-я; -я, -й]

expression (*n.*) **7** выражéни‖е
[-я; -я, -й]

extra, excess (*adj.*) **2** лѝшн‖ий
[-яя, -ее, -ие]; extra or
excess weight лѝшний вес;
extra ticket **11** лѝшнии
билéт

extreme (*adj.*) **3** экстремáльн‖ый
[-ая, -ое, -ые]

eye (*m.*) глáз [-а; -á, -∅]; (*adj.*)
глазн‖óй [-áя, -óе, -ы́е]

F

face (*n.*) лиц‖ó [-á; лѝц‖а, -∅]

facsimile (*m.*) фáкс [-а; -ы, -ов];
facsimile machine (*m.*) **5**
телефáкс [-а; -ы, -ов]

factory (*m.*) завóд [-а; -ы, -ов]

Fahrenheit (*m.*) Фаренгéйт [-а]

fair (*adj.*) справедлѝв‖ый [-ая,
-ое, -ые]; fairness (*f.*)
справедлѝвост‖ь [-и; -и,
-ей]

fairy (*f.*) **11** волшéбниц‖а [-ы;
-ы, -∅]; fairy tale (*f.*) скáзк‖а
[-и; -и, скáзок]

faith, have faith (*intrans., в + acc.*) **10** (по)вéр‖ть [-ю, -ишь, -ят]; (*f.*) вéр‖а [-ы; -ы, -∅]

faithful (*adj.*) **5** вéрн‖ый [-ая, -ое, -ые]

fall (*f.*) óсен‖ь [-и]; in fall (*adv.*) óсенью

fall (*intrans.*) **11** пáда‖ть [-ю, -ешь, -ют] - упáсть [упад‖ý, -ёшь, -ýт]

fall for (*intrans. + instr.*) **1** увлекá‖ться [-юсь, -ешься, -ются] - увлéчься [увлекýсь, увлеч‖ёшься, увлекýтся]

fall in love (*intrans., в + acc.*) **10** влюбля‖ться [-юсь, -ешься, -ются] - влюбúться [влюблю́сь, -ишься, -ятся]

family (*f.*) семь‖я́ [-и; сéмьи, семéй]; (*adj.*) семéйн‖ый [-ая, -ое, -ые]; (*f.*) фамúли‖я [-и; -и, -й]

famous (*adj.*) **11** извéстн‖ый [-ая, -ое, -ые]

famous, well-known (*adj.*) знаменúт‖ый [-ая, -ое, -ые]

fan (*m.*) любúтел‖ь [-я; -и, -ей]; (sports) (*m.*) фанáт [-а; -ы, -ов]

fanatic (*m.*) фанáт [-а; -ы, -ов]

fantastic, the fantastic (*f.*) Фантáстик‖а [-и; -и, -∅]

fantasy (*f.*) фантáзи‖я [-и; -и, -й]; fantastic tale (*f.*) Фантáстик‖а [-и; -и, -∅]

farm (*f.*) фéрм‖а [-ы; -ы, -∅]; (*n.*) **6** хозя́йств‖о [-а; -а, -∅]

farmer (*m.*) фéрмер [-а; -ы, -ов]; (*f.*) фéрмерш‖а [-и; -и, -∅]; farmer's (*adj.*) фéрмерск‖ий [-ая, -ое, -ие]

fascinated, be fascinated (*intrans. + instr.*) **1** увлекá‖ться [-юсь, -ешься, -ются] - увлéчься [увлекýсь, увлеч‖ёшься, увлекýтся]

fascination (*f.*) обая́тельност‖ь [-и; -и, -ей]; (*n.*) **1** увлечéни‖е [-я; -я, -й]

fashion designer (*m.*) **9** модельéр [-а; -ы, -ов]

fashion house (*n., indecl.*) **9** ательé

fashion, style (*f.*) мóд‖а [-ы; -ы, -∅]; in fashion **9** в мóде; fashion show (*phr.*) покáз мóды

fashionable (*adj.*) мóдн‖ый [-ая, -ое, -ые]; (*adv. and s.f. adj.*) мóдно

fast (*adj.*) быстр‖ый [-ая, -ое, -ые]

fast, fasting (*m.*) 10 пост [-á; -ы́, -óв]

fate (*f.*) судьб‖á [-ы́; -ы, сýдеб]

father (*parent or priest*) (*m.*) **10** от(é)ц [-á; -ы́, -óв]

favorite (*adj.*) любúм‖ый [-ая, -ое, -ые]

fax (*m.*) **5** телефáкс [-а; -ы, -ов]; (*m.*) фáкс [-а; -ы, -ов]

fear, be afraid (of) (*intrans. + gen.*) **11** боя́ться побо‖я́ться [-юсь, -ишься, -я́тся] - бо‖я́ться [-юсь, -ишься, -я́тся]; (*m.*) страх [-а; -и, -ов]

February (*m.*) феврáл‖ь [-я́]

feel **7** (по)чýвств‖овать [-ую, -уешь, -уют] себя́

feel (about) (*intrans., + dat.*) относúться [отношýсь, отнóс‖ишься, -ятся] - отнес‖тúсь [-ýсь, -ёшься, -ýтся]

feel like (*intrans.*) **2** (за)хотéться ((за)хóчется)

feel sorry (for) (*trans.*) (по)жалé‖ть [-ю, -ешь, -ют]

feel (*trans.*) **7** (по)чýвств‖овать [-ую, -уешь, -уют] себя́

feeling, sense (*n.*) чýвство [-а; -а, -∅]

fellow (*m.*) пáр(е)н‖ь [-я; -и, -ей]

fellow worker (*m.*) **5** сотрýдник [-а; -и, -ов]; (*f.*) сотрýдниц‖а [-ы; -ы, -∅]

fellows (*pl.*) ребя́т‖а [-∅]

female (*adj.*) жéнск‖ий [-ая, -ое, -ие]

feminine (*adj.*) **5** жéнственн‖ый [-ая, -ое, -ые]

festive (*adj.*) прáздничн‖ый [-ая, -ое, -ые]

few (*adv.*) мáло; (*comp. adj./adv.*) мéньше

fiction, fantastic tale (*f.*) Фантáстик‖а [-и; -и, -∅]

field (*n.*) **6** пóл‖е [-я; -я́, -éй]; in the field в/на пóле

fifteen (*card. no.*) пятнáдцать

fifteenth (*ord. no.*) пятнáдцат‖ый [-ая, -ое, -ые]

fiftieth (*ord. no.*) пятидеся́т‖ый [-ая, -ое, -ые]

fifty (*card. no.*) пятьдеся́т

figure (*f.*) фигýр‖а [-ы; -ы, -∅]

fill out (*trans.*) **5** выполня́‖ть [-ю, -ешь, -ют] - **5** выполн‖ить [-ю, -ишь, -ят]

film (*m.*) фильм [-а; -ы, -ов]

finances (*m., s.*) финáнс‖ы [-ов]

financial (*adj.*) финáнсов‖ый [-ая, -ое, -ые]

find (*trans.*) наход‖úть, нахожý, -ишь, -ят] - найтú [найд‖ý, -ёшь, -ýт]

find out узна‖вáть [-ю́, -ёшь, -ю́т] - узнá‖ть [-ю, -ешь, -ют]

fine (*adj.*) прекрáсн‖ый [-ая, -ое, -ые]

fine fellow, fine girl (*m.*) молод(é)ц [-á; -ы́, -óв]

finger (*m.*) пáл(е)ц [-а; -ы, -ев]

finish (*trans.*)**10** закáнчива‖ть [-ю, -ешь, -ют] - **10** закóнч‖ить [-у, -ишь, -ат]; (*s.f. p.p.p.*) закóнчен [-а, -о, -ы]; (*trans.*) **1, 5** кончá‖ть [-ю, -ешь, -ют] - **1, 5** кóнч‖ить [-у, -ишь, -ат]; finish (graduate from) a school / university кончáть / кóнчить шкóлу / университéт; (*intrans.*) кончá‖ться [-юсь; -ешься, -ются] - кóнч‖иться [-усь; -ишься, -атся]

fire (*m.*) **10** ог(ó)н‖ь [-я́; -и́, -éй]; (*m.*) пожáр [-а; -ы, -ов]

fireplace (*m.*) камúн [-а; -ы, -ов]

first (*ord. no.*) пéрв‖ый [-ая, -ое, -ые]

first, at first (*adv.*) сначáла

first-rate (*adj.*) прекрáсн‖ый [-ая, -ое, -ые]

firstly, in the first place (*adv.*) **11** во-пéрвых

fish (*f.*) ры́б‖а [-ы]; (*adj.*) ры́бн‖ый [-ая, -ое, -ые]

fit (*intrans., 3rd pers. only, к + dat.*) подход‖úть [-ит, -ят] - подойти [подойд‖ёт, -ýт]; (*intrans. 3rd only, на + prep.*) **9** (по)сид‖éть [-úт, -я́т]

five (*card. no.*) пять

five hundred (*card. no.*) пятьсóт

five-sailed (*adj.*) пятия́русн‖ый [-ая, -ое, -ые]

flame (*m.*) огон(ё)к [-á; -ú, -óв]

flight (*m.*) полёт [-а; -ы, -ов]; (*m.*) **3** рейс [-а; -ы, -ов]

floor (*m.*) **7** пол [-а; -ы́, -óв]; on the floor на полý; stor(e)y (*m.*) этáж [-а; -ú, -éй]

flour (*f.*) **6** мук‖á [-и́]

flow away (*intrans. 3rd pers. only*) утекá‖ть [-ет, ю́т] - утéчь [утеч‖ёт, утекýт]

flower (*m.*) цвет(ó)к [-á; цвет‖ы́, -óв]

flu (*m., s.*) **7** грипп [-а]

fluently (*adv.*) свобóдно

fluffy (*adj.*) **5** пушúст‖ый [-ая, -ое, -ые]

fly (*intrans., impf., indet.*) **3** летá‖ть [-ю, -ешь, -ют] - (*intrans., impf., det.*) лет‖éть [лечý, -úшь, -я́т] - (*intrans., pf.*) полет‖éть [полечý, -úшь, -я́т]; (*pr.a.p.*) летáющ‖ий [-ая, -ее, -ие]; fly in (*intrans.*) прилетá‖ть [-ю, -ешь, -ют] - прилет‖éть [прилечý, -úшь, -я́т]; fly out (*intrans.*) вылетá‖ть [-ю, -ешь, -ют] - вылет‖еть [вы́лечу, -ишь, -ят]; fly up (*intrans.*) взлетá‖ть [-ю, -ешь, -ют] - взлет‖éть [взлечý, -úшь, -я́т] flying (*adj.*) лётн‖ый [-ая, -ое, -ые]; flying school лётная школа

foal, colt (*m.*) **6** жеребён(о)к [-а; жеребят‖а, -∅]

fog, mist (*m.*) **3** туман [-а; -ы, -ов]

follow (*impf., intrans.*) след‖овать [-ую, -уешь, -уют]

following (*adj.*) следующ‖ий [-ая, -ее, -ие]

food (*f., s.*) **7** ед‖а [-ы]

foot (*f.*) **7** ног‖а [-и; -и, -∅]; on foot (*adv.*) пешком

footlights (theatrical) (*f.*) рамп‖а [-ы; -ы, -∅]

for (*prep. + acc.*) за; (*prep. + gen.*) для

force (*trans.*) заставл‖ять [-ю, -ешь, -ют] - застав‖ить [-лю, -ишь, -ят]; (*n.*) **10** насили‖е [-я; -я, -й]

forceful (*adj.*) энергичн‖ый [-ая, -ое, -ые]; (*adv.*) энергично

forcefulness (*f.*) **7** энергичност‖ь [-и; -и, -ей]

foreign (*adj.*) иностранн‖ый [-ая, -ое, -ые]

forest (*m.*) лес [-а; -а́, -о́в]

forget (*trans.*) забыва‖ть [-ю, -ешь, -ют] - забыть [забуд‖у, -ешь, -ут]

forgive (*impf., trans.*) прост‖ить [прощу, -ишь, -ят]

form (*f.*) форм‖а [-ы; -ы, -∅]

former (*adj.*) прошл‖ый [-ая, -ое, -ые]

fortress (*f.*) крепост‖ь [-и; -и, -ей]

fortunate (*adj.*) счастлив‖ый [-ая, -ое, -ые]

forty (*card. no.*) сорок

found **9** созда‖вать [-ю, -ёшь, -ют] - создать [создам, создашь, создаст, создадим, создадите, создадут]; (*s.f. p.p.p.*) создан [-а, -о, -ы]; **10** основыва‖ть [-ю, -ешь, -ют] - основать [осну‖ю, -ёшь, -ют]; (*s.f. p.p.p.*) основан [-а, -о, -ы]

fountain (*m.*) фонтан [-а; -ы, -ов]

four (*card. no.*) четыре

four hundred (*card. no.*) четыреста

four-footed, four-legged (*adj.*) четвероног‖ий [-ая, -ое, -ие]

fourteen (*card. no.*) четырнадцать

fourth (*ord. no.*) четвёрт‖ый [-ая, -ое, -ые]

fox terrier (dog) (*m.*) Фокстерьер [-а; -ы, -ов]

fox (*f.*) лис‖а [-ы́; -ы, -∅]; (*f.*) лисиц‖а [-ы; -ы, -∅]

foyer (*n., indecl.*) **11** фойе

frankly (*adv.*) искренно

free (*adj.*) свободн‖ый [-ая, -ое, -ые]; free of charge (*adj.*) бесплатн‖ый [-ая, -ое, -ые]; (*pred./adv.*) **7** бесплатно

freedom (*f.*) **1** свобода [-ы]

freely (*adv.*) свободно

freeze (*m.*) мороз [-а; -ы, -ов]

French (*adj.*) французск‖ий [-ая, -ое, -ие]

frequently (*adv.*) часто

Friday (*f.*) пятниц‖а [-ы]

friend (*m.*) друг [-а; друзь‖я, друзей]; (*f.*) подруг‖а [-и; -и, -∅]

friendship (*f.*) дружб‖а [-ы; -ы, -∅]

from **6** из (*prep. + gen.*); (*prep. + gen.*) от; from there (*adv.*) **10** оттуда

front (*m.*) фронт [-а; -ы, -ов]; in front of (*prep. + instr.*) перед

frost (*m.*) мороз [-а; -ы, -ов]

fruit (*m.*) фрукт [-а; -ы, -ов]

full (*adj.*) полн‖ый [-ая, -ое, -ые]

function (*f.*) функци‖я [-и; -и, -й]

funny (*adj.*) смешн‖ой [-ая, -ое, -ые]

furthermore (*adv.*) ещё

future (*adj.*) будущ‖ий [-ая, -ее, -ие]; (*n., subst.*) будуще‖е [-его]

furniture (*f., s.*) мебел‖ь [-и]

G

gab (*intrans.*) **5** (по)болта‖ть [-ю, -ешь, -ют]

gadget (*m.*) прибор [-а; -ы, -ов]

gained (*p.p.p.*) приобре-тённ‖ый [-ая, -ое, -ые]

gaiety (*n.*) **10** весель‖е [-я]

gallery, art gallery (*f.*) галере‖я [-и; -и, -й]

game (*f.*) игр‖а [-ы; -ы, -∅]

garden (*m.*) сад [-а; -ы́, -ов]

garments (*f., s.*) **2** одежд‖а [-ы]

gate (in an airport) exit; leaving, exiting (*m.*) **3** выход [-а; -ы, -ов]

gather (clean up) (*trans.*) **6** убира‖ть [-ю, -ешь, -ют] - **6** убрать [убер‖у, -ёшь, -ут]; (collect.) (*trans.*) собира‖ть [-ю, -ешь, -ют] - собрать [собер‖у, -ёшь, -ут]; (*intrans.*) **5** собира‖ться [-юсь, -ешься, -ются] - **5** собраться [собер‖усь, -ёшься, -утся]

gear (*f.*) аппаратур‖а [-ы; -ы, -∅]

Gemini (astrological sign) (*m., pl.*) Близнецы [-ов]

general (*adj.*) общ‖ий [-ая, -ее, -ие]; in general в общем

generally, in general (*adv.*) вообще

genitive (*adj.*) родительн‖ый [-ая, -ое, -ые]

genius (quality) (*f., s.*) гениаль-ност‖ь [-и]; (pers.) (*m.*) **2** гени‖й [-я; -и, -ей]

genuine (*adj.*) **6** натуральн‖ый [-ая, -ое, -ые]

geography (*f., s.*) географи‖я [-и]

German (*adj.*) немецк‖ий [-ая, -ое, -ие]; (*adv.*) по-немецки

German measles (*f.*) краснух‖а [-и]

Germany (*f.*) Германи‖я [-и]

get (*trans.*) **2** получа‖ть [-ю, -ешь, -ют] - **2** получ‖ить [-у́, -ишь, -ат]

get up, stand up, arise (*intrans.*) вста‖вать [-ю, -ёшь, -ют] - встать [встан‖у, -ешь, -ут]

gift (*f.*) подар(о)к [-а; -и, -ов]

gifted (*adj.*) способн‖ый [-ая, -ое, -ые]; (*adj.*) талантливый [-ая, -ое, -ые]

gilded (*adj.*) позолоченн‖ый [-ая, -ое, -ые]

girl, young girl (*f.*) девочк‖а [-и; -и, девочек]; young lady (*f.*) девушк‖а [-и; -и, девушек]; (outdated usage) (*f.*) девиц‖а [-ы; -ы, -∅]

give (*trans. + dat.*) да‖вать [-ю, -ёшь, -ют] - дать [дам, дашь, даст, дадим, дадите, дадут]; (as a gift) (*trans. + dat.*) (по)дар‖ить [-ю, -ишь, -ят]

give back (*trans. + dat.*) отдать [отдам, отдашь, отдаст отдадим, отдадите, отдадут]

give up smoking (*phr.*) бросить курить

glad (*adj.*) радостн‖ый [-ая, -ое, -ые]; (pred.) рад [-а, -ы]

gladness (*f.*) радост‖ь [-и]

glaring (*adj.*) ярк‖ий [-ая, -ое, -ие]

go (by vehicle) (*intrans., impf., indet.*) езд‖ить [езжу, -ишь, -ят] - (*intrans., impf., det.*) ехать [ед‖у, -ешь, -ут] - (*intrans., pf.*) поехать [поед‖у, -ешь, -ут]

go (on foot) (*intrans., impf., indet.*) ход‖ить [хожу, -ишь, -ят] - (*intrans., impf., det.*) ид‖ти [-у́, -ёшь, -у́т] - (*intrans., pf.*) пойти [пойд‖у, -ёшь, -ут] go (somewhere) (*intrans. куда*) **5** попада‖ть [-ю, -ешь, -ют] - **5** попасть [попад‖у́, -ёшь, -у́т]

go after (*intrans.*) (по)след‖овать [-ую, -уешь, -уют]

go away (*intrans.*) уход‖и́ть [ухожу́, -ишь, -ят] - уйти́ [уйд‖у́, -ёшь, -у́т]

go away (*intr.*) уезжа́‖ть [-ю, -ешь, -ют] - уе́хать [уе́д‖у, -ешь, -ут]

go out (*of a fire*) (*intrans. 3rd pers. only*) угаса́‖ть [-ет, -ют] - угасн‖уть [-ет, -ут]

go past (*trans.*) проход‖и́ть [прохожу́, -ишь, -ят] - пройти́ [пройд‖у́, -ёшь, -у́т]

go to bed (*phr.*) **2** ложи́ться / лечь спать

go up (to) (*intrans., к + dat.*) подходи́ть [подхожу́, -ишь, -ят] - подойти́ [подойд‖у́, -ёшь, -у́т]

go visiting (*phr.*) идти́ в го́сти

go, make a round trip on foot (*pf., intrans.*) сходи́ть [схожу́, сход‖ишь, -ят]

goat (*m.*) **6** козёл [-а́; -ы́, -о́в]; (young) (*m.*) **6** козлён(о)к [-а; козля́т‖а, -∅]

God (*m.*) Бог [-а]; (*adj.*) бо́ж‖ий [-ая, -ое, -ие]

gold (*n.*) **3** зо́лот‖о [-а]

golden, made golden (*adj.*) позоло́ченн‖ый [-ая, -ое, -ые]

good (*adj.*) до́бр‖ый [-ая, -ое, -ые]; (*n.*) **10** добр‖о́ [-а́]; (*adj.*) хоро́ш‖ий [-ая, -ее, -ие]; (*pred.*) хорошо́

good deed (*n.*) **10** добр‖о́ [-а́]

good fortune (*n.*) сча́сть‖е [-я]

good spirits (*f.*) **5** бо́дрост‖ь [-и]

good, not bad, quite good (*adj.*) неплох‖о́й [-а́я, -о́е, -и́е]

goose (*m.*) **6** гус‖ь [-я; -и, -е́й]; gosling (*m.*) **6** гусён(о)к [-а; гуся́т‖а, -∅]

government (*n.*) **10** прави́тельств‖о [-а; -а, -∅]

governor (*m.*) губерна́тор [-а; -ы, -ов]

graduation (*adj.*) **11** выпускн‖о́й [-а́я, -о́е, -ы́е]

gram (*m.*) грамм [-а; -ы, -ов (гра́мм)]

grammar (*f.*) грамма́тик‖а [-и]

granddaughter (*f.*) вну́чк‖а [-и; -и, вну́чек]

grandfather (*m.*) де́душк‖а [-и; -и, де́душек]

grandmother (*f.*) ба́бушк‖а [-и; -и, ба́бушек]

grandson (*m.*) внук [-а; -и, -ов]

grapes (*m., s.*) виногра́д [-а]

graphic (*adj.*) я́рк‖ий [-ая, -ое, -ие]

grass (*f.*) трав‖а́ [-ы́; -ы, -∅]

grateful (*s.f.adj.*) **5** благо-да́р(е)н [-а, -ы] (*s.f.adj.*)

gravely (*adv.*) **11** тяжело́

gray (*adj.*) се́р‖ый [-ая, -ое, -ые]

great (*adj.*) вели́к‖ий [-ая, -ое, -ие]

greatness (*f., s.*) гениа́льност‖ь [-и]

green (*adj.*) зелён‖ый [-ая, -ое, -ые]

greeting card (*f.*) откры́тк‖а [-и; -и, откры́ток]

grieve (*trans.*) (о)печа́л‖ить [-ю, -ишь, -ят]

ground (*f.*) земл‖я́ [-и́; -и, земе́ль]

group (*f.*) гру́пп‖а [-ы; -ы, -∅]

grow (*intrans.*) (вы)расти [вы́раст‖у, -ишь, -ут]; (*trans.*) **6** выра́щива‖ть [-ю, -ешь, -ют] - **6** вы́раст‖ить [выращу, -ишь, -ят]

grow fond (of) (*pf., trans.*) полюб‖и́ть [-лю́, -ишь, -ят]

grown-up (*adj./ subst.*) взро́сл‖ый [-ая, -ое, -ые]

guerilla (*adj.*) партиза́нск‖ий [-ая, -ое, -ие]

guest (*m.*) го́сть [-я; -и, -е́й]

guide (*m.*) спра́вочник [-а; -и, -ов]

guitar (*f.*) гита́р‖а [-ы; -ы, -∅]

guy (*m.*) па́р(е)н‖ь [-я; -и, -ей]

gymnastics (*f., s.*) гимна́стик‖а [-и]

H

hair (*pl.*) во́лос [-а; -ы, воло́с]

hairdo, hairstyle (*f.*) **2** причёск‖а [-и; -и, причёсок]

hall (*m.*) зал [-а; -ы, -ов]

ham (*f.*) ветчин‖а́ [-ы́]

hand (*f.*) рук‖а́ [-и; ру́ки, -∅]

handbook (*m.*) спра́вочник [-а; -и, -ов]

handsome (*adj.*) краси́в‖ый [-ая, -ое, -ые]

hang glider (*m.*) **3** дельтапла́н [-а; -ы, -ов]

happen (*intrans.*) происход‖и́ть [происхожу́, -ишь, -ят] - произойти́ [произойд‖у́, -ёшь, -у́т]; (*usually 3rd pers. sing.*) (*intrans.*) случа́‖ться [-ется, -ются] - случ‖и́ться [-ится, -атся]

happening; (*n.*) явле́ни‖е [-я; -я, -й]

happily (*adv.*) сча́стливо

happiness (*n.*) сча́сть‖е [-я]

happy (*adj.*) счастли́в‖ый [-ая, -ое, -ые]

hard (*adj.*) тяжёл‖ый [-ая, -ое, -ые]; (*pred.*) **11** тяжело́; (*adj.*) **5** жёстк‖ий [-ая, -ое, -ие]; hard disk drive жёсткий диск [-а; -и, -ов]; (*m.*) ви́нчестер [-а; -ы, -ов]

hardworking (*adj.*) **6, 7** трудо-люби́в‖ый [-ая, -ое, -ые]

hare (*m.*) за́(я)ц [за́йц‖а; -ы, -ев]

harmoniously, in a friendly way (*adv.*) **5** дру́жно

harvest (*m.*) **6** урожа́й [-я; -и, -ев]

hat (*f.*) ша́пк‖а [-и; -и, ша́пок]

hate (*impf.*) ненави́д‖еть [ненави́жу, -ишь, -ят]

haughty (*adj.*) **6** наду́т‖ый [-ая, -ое, -ые]

have (*impf.*) име́‖ть [-ю, -ешь, -ют]

have confidence (in) (*во кого́, во что*) **10** (по)ве́р‖ить [-ю, -ишь, -ят]

have dinner, supper (*intrans.*) **2** (по)у́жина‖ть [-ю, -ешь, -ют]

have enough (*intrans. 3rd pers. s.*) **7** хвата́‖ть [-ет] - (*intrans. 3rd pers. s.*) **7** хват‖и́ть [-ит]

have faith (*intrans. во кого́, во что*) **10** (по)ве́р‖ить [-ю, -ишь, -ят]

have time to (*intrans.*) **2** успева́‖ть [-ю, -ешь, -ют] - **2** успе́‖ть [-ю, -ешь, -ют]

he, it (*pers. pron.*) он

head (*person*) (*adj.*) дире́ктор [-а, -а́, -о́в]

head (*f.*) голова́ [-ы́; го́лов‖ы, голо́в]; (*adj.*) головн‖о́й [-а́я, -о́е, -ы́е]

head cold (*m.*) **7** на́сморк [-а; -и, -ов]

headache (*phr.*) головна́я боль

health (*n.*) здоро́вь‖е [-я]

healthy (*adj.*) здоро́в‖ый [-ая, -ое, -ые]

hear слы́ш‖ать [-у, -ишь, -ат] - услы́ш‖ать [-у, -ишь, -ат]; hear through (*pf.*) прослу́ша‖ть [-ю, -ешь, -ют]

heart (*n.*) **7** се́рдц‖е [-а; -а́, серде́ц]

heart attack (*m.*) инфа́ркт [-а; -ы, -ов]

heaven (*n.*) не́б‖о [-а; небес‖а́, небе́с]

heavy (*adj.*) тяжёл‖ый [-ая, -ое, -ые]; (*adv.*) **11** тяжело́; not light (*adj.*) нелёгк‖ий [-ая, -ое, -ие]; (*pred.*) нелёг(о)к [-а́; -о́, -и́]

heavy metal (*music*) (*f.*)
хевиметáлл [-a]

height (*m.*) рост [-a]

helicopter (*m.*) **3** вертолёт [-a;
-ы, -ов]

hello (greeting) здрáвствуй(те);
(*interj.*) аллó

help (*f.*) пóмощ‖ь [-и; -и, -ей]

help (*intrans. + dat.*) **1**
помогá‖ть [-ю, -ешь, -ют] - **1**
помó‖чь [помогý,
помó‖жешь, -ет, -ем, -ете,
помóгут; *p.t.* помóг, -лá,
-лó, -лú]

hen (*f.*) **6** кýриц‖а [-ы; кýр‖ы, -∅]

her (*poss. adj.*) её

herb (*f.*) трав‖á [-ы; -ы, -∅]

here, in this place (*adv.*) здесь
(*adv.*) тут; here is (*adv.*) вот;
to here (*adv.*) сюдá

hero (*m.*) герóй [-я; -и, -ев]

heroine (*f.*) герóйн‖я [-и; -и,
герóйны]

hide (*intrans.*) (с)прятаться
[спря́ч‖усь, -ешься, -утся]

high (*adj.*) высóк‖ий [-ая, -ое,
-ие]; (*adv./pred.*) высокó

his (*poss. adj.*) егó

history (*f.*) истóри‖я [-и]

hit (по)бить [бь‖ю, -ёшь, -ют]

hobby (*n., indecl.*) **1** хóбби

hockey (*m., s.*) хоккé‖й [-я]

hog (*m.*) **6** свинь‖я́ [-и; -и, -ей]

hold (*impf.*) **3** держ‖áть [-ý,
-ишь, -ат]; get hold of oneself
держáть себя́ в рукáх

holiday (*m.*) прáздник [-а; -и, -ов];
(school) (*pl.*) канúкул‖ы [-∅]

holy place(*f.*) святы́н‖я [-и; -и,
святы́нь]

home (*m.*) дом [-а; -á, -óв]; at
home (*adv.*) дóма; (*adj.*)
домáшн‖ий [-яя, -ее, -ие];
homeward (*adv.*) домóй

homeland (*f.*) **10** рóдин‖а [-ы]

honest (*adj.*) чéстн‖ый [-ая,
-ое, -ые]; (*adv*) чéстно

honey (*m.*) мёд [-а; -ы, -óв]

hopelessly (*adv.*) безнадёжно

horse (*f.*) лóшад‖ь [-и; -и, -ей];
(*adj.*) кóнн‖ый [-ая, -ое, -ые]

horseman (*m.*) всáдник [-а; -и,
-ов]

hospital (*f.*) больнúц‖а [-ы; -ы,
-∅]

host (*m.*) хозя́ин [-а; хозя́ева,
-∅]; (*f.*) **5** хозя́йк‖а [-и; -и,
хозя́ек]

hot (*adj.*) жáрк‖ий [-ая, -ое,
-ие]; (of a liquid) (*adj.*)
горя́ч‖ий [-ая, -ое, -ие]

hot-tempered (*adj.*) **8**
вспы́льчив‖ый [-ая, -ое, -ые]

hour (*m.*) час [-á; -ы, -óв]

house (*m.*) дом [-а; -á, -óв]

housetop (*f.*) кры́ш‖а [-и; -и, -∅]

how (*adv.*) как

how many, how much
(*interrog.*) скóлько

huge (*adj.*) огрóмн‖ый [-ая,
-ое, -ые]

human (*m.*) человéк [-а; лю́д‖и,
-éй]; (*adj.*) человéческ‖ий
[-ая, -ое, -ие]

humane (*adj.*) человéческ‖ий
[-ая, -ое, -ие]

humanitarian (*adj.*)
гуманитáрн‖ый [-ая, -ое,
-ые]

humanities class (*phr.*)
гуманитáрный класс

humble (*adj.*) **5** скрóмн‖ый
[-ая, -ое, -ые]; (*adv.*)
скрóмно

humor (*m.*) ю́мор [-а];
humorous (*adj.*)
юмористúческ‖ий [-ая, -ое,
-ие]; (*adj.*) смешн‖óй [-áя,
-óе, -ы́е]

hundred (*card. no.*) сто

hundred (*f.*) сóтн‖я [-и; -и,
сóтен]

hunt (*f.*) охóт‖а [-ы; -ы, -∅]

hunter (*m.*) охóтник [-а; -и,
-ов]

hurt (*intrans., 3rd pers. only*) **7**
бол‖éть [-úт, -я́т] - **7**
забол‖éть [-úт, -я́т]; (*s. f.
adj.*) **7** бóл(е)н [-á; -о, -ы́]

husband (*m.*) муж [-а; мужья́,
мужéй]

hypnosis (*m., s.*) гипнóз [-а]

I

ice (*m., s.*) лёд [льда]; with ice
со льдóм

ice cream (*n.*) морóжен‖ое
[-ого]

icon (*f.*) икóн‖а [-ы; -ы, -∅];
(*adj.*) иконопúсн‖ый [-ая,
-ое, -ые]

idea (*f.*) идé‖я [-и; -и, -й]

idol (*m.*) **2** кумúр [-а; -ы, -ов]

if (*conj.*) éсли; (*interrog. part.*)
10 ли

ill person (*subst.*) **7** больн‖óй
[-áя, -óе, -ы́е]

ill, to be ill (*intrans. + instr.*) **7**
(за)бол‖éть [-ю, -ешь, -ют]

illness (*f.*) болéзн‖ь [-и; -и, -ей]

imagination (*f.*) фантáзи‖я [-и;
-и, -й]

immediately (*adv.*) срáзу

immodest (*adj.*) нескрóмн‖ый
[-ая, -ое, -ые]

impatient (*adj.*) нетерпелúв‖ый
[-ая, -ое, -ые]

important (*adj.*) **5** вáжн‖ый
[-ая, -ое, -ые]; (*adv./pred.*)
вáжно; (*adj.*) **7** глáвн‖ый
[-ая, -ае, -ые]

impossible (*pred.*) невозмóжно;
(*pred.*) нельзя́

in (*prep. + prepos. or + acc.*) в; на

in no way, by no means (*adv.*)
никáк

in the presence of (*prep. +
prepos.*) при

incidentally (*adv.*) **3** кстáти

include (in) (*trans.*) включá‖ть
[-ю, -ешь, -ют] - включ‖úть
[-ý, -úшь, -áт]

incomprehensible (*adj.*)
непоня́тн‖ый [-ая, -ое, -ые];
(*pred.*) непоня́тно

inconvenient (*adj.*) неудóбн‖ый
[-ая, -ое, -ые]

inconveniently (*adv.*) неудóбно

incorrect(ly) (*adv./pred.*)
непрáвильно

indeed (*adv.*) неужéли

indeed, in truth (*adv., C.S.*) **10**
войстину; Indeed, He is
risen. Войстину воскрéсе.

independent (*adj.*) **1**
самостоя́тельн‖ый [-ая, -ое,
-ые]; (*adv./pred.*) **1**
самостоя́тельно

independent (*adj.*) **7**
незавúсим‖ый [-ая, -ое,
-ые]; (*f.*) незавúсимост‖ь [-и]

indicator board (*n., indecl.*)
таблó

indiscreet (*adj.*) нескрóмн‖ый
[-ая, -ое, -ые]

industrious (*adj.*) **6, 7**
трудолюбúв‖ый [-ая, -ое,
-ые]; (*adv.*) трудолюбúво

industry, liking for hard work
(*n.*) **7** трудолюбú‖е [-я; -я,
-й]

inexpensive (*adj.*) дешёв‖ый
[ая, -ое, -ые]

infection (*f.*) инфéкци‖я [-и; -и, -й]

inflammation воспалéни‖е [-я]
(*n.*); pneumonia (*phr.*)
воспалéние лёгких

influenza (*m., s.*) **7** грипп [-а]

information (*f., s.*)
информáци‖я [-и]

infrequently (*adv.*) нечáсто

inquisitive (*adj.*) любопы́тн‖ый
[-ая, -ое, -ые]

inquisitiveness (*n., s.*)
любопы́тств‖о [-а]

insert (in); switch on (*trans.*)
включá‖ть [-ю, -ешь, -ют]
- включ‖úть [-ý, -úшь, -áт]; (in
writing) (*trans.*) впúсыва‖ть
[-ю, -ешь, -ют] - вписáть
[впиш‖ý, -ешь, -ут]; (*trans.*)
вставля́‖ть [-ю, -ешь, -ют]
- встáв‖ить [-лю, -ишь, -ят]

insistence (*f.*) настойчивост‖ь [-и; -и, -ей]

insistent (*adj.*) настойчив‖ый [-ая, -ое, -ые]

instant (*m.*) момент [-а; -ы, -ов]

institute (*m.*) институт [-а; -ы, -ов]

instruct (*impf., trans.*) **5** препода‖вать [-ю, -ёшь, -ют]

instructions (*f.*) памятк‖а [-и; -и, памяток]

instrument (*m.*) инструмент [-а; -ы, -ов]; (*m.*) прибор [-а; -ы, -ов]

instrumental (case) (*adj.*) творительн‖ый [-ая, -ое, -ые]

intellectual (*adj.*) **7** мыслящ‖ий [-ая, -ое, -ие]

intellectual (*adj.*) интеллигентн‖ый [-ая, -ое, -ые]; (*adj.*) умственн‖ый [-ая, -ое, -ые]; (*adj.*) **5** умн‖ый [-ая, -ое, -ые]

interest (*m.*) интерес [-а; -ы, -ов]

interested, be very interested (*intrans. + instr.*) **1** увлека‖ться [-юсь, -ешься, -ются] - увлечься [увлекусь, увлеч‖ёшься, увлекутся]

interested, to be interested (in) (*intrans. + instr.*) (за)интерес‖оваться [-уюсь, -ешься, -ются]

interesting (*adj.*) интересн‖ый [-ая, -ое, -ые]

interesting (*adj.*) любопытн‖ый [-ая, -ое, -ые]; (*adv./pred.*) интересно

intermission (*m.*) **11** антракт [-а; -ы, -ов]

international (*adj.*) между-народн‖ый [-ая, -ое, -ые]

interpret (*trans.*) **1** перевод‖ить [перевожу, -ишь, -ят] - **1** переве‖сти [перевед‖у, -ёшь, -ут]

interpreter (*m.*) **1, 5** переводчик [-а; -и, -ов]

interview (*n., indecl.*) **1** интервью; (*trans.*) брать / взять интервью *(у + gen.*)

into (*prep. + acc.*) в; (*prep.+ acc.*) на

introduce (*trans.*) (по)зна-ком‖ить [(по)знакомлю, -ишь, -ят]; be introduced (*intrans.*) (по)знаком‖иться [(по)знакомлюсь, -ишься, -ятся]

inventor (*m.*) **5** изобретател‖ь [-я; -и, -ей]

invite (*trans.*) приглаша‖ть [-ю, -ешь, -ют] - приглас‖ить [приглашу, -ишь, -ят]

IREX (International Research and Exchanges Board) (*m.*) АЙРЕКС [-а]

iron (*adj.*) железн‖ый [-ая, -ое, -ые]

is (fixed form) (*impf., intrans.*) есть

issue (*m.*) номер [-а; -а, -ов]

it (*pers. pron.*) оно; он; она

Italian (*adj.*) итальянск‖ий [-ая, -ое, -ие]

itinerary (*m.*) маршрут [-а; -ы, -ов]

J

jack-of-all-trades (*phr.*) мастерица на все руки

jacket (*f.*) куртка [-и; -и, курток]; (*m.*) пиджак [-а; -и, -ов]

January (*m.*) январ‖ь [-я]

jaundice (*f.*) желтух‖а [-и]

jazz (*m.*) джаз [-а]

jealousy (*f., s.*) ревност‖ь [-и]

jeans (*m., pl.*) **9** джинсы [-ов]

jet-propulsion (*adj.*) реактивн‖ый [-ая, -ое, -ые]

Jew (*by heritage*) (*m.*) **10** евре‖й [-я; -и, -ев]; (*by religion*) (*m.*) **10** иудаист [-а; -ы, -ов]

job (*f.*) работ‖а [-ы; -ы, -∅]; (*n.*) задани‖е [-я, -я, -й]

joint (*adj.*) совместн‖ый [-ая, -ое, -ые]

joke (*intrans.*) (по)шут‖ить [(по)шучу, -ишь, -ят]; (*f.*) **2** шутк‖а [-и; -и, шуток]

jot down, make a note (*trans.*) записыва‖ть [-ю, -ешь, -ют] - записать [запиш‖у, -ешь, -ут]

journal (*m.*) журнал [-а; -ы, -ов]

journalism (*f.*) журналистик‖а [-и]

journalist (*m.*) журналист [-а; -ы, -ов]; (*f.*) журналистк‖а [-и; -и, журналисток]

journalistic (*adj.*) журнал-истск‖ий [-ая, -ое, -ие]

joyless (*s.f. adj.*) безрадост(е)н [-а; -о, -ы]

joyous, joyful (*adj.*) радостн‖ый [-ая, -ое, -ые]

juice (*m.*) сок [-а; -и, -ов]

July (*m., s.*) июл‖ь [-я]

jump (*intrans.*) прыга‖ть [-ю, -ешь, -ют] - прыгн‖уть [-у, -ешь, -ут]; (*m.*) **11** прыж(о)к [-а; -й, -ов]

June (*m., s.*) июн‖ь [-я]

junior (*adj.*) младш‖ий [-ая, -ее, -ие]

just (*adj.*) справедлив‖ый [-ая, -ое, -ые]; (*adj.*) **3** прав‖ый [-ая, -ое, -ые]; (*adv.*) только

just right, just so (*phr.*) как раз

justice (*f.*) справедливост‖ь [-и; -и, -ей]

K

kassa (*f.*) касса [-ы; -ы, -∅]

keen (*adj.*) **7** ясн‖ый [-ая, -ое, -ые]; (of hearing, smell) (*adj.*) **7** чутк‖ий [-ая, -ое, -ие]

keep (*impf., trans.*) **3** держ‖ать [-у, -ишь, -ат]; keep oneself together держать себя в руках

keep silent, hush up (*intrans.*) (за)молч‖ать [-у, -ишь, -ат]

kerchief (*m.*) плат(о)к [-а; -й, -ов]

keyboard (*for computer*) (*f.*) **5** клавиатур‖а [-ы; -ы, -∅]

kid (*young goat*) (*m.*) **6** козлён(о)к [-а; козлят‖а, -∅]; little boy (*m.*) малыш [-а; -й, -ей]; (*pl.*) ребят‖а [-∅]

kilometer (*m.*) километр [-а; -ы, -ов]

kind (*adj.*) **7** чутк‖ий [-ая, -ое, -ие]; (*adj.*) добр‖ый [-ая, -ое, -ые]; (*m.*) вид [-а; -ы, -ов]; (*m.*) **3** тип [-а; -ы, -ов]

king (*m.*) корол‖ь [-я; -и, -ей]

kiss (*trans.*) (по)цел‖овать [-ую, -уешь, -уют]

kitchen (*f.*) кухн‖я [-и; -и, кухонь]

kitchen (vegetable) garden (*m.*) **6** огород; in the kitchen garden в/на огороде

kitten (*m.*) **6** котён(о)к [-а; котят‖а, -∅]

knit (*trans.*) **5** (с)вязать [свяж‖у, -ешь, -ут]; knitting (*m.*) вязань‖е [-я]

know (*trans.*) зна‖ть [-ю, -ешь, -ют] - узна‖вать [-ю, -ёшь, -ют] - (*trans.*) узна‖ть [-ю, -ешь, -ют]

know how (to) (*intrans.*) **5** (с)уме‖ть [-ю, -ешь, -ют]

know-how (*n.*) умени‖е [-я; -я, -й]

kofta, a woman's jacket (*f.*) **6** кофта

kokoshnik, R. peasant woman's headdress (*m.*) кокошник [-а; -и, -ов]

Komsomol member (*m.*) комсомол(е)ц [комсомольц‖а; -ы, -ев]

Kremlin (*m.*) кремл‖ь [-я]; (*adj.*) Kremlin Palace of Congresses Кремлёвский дворец съездов

kulich, traditional Easter cake (*m.*) **10** кулич [-а; -й, -ей]

L

labor (*m.*) труд [-а]

lacrosse (*m., s.*) лакрόс [-а]

lad (*m.*) пάр(е)н‖ь [-я; -и, -ей]

lake (*n.*) όзер‖о [-а; озёр‖а, -∅]

lamb (*m.*) **6** ягнён(о)к [-а; ягнят‖а, -∅]

lamp (*f.*) лάмп‖а [-ы; -ы, -∅]

land (*a plane*) (*intrans.*) сад‖ίться [сажΰсь, -ίшься, -ίтся] - сесть [сίду, -ешь, -ΰт]

landing; boarding (*f.*) посάдк‖а [-и; -и, посάдок]; (*adj.*) **3** посάдочн‖ый [-ая, -ое, -ые]

lane (*m.*) переΰл(о)к [-а; -и, -ов]

language; tongue (*m.*) язык [-ά; -ί, -όв]

large (*adj.*) больш‖όй [-άя, -όе, -ίе]; (*comp. adj.*) бόльше; (*too*) (*s.f.adj.*) **9** велίк [-ά; -ό, -ί]

last, latest (*final in a series*) (*adj.*) **7** послέдн‖ий [-яя, -ее, -ие]; **9** послέдний крик мόды (*phr.*) the latest fad

last name (*f.*) фамίли‖я [-и; -и, -й]

late (*adv./pred.*) пόздно; (*comp. adv.*) пόзже

late, be late (*intrans.*) опάздыва‖ть [-ю, -ешь, -ют] - опоздά‖ть [-ю, -ешь, -ют]

Latin (*adj.*) **5** латίнск‖ий [-ая, -ое, -ие]

laugh (*intrans.*) (за)смé‖яться [-ΰсь, -ёшься, -ΰтся]

launder (*trans.*) (вΰ)стирά‖ть [-ю, -ешь, -ют]

lay (*trans.*) класть [клад‖ΰ, -ёшь, -ΰт] - полож‖ίть [-ΰ, -ишь, -ат]

lazy (*adj.*) ленίв‖ый [-ая, -ое, -ые]

lead (*trans.*) водίть [вожΰ, вόд‖ишь, -ят] - вестί [вед‖ΰ, -ёшь, -ΰт] - повестί [повед‖ΰ, -ёшь, -ΰт]

leaf (*of a tree*) (*m.*) лист [-а; лίсть‖я, -ев]

leaflet (*f.*) пάмятк‖а [-и; -и, пάмяток]

lean (*adj.*) **11** худ‖όй [-άя, -όе, -ые]

leap (*m.*)**11** прыж(ό)к [-ά; -ί, -όв]

learn (*trans.*) **6** (вΰ)уч‖ίть [-ΰ, -ишь, -ат]; (*thoroughly*) (*trans.*) **5** изучά‖ть [-ю, -ешь, -ют] - изуч‖ίть [-ΰ, -йшь, -άт]; (*trans.*) узна‖вάть [-ю, -ёшь, -ют] - узнά‖ть [-ю, -ешь, -ют];(*intrans.*) уч‖ίться [-ΰсь, -ишься,

-άтся] - науч‖ίться [-ΰсь, -ишься, -άтся]; (*trans.*) уч‖ίть [-у, -ишь, -ат] - вΰуч‖ить [-у, -ишь, -ат]

learned (*adj.*) учён‖ый [-ая, -ое, -ые]

learning (*m.*) учёб‖а [-ы; -ы, -∅]

lease (*impf., trans.*) аренд‖овάть [-ΰю, -ΰешь, -ΰют]

leave (*intrans.*) уход‖ίть [ухожΰ, -ишь, -ят] - уйтί [уйд‖ΰ, -ёшь, -ΰт]; (*intrans.*) уезжά‖ть [-ю, -ешь, -ют] - уέхать [уέд‖у, -ешь, -ут]

leaving (*m.*) выход [-а; -ы, -ов]

left (*adj.*) **3** лέв‖ый [-ая, -ое, -ые]; (*adv.*) налέво

left over (*intrans.*) оста‖вάться [-ΰсь, -ёшься, -ΰтся] - остάться [остάн‖усь, -ешься, -утся]

leg (*f.*) **7** ногά [-ί; -и, -∅]

legend (*f.*) **10** легέнд‖а [-ы; -ы, -∅]

lemonade (*m.*) лимонάд [-а]

Leo (*astrological sign*)(*m.*) Л(е)в [Льв‖а]

less (*comp. adj./adv.*) мέньше; (*comp. adv. with adjectives or adverbs*) мέнее

lesson (*m.*) урόк [-а; -и, -ов]

let (*part.*) пусть

letter (*n.*) письм‖ό [-ά; пίсьма, пίсем]; (*of alphabet*) (*f.*) бΰкв‖а [-ы; -ы, -∅]

lettuce (*m.*) салάт [-а; -ы, -ов]

Libra (*astrological sign*) (*m. pl.*) Весΰ [-όв]

library (*f.*) библиотέк‖а [-и; -и, -∅]

libretto (*of a ballet or opera*) (*n., indecl.*) **11** либрέтто

license (*m.*) патέнт [-а; -ы, -ов]

lie down (*intrans.*) **6** лож‖ίться [-ΰсь, -ίшься, -άтся] - **2, 6** лечь [лΰгу, ляж‖ешь, лΰгут]; go to bed лечь спать

lie, be lying (*intrans.*) (по)леж‖άть [-ΰ, -ишь, -άт]

life (*f.*) жизнь [-и; -и, -ей]

light (*m.*) свет [-а]; small light (*m.*) огон(ё)к [-ά; -и, -ов]

light-colored (*adj.*) свέтл‖ый [-ая, -ое, -ые]

light (*in weight*) (*adj.*) лёгк‖ий [-ая, -ое, -ие]

lightly (*adv./pred.*) легкό

likable (*adj.*) симпатίчн‖ый [-ая, -ое, -ые]

like (*adj.*) похόж‖ий [-ая, -ее, -ие]

like (*trans.*) (по)люб‖ίть [-лю, -ишь, -ят]

line (of a poem) (*f.*) стрόчк‖а [-и; -и, стрόчек]

linguistic (*adj.*) **2** лингвистίческ‖ий [-ая, -ое, -ие]

listen to (*trans.*) **7** (по)слΰша‖ть [-ю, -ешь, -ют]

listening (*n.*) слΰшани‖е [-я; -я, -й]

literature (*f.*) литератΰр‖а [-ы]; (*adj.*) литератΰрн‖ый [-ая, -ое, -ые]

little (*adj.*) мάл‖ый [-ая, -ое, -ые]; (*adj.*) мάленьк‖ий [-ая, -ое, -ие]; (*adv.*) мάло

live (*impf., intrans.*) жить [жив‖ΰ, -ёшь, -ΰт]; live happily ever after жить да поживάть

loading (*f.*) зарΰдк‖а [-и; -и, зарΰдок]

located (*intrans.*) находίться [нахожΰсь, нахόд‖ишься, -ятся] - найтίсь [найд‖ΰсь, -ёшься, -ΰтся]

long (*adj.*) длίнн‖ый [-ая, -ое, -ые]; too long (*s.f. adj.*) **9** длίн(е)н [-ά; -ό, -ы]; for a long time (*adv.*) давнό

look, look at (*trans. and intrans.*) (по)смотр‖έть [-ю, -ишь, -ят]

look for (*trans.*) искάть [ищ‖ΰ, -ешь, -ут] - найтί [найд‖ΰ, ёшь, -ΰтся]

look (*impf., intrans.*) выгляд‖έть [вΰгляжу; -ишь, -ят]

look (*на + prep.*) (*intrans., 3rd. pers. only*) **9** (по)сидέть [посидίт, -ят]

look good (on someone) (*intrans. + dat.*) **9** ид‖тί [-ΰ, -ёшь, -ΰт] - пойтί [пойд‖ΰ, -ёшь, -ΰт]

lose (*trans.*) **1, 10** (по)терΰ‖ть [-ю, -ешь, -ют] ; lose one's head потерΰть гόлову

lot, fate (*f.*) судьб‖ά [-ΰ; -ы, сΰдеб]

loud (*adj.*) **2** грόмк‖ий [-ая, -ое, -ие]

lovable (*s.f.adj.*) мил, милά, мίло, мίлы

love (*trans.*) (по)люб‖ίть [-лю, -ишь, -ят]; (*f.*) люб(ό)в‖ь [-й]

lover (*m.*) любίтел‖ь [-я; -и, -ей]

low, rather low (*adj.*) невысόк‖ий [-ая, -ое, -ие]

loyal (*adj.*) **5** вέрн‖ый [-ая, -ое, -ые]

lucky (*adj.*) счастлίв‖ый [-ая, -ое, -ые]

Lyceum (*high school or law school in pre-revolutionary Russia*) (*m.*) лицέ‖й [-я; -и, -ев]

M

machine (*f.*) **5** маши́нк‖а [-и; -и, маши́нок]

made (*s.f. p.p.p.*) сде́лан [-а; -о, -ы]

magazine (*m.*) журна́л [-а; -ы, -ов]

magic (*f.*) **7** ма́ги‖я [-и]

magical (*adj.*) **11** волше́бн‖ый [-ая, -ое, -ые]

mail carrier (*m.*) почтальо́н [-а; -ы, -ов]

main (*adj.*) **7** гла́вн‖ый [-ая, -ое, -ые]; main thing (*n., subst.*) **1** гла́вн‖ое

make (*trans.*) (с)де́ла‖ть [-ю, -ешь, -ют]; (*trans.*) заставля́‖ть [-ю, -ешь, -ют] - заста́в‖ить [-лю, -ишь, -ят]

make up (*trans.*) составля́‖ть [-ю, -ешь, -ют] - соста́в‖ить [-лю, -ишь, -ят]

male (*m.*) мужчи́н‖а [-ы; -ы, -Ø]

(male) Russian, Russian language (*adj.*) ру́сск‖ий [-ая, -ое, -ие]

malicious (*adj.*) зл‖ой [-а́я, -о́е, -ы́е]

malicious creature (*f.*) злю́к‖а [-и; -и, -Ø]

mama (*f.*) ма́м‖а [-ы; -ы, -Ø]; (*f., dim.*) **5** ма́мочк‖а [-и; -и, ма́мочек]

man (*m.*) мужчи́н‖а [-ы; -ы, -Ø]; (*m.*) челове́к [-а; лю́д‖и, -е́й]; (*adj.*) челове́ческ‖ий [-ая, -ое, -ие]

manage to (*intrans.*) **2** успева́‖ть [-ю, -ешь, -ют] - **2** успе́‖ть [-ю, -ешь, -ют]

management (*n.*) **6** хозя́йств‖о [-а; -а, -Ø]

manager (*adj.*) дире́ктор [-а, -а́, -о́в]

manly (*adj.*) му́жественн‖ый [-ая, -ое, -ые]

mannered, well-mannered (*adj.*) воспи́танн‖ый [-ая, -ое, -ые]

many (*people*) (*pl., subst.*) мно́г‖ие [-их]

many, much, a lot (*indef. no.*) мно́го

map (*f.*) ка́рт‖а [-ы; -ы, -Ø]

March (*m.*) март [-а]

mark (*f.*) отме́тк‖а [-и; -и, -й]

marriage (*f.*) сва́дьб‖а [-ы, -ы, сва́деб]

marry, to get married (на + *prep.*) **5** (*of a man*) жен‖и́ться [-ю́сь, -ишься, -ятся]; (*of a woman*) (*phr.*) выходи́ть / вы́йти за́муж; (*two people*) (*pf., intrans.*) **5** пожен‖и́ться [-ятся]

master (*f.*) **6** мастери́ц‖а [-ы; -ы, -Ø]

master icon painter (*m.*) ма́стер-иконопи́с(е)ц [-а; -ы, -ев]

master painter (*phr.*) худо́жник-ма́стер

master teacher (*m.*) ма́стер-учи́тел‖ь [-я; -я, -е́й]

master, learn completely (*pf., trans.*) вы́уч‖ить [-у, -ишь, -ат]

material (*m.*) **6** материа́л [-а; -ы, -ов]

mathematical (*adj.*) **2** матема́-ти́ческ‖ий [-ая, -ое, -ие]

mathematics (*f.*) матема́тик‖а [-и]

May (*m.*) ма‖й [-я]

may, one may (*pred.*) мо́жно

mayonnaise (*m.*) **6** майоне́з [-а]

meadow cornflower (*phr.*) лугово́й василёк

mean (*impf., intrans.*, 3rd pers. only) зна́ч‖ить [-ит, -ат]

measles (*f., s.*) кор‖ь [-и]

measure (*trans.*) **7** (по)ме́р‖ить [-ю, -ишь, -ят]

meat (*n., s.*) мя́с‖о [-а]; (*adj.*) мясн‖о́й [-а́я, -о́е, -ы́е]

medical (*adj.*) медици́нск‖ий [ая, ое, ие]

medical release (*m., subst.*) **7** больни́чн‖ый [-ые]

medicinal (*adj.*) лека́рст-венн‖ый [-ая, -ое, -ые]

medicine (*f.*) **7** медици́н‖а [-ы]; (*n.*) лека́рств‖о [-а; -а, -Ø]

meet (*trans.*) встреча́‖ть [-ю, -ешь, -ют] - встре́т‖ить [встре́чу, -ишь, -ят]; (*impf., c + instr.*) встреча́‖ться [-юсь, -ешься, -ются] - встре́т‖иться [встре́чусь, -ишься, -ятся]; (*intrans.*) (по)знако́м‖иться [-люсь, -ишься, -ятся]

meeting (*f.*) встре́ч‖а [-и; и, -Ø]; (*n.*) свида́ни‖е [-я; -я, -й]

melancholy (*adj.*) гру́стн‖ый [-ая, -ое, -ые]

melt (*intrans.*) (рас)та́‖ять [-ю, -ешь, -ют]

memory (*f.*) **5** па́мят‖ь [-и]

mental (*adj.*) у́мственн‖ый [-ая, -ое, -ые]

meow (*cat sound*) (*interj.*) мя́у

merchantile (*adj.*) торго́в‖ый [-ая, -ое, -ые]

mermaid (*f.*) руса́лк‖а [-и; -и, руса́лок]

merriment (*n.*) **10** весе́ль‖е [-я]

merry (*adj.*) весёл‖ый [-ая, -ое, -ые]

metal (*m.*) мета́лл [-а; -ы, -ов]

meter (*m.*) метр [-а; -ы, -ов]

metro (*indecl., n.*) метро́

microraion (administrative unit in a R. city) микрорайо́н

microwave (*adj.*) микроволно́в‖ый [-ая, -ое, -ые]

microsurgery (*f., s.*) микрохирурги́‖я [-и]

middle (*f.*) середи́н‖а [-ы; -ы, -Ø]

midnight (*f.*) по́лноч‖ь [-и; -и, -ей]

midst (*f.*) середи́н‖а [-ы; -ы, -Ø]

migraine (*f., s.*) мигре́н‖ь [-и]

militia (*f.*) мили́ци‖я [-и; -и, -й]

milk (*trans.*) **6** (по)до́‖ить [-ю, -ишь, -ят]; (*n., s.*) молок‖о́ [-а́]

mill (*m.*) заво́д [-а; -ы, -ов]

millenium (*n.*) **10** тысячеле́ти‖е [-я]

million (*m.*) миллио́н [-а; -ы, -ов]

mind (*m.*) ум [-а́]

ministry (*n.*) министе́рств‖о [-а, -а, -Ø]

mint (*f.*) мя́т‖а [-ы; -ы, -Ø]

minus (*m.*) ми́нус [-а; -ы, -ов]; (*prep. + gen.*) **7** без

minute (*f.*) мину́т‖а [-ы; -ы, -Ø]; (*f., conv.*) мину́тк‖а [-и; -и, мину́ток]

miss, not hear (*impf., trans.*) прослу́ша‖ть [-ю, -ешь, -ют]

mistake, error, blunder (*f.*) **1** оши́бк‖а [-и; -и, оши́бок]

mister, Mr. (*m.*) господи́н [-а; господ‖а́, госпо́д]; (*m.*) ми́стер [-а]

mitten (*f.*) **6** ва́режк‖а [-и; -и, ва́режек]

mix (*trans.*) переме́шива‖ть [-ю, -ешь, -ют] - перемеша́‖ть [-ю, -ешь, -ют]

model (*f.*) **9** моде́л‖ь [-и; -и, -ей]; (*m.*) приме́р [-а; -ы, -ов]; (*m.*) образ(е́)ц [-а́; -ы́, -о́в]; (*person*) (*m.*) **9** манеке́нщик [-а; -и, -ов]; (*f.*) **1** манеке́нщиц‖а [-ы; -ы, -Ø]

modeling (*f., s.*) ле́пк‖а [-и]; (*n.*) модели́ровани‖е [-я; -я, -й]

modern (*adj.*) **2, 6** совреме́нн‖ый [-ая, -ое, -ые]

modest (*adj.*) скро́мн‖ый [-ая, -ое, -ые]; (*adv.*) скро́мно

moment (*m.*) моме́нт [-а; -ы, -ов]

monastery (*m.*) монасты́р‖ь [-я; -й, -е́й]

Monday (*m.*) понеде́льник [-а; -и, -ов]

money (*pl.*) де́ньги [де́нег]

monk (*m.*) **10** мона́х [-а; -и, -ов]

monkey (*f.*) **7** обезья́н‖а [-ы; -ы, -Ø]

month (*m.*) ме́сяц [-а; -ы, -ев]

monument (*m.*) па́мятник [-а; -и -ов]

mood (*n.*) **2** настрое́ни‖е [-я; -я, -й]

Moon (*f.*) **3** Лун‖а́ [-ы́; -ы, -Ø]

morally (*adv.*) **10** мора́льно

more (*adv.*) бо́лее; (*comp. adj.*) бо́льше

morning (*n.*) у́тр‖о [-а; -а, -∅];
  in the morning (*adv.*) у́тром
Moscow (*adj.*) моско́вск‖ий
  [-ая, -ое, -ие]
Moslem (*m.*) **10** мусульма́нин
  [-а; мусульма́н‖е, -∅]; (*adj.*)
  мусульма́нск‖ий [-ая, -ое,
  -ие]
mosque (*f.*) **10** мече́т‖ь [-и; -и,
  -ей]
most likely (*adv.*) наве́рное
most, the very (*adj.*) са́м‖ый
  [-ая, -ое, -ые]
Mother of God (*f.*) Богома́тер‖ь
  [-и]
mother (*f.*) мать [ма́тер‖и, -и, -ей]
motion (*m.*) хо́д [-а; -ы, -ов];
  (*n.*) **11** движе́ни‖е [-я; -я, -й]
motorcycle (*m.*) мотоци́кл [-а;
  -ы, -ов]
mountain (*f.*) гор‖а́ [-ы́; -ы, -∅]
mountain climber (*m.*)
  альпини́ст [-а; -ы, -ов]
mouse (*f.*) **5** мыш‖ь [-и; -и, -ей];
  (*f.*) **5** мы́шк‖а [-и; -и, мы́шек]
move (*intrans.*) **9** дви́га‖ться
  [-юсь, -ешься, -ются] - **9**
  дви́н‖уться [-усь, -ешься,
  -утся]; (*m.*) хо́д [-а; -ы, -ов];
  (*n.*) **11** движе́ни‖е [-я; -я, -й]
movie institute (*m.*)
  киноинститу́т [-а; -ы, -ов]
movie, movie theater
  (*n., indecl.*) кино́
Mr. (*m.*) ми́стер [-а]
much (*indef. no.*) мно́го; a
  great deal (*n., subst.*)
  мно́г‖ое [-ого]
much, by far (*adv.*) намно́го
mumps (*f.*) сви́нк‖а [-и]
museum (*m.*) музе́‖й [-я; -и, -ев]
mushroom (*m.*) гриб [-а́; -ы, -о́в]
music (*f.*) му́зык‖а [-и]; (*adj.*)
  музыка́льн‖ый [-ая, -ое, -ые]
musician (*m.*) музыка́нт [-а; -ы,
  -ов]
must (*pred.*) **5** до́лж(е)н [-а́, -о́, -ы́]
mutely (*adv.*) безмо́лвно
my (*poss. pron.*) мо‖й [-я́, -ё, -и́]
mystery novel (*m.*) **5** детекти́в
  [-а; -ы, -ов]

N

name (*trans.*) **5** (по)зва́ть
  [зов‖у́, ёшь, у́т]; (*trans.*)
  называ́‖ть [-ю, -ешь, -ют]
  -назва́ть [назову́, -ёшь, -у́т];
  be named (*impf., intrans.*)
  называ́‖ться [-ется, -ются]
  - назва́ться [назову́сь,
  -ёшься, -у́тся]; (*n.*) и́мя
  [и́мени; имена́, имён]; (*n.*)
  назва́ни‖е [-я; -я, -й]

nanny goat (*f.*) **6** коз‖а́ [-ы́; -ы, -∅]
narcotic (*m.*) **7** нарко́тик [-а;
  -ы, -ов]
narrate (*trans.*) расска́зыва‖ть
  [-ю, -ешь, -ют] - рассказа́ть
  [расскаж‖у́, -ешь, -ут]
narration (*m.*) **1** расска́з [-а; -ы,
  -ов]
narrow (*adj.*) у́зк‖ий [-ая, -ое,
  -ие]
national (*adj.*) национа́льн‖ый
  [-ая, -ое, -ые]
native (*adj.*) родн‖о́й [-а́я, -о́е,
  -ы́е]
natural (*adj.*) **6** натура́льн‖ый
  [-ая, -ое, -ые]; (*adj.*) **1**
  есте́ственн‖ый [-ая, -ое,
  -ые]; natural sciences (*phr.*)
  есте́ственные нау́ки
nature (*f., s.*) приро́д‖а [-ы]
nature photography (*f., s.*)
  фотоохо́т‖а [-ы]
near (*prep. + gen.*) о́коло; (*prep.*
  + gen.) у; (*subst.*) one's
  nearest and dearest) (*adj.*) **5**
  бли́зк‖ий [-ая, -ое, -ие]
nearby, not far away, not
  distant (*pred.*) **2** недалеко́
nearly (*adv.*) почти́
neat (*adj.*) **5** аккура́тн‖ый [-ая,
  -ое, -ые]
necessary (*pred.*) ну́ж(е)н [-а́,
  -о, -ы́]; (*pred.*) на́до
neck (*f.*) ше́‖я [-и; -и, -й]
necktie (*m.*) **9** га́лстук [-а; -и, -ов]
needed (*pred.*) ну́ж(е)н [-а́, -о,
  -ы́]; (*pred.*) на́до
needlework (*n., s.*) шить‖ё [-я́]
neglect (*trans.*) забыва́‖ть [-ю,
  -ешь, -ют] - забы́ть [забу́д‖у,
  -ешь, -ут]
neighbor (*m.*) **6** сосе́д [-а; -и,
  -ей]
neither (*part.*) ни
nerve (*m.*) нерв [-а; -ы, -ов]
nettle, stinging nettle (*f., s.*)
  крапи́в‖а [-ы]
never (*adv.*) никогда́
nevertheless (*conj. and part.*) **2**
  всё-таки
new (*adj.*) но́в‖ый [-ая, -ое,
  -ые]; in a new way (*adv.*)
  по-но́вому
news (*f.*) но́вост‖ь [-и; -и, -ей]
newspaper (*f.*) газе́т‖а [-ы; -ы, -∅]
next (*adj.*) сле́дующ‖ий [-ая,
  -ее, -ие]; (*adj.*) бу́дущ‖ий
  [-ая, -ее, -ие]
next to (*adv.*) ря́дом
nice (*adj.*) симпати́чн‖ый [-ая,
  -ое, -ые]; (*s.f. adj.*) ми́л,
  [мила́, ми́ло, ми́лы]
night (*f.*) ноч‖ь [-и; -и, -е́й]
nine (*card. no.*) де́вять
nine hundred (*card. no.*)
  девятьсо́т

nineteenth (*ord. no.*)
  девятна́дцат‖ый [-ая, -ое,
  -ые]
ninety (*card. no.*) девяно́сто
ninth (*ord. no.*) девя́т‖ый [-ая,
  -ое, -ые]
no (*adj.*) никак‖о́й [-а́я, -о́е,
  -и́е]
no (*neg.*) нет
no one (*pron.*) никто́
noble, nobility's (*adj.*)
  дворя́нск‖ий [-ая, -ое, -ие]
nobody (*pron.*) никто́
non-traditional (*adj.*) **7**
  нетрадицио́нн‖ый [-ая, -ое,
  -ые]
nonprestigious (*adj.*) **5**
  непрести́жн‖ый [-ая, -ое, -ые]
nor (*part.*) ни
normal (*adj.*) **7** норма́льн‖ый
  [-ая, -ое, -ые]; (*adj.*)
  обы́чн‖ый [-ая, -ое, -ые];
  (*adv.*) **2** норма́льно
north (*m.*) се́вер [-а]; (*adj.*)
  се́верн‖ый [-ая, -ое, -ые]
not (*part.*) ни; (*part.*) не
not any (*adj.*) никак‖о́й [-а́я,
  -о́е, -и́е]
not bad (*adv./pred.*) ничего́
not long ago (*adv.*) **2** неда́вно
note (*f.*) **11** запи́ск‖а [-и; -и,
  запи́сок]; make a note
  (*trans.*) запи́сыва‖ть [-ю,
  -ешь, -ют] - записа́ть
  [запиш‖у́, -ешь, -ут]; (*trans.*)
  отмеча́‖ть [-ю, -ешь, -ют] -
  отме́т‖ить [отме́чу, -ишь,
  -ят]; (*f.*) отме́тк‖а [-и; -и,
  отме́ток]; (*n.*) внима́ни‖е [-я]
notebook (*f.*) тетра́д‖ь [-и; -и, -ей]
nothing, (there's) nothing
  (*pron.*) **3** не́чего; there's
  nothing to do не́чего
  де́лать; (*adv./pred.*) ничего́
notice (*n.*) внима́ни‖е [-я]
notion (*f.*) иде́‖я [-и; -и, -й]
novel (*m.*) **5** рома́н [-а; -ы, -ов]
November (*m.*) ноя́бр‖ь [-я́]
Novgorodian (*adj.*) новго-
  ро́дск‖ий [-ая, -ое, -ие]
now (*adv.*) **1** сейча́с; (*adv.*)
  тепе́рь
number (*m.*) но́мер [-а; -а́, -о́в]
nut (*m.*) оре́х [-а; -и, -ов]

O

obesity (*n.*) ожире́ни‖е [-я; -я, -й]
obliging (*adj.*) **5** обяза́тельн‖ый
  [-ая, -ое, -ые]
obviously (*adv.*) ви́дно
occupy oneself (with) (*intrans. +*
  instr.) (по)занима́‖ться
  [-юсь, -ешься, -ются]

occur (*usually 3rd pers. sing.*) (*intrans.*) случа́||ться [-ется] - случ||и́ться [-ится]; (*usually 3rd pers. sing.*) (*intrans.*) происход||и́ть [-ит, -ят] - произойти [произойд||ёт, -ýт]

occurrence (*n.*) собы́ти||е [-я; -я, -й]; (*n.*) явле́ни||е [-я; -я, -й]

ocean (*m.*) океа́н [-а; -ы, -ов]

October (*m.*) октя́бр||ь [-я́]

of course (*adv.*) коне́чно

offer (*n.*) предложе́ни||е [-я; -я, -й]

office (*m.*) о́фис [-а; -ы, -ов]

office equipment (*f.*) **5** те́хник||а [-и; -и, -∅]; (*f.*) **5** оргте́хник||а [-и]

office manager (*m.*) хозя́ин [-а; хозя́ева, -∅]; (*f.*) **5** хозя́йк||а [-и; -и, хозя́ек]

officer (*m.*) **1**, **11** офице́р [-а; -ы, -ов]

often (*adv.*) ча́сто

oh (*excl.*) ой

oil (*n.*) ма́сл||о [-а]

old (*adj.*) ста́р||ый [-ая, -ое, -ые]; not young (*adj.*) немолод||о́й [-а́я, -о́е, -ы́е]

older (*adj.*) ста́рш||ий [-ая, -ее, -ие]; **3** older brother/sister ста́рший брат/ста́ршая сестра́

Olympiad, Olympics(*f.*) олимпиа́да [-ы; -ы, -∅]; (*adj.*) олимпи́йск||ий [-ая, -ое, -ие];

omniscient (*adj.*) всезна́ющ||ий [-ая, -ее, -ие]

on (*prep. + prepos. or acc.*) на

on, along, by по (*prep. + dat.*)

once (*adv.*) **5** раз [-а; -ы, раз]

once (*adv.*) одна́жды

once upon a time there was жил-был

one (*card. no.*) **5** оди́н [одна́, одно́]

one's own (*poss. adj.*) сво||й [-я́, -ё, -и́]

oneself (*pron.*) сам, сама́, само́, са́ми; (*refl. pron.*) себя́

onions (*m.*) **3 6** лук [-а]; (*f., s.*) **6** лу́ковиц||а [-ы; -ы, -∅]

only (*adv.*) то́лько

onto (*prep. + acc.*) на

open (*trans. + dat.*) открыва́||ть [-ю, -ешь, -ют] - **10** откры́ть [откро́||ю, -ешь, -ют] open one's heart, to tell (someone) one's innermost thoughts or feelings **10** открыва́ть/ открыть ду́шу

open(ed) (*pred.*) откры́т [-а, -о, -ы]

openness (*f., s.*) гла́сност||ь [-и]

opera (*f.*) **11** о́пер||а [-ы; -ы, -∅]

operation (*f.*) опера́ци||я [-и; -и, -й]

opinion (*n.*) мне́ни||е [-я; -я, -й]; (*adv.*) по-мо́ему

opportunely (*adv.*) кста́ти

opposing argument (*m.*) контраргуме́нт [-а; -ы, -ов]

optic (*adj.*) зри́тельн||ый [-ая, -ое, -ые]

or (*conj.*) и́ли

orchestra (*m.*) орке́стр [-а; -ы, -ов]; (part of a theater) (*m.*) **11** парте́р [-а; -ы, -ов]

order (*f.*) кома́нд||а [-ы; -ы, -∅]

order (*m.*) поря́д(о)к [-а; -и, -ов]

ordinary (*adj.*) прост||о́й [-а́я, -о́е, -ы́е]

organization (*f.*) **5** организа́ци||я [-и; -и, -й]

organize (*impf. and pf., trans.*) организ||ова́ть [-у́ю, -у́ешь, -у́ют)

organizer (*m.*) организа́тор [-а; -ы, -ов]

originate (*trans.*) **9** созда||ва́ть [-ю́, -ёшь, -ю́т] - созда́ть [создáм, создáшь, создáст, создади́м, создади́те, создаду́т]; (*s.f. p.p.p.*) со́здан [-а, -о, -ы]

Orthodox (*adj.*) **10** правосла́вн||ый [-ая, -ое, -ые]; Orthodox church правосла́вная це́рковь

other (*adj.*) друг||о́й [-а́я, -о́е, -и́е]

our (*poss. pron.*) наш [-а, -е, -и]

out of **6** из (*prep. + gen.*)

outcry (*m.*) крик [-а; -и, -ов]

outpatient facility (*f.*) **7** поликли́ник||а [-и; -и, -∅]

outside (*phr.*) во//на дворе́; (*prep. + gen.*) **9** вне

outstanding (*adj.*) замеча́тельн||ый [-ая, -ое, -ые]

oven (*f.*) пе́чк||а [-и; -и, пе́чек]

over (*prep. + instr.*) над; (*comp. adj. and adv.*) вы́ше

overcoat (*n., indecl.*) пальто́

own (*impf., trans.*) име́||ть [-ю, -ешь, -ют]

ox (*m.*) **6** бык [-а; -и, -ов]

P

pace (*intrans.*) шага́||ть [-ю, -ешь, -ют] - шагн||у́ть [-у́, -ёшь, -у́т]

page (*f.*) страни́ц||а [-ы; -ы, -∅]

pain (*f.*) бол||ь [-и; -и, -ей]

painful (*pred.*) **11** тяжело́

paint (*pf., trans.*) нарис||ова́ть [-у́ю, -у́ешь, -у́ют]; (*s.f. p.p.p.*) нарисо́ван [-а, -о, -ы]; (*impf., trans.*) кра́с||ить [кра́шу, -ишь, -ят]

painted (*adj.*) кра́шенн||ый [-ая, -ое, -ые]

painting (*f.*) **9** жи́вопись [-и]; (*f.*) карти́н||а [-ы; -ы, -∅]

palace (*m.*) дворе́||ц [-а́; -ы́, -о́в]; (*adj.*) дворцо́в||ый [-ая, -ое, -ые]; Palace of Congresses (theater in the Kremlin) Дворе́ц съе́здов

pancake (*m.*) блин [-а́; -ы́, -о́в]

pants (*pl.*) брю́ки [брюк]

papa (*m.*) па́п||а [-ы; -ы, -∅]

parachutist (*m.*) парашюти́ст [-а; -ы, -ов]

pardon (*impf., trans.*) прост||и́ть [прощу́, -и́шь, -я́т]; (*trans.*) извиня́||ть [-ю, -ешь, -ют] - извин||и́ть [-ю, -и́шь, -я́т]

parent (*m.*) роди́тель [-я; -и, -ей]

park (*m.*) парк [-а; -и, -ов]

part (in a performance) (*f.*) **11** па́рти||я [-и; -и, -й]; (*f.*) рол||ь [-и; -и, -е́й]; (of a whole) (*f.*) част||ь [-и; -и, -е́й]; (*f.*) до́л||я [-и; -и, -е́й]

participant (*m.*) уча́стник [-а; -и, -ов]

participate in, take part (*intrans. + instr.*) (по)занима́||ться [-юсь, -ешься, -ются]

particular (*adj.*) осо́б||ый [-ая, -ое, -ые]

partisan (*adj.*) партиза́нск||ий [-ая, -ое, -ие]

party (*m.*) ве́чер [-а; -а́, -ов]

paskha, cheesecake-like dessert eaten at Easter (*f.*) па́сх||а [-и]

pass (a distance) (*trans.*) проход||и́ть [прохожу́, -ишь, -ят] - пройти́ [пройд||у́, -ёшь, -у́т]; pass or flow away (*intrans.*) утека́||ть [-ет, -ют] - уте́чь [утеч||ёт, утеку́т]

pass an exam (*pf.*) сдать [сдам, сдашь, сдаст, сдади́м, сдади́те, сдаду́т] экза́мен

pass on (*trans.*) **5** переда||ва́ть [-ю́, -ёшь, -ю́т] - **5** переда́ть [переда́м, переда́шь, переда́ст, передади́м, передади́те, передаду́т]

passenger (*m.*) пассажи́р [-а; -ы, -ов]; (*adj.*) пассажи́рск||ий [-ая, -ое, -ие]

passion (*f.*) стра́ст||ь [-и; -и, -ей]

past (*prep. + acc.*) че́рез; (*adj.*) про́шл||ый [-ая, -ое, -ые]

pastries (*n., coll., subst.*) пиро́жн||ое [-ого]

pastry cake (*m.*) торт [-а́; -ы́, -о́в]

patent (*m.*) патéнт [-а; -ы, -ов]
path (*m.*) пут‖ь [-й, (*instr.*, -ём);
    -й, -éй]
patience (*n.*) **5, 7** терпéни‖е [-я]
patient (*adj.*) **5** терпелúв‖ый
    [-ая, -ое, -ые]
patient (*adj., subst.*) **7** больн‖óй
    [-áя, -óе, -ые]
patriotic (*adj.*) отéчественн‖ый
    [-ая, -ое, -ые]; Great Patriotic
    War (WW II) Велúкая
    Отéчественная войнá
pattern (*f.*) **9** модéл‖ь [-и; -и, -ей]
patterning (*n.*)
    моделúровани‖е [-я; -я, -й]
paw (*f.*) **5** лáп‖а [-ы; -ы, -∅];
    (*dim., f.*) **5** лáпк‖а [-и; -и,
    лáпок]
peace (*m.*) мир [-а]
peasant (*m.*) **1, 6** крестьянин
    [-а; крестьян‖е, -∅]; (*f.*) **1, 6**
    крестьянк‖а [-и; -и,
    крестьянок]; (*adj.*) **6**
    крестьянск‖ий [-ая, -ое,
    -ие]; (*m.*) мужúк [-а; -и, -ов]
peculiar (*adj.*) осóб‖ый [-ая,
    -ое, -ые]
pedagogical (*adj.*) **5**
    педагогúческ‖ий [-ая, -ое,
    -ие] ; pedagogical faculty
    педагогúческий факультéт
pension (*f.*) **6** пéнси‖я [-и; -и, -й]
pensioner (*m.*) пенсионéр [-а;
    -ы, -ов]
people (*m.*) нарóд [-а; -ы, -ов];
    (*adj.*) нарóдн‖ый [-ая, -ое, -ые]
Pepsi Cola (*f.*) пéпси-кóл‖а [-ы]
percussion (*phr.*) удáрные
    инструмéнты
perfect (*adj.*) отлúчн‖ый [-ая,
    -ое, -ые]
perfect(ly) **9** как раз; (*adv.*) **4**
    отлúчно; (*adv.*) абсолютно;
    (*adv.*) прекрáсно
perform (a play) (*trans.*)
    представля‖ть [-ю, -ешь,
    -ют] - предстáв‖ить [-лю,
    -ишь, - ят]
perform (*intrans.*) выступá‖ть
    [-ю, -ешь, -ют] - выступ‖ить
    [-лю, -ишь, -ят]; (*impf., trans.*)
    разыгрá‖ть [-ю, -ешь, -ют]
performance (*m.*) спектáкл‖ь
    [-я; -и, -ей]; (*n.*)
    выступлéни‖е [-я; -я, -й]
performer (*m.*) **11**
    исполнúтел‖ь [-я; -и, -ей]
performing (*adj.*) **11**
    дéйствующ‖ий [-ая, -ее, -ие]
perilous (*adj.*) опáсн‖ый [-ая,
    -ое, -ые]
period (*f.*) тóчк‖а [-и; -и, тóчек]
perish (*intrans.*) **6** погибá‖ть
    [-ю, -ешь, -ют] - **1, 6**
    погúбн‖уть [-у, -ешь, -ут]

persistence (*f.*) настóйчивост‖ь
    [-и; -и, -ей]
persistent (*adj.*) настóйчив‖ый
    [-ая, -ое, -ые]
person (*m.*) человéк [-а;
    люд‖и, -éй]; (*n.*) лиц‖ó [-á;
    лúц‖а, -∅]
personal (*adj.*) **11** лúчн‖ый [-ая,
    -ое, -ые]; (*adv.*) лúчно
pet (*n., subst.*) **5** живóтн‖ое
    [-ого; -ые, -ых]
philosophy (*f.*) филосóфи‖я [-и;
    -и, -й]
phenomenon (*n.*) явлéни‖е [-я;
    -я, -й]
phone back (*pf., intrans. + dat.*)
    перезвон‖úть [-ю, -úшь, -ят]
photo(s) (*n., indecl.*) фóто
photocopier (*m.*) **5** ксéрокс [-а;
    -ы, -ов]
photograph, take pictures
    (*trans.*) (с)фотографú-
    ро‖вать [-ую, -уешь, -уют]
photography (*f.*) фотогрáфи‖я
    [-и; -и, -й]
phrase (*f.*) фрáз‖а [-ы; -ы, -∅]
physical (*adj.*) **6** физúческ‖ий
    [-ая, -ое, -ие]; **11** (*phr.*)
    physical labor физúческий
    труд; physical education (*f.*)
    физкультýр‖а [-ы]
physically, physics (*adj.*) **6**
    физúческ‖ий [-ая, -ое, -ие]
physics (*f.*) фúзик‖а [-и]
pianist (*m.*) пианúст [-а; -ы, -ов]
piano (*m.*) **2** роял‖ь [-я; -и, ей]
    (*n., indecl.*) пианúно
pick up (*trans.*) **6** убирá‖ть [-ю,
    -ешь, -ют] - **6** убрáть
    [убер‖ý, -ёшь, -ýт]
picture (*f.*) картúн‖а [-ы; -ы, -∅];
    (*f.*) картúнк‖а [-и; -и,
    картúнок]
pig, swine, hog (*m.*) **6** свинь‖я
    [-й; -и, -ей]
piglet (*m.*) **6** поросён(о)к [-а;
    порося‖та, -∅]
pilot (*m.*) **1** лётчик [-а; -и, -ов];
    (*f.*) лётчиц‖а [-ы; -ы, -∅]
pin (*m.*) знач(ó)к [-á; -й, -óв]
ping pong (*phr.*) **3** настóльный
    тéннис
Pisces (astrological sign) (*f.*)
    Рыб‖ы [-]
pit (part of theater) (*m.*) **11**
    партéр [-а; -ы, -ов]
pity (*trans.*) (по)жалé‖ть [-ю,
    -ешь, -ют]
place (*n.*) **3** мéст‖о [-а; -á, -∅]
place (to lay) (*trans. + acc.*)
    класть [клад‖ý, -ёшь, -ýт] -
    полож‖úть [-ý, -ишь, -áт]
place (to stand) (*trans., + acc*)
    (по)стáв‖ить [-лю, -ишь, -ят]
plague (*f.*) чум‖á [-ы]

plan (*m.*) план [-а; -ы, -ов]; (*m.*)
    чертёж [чертежá]
planet (*f.*) планéт‖а [-ы; -ы, -∅]
planetarium (*m.*) планетáри‖й
    [-я; -и, -ей]
plant (*trans., + acc.*) **6** сажá‖ть
    [-ю, -ешь, -ют] - посадúть
    [посажý, посáд‖ишь, -ят];
    (*n.*) **6** растéни‖е [-я; -я, -й]
plant (*m.*) завóд [-а; -ы, -ов]
planting (*adj.*) посáдочн‖ый
    [-ая, -ое, -ые]
plate (*f.*) тарéлк‖а [-и; -и,
    тарéлок]
play (*trans. and intrans.*)
    (по)игрá‖ть [-ю, -ешь, -ют];
    (*m.*) спектáкл‖ь [-я; -и, -ей]
play (through) (*impf., trans.*)
    разыгрá‖ть [-ю, -ешь, -ют]
plaything (*f.*) игрýшка [-и; -и,
    игрýшек]
pleasant (*adj.*)**10** приятн‖ый
    [-ая, -ое, -ые]; (*adv. and*
    pred.) приятно
please (*part.*) пожáлуйста
please, be pleasing (*intrans.*)
    (по)нрáв‖иться [-люсь,
    -ишься, -ятся]
pleasing(ly) (*adv. and pred.*)
    приятно
pleasure (*n.*) удовóльстви‖е
    [-я; -я, -й]; with pleasure
    с удовóльствием
plowed field (*f.*) пáшн‖я [-и; -и,
    пáшен]
plump (*adj.*) пóлн‖ый [-ая, -ое,
    -ые]
plus (*m.*) плюс [-а; -ы, -ов]
pneumonia (*f.*) пневмонú‖я
    [-и; -и, -й]; (*phr.*)
    воспалéние лёгких
pocket (*adj.*) **2** кармáнн‖ый
    [-ая, -ое, -ые]; pocket money
    (*phr.*) кармáнные дéньги
poem (*f.*) поэм‖а [-ы; -ы, -∅];
    (*n.*) стихотворéни‖е [-я; -я, -й]
poet (*m.*) поэт [-а; -ы, -ов]
poet-songwriter (*m.*) бáрд-
    пев(é)ц [-á; -ы, -óв]
poetic (*adj.*) **2** поэтúческ‖ий
    [-ая, -ое, -ие]
poetical (*adj.*) **2** поэтúческ‖ий
    [-ая, -ое, -ие]
poetry (*f.*) поэзи‖я [-и; -и, -й];
    (*pl.*) стих‖й [-óв]
point (*in scoring*) (*n.*) **2** очк‖ó
    [-á; -й, -óв]
pole (*m.*) пóлюс [-а; -ы, -ов]
police (*f.*) милúци‖я [-и; -и, -й]
policeman (*m.*) милиционéр
    [-а; -ы, -ов]
pond (*m.*) пруд [-á; -ы, -óв]
poodle (dog) (*m.*) **5** пýдел‖ь [-я;
    -и, -ей]
pool (*m.*) бассéйн [-а; -ы, -ов]

poor (*adj.*) плох‖о́й [-а́я, -о́е,
-и́е]; (*adv.*) пло́хо

poor(ly), not well (*adv./pred.*)
нехорошо́

poor, not wealthy (*adj.*)
небога́т‖ый [-ая, -ое, -ые];
(*adj.*) **11** бе́дн‖ый [-ая, -ое, -ые]

pop music (*f.*) поп-му́зык‖а [-и]

popular (*adj.*) популя́рн‖ый
[-ая, -ое, -ые]

portion (*f.*) до́л‖я [-и; -и, -е́й]

portrait (*m.*) портре́т [-а; -ы, -ов]

poseur (*f.*) кривля́к‖а [-и; -и, -∅]

possess (*impf., trans.*) име́‖ть
[-ю, -ешь, -ют]

postcard (*f.*) откры́тк‖а [-и; -и,
откры́ток]

postman (*m.*) почтальо́н [-а;
-ы, -ов]

potato (*m.*) **6** карто́фел‖ь [-я];
(*f., conv.*) **6** карто́шк‖а [-и]
potato, potatoes

practicable (*adj.*) реа́льн‖ый
[-ая, -ое, -ые]

practice (*f.*) трениро́вк‖а [-и]

pray (*intrans.*) **10**
(по)мол‖и́ться [-ю́сь,
-ешься, -ются]

prepare for, get ready (*intrans.*)
(под)гото́в‖иться [-люсь,
-ишься, -ятся]; (*p.p.p.*) под-
гото́вленн‖ый [-ая, -ое, -ые]

prepare, prepare a meal (*trans.*)
(при)гото́в‖ить [-лю, -ишь, -ят];
(*s.f. adj.*) гото́в [-а, -о, -ы]

prepositional (case) (*adj.*)
предло́жн‖ый [-ая, -ое, -ые]

prescription (*m.*) **7** реце́пт [-а;
-ы, -ов]

present (*f.*) пода́р(о)к [-а; -и, -ов]

present (*trans.*) представля́‖ть
[-ю, -ешь, -ют] - пред-
ста́в‖ить [-лю, -ишь, -ят];
(*trans. + dat.*) (по)дар‖и́ть
[-ю, -ишь, -ят]

president (*m.*) президе́нт [-а;
-ы, -ов]

prestigious (*adj.*) **5, 7**
прести́жн‖ий [-яя, -ее, -ие]

priest (*m.*) **1** свяще́нник [-а; -и,
-ов]

primitive (*adj.*) **2** прими-
ти́вн‖ый [-ая, -ое, -ые]

prince (*m.*) **10** кня́з‖ь [-я; -и,
-е́й]; (*m.*) принц [-а; -ы, -ев]

princess (*f.*) принце́сс‖а [-ы; -ы,
-∅]

principal (*m.*) дире́ктор [-а, -а́,
-о́в]

principled (*adj.*) принци-
пиа́льн‖ый [-ая, -ое, -ые];
adherence to principle (*f.*)
принципиа́льност‖ь [-и; -и,
-ей]

print (*trans.*) **1, 5** (на)печа́та‖ть
[-ю, -ешь, -ют]

printer (for computer) (*m.*) **5**
при́нтер [-а; -ы, -ов]

private (*adj.*) **11** ли́чн‖ый [-ая,
-ое, -ые]

probably (*adv.*) наве́рное;
(*adv.*) ве́рно

problem (*f.*) пробле́м‖а [-ы;
-∅]; (*f.*) зада́ч‖а [-и; -и, -∅]

proclaim (*trans.*) объявля́‖ть
[-ю, -ешь, -ют] - объяв‖и́ть
[-лю, объя́в‖ишь, -ят]

produce (a play) (*impf.*)
представля́‖ть [-ю, -ешь,
-ют] - предста́в‖ить [-лю,
-ишь, -ят]

production line (*m.*) конве́йер
[-а; -ы, -ов]

profession (*f.*) профе́сси‖я [-и;
-и, -й]

professional (*m.*) профессиона́л
[-а; -ы, -ов]; (*adj.*) профес-
сиона́льн‖ый [-ая, -ое, -ые]

professionalism (*m.*)
профессионали́зм [-а]

program (*f.*) **11** програ́мм‖а
[-ы; -ы, -∅]; theater program
(*f., dim.*) **11** програ́ммк‖а
[-и; -и, програ́ммок]; (*on
T.V. or radio*) (*f.*) **9** переда́ч‖а
[-и; -и, -∅]

promise (*trans.*) (по)обеща́‖ть
[-ю, -ешь, -ют]

prompt (*trans.*) **2**
подска́зыва‖ть [-ю, -ешь,
-ют] - **2** подсказа́ть [под-
скаж‖у́, подска́‖жешь, -ут]

properly (*adv.*) по-настоя́щему

proposal, proposition (*n.*)
предложе́ни‖е [-я; -я, -й]

Protestant (*m.*) **10** протеста́нт
[-а; -ы, -ов]

proverb (*f.*) **5** погово́рк‖а
[-и; -и, погово́рок];
(*f.*) посло́виц‖а [-ы; -ы, -∅]

province (*f.*) о́бласт‖ь [-и; -и, -ей]

psychic; a person who cures
ailments through hypnosis or
other non-medical means
(*m.*) **7** экстрасе́нс [-а; -ы, -ов]

publicity (*f., s.*) гла́сност‖ь [-и]

publish (*trans.*) объявля́‖ть
[-ю, -ешь, -ют] - объяв‖и́ть
[-лю, -ишь, -ят]

puffed up (*adj.*) **6** наду́т‖ый
[-ая, -ое, -ые]

pumpkin (*f.*) **6** ты́кв‖а [-ы; -ы, -∅]

pupil (*m.*) учени́к [-а́; -й, -о́в];
(*f.*) учени́ц‖а [-ы; -ы, -∅]

puppy (*m.*) **5 6** щен(о́)к [-а́;
щеня́т‖а, -∅] also [-а́; -й,
щенко́в]

purchase (*trans.*) покупа́‖ть
[-ю, -ешь, -ют] - куп‖и́ть
[-лю, -ишь, -ят]

pure (*adj.*) чи́ст‖ый [-ая, -ое,
-ые]

purposeful (*adj.*)
целеустремлённ‖ый [-ая,
-ое, -ые]

pursuit (*n.*) де́л‖о [-а; -а́, -∅]

pussy willow (*tree/shrub*) (*f.*)
верб‖а́ [-ы; -ы, -∅]

put in, insert (*trans., в + acc.*)
вкла́дыва‖ть [-ю, -ешь, -ют] -
10 влож‖и́ть [-у́, -ишь, -ат];
to put one's heart or soul
(*into something*) **10** вкла́ды-
вать / вложи́ть ду́шу

put (*trans. + acc.*) класть
[клад‖у́, -ёшь, -у́т] -
полож‖и́ть [-у́, -ишь, -ат]

put off (*trans.*) откла́дыва‖ть
[-ю, -ешь, -ют] - отлож‖и́ть
[-у́, -ишь, -ат]

put on (*trans.*) надева́‖ть [-ю,
-ешь, -ют] - наде́ть [наде́‖ну,
-ешь, -ут]

put together (*trans.*)
составля́‖ть [-ю, -ешь, -ют] -
соста́в‖ить [-лю, -ишь, -ят]

put, stand (*trans. + acc.*)
ста́в‖ить [-лю, -ишь, -ят] -
поста́в‖ить [-лю, -ишь, -ят]

Q

quality (*n.*) ка́честв‖о [-а; -а, -∅]

question (*m.*) вопро́с [-а; -ы, -ов]

question (*trans.*) спра́шива‖ть
[-ю, -ешь, -ют] - спрос‖и́ть
[спрошу́, -ишь, -сят]

questionnaire (*f.*) анке́т‖а [-ы;
-ы, -∅]

quick (*adj.*) бы́стр‖ый [-ая, -ое,
-ые]

quick-tempered (*adj.*) **8**
вспы́льчив‖ый [-ая, -ое, -ые]

quickly (*adv.*) бы́стро; (*adv.*)
ско́ро

quiet (*adv./pred.*) ти́хо; (*adj.*)
споко́йн‖ый [-ая, -ое, -ые]

quiet, be quiet (*intrans.*)
(за)молч‖а́ть [-у́, -ишь, -ат]

quietude (*f.*) тишин‖а́ [-ы́; -ы́, -∅]

quit smoking (*phr.*) бро́сить
кури́ть

R

radio (*n., indecl.*) ра́дио

radish (*m., s.*) реди́с [-а];
(*f., conv.*) **6** реди́ск‖а [-и; -и,
реди́сок]

rain (*m.*) дожд‖ь [-я́; -й, -е́й]

raincoat (*m.*) плащ [-а́; -й, -е́й]

raise (*trans.*) **6** выра́щива‖ть
[-ю, -ешь, -ют] - **6** вы́-
раст‖ить [вы́ращу, -ишь, -ят]

ram (sheep) (*m.*) **6** бара́н
[-а; -ы, -ов]

rap (*m.*) (*music*) рэп [-а]

rapid (*adj.*) бы́стр‖ый [-ая, -ое,
-ые]

rare (*adj.*) **1** ре́дк‖ий [-ая, -ое,
-ие]; (*adv.*) ре́дко

raspberries (*f., s.*) мали́н‖а [-ы]

reach by vehicle (*intrans.*)
доезжа́‖ть [-ю, -ешь, -ют]
дое́хать [дое́д‖у, -ешь, -ут]

reaction (*f.*) реа́кци‖я [-и; -и, -й]

reactive (*adj.*) реакти́вн‖ый
[-ая, -ое, -ые]

read (*trans.*) чита́‖ть [-ю, -ешь, -ют]
- (по)чита́‖ть [-ю, -ешь, -ют],
(про)чита́‖ть [-ю, -ешь, -ют]

reader of a paper **8** референт

readied (*p.p.p.*) подгото́в-
ленн‖ый [-ая, -ое, -ые]

reading (*n.*) чте́ни‖е [-я; -я,
чте́ний]

reading therapy (*f.*)
библиотерапи‖я [-и; -и, -й]

ready (*s.f.adj.*) гото́в [-а, -о, -ы]

ready, get ready for (*intrans.*)
(под)гото́в‖иться [-люсь,
-ишься, -ятся]

real (*adj.*) **6** натура́льн‖ый [-ая,
-ое, -ые]; (*adj.*) настоя́щ‖ий
[-ая, -ое, -ие]

real (*adj.*) реа́льн‖ый [-ая, -ое,
-ые]

realizable (*adj.*) реа́льн‖ый [-ая,
-ое, -ые]

really (*adv.*) неуже́ли

reap (*trans.*) **6** убира́‖ть [-ю,
-ешь, -ют] - **6** убра́ть
[убер‖у́, -ёшь, -у́т]

rebuild (*trans.*) перестра́ива‖ть
[-ю, -ешь, -ют] -
перестро́‖ить [-ю, -ишь, -ят];
(*s.f. p.p.p.*) перестро́ен
[-а, -о, -ы]; (*f.*) перестро́йк‖а
[-и; -и, перестро́ек]

recall (*trans.*) **7** вспомина́‖ть
[-ю, -ешь, -ют] - **7**
вспо́мн‖ить [-ю, -ишь, -ят]

receive (*trans.*) **5, 7** принима́‖ть
[-ю, -ешь, -ют] - **5, 7**
приня́ть [прим‖у́, прим‖ешь,
-ут]; receive visitors
принима́ть посети́телей;
(*trans.*) **2** получа́‖ть [-ю,
-ешь, -ют] - **2** получ‖и́ть [-у́,
полу́ч‖ишь, -ат]

recently (*adv.*) неда́вно

recipe (*m.*) реце́пт [-а; -ы, -ов]

recognize (*trans.*) узна‖ва́ть [-ю́,
-ёшь, -ю́т] - узна́‖ть [-ю,
-ешь, -ют]

reconstruct (*trans.*) пере-
стра́ива‖ть [-ю, -ешь, -ют]
- перестро́‖ить [-ю, -ишь, -ят];
(*s.f. p.p.p.*) перестро́ен
[-а, -о, -ы]; (*f.*) перестро́йк‖а
[-и; -и, перестро́ек]

record (*f.*) пласти́нк‖а [-и; -и,
пласти́нок]; (*m.*) реко́рд [-а;
-ы, -ов]; (written) (*f.*) **5**
за́пис‖ь [-и; -и, -ей]

recorder (*m.*) магнитофо́н [-а;
-ы, -ов]

red (*adj.*) кра́сн‖ый [-ая, -ое,
-ые]

reference book (*m.*)
спра́вочник [-а; -и, -ов]

reform (*trans.*) перестра́ива‖ть
[-ю, -ешь, -ют] - пере-
стро́‖ить [-ю, -ишь, -ят]

reformation (*f.*) перестро́йк‖а
[-и; -и, перестро́ек]

reformed (*s.f. p.p.p.*)
перестро́ен [-а, -о, -ы]

regard (for) (*n.*) отноше́ни‖е [-я;
-я, -й]

regard (*intrans., к + dat.*)
относи́ться [отношу́сь,
отно́с‖ишься, -ятся] -
отнес‖ти́сь [-у́сь, -ёшься,
-у́тся]

region (*f.*) о́бласт‖ь [-и; -и, -ей]

registration (*f.*) регистра́ци‖я [-и]

regret (*impf., o + prepos., + acc.*)
5 (по)жале́‖ть [-ю, -ешь, -ют];
(*n.*) сожале́ни‖е [-я]

regularly (*adv.*) регуля́рно

rehearsal (*f.*) **11** репети́ци‖я
[-и; -и, -й]; at the rehearsal
на репети́ции

relate (to) (*intrans., к + dat.*)
относи́ться [отношу́сь,
отно́с‖ишься, -ятся] -
отнес‖ти́сь [-у́сь, -ёшься,
-у́тся]

religion (*f.*) **2** рели́ги‖я [-и; -и, й]

religious painting (*f.*) ико́н‖а
[-ы, -о]

remain (*intrans.*) оста‖ва́ться
[-ю́сь, -ёшься, -ю́тся]
- оста́ться [оста́н‖усь,
-ешься, -утся]

remarkable (*adj.*)
замеча́тельн‖ый [-ая, -ое, -ые]

remember (*trans.*) по́мн‖ить
[-ю, -ишь, -ят]; (*trans.*) **7**
вспомина́‖ть [-ю, -ешь, -ют]
- **7** вспо́мн‖ить [-ю, -ишь, -ят]

remote (*adj.*) далёк‖ий [-ая,
-ое, -ие]; (*adv.*) далеко́

rendezvous (*n.*) свида́ни‖е [-я;
-я, -й]

rent (*impf., trans.*) аренд‖ова́ть
[-у́ю, -у́ешь, -у́ют]

reorganization (*f.*) пере-
стро́йк‖а [-и; -и, перестро́ек]

repair (*m.*) ремо́нт [-а]

repeat (*trans.*) повторя́‖ть [-ю,
-ешь, -ют] - повтор‖и́ть [-ю,
-ишь, -ят]

repeating (*pr.a.p.*)
повторя́ющ‖ий [-ая, -ее, -ие]

repertoire (*m.*) **11** репертуа́р
[-а; -ы, -ов]

repetition (*n.*) повторе́ни‖е [-я]

representation, representing
(*n.*) представи́тельств‖о
[-а; -а, -ø]

request (*trans.*) **7** (по)прос‖и́ть
[попрошу́, -ишь, -ят]

request, require (*trans. + gen.*)
7 (по)тре́б‖овать [-ую,
-уешь, -уют]

resembling (*adj.*) похо́ж‖ий
[-ая, -ее, -ие]

respected (*adj.*) **5** уважа́ем‖ый
[-ая, -ое, -ые]

respond (*trans.*) отвеча́ть [-ю,
-ешь, -ют] - отве́т‖ить
[отве́чу, -ишь, -ят]

responsibility (*f.*)
отве́тственност‖ь [-и; -и, -ей];
обя́занност‖ь [-и; -и, -ей]

rest отдыха́‖ть [-ю, -ешь, -ют] -
отдохн‖у́ть [-у́, -ёшь, -у́т]

restaurant (*m.*) рестора́н [-а;
-ы, -ов]

restore (*impf. and pf., trans.*) **10**
реставри́р‖овать [-ую, -уешь,
-уют] - **10** отреставри́р‖овать
[-ую, -уешь, -уют]

result (*m.*) результа́т [-а; -ы, -ов]

résumé (*n., indecl.*)**11** резюме́

retired, on pension (*phr.*) на
пе́нсии

retirement (*f.*) **6** пе́нси‖я [-и; -и,
-й]

return, revert (*trans. + dat.*)
отда‖ва́ть [-ю, -ёшь, -ют] -
отда́ть [отда́м, отда́шь,
отда́ст, отдади́м, отдади́те,
отдаду́т]; (*intrans.*)
возвраща́‖ться [-юсь,
-ешься, -ются] - верн‖у́ться
[-у́сь, -ёшься, -у́тся]

returned (*p.p.p. of* возврати́ть)
10 возвращённый

review (*adj.*) **1**
повтори́тельн‖ый [-ая, -ое,
-ые]; review lesson
повтори́тельный уро́к

revolution (*f.*) револю́ци‖я [-и;
-и, -й]

rich (*adj.*) бога́т‖ый [-ая, -ое, -ые]

riches (*n.*) бога́тств‖о [-а; -а, -ø]

ride (*intrans., impf., indet.*)
е́зд‖ить [е́зжу, -ишь, -ят]
- (*intrans., impf., det.*) е́хать
[е́д‖у, -ешь, -ут] (*pf.*) - по-
е́хать [пое́д‖у, -ешь, -ут]

ride (*no destination*) (*intrans.*)
(по)ката́‖ться [-юсь, -ешься,
-ются]

rider (*m.*) вса́дник [-а; -и, -ов]

right (*adj.*) **3** пра́в‖ый [-ая, -ое,
-ые]

right away (*adv.*) **1** сейча́с

right, to, on the right (*adv.*)
напра́во

righteous (*adj.*) пра́в‖ый [-ая,
-ое, -ые]

rigid (*adj.*) **5** жёстк‖ий [-ая, -ое, -ие]

ring (*intrans. + dat.*) **1**, **5** (по)звон‖и́ть [-ю́, -и́шь, -я́т]

rise (*intrans.*) поднима́‖ться [-юсь; -ешься, -ются] - подня́ться [подним‖у́сь; подни́м‖ешься, -у́тся]

risen (*C.S.*) воскре́се; Christ is risen. Христо́с воскре́се. Indeed, He is risen. Вои́стину воскре́се.

river (*f.*) рек‖а́ [-и́; ре́ки, -Ø]; (*adj.*) речн‖о́й [-а́я, -о́е, -ы́е]

road (*f.*) доро́г‖а [-и; -и, -Ø]; (*m.*) пут‖ь [-и́ (*instr.* -ём); -и́, -е́й]

rock (music) (*m.*) **1** рок [-а; -и, -ов]

rock group (*f.*) рок-гру́пп‖а [-ы; -ы, -Ø]

rock music (*f.*) рок-му́зык‖а [-и]

rock musician (*m.*) **1** рок-музыка́нт [-а; -ы, -ов]

rock opera (*f.*) **1** рок-о́пер‖а [-ы; -ы, -Ø]

role (*f.*) **11** па́рти‖я [-и; -и, -й]; (*f.*) рол‖ь [-и; -и, -е́й]; (*adj.*) ролев‖о́й [-а́я, -о́е, -ы́е]

roll (*intrans.*) (по)ката́‖ться [-юсь; -ешься, -ются]

roof (*f.*) кры́ш‖а [-и; -и, -Ø]

room (*f.*) ко́мнат‖а [-ы; -ы, -Ø]

rooster (*m.*) **6** пету́х [-а́; -и́, -о́в]

rose (*f.*) ро́з‖а [-ы; -ы, -Ø]

rough (*adj.*) **7** гру́б‖ый [-ая, -ое, -ые]

roughness (*f.*) гру́бост‖ь [-и; -и, -ей]

round (*adj.*) кру́гл‖ый [-ая, -ое, -ые]

route (*m.*) пут‖ь [-и́ (*instr.* -ём); -и́, -е́й]; (*m.*) маршру́т [-а; -ы, -ов]

row (*m.*) **11** ряд [-а́; -ы́, -о́в]; in row… в ряду́

ruble (*m.*) рубл‖ь [-я́; -и́, -е́й]

rude (*adj.*) **7** гру́б‖ый [-ая, -ое, -ые]

rudeness (*f.*) гру́бост‖ь [-и; -и, -ей]

run (*intrans., impf., indet.*) бе́га‖ть [-ю, -ешь, -ют] - (*intrans., impf., det.*) бежа́ть [бегу́, беж‖и́шь, бегу́т] - (*pf.*) побежа́ть [побегу́, побеж‖и́шь, побегу́т]

run away убега́‖ть [-ю, -ешь, -ют] - убежа́ть [убегу́, убеж‖и́шь, убегу́т]

run away (*3rd pers. only*) утека́‖ть [-ет, -ют] - уте́чь [утечёт, утеку́т]

run, running (*m.*) бег [-а]; on the double, at a run бего́м

rural (*adj.*) дереве́нск‖ий [-ая, -ое, -ие]

Russian (ancient) (*adj.*) древне-ру́сск‖ий [-ая, -ое, -ие]

Russian, in Russian (*adv.*) по-ру́сски

Russian-American (*adj.*) росси́йско-америка́нск‖ий [-ая, -ое, -ие]

rustic (*adj.*) дереве́нск‖ий [-ая, -ое, -ие]

S

sacred object, sacred thing (*f.*) святы́н‖я [-и; -и, святы́нь]

sad (*adj.*) гру́стн‖ый [-ая, -ое, -ые]

sadden (*trans.*) (о)печа́л‖ить [-ю, -ишь, -ят]

Sagittarius (astrological sign) (*m.*) Стрел(е́)ц [-а́]

sailor (*m.*) матро́с [-а; -ы, -ов]

salad (*m.*) сала́т [-а; -ы, -ов]

salon (*m.*) сало́н [-а; -ы, -ов]

salt (*f.*) со́л‖ь [-и; -и, -ей]; (*adj.*) солён‖ый [-ая, -ое, -ые]

sandwich (*m.*) бутербро́д [-а; -ы, -ов]

sarafan (R. peasant woman's dress) (*m.*) сарафа́н [-а; -ы, -ов]

satellite, fellow-traveler (*m.*) спу́тник [-а; -и, -ов]

satire (*f., s.*) сати́р‖а [-ы]

satisfaction (*n.*) удово́льстви‖е [-я; -я, -й]; with satisfaction с удово́льствием

Saturday (*f.*) суббо́т‖а [-ы]

Saudi Arabia (*f.*) Сау́довск‖ая Ара́ви‖я [-ой, -и,]

sauna (*f.*) ба́ня [-и; -и, бань]

sausage (*f.*) колбас‖а́ [-ы́; -ы, -Ø]

save (*intrans. + dat.*) **7** спаса́‖ть [-ю, -ешь, -ют] - **7** спас‖ти́ [-у́, -ёшь, -у́т]; (money, time) (*impf., trans.*) (с)эконо́м‖ить [-лю, -ишь, -ят]

say (*trans.*) говори́‖ть [-ю́, -и́шь, -я́т] - сказа́ть [скаж‖у́, -ешь, -ут]

say goodbye (*trans.*) проводи́ть [провожу́, прово́д‖ишь, -ят] -провести́ [провед‖у́, -ёшь, -ю́т]

saying (*f.*) **5** погово́рк‖а [-и; -и, погово́рок]

scenario (*f.*) сцена́ри‖я [-и; -и, -й]

scheme (*m.*) черт(ё)ж [-а́; -и́, -е́й]

scholar (*subst.*) учён‖ый [-ая, -ое, -ые]

scholarly (*adj.*) учён‖ый [-ая, -ое, -ые]

scholastic (*adj.*) шко́льн‖ый [-ая, -ое, -ые]

school (*f.*) шко́л‖а [-ы; -ы, -Ø]; (for professional training) (*n.*) учи́лищ‖е [-а; -а, -Ø]; school (*adj.*) шко́льн‖ый [-ая, -ое, -ые]; school student (*m.*) учени́к [-а́; -и́, -о́в]; (*f.*) учени́ц‖а [-ы; -ы, -Ø]; schoolchild (*m.*) шко́льник [-а; -и, -ов]; (*f.*) шко́льниц‖а [-ы; -ы, -Ø]; schoolroom (*adj.*) кла́ссн‖ый [-ая, -ое, -ые]

science (*f.*) нау́к‖а [-и; -и, -Ø]

scientific (*adj.*) нау́чн‖ый [-ая, -ое, -ые]

scientist (*subst.*) учён‖ый [-ая, -ое, -ые]

Scorpio (astrological sign) (*m.*) Скорпио́н [-а]

screen (*movie, computer*) **5** экра́н [-а; -ы, -ов]

script (*f.*) сцена́ри‖я [-и; -и, -й]

scuba diver (*m.*) акваланги́ст [-а; -ы, -ов]

sea (*n.*) мо́р‖е [-я; -я, -е́й]

seaman (*m.*) матро́с [-а; -ы, -ов]

search (*trans.*) (по)иска́ть [(по)ищ‖у́, -ешь, -ут]

second (*ord. no.*) втор‖о́й [-а́я, -о́е, -ы́е]

secondly, in the second place (*phr.*) **11** во-вторы́х

secret (*m.*) **9** секре́т [-а; -ы, -ов]; (*adj.*) та́йн‖ый [-ая, -ое, -ые]

secretary (*m.*) **1** секрета́р‖ь [-я́; -и́, -е́й]

section (*m.*) **10** отде́л [-а; -ы, -ов]

see (*trans.*) (у)ви́д‖еть [(у)ви́жу, -ишь, -ят]

see off (*trans.*) проводи́ть [провожу́, прово́д‖ишь, -ят] - провести́ [провед‖у́, -ёшь, -у́т]

seem (*intrans. + dat.*) (по)каза́ться

seldom (*adv.*) ре́дко

select (*trans.*) выбира́‖ть [-ю, -ешь, -ют] - вы́брать [вы́бер‖у, -ешь, -ут]

self-assurance (*f.*) само-уве́ренност‖ь [-и; -и, -ей]

self-confidence (*f.*) само-уве́ренност‖ь [-и; -и, -ей]

self-confident, self-assured (*adj.*) **7** самоуве́ренн‖ый [-ая, -ое, -ые]

sell (*trans.*) **6** прода‖ва́ть [-ю́, -ёшь, -ю́т] - **6** прода́ть [прода́м, прода́шь, прода́ст, продади́м, продади́те, продаду́т; be for sale (*impf., intrans.*) прода‖ва́ться [-ю́сь, -ёшься, -ю́тся]

seminarian (*m.*) **10** семинарист [-а; -ы, -ов]

seminary (*f.*) **10** семина́ри‖я [-и; -и, -й]

send (*trans., impf.*) посыла́‖ть [-ю, -ешь, -ют]; (*trans., pf.*) посла́ть [пошл‖ю́, -ёшь, -ю́т]; (*trans., impf.*) присыла́‖ть [-ю, -ешь, -ют]; (*trans., pf.*) присла́ть [пришл‖ю́, -ёшь, -ю́т]

sense (*trans.*) **7** (по)чу́вств‖овать [-ую, -уешь, -уют] себя́

sensitive (*adj.*) **7** чу́тк‖ий [-ая, -ое, -ие]

sentence (*n.*) предложе́ни‖е [-я; -я, -й]

serious (*adj.*) серьёзн‖ый [-ая, -ое, -ые]; (*adv.*) серьёзно

seriously (*adv.*) **11** тяжело́

sermon (*f.*) **10** про́повед‖ь [-и; -и, -ей]

serpent (*f.*) зме‖я́ [-и́; -и, змей]

serve (*trans.*) (по)служ‖и́ть [-у́, -ишь, -ат]

service, (*church*) service (*f.*) **10** слу́жб‖а [-ы; -ы, -Ø]

set off on foot (*intrans., pf.*) пойти́ [пойд‖у́, -ёшь, -у́т]

set up (*trans.*) **9** созда‖ва́ть [-ю, -ёшь, -ют] - созда́ть [созда́м, созда́шь, созда́ст, создади́м, создади́те, создаду́т]; (*s.f. p.p.s.*) со́здан [-а; -о, -ы]

setter (*m.*) (dog) се́ттер [-а; -ы, -ов]

settlement (*m.*) **1** сел‖о́ [-á; сёл‖а, -Ø]; (*n.*) селе́ни‖е [-я; -я, -й]

seven (*card. no.*) семь

seven hundred (*card. no.*) семьсо́т

seventeen (*card. no.*) семна́дцать

seventeenth (*ord. no.*) семна́дцат‖ый [-ая, -ое, -ые]

seventh (*ord. no.*) седьм‖о́й

seventy (*card. no.*) се́мьдесят

several, a few (*indef. no.*) не́сколько

sew (*trans.*) **5** шить [шь‖ю, -ёшь, -ют] - сшить [сошь‖ю, -ёшь, -ют]

sewing (*n., s.*) шить‖ё [-я́]

shaft (*f.*) **8** стрел‖а́ [-ы́; -ы, -Ø]

shape (*f.*) фо́рм‖а [-ы; -ы, -Ø]

share (*f.*) до́л‖я [-и; -и, -ей]

shawl (*m.*) плат‖о́к [-а́; -и, -ов]

she, it (*pers. pron.*) она́

sheep (*f.*) **6** овц‖а́ [-ы́; -ы, ове́ц]; (*adj.*) **6** ове́чий [-ья, -ье, -ьи]

ship, boat (*m.*) кора́бл‖ь [-я́; -й, -е́й]

shirt (*f.*) руба́шк‖а [-и; -и, руба́шек]

shoe ту́фл‖я [-и; -и, ту́фель] (*f.*); little shoe (*f.*) ту́фельк‖а [-и; -и, ту́фелек]

shop for (*impf., trans.*) покупа́‖ть [-ю, -ешь, -ют]

short (*adj.*) коро́тк‖ий [-ая, -ое, -ие]; (too) short (*s.f.adj.*) **9** ко́рот(о)к [-а́, -о́, -и́]; rather short (*adj.*) невысо́к‖ий [-ая, -ое, -ие]

shortly, not long (*adv.*) недо́лго

should (*pred.*) **5** до́лж(е)н [-á; -о́, -ы́]

shout (*m.*) крик [-а; -и, -ов]

show (*f.*) вы́ставк‖а [-и; -и, вы́ставок]; (*trans.*) пока́зыва‖ть [-ю, -ешь, -ют] - показа́ть [покажу́, пока́ж‖ешь, -ут]

show business (*m.*) шоу-би́знес [-а]

shower, shower bath (*m.*) душ [-а; -и, -ов]

showing (*m.*) **9** пока́з [-а]

shrew (*f.*) злю́к‖а [-и; -и, -Ø]

Shrovetide (*f.*) ма́слениц‖а [-ы]

shy (*adj.*) засте́нчив‖ый [-ая, -ое, -ие]

shyness (*f., s.*) засте́нчивост‖ь [-и]

Siberian (*adj.*) сиби́рск‖ий [-ая, -ое, -ие]; Siberian husky сиби́рская ла́йка

sick, to be sick (*intrans. + instr.*) **7** боле́‖ть [-ю, -ешь, -ют] - **7** заболе́‖ть [-ю, -ешь, -ют]; (*s. f. adj.*) **7** бо́л(е)н [-á, -о́, -ы́]; sick person (*subst.*) (*adj.*) **7** больн‖о́й [-а́я, -о́е, -ы́е]

side (*f.*) сторон‖а́ [-ы́; сторон‖ы, -Ø]

sight (*n., s.*) зре́ни‖е [-я]

sign (*f.*) табли́чк‖а [-и; -и, табли́чек]; (*m.*) **1** знак [-а; -и, -ов]

signature (*f.*) по́дпис‖ь [-и; -и, -ей]

signify (*impf., intrans., 3rd pers. only*) зна́ч‖ить [-ит, -ат]

silence (*f.*) тишин‖а́ [-ы́; -ы, -Ø]

silently (*adv.*) безмо́лвно

silly (*adj.*) **6** глу́п‖ый [-ая, -ое, -ые]

simple (*adj.*) прост‖о́й [-а́я, -о́е, -ы́е]; (*adv.*) про́сто

sincerely (*adv.*) и́скренно

sing (*trans.*) петь [по‖ю́, -ёшь, -ю́т] - спеть [спо‖ю́, -ёшь, -ю́т]

singer (*m.*) певе́‖ц [-á; -ы, -о́в]

single use (*adj.*) **7** однора́зов‖ый [-ая, -ое, -ые]; single-use (disposable) syringe однора́зовый шприц

sister (*f.*) сестр‖а́ [-ы́; сёстры, сестёр]

sit down, take a seat (*intrans. + acc.*) сад‖и́ться [сажу́сь, -и́шься, -я́тся] - сесть [ся́д‖у, -ешь, -ут]

sit, be sitting (*intrans., на + prep.*) сид‖е́ть [сижу́, сиди́шь, -я́т] - (по)сид‖е́ть [(по)сижу́, -и́шь, -я́т]

site (*n.*) ме́ст‖о [-а; -á, -Ø]

situation (*f.*) ситуа́ци‖я [-и; -и, -й]

six (*card. no.*) шесть

six hundred (*card. no.*) шестьсо́т

sixteen (*card. no.*) шестна́дцать

sixth (*ord. no.*) шест‖о́й [-áя, -óе, -ы́е]

sixtieth (*ord. no.*) шести-деся́т‖ый [-ая, -ое, -ые]

sixty (*card. no.*) шестьдеся́т

skate, ice skate (*phr.*) **2** ката́ться на конька́х; skates (*pl.*) конь́к‖и́ [-о́в]; skating, rolling (*n.*) ката́ни‖е [-я; -я, -й]

skateboard (*m.*) скейт [-а; -ы, -ов]; skateboarding (*m., s.*) скейтбо́рдинг [-а]

sketch (*m.*) рису́н‖ок [-а; -и, -ов]

sketch (*m.*) черт(ё)ж [-á; -й, -е́й]

sketching (*m.*) рисова́ни‖е [-я]

skinny (*adj.*) **11** то́нк‖ий [-ая, -ое, -ие]; (*adj.*) **11** rather skinny то́неньк‖ий [-ая, -ое, -ие]

skirt (*f.*) ю́бк‖а [-и; -и, ю́бок]

skis (*pl.*) лы́ж‖и [-Ø]

sky (*n.*) не́б‖о [-а; небес‖а́, небе́с]

Slavic, Slavonic (*adj.*) славя́нск‖ий [-ая, -ое, -ие]

sleep (*intrans.*) (по)сп‖а́ть [(по)сплю́, -и́шь, -я́т]

sleeping (*adj.*) **11** спя́щ‖ий [-ая, -ее, -ие]; *Sleeping Beauty Спя́щая краса́вица*

slender (*adj.*) стро́йн‖ый [-ая, -ое, -ые]

slim (*adj.*) стро́йн‖ый [-ая, -ое, -ые]

slipper ту́фл‖я [-и; -и, ту́фель] (*f.*); little slipper (*f.*) ту́фельк‖а [-и; -и, ту́фелек]

sly (*adj.*) хи́тр‖ый [-ая, -ое, -ые]

small (*adj.*) ма́леньк‖ий [-ая, -ое, -ие]; (*comp. adj., adv.*) ме́ньше

small (too) (*s.f. adj.*) **9** мал [-á, -о́, -ы́]

small, not large (*adj.*) небольш‖о́й [-áя, -óе, -и́е]

smile (*intrans. + dat.*) **9** улыба́‖ться [-юсь, -ешься, -ются] - **9** улыбн‖у́ться [-у́сь, -ёшься, -у́тся]

smoke (*trans.*) **2** (по)кур‖и́ть [-ю́, -ишь, -ят]

smooth landing (*phr.*) мя́гкой поса́дки

snake (*f.*) зме‖я́ [-и́; -и, змей]

snow (*m.*) снег [-а]

snowstorm (*f.*) **3** пург‖а́ [-и́; -и, -Ø]

so (*adv.*) так

so that (*conj.*) что́бы

soccer (*m.*) футбо́л [-а]

sociability (*f.*) общи́тельност‖ь [-и; -и, -ей]

sociable (*adj.*) **7** общи́тельн‖ый [-ая, -ое, -ые]

society (*n.*) **7** о́бществ‖о [-а; -а, -∅]

sock (*m.*) **6** нос(о́)к [-а́; -й, -о́в]

soft (*adj.*) мя́гк‖ий [-ая, -ое, -ие]; soft landing мя́гкой поса́дки

soft drink (*m.*) лимона́д [-а]

soil (*f.*) земл‖я́ [-й; -и, земе́ль]

sold, sold out (*s.f. p.p.p.*) **11** про́дан [-а, -о, -ы]

soloist (*m.*) соли́ст [-а; -ы, -ов]

solve (*trans.*) реша́‖ть [-ю, -ешь, -ют] - реши́ть [-у́, -йшь, -а́т]; (*s.f. p.p.p.*) решён [-а, -о, -ы]

some (*pl. card. no.*) **5** одни́; (*rel. pron.*) не́который [-ая, -ое, -ые]; (*adv.*) немно́го; (*indef. no.*) не́сколько

some kind of (*pron.*) как‖о́й-нибудь [-а́я, -о́е, -и́е]

someone (*indef. pron.*) кто́-то

something (*pron.*) **2** что́-нибудь

sometime (*adv.*) **6** когда́-нибудь

sometimes (*adv.*) иногда́

son (*m.*) сын [-а; сыновья́, сынове́й]

song (*f.*) пе́сн‖я [-и; -и, пе́сен]

soon (*adv.*) ско́ро

sorceress (*f.*) **11** волше́бниц‖а [-ы; -ы, -∅]

sorry, to feel sorry for someone (*trans.*, о + *prep.*, + *acc.*) **5** (по)жале́‖ть [-ю, -ешь, -ют]

soul (*f.*) **10** душ‖а́ [-й; -и, душе́й]; по душе́ to one's liking

sour cream (*f.*) смета́н‖а [-ы]

sour milk, yogurt (*f., s.*) простоква́ш‖а [-и]

south (*m.*) юг [-а]

southern (*adj.*) ю́жн‖ый [-ая, -ое, -ые]

Soviet (*adj.*) сове́тск‖ий [-ая, -ое, -ие]

space (*m.*) ко́смос [-а]; (*adj.*) косми́ческ‖ий [-ая, -ое, -ие]; spaceship (*phr.*) **3** косми́ческий кора́бль; space exploration (*f.*) космона́втик‖а [-и; -и, -∅]

Spanish (*adj.*) испа́нск‖ий [-ая, -ое, -ие]

speak (*intrans.*) выступа́‖ть [-ю, -ешь, -ют] - вы́ступ‖ить [-лю, -ишь, -ят]

speak, say, tell (*intrans.*) говор‖и́ть [-ю́, -йшь, -я́т] - сказа́ть [скаж‖у́, -ешь, -ут]

special (*adj.*) специа́льн‖ый [-ая, -ое, -ые]; (*adj.*) осо́б‖ый [-ая, -ое, -ые]; (*adv.*) специа́льно

specialist (*m.*) специали́ст [-а; -ы, -ов]

speech (*n.*) выступле́ни‖е [-я; -я, -й]

speechlessly (*adv.*) безмо́лвно

speed (*f.*) ско́рост‖ь [-и; -и, -ей]

spending money (*phr.*) **2** карма́нные де́ньги

spin (*trans.*) **6** (на)пря́сть [(на)пряд‖у́, -ешь, -у́т]

spindle (of a spinning wheel) (*n.*) веретен‖о́ [-а́; веретён‖а, -∅]

spinet пиани́но (*n., indecl.*)

spiritual (*adj.*) **10** духо́вн‖ый [-ая, -ое, -ые]

splendid (*adj.*) замеча́тельн‖ый [-ая, -ое, -ые]

spoon (*f.*) ло́жк‖а [-и; -и, ло́жек]

sport(s) (*coll.*) спорт [-а; -ы, -ов]; (*adj.*) спорти́вн‖ый [-ая, -ое, -ые]

sportsman (*m.*) спортсме́н [-а; -ы, -ов]

spot (*n.*) ме́ст‖о [-а; -а́, -∅]

spring (*f.*) весн‖а́ [-ы́; вёсн‖ы, вёсен]; spring, of spring (*adj.*) весе́нн‖ий [-яя, -ее, -ие]; in the spring (*adv.*) весно́й

square (*f.*) пло́щад‖ь [-и; -и, -е́й]; in/on the square на пло́щади

St. Petersburg (*adj.*) петербу́ргск‖ий [-ая, -ое, -ие]

stadium (*m.*) стадио́н [-а; -ы, -ов]; in/at the stadium на стадио́не

stage (*f.*) **11** сце́н‖а [-ы; -ы, -∅]; on stage на сце́не

stamp (*f.*) ма́рк‖а [-и; -и, ма́рок]

stand, be standing (*intrans.*) сто‖я́ть [-ю́, -йшь, -я́т] - посто‖я́ть [-ю, -йшь, -я́т]; (*trans. + acc.*) (по)ста́в‖ить [-лю, -ишь, -ят]

stand up (*intrans.*) вста‖ва́ть [-ю́, -ёшь, -ю́т] - встать [встан‖у, -ешь, -ут]

star (*f.*) звезд‖а́ [-ы; звёзд‖ы, -∅]

start начина́‖ть [-ю, -ешь, -ют] (*trans., impf., + acc. / с + gen.*) **1** to begin - нача́ть [начн‖у́, -ёшь, -у́т] (*intrans., pf., + acc. / с + gen.*) **1** to begin; start out (*3rd pers. only*) начина́‖ться [-ется, -ются] - нача́ться [начн‖ётся, -у́тся]; start off by flying (*pf.*) полет‖е́ть [полечу́, -йшь, -я́т]

state (*m.*) штат [-а; -ы, -ов]

statue (*m.*) па́мятник [-а; -и -ов]

stature (*m.*) рост [-а]

stay, be left over (*intrans.*) оста‖ва́ться [-ю́сь, -ёшься, -ю́тся] - оста́ться [оста́н‖усь, -ешься, -утся]

steadfast (*adj.*) му́жественн‖ый [-ая, -ое, -ые]

step шага́‖ть [-ю, -ешь, -ют] - шагн‖у́ть [-у́, -ёшь, -у́т]

stepmother (*f.*) ма́чех‖а [-и; -и, -∅]

stewardess, flight attendant (*f.*) **3** стюарде́сс‖а [-ы; -ы, -∅]

stick (*f.*) **11** па́лочк‖а [-и; -и, па́лочек]

stiff (*adj.*) **5** жёстк‖ий [-ая, -ое, -ие]

still (*adv.*) ещё; (*conj. and part.*) **2** всё-таки

stomach (*m.*) **7** живо́т [-а; -ы, -ов]

stone (*adj.*) ка́менн‖ый [-ая, -ое, -ые]

stop, come to a halt (*intrans.*) остана́влива‖ться [-юсь, -ешься, -ются] - останов‖и́ться [-лю́сь, -ишься, -ятся]

store (*m.*) магази́н [-а; -ы, -ов]

story (*m.*) **1** расска́з [-а; -ы, -ов]; (*m.*) анекдо́т [-а; -ы, -ов]

stout (*adj.*) по́лн‖ый [-ая, -ое, -ые]

stove (*f.*) пе́чк‖а [-и; -и, пе́чек]

straight (*adv.*) пря́мо

strain (*n.*) **11** напряже́ни‖е [-я; -я, -й]

streak (*f.*) полос‖а́ [-ы́; -ы, поло́с]

street (*f.*) у́лиц‖а [-ы; -ы, -∅]

strength (*f.*) си́л‖а [-ы]

stride (*impf.*) шага́‖ть [-ю, -ешь, -ют] - шагн‖у́ть [-у́, -ёшь, -у́т]

strike (*trans.*) (по)би́ть [(по)бь‖ю, -ёшь, -ют]

striking (*adj.*) я́рк‖ий [-ая, -ое, -ие]

striking, for striking (*adj.*) уда́рн‖ый [-ая, -ое, -ые];

strip (*f.*) полос‖а́ [-ы́; -ы, поло́с]

stripe (*f.*) полос‖а́ [-ы́; -ы, поло́с]

stroke (*m.*) инсу́льт [-а; -ы, -ов]; (*m.*) уда́р [-а; -ы, -ов]

stroll (по)гуля́‖ть [-ю, -ешь, -ют]

strong (*adj.*) си́льн‖ый [-ая, -ое, -ые]; (*adv.*) си́льно

stub (*m.*) тало́н [-а; -ы, -ов]

student in grades 9-11 (*m.*) старшекла́ссник [-а; -и, -ов]

studies (*m.*) учёб‖а [-ы; -ы, -∅]

studio (*n., indecl.*) **9** ателье́

study (in depth) (*trans.*) **5** изуча́‖ть [-ю, -ешь, -ют] - изуч‖и́ть [-у, -ишь, -ят]

study (*trans.*) **6** (вы́)уч‖ить [-у, -ишь, -ат]; (*intrans. + instr.*) (по)занима́‖ться [-юсь, -ешься, -ются]; (*intrans.*) (об)уч‖и́ться [-у́сь, -ишься, -атся]

study (*n., s.*) изучёни‖е [-я]
studying (*m.*) учёб‖а [-ы; -ы, -∅]
stupid (*adj.*) **6** глуп‖ый [-ая, -ое, -ые]
style (*f.*) мод‖а [-ы; -ы, -∅] ; in style **9** в мóде; (*m.*) стил‖ь [-я; -и, -ей]
stylish (*adj.*) мóдн‖ый [-ая, -ое, -ые]; (*adv. and s.f. adj.*) мóдно
subject (*m.*) **1** предмéт [-а; -ы, -ов]
subject (*f.*) тéм‖а [-ы; -ы, -∅]
suburban Moscow (*phr.*) **10** под Москвóй
suburban trains (*f.*) **10** электрúчк‖а [-и; -и, электрúчек]
subway (*n., indecl.*) метрó
succeed (*intrans.*) **2** успевá‖ть [-ю, -ешь, -ют] - **2** успé‖ть [-ю, -ешь, -ют]
successfully (*adv.*) успéшно
such (*adj.*) так‖óй [-áя, -óе, -úе]
suddenly (*adv.*) вдруг
suffering (*n.*) страдáни‖е [-я, -я, -й]
suffice, be sufficient (*3rd pers. s.*) **7** хватá‖ть [-ет] - **7** хват‖úть [-úт]
sugar (*m.*) сáхар [-а; -ы, -ов]
suit (*impf., к + dat., 3rd pers.*) подходúть [подхóд‖ит, -ят] - подойтú [подойд‖ёт, -ýт]
suit (*m.*) костюм [-а; -ы, -ов]
suit (*intrans. + dat.*) **9** ид‖тú [-ý, -ёшь, -ýт] - **9** пойтú [пойд+ -ý, -ёшь, -ут]
summer (*n.*) лéт‖о [-а; -а, -∅]; in summer (*adv.*) лéтом
sun (*n.*) сóлнц‖е [-а; -а, -∅]
Sunday (*n.*) воскресéнь‖е [-я]; (*adj.*) **10** воскрéсн‖ый [-ая, -ое, -ые]; Sunday school воскрéсная школа
supper (*m.*) ýжин [-а; -ы, -ов]
supplement (*trans.*) дополня‖ть [-ю, -ешь, -ют] - дополн‖úть [-ю, -ишь, -ят]
supply (*m.*) заряд [-а; -ы, -ов]
suppose (*impf.*) полагá‖ть [-ю, -ешь, -ют]
sure (*adj.*) увéренн‖ый [-ая, -ое, -ые]
surgeon (*m.*) **7** хирýрг [-а; -и, -ов]
surgical (*adj.*) хирургúческ‖ий [-ая, -ое, -ие]
surname (*f.*) фамúли‖я [-и; -и, -й]
surprise (*trans.*) **2** удивля‖ть [-ю, -ешь, -ют] - удив‖úть [удивлю, -úшь, -ят]
suture (*trans.*) **5** сшивá‖ть [-ю, -ешь, -ют] - сшить [сошь‖ю, -ёшь, -ют]
sweat (*m.*) **11** пот [-а]

sweater (*m.*) свúтер [-а; -ы, -ов]
sweet (*adj.*) слáдк‖ий [-ая, -ое, -ие]; (*s.f. adj.*) мил, милá, мúло, мúлы
swelling (*f.*) óпухол‖ь [-и; -и, -ей]
swim (*intrans., impf., indet.*) **5** плáва‖ть [-ю, -ешь, -ют] - (*intrans., impf., det.*) **5** плыть [плыв‖ý, -ёшь, -ýт]; start swimming (*pf.*) поплыть [поплыв‖ý, -ёшь, -ýт]
swimming (*n.*) плáвани‖е [-я]; swimming pool (*m.*) бассéйн [-а; -ы, -ов]
swine (*m.*) **6** свинь‖я́ [-й; -и, -ей]
switch off (*trans.*) выключá‖ть [-ю, -ешь, -ют] - выключ‖ить [-у, -ишь, -ат]
switch on (*trans.*) включá‖ть [-ю, -ешь, -ют] - включ‖úть [-ý, -úшь, -áт]
symbol (*m.*) сúмвол [-а; -ы, -ов]
sympathetic (*adj.*) **7** чýтк‖ий [-ая, -ое, -ие]
symphony (*f.*) симфóни‖я [-и; -и, -й]; (*adj.*) симфонú-ческ‖ий [-ая, -ое, -ие]
synagogue (*f.*) **10** синагóг‖а [-и; -и, -∅]
syndrome (*m.*) синдрóм [-а; -ы, -ов]
syringe (*m.*) **7** шприц [-а; -ы, -ев]
system (*f.*) систéм‖а [-ы; -ы, -∅]

T

table (*adj.*) **3** настóльн‖ый [-ая, -ое, -ые]; table tennis **3** настóльный тéннис
table (*m.*) стол [-а; -ы́, -óв]; (*f.*) таблúц‖а [-ы; -ы, -∅]
tabulator (*n., indecl.*) таблó
tact (*f., s.*) тактúчност‖ь [-и]
tactful (*adj.*) тактúчн‖ый [-ая, -ое, -ые]
tail (*m.*) **3** хвост [-á; -ы́, -óв]
take **1** брать [бер‖ý, -ёшь, -ýт] - взять [возьм‖ý, -ёшь, -ýт]; (*p.p.p.*) взят‖ый [-ая, -ое, -ые]
take **5, 7** принимá‖ть [-ю, -ешь, -ют] - **5, 7** принять [прим‖ý, прúм‖ешь, -ут]; take a shower **2** принимáть душ; take medicine **7** принимáть лекáрство
take (one's) temperature (*phr.*) мéрить / помéрить температýру
take (someone) for a drive (*trans.*) (по)катáть [(по)кач‖ý, -ешь, -ут]

take a ride (for pleasure) (*intrans.*) (по)катá‖ться [-юсь, -ешься, -ются]
take a seat (*intrans. + acc.*) сад‖úться [сажýсь, -úшься, -ятся] - сесть [сяду, -ешь, -ут]
take a test выполня‖ть [-ю, -ешь, -ют] - выполн‖ить [-ю, -ишь, -ят] тест
take an exam **2** сда‖вáть [-ю, -ёшь, -ют] экзáмен
take away (*trans.*) **6** убирá‖ть [-ю, -ешь, -ют] - **6** убрáть [убер‖ý, -ёшь, -ýт]
take place (*intrans.*) происход‖úть [происхожý, происхóд‖ишь, -ят] - произойтú [произойд‖ý, -ёшь, -ýт]
takeoff (*m.*) **3** вылет [-а; -ы, -ов]
taking off (*pr.a.p.*) вылетáющ‖ий [-ая, -ое, -ие]; (*intrans.*) **3** вылетá‖ть [-ю, -ешь, -ют] - вылет‖еть [вылечу, вылет‖ишь, -ят]
tale (*f.*) скáзк‖а [-и; -и, скáзок]
tale (*m.*) **1** рассказ [-а; -ы, -ов]
tale (*m.*) сказ [-а; -ы, -ов]
talent, gift (*m.*) талáнт [-а; -ы, -ов]
talented (*adj.*) спосóбн‖ый [-ая, -ое, -ые]
talented (*adj.*) талáнтлив‖ый [-ая, -ое, -ые]
talk a bit (*intrans., pf.*) поговор‖úть [-ю, -úшь, -ят]
tall (*adj.*) высóк‖ий [-ая, -ое, -ие]; (*pred. and adv.*) высокó
tape recorder (*m.*) магнитофóн [-а; -ы, -ов]
task (*f.*) задáч‖а [-и; -и, -∅]; (*n.*) задáни‖е [-я, -я, -й]
taste (*m.*) **9** вкус [-а; -ы, -ов]
tasty (*adj.*) вкýсн‖ый [-ая, -ое, -ые]; (*pred.*) вкýсно
Taurus (astrological sign) (*m.*) Тел(é)ц [Тельцá]
tea ча‖й [-я [-я] -ей]
teach (*trans. + dat.*) (об)уч‖úть [-ý, -ишь, -ат]; (*trans., impf., + acc.*) **5** препода‖вáть [-ю, -ёшь, -ют]; (*trans. + dat.*) **6** науч‖úть [-ý, -ишь, -ат]
teacher (*f.*) учúтельниц‖а [-ы; -ы, -∅]
teaching (*adj.*) **5** педаго-гúческ‖ий [-ая, -ое, -ие]
team (*f.*) комáнд‖а [-ы; -ы, -∅]
technical school (*m.*) тéхникум [-а; -ы, -ов]
technology (*f.*) **5** тéхник‖а [-и; -и, -∅]
tedious (*adj.*) (*adv./pred.*) скýчно
telegram (*f.*) телегрáмм‖а [-ы; -ы, -∅]

telephone (*intrans.* + *dat.*) **1, 5**
(по)звон‖и́ть [-ю́, -и́шь, -я́т]
telephone (*m.*) телефо́н [-а; -ы,
-ов]; (*adj.*) **5** телефо́нн‖ый
[-ая, -ое, -ые]; telephone call
(*m.*) звон(о́)к [-а́; -й, -о́в];
телефо́нный звоно́к
television (*n.*) телеви́дени‖е
[-я]; television set (*m.*)
телеви́зор [-а; -ы, -ов]
tell (*trans.* + *dat.*) говор‖и́ть
[-ю́, -и́шь, -я́т] - сказа́ть
[скаж‖у́, -ешь, -ут]; (*trans.*)
расска́зыва‖ть [-ю, -ешь,
-ют] - рассказа́ть [рас-
скаж‖у́, расска́ж‖ешь, -ут]
temperature (*f.*) температу́р‖а
[-ы]
ten (*card. no.*) де́сять
tenderly (*adv.*) ла́сково; (*adv.*)
не́жно
tennis (*m.*) те́ннис [-а; -ы, -ов]
tension (*n.*) **11** напряже́ни‖е
[-я; -я, -й]
tenth (*ord. no.*) деся́т‖ый [-ая,
-ое, -ые]
termination (*n.*) оконча́ни‖е
[-я; -я, -й]
text, written selection (*m.*)
текст [-а; -ы, -ов]
textbook (*m.*) уче́бник [-а; -и, -ов]
than (*conj.*) чем
thanks (*part.*) спаси́бо
that (*conj.*) что; that, so that, in
order that (*conj.*) что́бы; that
one (*pron.*) тот [та, то, те]
thaw (*intrans.*) (рас)та́‖ять [-ю,
-ешь, -ют]
theater (*m.*) теа́тр [-а; -ы, -ов];
(*adj.*) **11** театра́льн‖ый [-ая,
-ое, -ые]
theme (*f.*) те́м‖а [-ы; -ы, -∅]
then, at that time (*adv.*) тогда́;
(afterwards) (*adv.*) пото́м
theological or Bible college (*f.*)
10 семина́ри‖я [-и; -и, -й]
therapy (*f.*) терапи́‖я [-и; -и, -й]
there (*in that place*) (*adv.*) там;
(*to that place*) (*adv.*) туда́
therefore (*adv.*) поэ́тому
thermometer (*m.*) термо́метр
[-а; -ы, -ов]
they (*pers. pron.*) они́
thick, dense (*adj.*) густ‖о́й
[-а́я, -о́е, -ы́е]
thin (*of persons*) (*adj.*) **11**
худ‖о́й [-а́я, -о́е, -ы́е]; rather
thin (*adj.*) **11** худе́ньк‖ий
[-ая, -ое, -ие]; (*adj.*) у́зк‖ий
[-ая, -ое, -ие]
thing (*f.*) ве́щ‖ь [-и; -и, -е́й]
think **2** счита́‖ть [-ю, -ешь, -ют]
- счесть [сочт‖у́, -ёшь, -у́т];
(*pf.*) **2** посчита́‖ть [-ю, -ешь,
-ют]; (*impf.*) полага́‖ть [-ю,

-ешь, -ют]; ду́ма‖ть [-ю,
-ешь, -ют] - поду́ма‖ть [-ю,
-ешь, -ют]; I think (*adv.*) по-
мо́ему
thinking (*adj.*) **7** мы́слящ‖ий
[-ая, -ое, -ие]
third (*ord. no.*) тре́т‖ий [-ья, -ье]
thirteen (*card. no.*) трина́дцать
thirty (*card. no.*) три́дцать
this (*pron.*) э́тот, э́та, э́то, э́ти
this, this is (*pron., indecl.*) э́то
thorough (*adj.*) **5** аккура́тн‖ый
[-ая, -ое, -ые]
though (*conj.*) **3** хотя́
thoughtfully (*adv.*)
внима́тельно
thousand (*f.*) ты́сяч‖а [-и; -и, -∅]
thousandth anniversary (*n.*) **10**
тысячеле́ти‖е [-я]
three (*card. no.*) три
three (*coll. no.*) тро́е
three hundred (*card. no.*)
три́ста
throat (*n.*) **7** го́рл‖о [-а; -а, -∅]
through (*prep.* + *acc.*) че́рез
throw (*trans.*) **5** броса́‖ть [-ю,
-ешь, -ют] - бро́с‖ить
[брошу́, -ишь, -ят]
Thursday (*m.*) четве́рг [-а́]
ticket (*m.*) **11** биле́т [-а; -ы, -ов]
tidings (*f.*) но́вост‖ь [-и; -и,
-е́й]
tidy (*adj.*) **5** аккура́тн‖ый [-ая,
-ое, -ые]
tidy up (*trans.*) **6** убира́‖ть [-ю,
-ешь, -ют] - **6** убра́ть
[убер‖у́, -ёшь, -у́т]
tie (*trans.*) свя́зыва‖ть [-ю,
-ешь, -ют] - **10** связа́ть
[свяж‖у́, -ешь, -ут]; (*f.*)
свя́з‖ь [-и; -и, -ей]; (*necktie*)
(*m.*) **9** га́лстук [-а; -и, -ов]
tiger (*m.*) тигр [-а; -ы, -ов];
(*cub*) (*m.*) тигрён(о)к [-а;
тигря́т]
time (*n.*) вре́м‖я [-ени; -ена́,
времён]; (*adv.*) **5** раз [-а; -ы́,
раз]
timidity, shyness (*f., s.*)
ро́бост‖ь [-и]
title (*n.*) назва́ни‖е [-я; -я, -й]
to (*prep.* + *acc.*) на; (*prep.* +
dat.) к
today (*adv.*) сего́дня
together (*adv.*) вме́сте
tolerant терпи́м‖ый [-ая, -ое,
-ые] (*adj.*) **10**
tomato (*m.*) помидо́р [-а; -ы, -ов]
tomcat (*m.*) кот [-а́; -ы́, -о́в]
tomorrow (*adv.*) за́втра
too (*adv.*) сли́шком
tooth (*m.*) **7** зуб [-а; -ы, -ов]
tooth, dental (*adj.*) **7** зубн‖о́й
[-а́я, -о́е, -ы́е]
topic (*f.*) те́м‖а [-ы; -ы, -∅]

Torah, Pentateuch (Jewish holy
book) (*f.*) То́р‖а [-ы]
torte (*m.*) торт [-а; -ы, -о́в]
towards (*adv.*) навстре́чу;
(*prep.* + *dat.*) к
town (*m.*) го́род [-а; -а́, -о́в];
village (*m.*) город(о́)к [-а́; -й,
-о́в]
toy (*f.*) игру́шка [-и; -и, игру́шек]
track (*m.*) пут‖ь [-й (*instr.*, -ём);
-й, -ей]
tractor (*m.*) **6** тра́ктор [-а; -а́, -о́в]
trade (*adj.*) торго́в‖ый [-ая,
-ое, -ые]
train (*m.*) по́езд [-а; -а́, -о́в];
train station (*m.*) вокза́л [-а;
-ы, -ов]; at the station на
вокза́ле
trainer (*m.*) тре́нер [-а; -ы, -ов]
training (*f.*) трениро́вк‖а [-и]
translate (*trans.*) **1** переводи́ть
[перевожу́, перево́д‖ишь,
-ят] - **1** переве‖сти́
[перевед‖у́, -ёшь, -у́т]
translation (*m.*) **1** перево́д [-а;
-ы, -ов]
translator (*m.*) **1 5** перево́дчик
[-а; -и, -ов]
travel (*impf., intrans.*)
путеше́ств‖овать [-ую,
-уешь, -уют]; (*m.*) хо́д [-а;
-ы, -ов]
treasure (*m.*) клад [-а; -ы, -ов]
treat (*intrans.*, *к* + *dat.*)
относи́ться [отношу́сь,
отно́с‖ишься, -ятся] -
отнес‖ти́сь [-у́сь, -ёшься,
-у́тся]; (medically) (*trans.*) **7**
(*trans.* + *acc.*) леч‖и́ть [-у́,
-ишь, -а́т] - вы́леч‖ить [-у,
-ишь, -ат]; receive treatment,
undergo a cure (*intrans.* +
instr.) **7** леч‖и́ться [-у́сь,
-ишься, -а́тся] - вы́леч‖иться
[-усь, -ишься, -атся]; be
treated/cured with herbs
лечи́ться / вы́лечиться
тра́вами
tree (*n.*) де́рев‖о [-а; дере́вь‖я,
-ев]
trifle (*m.*) пустя́к [-а́; -й, -о́в]
troika (three horses harnessed
abreast) (*f.*) тро́йка [-и; -и,
тро́ек]
trouble (*trans.*) (вс)трево́ж‖ить
[-у, -ишь, -ат]
trousers (*pl.*) брю́ки [брюк]
true (*f.*) пра́вд‖а [-ы]
trust (*impf.*, *в* + *acc.*) **10**
(по)ве́р‖ить [-ю, -ишь, -ят];
(*f.*) ве́р‖а [-ы; -ы, -∅]
truth (*f.*) пра́вд‖а [-ы]
Tuesday (*m.*) вто́рник [-а]
tumor (*f.*) о́пухол‖ь [-и; -и, -ей]
turkey (*m.*) индю́к [-а́; -и, -ов]

turn (*trans.*) обраща́‖ть [-ю, -ешь, -ют] - обрат‖и́ть [обращу́, -и́шь, -я́т]; turn off (*trans.*) выключа́‖ть [-ю, -ешь, -ют] - выключ‖ить [-у, -ишь, -ат]; turn out (*intrans.*) получа́‖ться [-ется, -ются] - получ‖и́ться [-ится, -атся] (*usually 3rd pers.*)

turnip (*f.*) **6** ре́п‖а [-ы; -ы, -Ø]

turtle (*f.*) черепа́х‖а [-и; -и, -Ø]

twelfth (*ord. no.*) двена́дцат‖ый [-ая, -ое, -ые]

twelve (*card. no.*) двена́дцать

twentieth (*ord. no.*) двадца́т‖ый [-ая, -ое, -ые]

twenty (*card. no.*) два́дцать

twenty-four hour period (*pl.*) су́тки [су́ток]

two (with feminine nouns) (*card. no.*) две

two (with *m.* & *n.* nouns) (*card. no.*) два

two hundred (*card. no.*) две́сти

two thousandth (*adj.*) двухты́сячн‖ый [-ая, -ое, -ые]

two, grade of two, D (*adv.*) пло́хо

type (*trans.*) **1, 5** (на)печа́та‖ть [-ю, -ешь, -ют]; (*phr.*) печа́тать на маши́нке

typewriter (*f.*) **5** маши́нк‖а [-и; -и, маши́нок]; (*phr.*) пи́шущая маши́нка

typist (*f.*) **9** машини́стк‖а [-и; -и, машини́сток]

U

ugly (*adj.*) некраси́в‖ый [-ая, -ое, -ые]

unattractive, not good-looking (*adj.*) некраси́в‖ый [-ая, -ое, -ые]

uncertain (*s.f.adj.*) **9** неизве́ст(е)н [-а, -о, -ы]

uncle (*m.*) дя́д‖я [-и; -и, -ей]

uncomfortable (*adj.*) неудо́бн‖ый [-ая, -ое, -ые]; (*adv.*) **2** неудо́бно

uncommon (*adj.*) **1** ре́дк‖ий [-ая, -ое, -ие]

under (*prep. + instr.*) **1** под

understand (*trans.*) понима́‖ть [-ю, -ешь, -ют] - поня́ть [пойм‖у́, -ёшь, -у́т]

understanding (*n.*) понима́ни‖е [-я; -я, -й]

understood (*pred.*) поня́тно

unfamiliar (*s.f.adj.*) **9** неизве́ст(е)н [-а, -о, -ы]

unfortunate (*adj.*) **11** бе́дн‖ый [-ая, -ое, -ые]; unfortunately (*phr.*) к сожале́нию

---

unhappy (*adj.*) **11** бе́дн‖ый [-ая, -ое, -ые]

uniform (*f.*) фо́рм‖а [-ы; -ы, -Ø]

uninteresting (*adj.*) неинтере́сн‖ый [-ая, -ое, -ые]; (*adv.*) неинтере́сно

union (*m.*) **1** сою́з [-а; -ы, -ов]

university (*m.*) университе́т [-а; -ы, -ов]

unknown, (*adj.*) неизве́стн‖ый [-ая, -ое, -ые]; (*s.f. adj.*) **9** неизве́ст(е)н [-а, -о, -ы]

unlucky (*adj.*) **11** бе́дн‖ый [-ая, -ое, -ые]

unpleasant (*adj.*) неприя́тн‖ый [-ая, -ое, -ые]

unselfishness (*m.*) альтруи́зм [-а; -ы, -ов]

unsightly (*adj.*) некраси́в‖ый [-ая, -ое, -ые]

until (*prep. + gen.*) до

unusual, uncommon (*adj.*) необыкнове́нн‖ый [-ая, -ое, -ые]

up to (*prep. + gen.*) до

upper-grade boy (*m.*) ма́льчик-старшекла́ссник

urgency (*f.*) насто́йчивост‖ь [-и; -и, -ей]

urgent (*adj.*) насто́йчив‖ый [-ая, -ое, -ые]

use, to utilize (*pf. and impf.*, *trans.*) испо́льз‖овать [-ую, -уешь, -уют]

usual (*adj.*) обы́чн‖ый [-ая, -ое, -ые]; (*adj.*) обыкнове́нн‖ый [-ая, -ое, -ые]; (*adv.*) обы́чно; as usual (*adv.*) по-пре́жнему

utterly (*adv.*) абсолю́тно

V

vacation (school) (*pl.*) кани́‖кул‖ы [-Ø]

vain (*adj.*) нескро́мн‖ый [-ая, -ое, -ые]

various (*adj.*) ра́зн‖ый [-ая, -ое, -ые]

vase (*f.*) ва́з‖а [-ы; -ы, -Ø]

vast (*adj.*) огро́мн‖ый [-ая, -ое, -ые]

vegetable (*m.*) **6** о́вощ [-а; -и, -ей]; (*adj.*) овощн‖о́й [-а́я, -о́е, -ы́е]

velocity (*f.*) ско́рост‖ь [-и; -и, -ей]

velvety soft (*adj.*) **5** ба́рхатн‖ый [-ая, -ое, -ые]

verb (*m.*) глаго́л [-а; -ы, -ов]; (*adj.*) глаго́льн‖ый [-ая, -ое, -ые]

verification (*f.*) прове́рк‖а [-и; -и, прове́рок]

---

verse (*n.*) стихотворе́ни‖е [-я; -я, -й]; verses (*pl.*, *m.*) стих‖и́ [-о́в]

very (*adv.*) о́чень

vicious (*adj.*) зл‖о́й [-а́я, -о́е, -ы́е]

video apparatus or gear (*f.*) видеоаппарату́р‖а [-ы; -ы, -Ø]

videocassette, videotape (*m.*, *conv.*) ви́дик [-а; -и, -ов]

vigorous (*adv.*) энерги́чно

village (*f.*) дере́вн‖я [-и; -и, дереве́нь]; (*n.*) **1** сел‖о́ [-а́; сёл‖а, -Ø]

violence (*n.*) наси́ли‖е [-я; -я, -й]

violently (*adv.*) си́льно

violin (*f.*) скри́пк‖а [-и; -и, скри́пок]

Virgo (astrological sign) (*f.*, *s.*) Де́в‖а [-ы]

virus (*m.*) **7** ви́рус [-а; -ы, -ов]

vision (*n.*, *s.*) зре́ни‖е [-я]

visit (*intrans.*) (по)быва́‖ть [-ю, -ешь, -ют]

visiting, be visiting (*phr.*) быть в гостя́х

visitor (*m.*) **5** посети́тел‖ь [-я; -и, -ей]

visual (*adj.*) зри́тельн‖ый [-ая, -ое, -ые]

vitamin (*m.*) **7** витами́н [-а; -ы, -ов]

vivid (*adj.*) я́рк‖ий [-ая, -ое, -ие]

vocabulary (*f.*) ле́ксик‖а [-и; -и, -Ø]

vocalist (*m.*) вокали́ст [-а; -ы, -ов]

voice (*m.*) го́лос [-а; -а́, -о́в]

volition (*f.*) во́л‖я [-и]

volleyball (*m.*) волейбо́л [-а]

voyage (*impf.*, *intrans.*) путе‖ше́ств‖овать [-ую, -уешь, -уют]

W

wait (for) **9** (подо)жд‖а́ть [-у́, -ёшь, -у́т]

walk (*intrans.*) (по)гуля́‖ть [-ю, -ешь, -ют]; (*intrans.*) шага́‖ть [-ю, -ешь, -ют] - шагн‖у́ть [-у́, -ёшь, -у́т]

wall (*f.*) стен‖а́ [-ы́; -ы, -Ø]

walrus (*m.*) морж [-а́, -и́, -е́й]

wand (*f.*) **11** па́лочк‖а [-и; -и, па́лочек]

want (*trans.*) (за)хоте́ть [(за)хоч‖у́, -ешь, -ет; (за)хот‖и́м, -и́те, -я́т]

war (*f.*) войн‖а́ [-ы́; -ы, -Ø]

warm (*adj.*) тёпл‖ый [-ая, -ое, -ые] (*pred.*) тепло́

wash (clothes) (по)стира́‖ть [-ю, -ешь, -ют]

wash (*trans.*) (по)мыть [мо́‖ю, -ешь, -ют]; (oneself), bathe (*intrans.*) **3, 6** (по)мы́ться [(по)мо́‖юсь, -ешься, -ются]

---

watch (*pl.*) час‖ы́ [-óв]
water (*f.*) вод‖а́ [-ы́; -ы, -∅]
way (*m.*) пут‖ь [-и́; (*instr.* -ём)
-и́, -ёй]
we (*pron.*) мы
weak (*adj.*) сла́б‖ый [-ая, -ое,
-ые]
wealth (*n.*) бога́тств‖о [-а; -а, -∅]
wealthy (*adj.*) бога́т‖ый [-ая,
-ое, -ые]
wear (clothing) **2** (*impf., indet.
trans.*) носи́ть (оде́жду)
weather (*f.*) пого́д‖а [-ы]; (*adj.*)
пого́дн‖ый [-ая, -ое, -ые]
wedding (*f.*) сва́дьб‖а [-ы, -ы,
свадеб]
Wednesday (*f.*) сред‖а́ [-ы́]
week (*f.*) неде́л‖я [-и; -и, -∅]
weight (*m.*) вес [-а; -а́, -óв]
welcome, you're welcome (*part.*)
пожа́луйста
well (*adv.*) хорошо́; (*part.*) ну
well-dressed (*adj.*) наря́дн‖ый
[-ая, -ое, -ые]
well-known (*adj.*) **11**
изве́стн‖ый [-ая, -ое, -ые]
west (*m., s.*) за́пад [-а]
what (*adj.*) как‖о́й [-а́я, -о́е,
-и́е]
what (*pron.*) что
what for, for what reason **9**
заче́м
what kind of (*adj.*) как‖о́й [-а́я,
-о́е, -и́е]
when, at what time (*adv.*)
когда́
where (*in what place*) (*adv.*)
где; (*to where*) (*adv.*) куда́;
(*from where*) (*interr. adv.*)
отку́да
whether (*interrog. part.*) **10** ли
which (*rel. pron.*) кото́р‖ый
[-ая, -ое, -ые]
which way, to where (*adv.*)
куда́
white (*adj.*) бе́л‖ый [-ая, -ое,
-ые]
who (*pron.*) кто; (*rel. pron.*)
кото́р‖ый [-ая, -ое, -ые]
whose (*interrog. pron.*) чей, чья,
чьё, чьи
why (*adv.*) **9** заче́м; (*adv.*)
почему́
wicked (*adj.*) зл‖ой [-а́я, -óе,
-ые]
wide (*adj.*) **9** широ́к‖ий [-ая,
-ое, -ие]
wife (*f.*) жен‖а́ [-ы́; жён‖ы, -∅]
will (*f.*) во́л‖я [-и]; will power
(*phr.*) си́ла во́ли
win (trans.) (*1st s. not used*)
побежда́‖ть [-ешь, -ют] -
побед‖и́ть (побежу́, -и́шь,
-я́т]; (*trans.*) (вы́)игра‖ть [-ю,
-ешь, -ют]

wind (*trans.*) завод‖и́ть
[завожу́, заво́д‖ишь, -ят] -
завести́ [завед‖у́, -ёшь, -у́т]
wind (*m.*) ве́т(е)р [-а; -ы, -óв];
*Gone with the Wind:
Унесённые ве́тром*
window (*n.*) **3** окн‖о́ [-а́; о́кна,
о́кон]
windsurfing (*m., s.*)
виндсёрфинг [-а]
wine (*n.*) вин‖о́ [-а́; -а, -∅]
wing (*n.*) **3** крыл‖о́ [-а́; кры́лья,
крыле́й]
wings (of a theater) (*f.*) кули́с‖а
[-ы; -ы, -∅]; behind the
scenes (*phr.*) за кули́сами
winter (*f.*) зим‖а́ [-ы́; -ы, -∅]; in
winter (*adv.*) зимо́й
wise (*adj.*) му́др‖ый [-ая, -ое,
-ые]
wish (*intrans. + gen.*)
(по)жела́‖ть [-ю, -ешь, -ют];
(*n.*) **11** жела́ни‖е [-я; -я, -й]
with (*prep. + instr.*) с
without (*prep. + gen.*) **7** без
without fail (*adv. and pred.*)
обяза́тельно
wolf (*m.*) волк [-а; -и, -óв]
woman (*f.*) же́нщин‖а [-ы; -ы,
-∅]
womanly (*adj.*) же́нск‖ий [-ая,
-ое, -ие]
wonder, I wonder (*pred.*)
интере́сно
wonderful (*adj.*)
замеча́тельн‖ый [-ая, -ое,
-ые]
wooden (*adj.*) деревя́нн‖ый
[-ая, -ое, -ые]
woods (*m.*) лес [-а; -а́, -óв]
wool (*f.*) **6** шерст‖ь [-и, -и, -éй]
word (*n.*) сло́в‖о [-а; -а́, -∅]
work (*intrans.*) (по)рабо́та‖ть
[-ю, -ешь, -ют]; (*trans. +
instr.*) (по)служ‖и́ть [-у́, -ишь,
-ат]; (*f.*) рабо́т‖а [-ы; -ы, -∅]
work enough (*intrans.*) **6**
нарабáтыва‖ться [-юсь,
-ешься, -ются] - **6**
нарабо́та‖ться [-юсь,
-ешься, -ются]
work out (*intrans.*)
получа́‖ться [-ется, -ются]
- получ‖и́ться [-ится, -атся]
(*usually 3rd pers.*)
workable (*adj.*) реа́льн‖ый [-ая,
-ое, -ые]
workaholic (*m.*) трудого́лик
[-а; -и, -ов]
worker, factory worker (*m./adj.*)
рабо́ч‖ий [-ая, -ее, -ие]
world (*m.*) свет [-а]; (*m.*) мир
[-а]; (*adj.*) миров‖о́й [-а́я,
-óе, -ы́е]; world culture (*phr.*)
мирова́я культу́ра

wormwood (*f.*) полы́н‖ь [-и]
worry (*trans.*) (вс)трево́ж‖ить
[-у, -ишь, -ат]
worry (*impf., intrans.*)
волнова́ться [волну́‖юсь,
-ешься, -ются]
worse (*comp. adj./adv.*) ху́же
write (*trans.*) (на)писа́ть
[пиш‖у́, -ешь, -ут]; (*s.f. p.p.p.*)
напи́сан [-а, -о, -ы]
writer (*m.*) писа́тел‖ь [-я; -и,
-ей]
writing (*adj.*) **5** пи́шущ‖ий [-ая,
-ее, -ие]
written rules (*f.*) па́мятк‖а [-и;
-и, па́мяток]

Xerox machine (*m.*) **5** ксе́рокс
[-а; -ы, -óв]

year (*m.*) год [-а; -ы, -óв (лет)]
yeast (*pl.*) дро́жжи [-éй]
yellow (*adj.*) жёлт‖ый [-ая, -ое,
-ые]
yes (*adv.*) да
yesterday (*adv.*) вчера́
yogurt (*m.*) **6** йо́гурт [-а]; (*m.,
s.*) кефи́р [-а]
you (*pers. pron.*) (*sing.*) ты;
(*pl./polite*) вы
you see, you know (*conj.*) ведь
young (*adj.*) **6** молод‖о́й [-а́я,
-óе, -ы́е]; young people (*f.*) **6**
молодёж‖ь [-и]; (*pl., subst.*)
молоды́е; (*f.*) де́вушк‖а [-и;
-и, де́вушек]
younger, youngest (*adj.*)
мла́дш‖ий [-ая, -ее, -ие]
your (*poss. adj.*) ваш [-а, -е, -и];
(*poss. adj.*) твой, твоя́, твоё,
твои́
youth (*f.*) **6** молодёж‖ь [-и]

zodiac (astrology) (*m.*) зодиа́к
[-а]

RUSSIAN INDEX

А

Адмиралте́йство, 111
Айрекс, 136
«Аква́риум», 52
«Америка́нский журнали́ст в Москве́» (аудирование), 17
«АСПРЯЛ в Москве́» (аудирование), 136
Ахло́мов, Ви́ктор, 252

Б

балери́на (интервью́), 290-292, 299-300
«Бале́тные шко́лы в Росси́и» (текст), 298-299
без, 186, 191, 212
бе́лые но́чи, 311
биле́т на, 66
«Би́тлз», 9, 51
блины́ (реце́пт), 285-286
боле́зни, 215-216
боле́ть, 189, 185, 212
больни́чный, 185
«Больно́го ле́чат . . . Хемингуэ́ем» (текст), 203
брать интервью́, 2, 5, 26
«Бу́рда», 233
бы, 291, 295

В

Васи́льев, Влади́мир, 294
Вели́кая Оте́чественнная война́, 85
Венециа́нов, Алексе́й, 254
ве́рбное воскресе́нье, 283
ве́рить (в кого́, кому́), 261, 268, 286
взять интервью́, 5, 26
Ви́збор, Юрий, 97
Ви́нчестер, 124, 147
вкла́дывать, 274, 279, 288
вложи́ть ду́шу, 274, 279, 288
влюби́ться (в кого́), 270, 279, 288
влюбля́ться (в кого́), 279, 288
Вознесе́нский, Андре́й, 329
Восто́кова, Ири́на (интервью́), 232-233, 240-241
врач (интервью́), 184-187, 194-196
вы́йти за́муж, 126, 130, 148
выходи́ть за́муж, 126, 130, 148

Г

Гага́рин, Юрий Алексе́евич (аудирование), 76, 79-80
горди́ться, 313-314, 322
гото́вить(ся), 34

Д

Дани́ловский монасты́рь, 260
«ДДТ», 52
Деми́дова, Алла, 253
«День шко́льника» (аудирование), 37
«Депе́ш мод», 9
«До́ктор Фёдоров» (текст), 209-211
до́лжен, 118, 121, 147
«Дом мо́ды» (текст), 239
Достое́вский, Фёдор Миха́йлович, 38
друг дру́га, 12, 14
душа́, 270, 274, 288

Е

Евтуше́нко, Евге́ний, 30

Ж

жела́ть что́бы, 63
жени́ться, 130, 148
«Же́ня Румя́нцева» (текст), 85-88
журнали́стка (интервью́), 2-3, 12-13

З

за, 242
За́йцев, Егор, 252
За́йцев, Сла́ва (текст), 247, 252
заче́м, 233, 235
звони́ть, 135, 148
Зло́бина, Ната́лья (интервью́), 2-3, 12-13
зна́ки Зодиа́ка, 28
    кита́йские, 228-229
знать (уме́ть и мочь), 129, 149
«Зо́лушка» (ска́зка/текст), 307, 317-319

И

Ивано́в, Алекса́ндр, 267
из, 164, 167, 181
«Из исто́рии авиа́ции и космона́втики» (текст), 76-77
ико́ны (текст), 276
интересова́ться, 8
«Ищу́ дру́га по увлече́нию» (текст), 9

К

ка́жется, 40
«Как пришло́ христиа́нство в Росси́ю» (аудирование), 269
«Как стать журнали́стом в Росси́и?» (текст), 11
«Кака́я быва́ет медици́на» (аудирование), 199
ка́рта, 186
